·全新升级插图版·

听南怀瑾大师讲国学

圣铎 编著

北京联合出版公司
Beijing United Publishing Co.,Ltd.

图书在版编目（CIP）数据

听南怀瑾大师讲国学 / 圣铎编著 . —北京：北京联合出版公司，2017.2
ISBN 978-7-5502-9013-6

Ⅰ . ①听… Ⅱ . ①圣… Ⅲ . ①国学—通俗读物 Ⅳ . ① Z126-49

中国版本图书馆 CIP 数据核字（2016）第 262635 号

听南怀瑾大师讲国学

编　著：圣　铎
责任编辑：徐秀琴
封面设计：王明贵
责任校对：李翠香
美术编辑：李丹丹
插图绘制：黄　辉

北京联合出版公司出版
（北京市西城区德外大街83号楼9层　100088）
北京市松源印刷有限公司印刷　新华书店经销
字数500千字　　720毫米×1020毫米　1/16　26.5印张
2017年2月第1版　2018年8月第2次印刷
ISBN 978-7-5502-9013-6
定价：39.80元

前言

　　国学的智慧，是中国人生存发展的精神动力和文化源泉。国学的智慧，体现于伟大、悠久的中国传统，浓缩于古圣先贤贡献给我们的精神财富，凝结为儒家、道家、墨家、法家、兵家、禅宗等思想文化形态，并渗透在中国人的全部生活中。换一个通俗的说法，国学的智慧，就是中国人琢磨出来的活法。让我们在南怀瑾大师的引导下去寻回我们温暖的精神家园。

　　南怀瑾平生致力于弘扬中国传统文化。他和钱穆、胡适、林语堂、牟宗三、唐君毅等在港、台两地往来阐述传统文化。后来，他又在台设"老古文化事业公司""十方书院"等文教机构，传扬文史哲佛学说，提升民众文化水平。人们尊称他为"教授""大居士""宗教家""哲学家""禅宗大师"和"国学大师"，一度名列"台湾十大最有影响的人物"。南怀瑾的国学修养深厚，他一生涉猎极广，诸子百家、拳术剑道、文学书法、诗词曲赋、医药卜算、天文历法都有研究，并深得其精髓。更为重要的是，他是少数几位精通儒、道、佛三教经典的大师之一。他天资聪慧、求道精神加上对生活的感悟，让他将这三门学问在前人研究的基础上推进了一大步。更难能可贵的是，对这三门学问，他没有从理论到理论进行演绎，而是从理论到生活进行透解。

　　他就像一位布道者，把老子、庄子、孔子、孟子、释迦牟尼的智慧，以通俗易懂的方式，一一讲来，并且妙趣横生，为我们打开了通往这些文化瑰宝内涵的大门。南怀瑾在自己的著作里，深入浅出地阐述了国学中的思想精华，化深奥晦涩为平易晓畅，从而让人们对国学中的人生智慧有了更深刻的认识。

　　听南怀瑾讲国学是学习中国传统文化的捷径，他对中华传统典籍做了一个重要引导，他的讲解生动有趣、博大精深。他在儒家文化方面的代表作品有《论语别裁》《孟子旁通》《原本大学微言》《易经杂说》。其中刊正了许多以往对传统文化的误解。在道家方面，南怀瑾的书籍在中医学亦扮演不可或缺的首阶，如《老子他说》《庄子諵譁》《道家、密宗与东方神秘学》《静坐修道与长生不老》《中国道教发展史略述》《易经杂说》等。在佛学方面的作品有《金刚经说什么》

1

《圆觉经略说》《如何修证佛法》《药师经的济世观》，南怀瑾可说是密教准提法在中国台湾、香港的重要推动力。本书涵盖了南怀瑾先生有关老子、庄子、孔子、孟子以及禅佛等著作中的精华观念和讲解，甄选了南怀瑾先生国学经典著作中的原话作为每一章的标题和主旨，加入了新鲜的、贴合当下人们生活的案例加以阐述，并且手绘了相关故事的彩色图画，力图将晦涩难懂的国学知识用通俗易懂的话语解读出来，同时再现南怀瑾先生的经典阐释。本书针对现代人阅读国学经典与快节奏生活之间的矛盾，延续南怀瑾先生生动、幽默、经史参合的解读方式，直面现代人在生活、学习、工作、为人、做事、感情等方方面面的困惑，让读者在聆听南怀瑾先生讲述国学知识的同时，也为自己解除心灵的困惑找到正确的指引。

正如南怀瑾所言，一个没有自己文化特色的民族是难以屹立于世界民族之林的；一个失去本民族文化支撑的人也是难以赢得他人敬重的。国学是我们中华民族的深厚文化土壤，不论男女老幼每天都需要从这"土壤"中汲取养分。我们不应失去自己的文化之根，像浮萍一样漫无目的地漂泊，内心充满惶恐和迷惘。所有的一切都在召唤传统文化的回归。国学就这样重新出现在人们的视野中。每个人都可以从中获得养分，各取所需。在南怀瑾先生的讲解下，国学对于我们为人处世的引导，让我们每一个人都感觉到它的深邃与宽广，而它对我们心灵的荡涤与关怀，又使我们感觉他离我们很近，温馨而质朴，毫无艰深晦涩之感。听南怀瑾先生讲国学，就如同用双手轻轻抚摸内心最深层的秘密，或许在某一个不经意的瞬间便理解了它的深意，就像禅宗里拈花微笑般默契与随意，一个顿悟就洞悉了它的真谛，走进了我们文化扎根的沃土。

人生路上，让南怀瑾先生告诉我们怎样通过品儒释道、参禅悟佛，在纷繁的世界中沏上一壶香醇的茶，静待茶香沁入心脾。烦躁生活，让我们在一个个心灵小故事中，品味国学经典的魅力，汲取一捧清泉，渐渐地沉淀烦恼，涤荡身心。

目录

1

第五篇 听南怀瑾大师讲禅

第一篇

听南怀瑾大师讲《论语》

不要认为任何一个人不如自己

——听南怀瑾讲认识自己

南怀瑾先生认为一个人越是学问高的时候反而会表现得越谦恭，这是知识与修养给他带来的改变。古希腊哲学家芝诺说："人的知识就像是一个圆圈，圆圈里面是你已知道的，圆圈外面是未知的。你知道的越多，圆圈也就越大，你不知道的也就越多。"

世上难有满而不倾覆的事物

孔子为人为学一向谦虚。"三人行，必有我师焉。择其善者而从之，其不善者而改之。"他认为：许多人一起行走，肯定有能当我老师的人。我学习他们的优点，看到他们身上的缺点要反省自己有没有，如果我也有，那么就改掉它。

《论语》中还有另外一段说："见贤思齐焉，见不贤而内自省也。"说的也是这个道理，这是谦虚的学问，我们很难诚心向他人学习，总以为自己是"天下第一"，哪里还有精神要向别人学习？这是人类的劣根性。做人是应当有自信的，但是自信的时候别忘记了谦虚。现代人都是自信有余而谦逊不足。

孔子带着学生到鲁桓公的宗庙里参观的时候，看到了一个可用来装水的器皿，倾斜地放在祠庙里，那时候把这种倾斜的器皿叫欹器。

孔子便向守庙的人问道："请告诉我，这是什么器皿呢？"守庙的人告诉他："这是欹器，是放在座位右边，用来警戒自己的，是一种用来伴坐的器皿。"孔子说："我听说这种用来装水的伴坐的器皿，在没有装水或装水少时就会歪倒；水装得适中，不多不少的时候就会是端正的；水装得过多或装满了，它也会翻倒。"说着，孔子回过头来对他的学生们说："你们往里面倒水试试看吧！"学生们听后，舀来了水，一个个慢慢地向这个器皿里灌水。果然，当水装得适中的时候，这个器皿就端端正正地立在那里。不一会儿，水灌满了，它就翻倒了，里面的水流了出来。再过了一会儿，器皿里的水流尽了，就又像原来一样歪斜在那里。

这时候，孔子长长地叹了一口气说道："唉！世上哪里会有太满而不倾覆翻倒的事物啊？"

孔子不愧为千古圣人，就连告诉学生人生的道理也那么形象、生动，不会生硬说教，在这一点上我们或许更应该学习他的方法。

水满自溢，人自满会跌倒。命运是极其公正的，它不会因为人的不同而有所偏颇。日中就得西斜，月圆就要亏缺，物盛必衰，这是天地的道理。人体验到了天地的道理，高就会自卑，盈就会自谦，满就会自抑。所以孔子又说："君子做人不自大，有功不自傲。"君子不以他所能做到的而瞧不起别人，不以自己不能做到的而自愧于人。虚己对人是长进仁德的基础，自谦是受人尊敬的阶梯。念念不忘"谦虚"两字，自然高风可仰，心光可掬。

适人自抑，就能广造福用。王阳明说："现在人们最大的缺点，就是一个'傲'字，千万种罪恶，都是从傲里滋生出来的。傲就自高自足，不肯屈人之下。身为学子骄傲，就不能孝敬师长；身为弟弟骄傲，就不能尊敬兄长；身为臣子骄傲，就不能做个忠臣。"

以财势傲人固然不应该，以学问傲人也不应该，以俸禄傲人更不应该；以气色傲人固然不应该，以态度傲人也不应该，以言语傲人更不应该。人的傲骨傲性，只能针对占据上位的卑鄙小人、贪官污吏，对于其他人，不应存有半点儿的傲气。

傲的反面就是谦，谦是傲的对症良药。不但外貌要恭敬谦逊，心中更要敬让。常常看到自己的不足之处，就能做到虚己对人。尧、舜之所以被称为圣人，就是谦虚到了至诚的境地，也就是允恭克让，温恭允塞。做到了谦就能虚，虚就能受。谦恭自守，必然会大得人心；虚下自处，必然会受人尊敬。

因为成熟，所以低头

《论语·泰伯》中，曾子夸赞同窗颜回的美德道："颜回才是真正有学问的人，明明自己的修养与知识都在很多人之上，但是他每次总是谦虚地向别人请教，做到了老师说的不耻下问。"这一点很难得，因为有才能的人通常都比较自恋，认为自己就是最优秀的，哪里能放下身份向他人请教呢？一些有才华的人就更不肯放下身份了，向一个不如自己的人请教，这个做起来有点难度。所以他才夸赞颜回的品德。

南怀瑾先生认为一个人越是学问高反而会表现得越谦恭，这是知识与修养给他带来的改变。哲学家芝诺就是这样谦虚的人。有人问他："像您这样的大哲学家为什么还要那么谦虚呢？"芝诺说："人的知识就像是一个圆圈，圆圈里面的是你已知的，圆圈外面是未知的。你知道的越多，圆圈也就越大，你不知道的也就越多。"

唐代著名的书法家柳公权，少年时代便写得一手好字，自己不免骄矜自满起来。有一天，他与几个少年朋友聚在一起练字。他写下"会写飞凤家，敢在人前夸"几个大字后，正扬扬得意之时，一位卖豆腐的老人正好路过，便好奇地走过来，端详了一会儿柳公权的字，又看了看他，皱了皱眉头，说："这字写得太无力了，好像我的豆腐一样，软绵绵的，没有筋骨。"柳公权一听，心里有些不服气，怒气冲冲地说："有本事，你写几个字，让我们也来见识见识！"

老人爽朗地笑了笑，慢腾腾地说："不敢，不敢，我是个粗人。"老人边说边敲了敲手中的梆子："我只是个卖豆腐的，不会写字，可是有人用脚写都比你好得多呢！不信，你到城里看看吧。"老人说完便敲着梆子走了。柳公权听了有些怀疑，于是进城去寻那位用脚写字的人，果然在一棵大槐树下见到了此人。只见失去双臂的老人赤着双脚，坐在地上，左脚压纸，右脚夹笔，正在挥洒自如地写着对联，运笔娴熟，字似群马奔腾、龙飞凤舞，围观的人无不为之赞叹。柳公权顿时惭愧万分。他跑向前去"扑通"一声跪在这位老人的面前，诚恳地说："柳公权愿拜您为师，请先生告诉学生写字的秘诀。"老人慌忙示意他不要行此大礼，沉思了片刻语重心长地说："我是个孤苦的人，没有双手，只得靠双脚来生活，怎能为人师表呢？"说完老人在地上铺上了一张纸，然后用右脚写下了几个字："写

尽八缸水，砚染涝池黑。博取百家长，始得龙凤飞。"老人又慈祥地说："孩子，这就是我写字的秘诀。我用脚写字已经 50 多个年头了。我磨墨练字用完八大缸水，每天写完字就在半亩大的池塘里洗砚，池水都被染黑了。可是天外有天，人外有人，我的字还差得远呢！"柳公权听了老人的一席话，恍然大悟，心里感到十分内疚和不安，向这位老人道谢后，便启程回家。

从此以后，他更加勤奋练字，手上磨了厚厚的茧子，衣肘补了一层又一层。他还经常登门拜访当时的书法名家，向他们虚心求教，让别人指出自己书法中的不足之处。功夫不负有心人，经过苦练，柳公权终于成了著名的书法家。

学问高时意气平，人生活在社会上必须要有"空杯"的心态。你只有将自己的姿态放低，才能从别人那里学到知识、增长智慧。

你的高姿态是对他人自尊的一种挑战与轻视，容易让他人产生排斥心理乃至敌意。在工作中不乏这样的人，他们思维敏捷，但说起话来令人感觉很不舒服，这种人多数都是因为太爱表现自己，总想让别人知道自己很有能力，处处想显示自己的优越感，从而获得他人的敬佩和认可，但结果往往适得其反。

在交往中，任何人都希望能得到别人的肯定，都在不自觉地维护着自己的形象和尊严，如果他的谈话对手过分地显示出高人一等的优越感，那么无形之中就成为对他自尊和自信的一种挑战与轻视，排斥心理乃至敌意也就不自觉地产生了。

有时候放低自己的姿态，低下高傲的头，反而会拥有得更多。大海之所以能成为大海，就因为它总是在最低处，因而所有的溪流都汇集到大海的怀抱中。知识越是渊博，人的胸怀就会变得越宽广，这样他收获的东西会越多。

谁都不是超人

唐朝大散文家韩愈有一篇著名的文章《师说》，里面有一段著名的话："闻道有先后，术业有专攻，如是而已。"没有人是全知全能的，所以才会有"三人行，必有我师焉"，孔子的这句话大家最熟悉了，但是恐怕没有几个人敢拍着胸脯说"我做到了"。不同的人有不同的专长，总有一点会强过你：农民能教会我们种庄稼，告诉我们关于农业的知识；工人能够告诉我们一件产品具体生产的细节与功用；等等。我们每个人需要学习的东西很多，如果你把自己放得太高，你的眼睛看到的必然不会全面，你的眼界也不会宽广。南怀瑾先生在其大作《论语别裁》中亦有此表述，他认为这正是孔子的伟大之处。

美国发明家爱迪生，年轻时曾和普林斯顿大学数学系毕业生阿普顿在一起工作，住在一个房间里。

阿普顿总觉得自己有学问，从不把卖报出身的爱迪生看在眼里。爱迪生是个沉默寡言的人，从不炫耀自己，对阿普顿的自负和处处卖弄学问，从心里感到厌烦。为了让阿普顿态度谦虚一些，爱迪生把一只梨形的玻璃灯泡交给阿普顿，请他算算容积是多少。

阿普顿拿着那个玻璃灯泡，轻蔑地一笑，心想："想用这个难住我，未免太天真了！"

他拿出尺子上下量了又量，还依照灯泡的样式列出一道道算式，数字、符号写了一大堆。他算得非常认真，画了一张张草图，脸上渗出了细细的汗珠。

过了一个多钟头，爱迪生见阿普顿还在那儿算个不停，便忍不住笑着说："不用那么费事，还是换个别的方法算吧！"

阿普顿仍固执地说："不用换，等一会儿我就能得到答案了。"

又过了半个钟头，阿普顿对自己的计算似乎还不放心，还在那里低头核算。爱迪生有些不耐烦了，拿过玻璃灯泡，倒满了水交给阿普顿说："去把这些水倒进量杯……"

不等爱迪生说完，阿普顿明白了什么是既简单又准确的方法，他那冒着汗的脸"唰"地红了。

阿普顿是普林斯顿大学数学系的毕业生，计算是他的专长。当碰到"计算玻璃灯泡容积"的问题时，他由于受固有的思维方式影响，自然而然地拿出尺子对灯泡量了又量，算了又算，他根本不会想到打破定式，采用其他简便的方法。爱迪生则不同，他能突破惯性思维的束缚，采用快捷的方法，立即精确地求得了灯泡的容积。

每个人在做事之前都必须明确一个事实：你并不是万能的。明白了这一点，你做起事情来就会谦恭得多，也就会避免因盲目自大带来的错误。明白了其他人"总有一点强过我"，我们才能真正学会谦恭。

不提自己当年勇，更不提别人当年的不勇

仲弓问孔子什么是仁德。子曰："出门如见大宾，使民如承大祭；己所不欲，勿施于人；在邦无怨，在家无怨。"仲弓曰："雍虽不敏，请事斯语矣！"孔子回答仲弓说："出门好像去会见贵宾，役使百姓好像去举行大祭奠。自己所不喜欢

的，不要强加于别人。在朝廷做官时不怨天尤人，在城邑做官时也不怨天尤人。"仲弓说："我虽然迟钝，但也一定要按照这样的话去做。"这当然是仲弓的谦虚之辞。事实上仲弓在孔子的弟子中是一个非常有修养的人，孔子曾说他"可以使南面"，就是说仲弓是一个有帝王之才的人。

看过鲁迅《阿Q正传》的人都知道阿Q有一头癞疮，他平时最忌恨别人提到这一短处。老百姓说"打人莫打脸，骂人不揭短"，因为谁都会有不完美的地方。你如果揪住他人的短处不放，肯定会令双方都不愉快。

"己所不欲，勿施于人"，你自己不愿意被人戳着痛处，就不要在和他人交往的时候毫不顾忌，更不能将这种不尊重他人的行为视为一种心直口快。

明太祖朱元璋出身贫寒，做了皇帝后自然少不了有昔日的穷哥们儿到京城找他。这些人满以为朱元璋会念在昔日共同受苦的情分上，给他们封个一官半职，谁知朱元璋最忌讳别人揭他的老底，认为那样会有损自己的威信，因此对来访者大都拒而不见。

有位朱元璋儿时一块长大的好友，千里迢迢从老家赶到南京，几经周折总算进了皇宫。一见面，这位老兄便当着文武百官大叫大嚷起来：

"哎呀，朱老四，你当了皇帝可真威风呀！还认得我吗？当年咱俩可是一块儿光着屁股玩耍，你干了坏事总是让我替你挨打。记得有一次咱俩一块儿偷豆子吃，背着大人用破瓦罐煮，豆还没煮熟你就先抢过来，结果把瓦罐都打烂了，豆子撒了一地。你吃得太急，豆子卡在嗓子眼儿，还是我帮你弄出来的。怎么，不记得啦？"

这位老兄还在那儿唠叨个没完，宝座上的朱元璋再也坐不住了，心想此人太不知趣，居然当着文武百官的面揭我的短处，让我这个当皇帝的脸往哪儿搁？盛怒之下，朱元璋下令把这个穷哥们儿杀了。这就是戳人痛处的下场。

在待人处世中，场面话谁都能说，但并不是谁都会说，一不小心，也许你就踏进了言语的"雷区"，触到了对方的隐私和痛处，犯了对方的忌讳，对听话者造成一定的伤害。其实，每个人都有所长，亦有所短，待人处世的成功，一个很重要的因素就是善于发现对方身上的优点，夸奖对方的长处，而不要抓住别人的隐私、痛处和缺点，大做文章。切记：揭人之短，伤人自尊！

揭短，有时是故意的，那是互相敌视的双方用来作为攻击对方的武器；揭短，有时又是无意的，可能是因为某种原因一不小心犯了对方的忌讳。有心也好，无意也罢，在待人处世中揭人之短都会伤害对方的自尊，轻则影响双方的感情，重则反目成仇。

应注意"揭短"和"批评"是两回事，前者针对他人的缺陷，攻击别人的软肋，非君子所为；后者则是就事论事，较为客观。掌握了这一项原则，比掌握许多别的技巧更有效，也更加体现出尊重他人，尊重自己。为人处世时最好时刻铭记"己所不欲，勿施于人"的教诲，若如此便能做到"言寡尤，行寡悔"。

英雄之外还有英雄，敬人就是敬自己

"君子不重则不威"看起来似乎是说你自己不庄重，那么你在别人面前也就没有了权威、威信。如果这样理解，那么我们仿佛看到了这样的一群"伪君子"：几个"老夫子"式的人物在谈天说地，这时忽然走进来一个晚辈。为了维护自己的威信，"老夫子"们赶紧收敛了笑容，正襟危坐。这就是受了朱熹"君子不重则不威"的影响，如果孔子知道了后世对他的学问是这样的注解，肯定要气坏了。

之所以会有如此的错解，南怀瑾先生认为这是我们受到了朱熹思想的误导。

南怀瑾认为，这是孔子在告诉世人关于自重与尊重他人的处世哲学。"君子不重则不威"就是说一个不知道自重、没有自尊心的人是做不好事情的。不仅"不重"则"不威"，而且做学问也不牢靠。而"无友不如己者"的解读就更有特点了：从前的宋儒们告诉我们："不要和不如自己的人交往。"如果这样理解那就错了，孔子也就太"势利"了，我们的祖先又何以称之为"圣人"呢？

根据南怀瑾的解释，我们得以窥见孔子的真意，每个人都有自己的长处和短处，所以要学会敬重他人。如此说来，我们看到的就是一个连贯的意思，做人既要尊重自己也要尊重他人。不要总是认为自己有多么了不起，其实轻视他人的人同样也会被他人轻视。人与人之间的一切交往都是互相映照的，你敬我一分，我还你三分。希望得到别人的尊重，那么最好的方式便是尊重你身边的每一个人。

东汉末年名将关羽，过五关，斩六将，温酒斩华雄，匹马斩颜良，偏师擒于禁，擂鼓三通斩蔡阳。"百万军中取上将之首，如探囊取物耳。"然而，这位叱咤风云、威震三军的一世之雄，下场却很悲惨，居然被吕蒙一个奇袭，兵败地失，被人割了脑袋。

关羽兵败被斩的最根本原因是蜀吴联盟破裂，吴主兴兵奇袭荆州。吴蜀联盟的破裂，原因很复杂，但与关羽的骄傲，不懂得尊重他人有着密切的关系。

诸葛亮离开荆州之前，曾反复叮嘱关羽，要东联孙吴，北拒曹操。但关羽对这一战略方针的重要性认识不足，他瞧不起东吴，也瞧不起孙权，致使蜀吴关系紧张起来。关羽驻守荆州期间，孙权派诸葛瑾到他那里，替孙权的儿子向关羽的女儿求婚，"求结两家之好"，"并力破曹"。这本来是件好事，以婚姻关系维系补充政治联盟，历史上多有先例。关羽如果放下高傲的架子，认真考虑一番，利用这一良机，进一步巩固蜀吴的联盟，将是很有益处的。但是，关羽竟然狂傲地说："吾虎女安肯嫁犬子乎？"

不嫁就不嫁，又何必如此出口伤人？试想这话传到孙权那里，孙权的面子如何挂得住？又怎能不使双方关系破裂？

关羽的骄傲，使自己吃了一个大大的苦果，最终使他被自己的盟友结束了生命。

俗话说：蚊虫遭扇打，只为嘴伤人。以尖酸刻薄之言讽刺别人，只图自己嘴巴一时痛快，殊不知会引来意想不到的灾祸。人与人之间原本没有那么多的矛盾纠葛，只是因为有人逞一时之快，说话不加考虑，只言片语伤害了别人的自尊，让人下不来台，别人心中怎能不燃起一股怒火？有了机会，反咬一口，也是情理之中的事。

孔子的大弟子子贡曾形容他的老师"温、良、恭、俭、让"，这五字真经值得我们用一生去修行。其中的"恭"就是恭敬，如果你对任何人都怀有恭敬之心，别人自然也就对你敬让，更少有被人记恨在心的事情发生。这个"慈"就是对别人慈悲为怀，有一股悲天悯人的情怀。生性宽厚的人很少口出狂言对他人不尊重，这种敬人的修为是敬己的最好方式。

一切形式都须配合内心的诚恳
——听南怀瑾讲诚信

人生在世，如果失去信用，就如同行尸走肉，失去了活着的意义。做一个守信用的人远比做一个有名气的人重要。

松下幸之助说，信用既是无形的力量，也是无形的财富。确实如此，然而现实中有许多人谎话连篇，这样的人常常自以为聪慧过人，因为他干的是空手套白狼的事情，就算说的是假话又何妨呢？可是他们也忘记了聪明反被聪明误的教训，人们在上过一次当后，你失去的不仅是一个朋友，甚至更多。

别把真诚当作假仁义的面纱

有一种人我们都很讨厌，孔子也非常厌恶。这种人通常表面和善大度，对待他人永远只会表现他阳光的一面，而将他的阴暗、冷漠与自私等蒙上一层面纱。他们气量狭小却又故作宽宏。

《论语·公冶长》中孔子曾说："巧言、令色、足恭，左丘明耻之，丘亦耻之。匿怨而友其人，左丘明耻之，丘亦耻之。"这里孔子说，一个人讲一些虚妄的、好听的话，脸上表现出好看的、讨人喜欢的面孔，看起来对人很恭敬的样子，但不是真心的。用我们老百姓的话说更直白：嘴上一套，背地里是另一套。这样的人就叫"两面三刀"。接着孔子说："这样的小人左丘明耻之，我也耻之。"

南怀瑾先生解释说，"匿怨而友其人"就是明明对人有仇怨，可是不把仇怨表示出来，暗暗放在心里，还去和所怨恨的人故意周旋，像这样的人，用心太奸险了。左丘明不屑于这样，孔子也不屑于这样。

这种人用心之险、之毒不是一般人所能达到的，凡夫俗子们通常都是把心情写在自己的脸上，哪里有那么多的精力用在工于心计上，这样活着的人未免太辛苦了。但是总有些人不是这样想的，比如被南怀瑾先生称为历史上第一个"奸雄"的郑庄公，南怀瑾说曹操效法的似乎也是郑庄公。

郑武公的妻子姜氏生有两个儿子，老大叫寤生，老二叫共叔段。姜氏对共叔段特别偏爱，几次请求郑武公立共叔段为世子，武公都没有同意。

武公死后，长子寤生继位，是为郑庄公。姜氏见扶植共叔段的计划失败，转而请求庄公将京邑封给共叔段，庄公不好推辞，只好答应了。

郑国大夫知道后，立即面见庄公说："分封的都城，它的周围超过三百丈的，就会对国家有害。按照先王的制度，规定国内大城不能超过国都的三分之一，中城不能超过国都的五分之一，小城不能超过国都的九分之一。现在将京邑封给共叔段，不合法度。这样下去恐怕您将不能控制他。"

庄公答道："母亲喜欢这样，我怎么能让她不高兴呢？"

大夫又说："姜氏哪里有满足的时候！不如早想办法处置，不要让祸根滋长蔓延，蔓延了就很难解决，就像蔓草不能除得干净一样。"

庄公沉吟了一会儿，说："多行不义必自毙。你姑且等着吧！"

其实，郑庄公心里早已有了对付共叔段的方略。他知道自己现在力量还不够强大，共叔段又有母后的支持，要除掉共叔段还比较困难，不如先让他尽力表演，等到其罪恶昭著后，再进行讨伐，一举除之。

共叔段到了京邑后，将城进一步扩大，还逐渐把郑国的西部和北部的一些地方据为己有。公子吕见此情形十分着急，对庄公说："国家不能使人民有两个君主统治的情况出现，您要怎么办？请早下决心。要把国家传给共叔段，那么就让我奉他为君，如果不传给他，就请除掉他，不要使人民产生二心。"

庄公回答说："你不用担心，也不用除他，他将要遭受祸端的。"

此后，共叔段又将他的地盘向东北扩展到与卫国接壤。此时，子封又来见庄公，说："应该除掉共叔段了，再让他扩大土地，就要得到民心了。"

庄公说："他多行不义，人民不会拥护他。土地虽然扩大了，也一定会崩溃的。"

共叔段见庄公屡屡退让，以为庄公怕他，更加有恃无恐。他集合民众，修缮城墙，收集粮草，修整装备武器，准备好了步兵和战车并与母亲姜氏约定日期作为内应，企图偷袭郑国都城，篡位夺权。

庄公对共叔段的一举一动早已看在眼里，并有防备。当他得知共叔段与姜氏约定的行动日期后，就命大将子封率领二百辆战车提前进攻京邑，历数共叔段的叛君罪行，京邑的人民也起来响应，反攻共叔段，共叔段弃城而逃，后来畏罪自杀。他的母亲姜氏也因无颜见庄公而离开宫廷。

　　这一段故事来自于左丘明的《左传》，读过这篇文章的人应该还能记得文章的标题《郑伯克段于鄢》。注意标题中的一个字："克"，这就是春秋笔法，微言大义。也就是说从这样非常简单的一个字，我们可以看出来左丘明的态度，他是不赞成郑庄公这个人的。因为"克"字是对敌人才用的字眼，这样类似的情况在《左传》中还有很多。

　　如果按照孔子的思想他是讲究兄弟友爱的，也就是说弟弟再有过错，你也不能放纵他继续错，更不能杀了他，而是应该给他讲道理，要他做好自己的本分，毕竟是血浓于水的亲兄弟。但是郑庄公不仅没有规劝，反而用了假装糊涂与欲擒故纵的计谋，他表面上装作很有度量，对他的弟弟和母亲也是一忍再忍，可背地里早已经做好了杀弟逼母的准备。从这一点上来讲，他也不愧是历史上第一个"奸雄"。也许有人会认为皇室从来就没有夫妻情，也没有父母子女情，又谈什么兄弟情呢？他们生来就是为权力和地位斗争的，谁输了谁就是阶下囚，也许比这个还惨烈。

不过，我们作为凡夫俗子，还是要本着仁爱的精神，爱他人才会被他人所爱。想一想，郑庄公的内心肯定不会快乐。他成了名副其实的孤家寡人，失去了胞弟，也失去了母亲。这样的人就算是能呼风唤雨又如何？毕竟他再也呼唤不来与他流着一样血液的亲人。活着，还是简单一点好。对他人好，对自己也好，这就是幸福人生的开始。

一颗诚心爱正义

孔子说，当遇到仁义的地方，你们应该站在仁义的那一方，如果我错了，你们也不用因为我是老师而违背了道义，即"当仁不让于师"。南怀瑾认为这就是孔子教育弟子的高明之处，他不搞个人崇拜，也不搞专制，就像哈佛大学的校训一样："与亚里士多德为友，与柏拉图为友，更要与真理为友。"

上级发生冲突的时候，我们要考虑的不是权威的地位而是仁义的力量，要让自己的心永远站在仁义的那一边。孔子还说了一句话与"当仁不让于师"遥相呼应，即"君子贞而不谅"。

这个"不谅"不是说不原谅，而是说一个君子要真正诚敬而不能马虎，不能随便违反正义。因为"真理"而冒犯了老师不是对老师的不尊敬，而是对真理的执着追求，对信仰的坚持。这个世界上所有的道理看起来都没有那么高深，可就是稀松平常的话才显得坚持的不容易。比如，你是某个人的下级，明明知道领导交给你的任务是错的，那么你是拒绝他呢，还是被迫接受？孔子的教育就是"君子贞而不谅"。孔子的一个弟子就真正做到了这一点。

宓子贱是鲁国人。有一次齐国进攻鲁国，战火迅速向鲁国单父地区推进，而此时宓子贱正在单父。当时正值麦收季节，大片的麦子已经成熟了，不久就能够收割入库了，可是齐军一来，眼看到手的粮食就会让齐国抢走。当地一些父老向宓子贱提出建议，说："麦子马上就要熟了，应该赶在齐国军队到来之前，让咱们这里的老百姓去抢收，不管是谁种的，谁收了就归谁所有，肥水不流外人田。"另一个人也认为："是啊，这样把粮食打下来，可以增加我们鲁国的粮食。而齐国的军队没有粮食，自然坚持不了多久。"尽管乡中父老再三请求，宓子贱坚决不同意这种做法。过了一些日子，齐军一来，真的把单父地区的小麦一抢而空。

为了这件事，许多父老埋怨宓子贱，鲁国的大贵族季孙氏也非常愤怒，派使臣向宓子贱兴师问罪。宓子贱说："今年没有麦子，明年我们可以再种。如果官府这次发布告令，让人们去抢收麦子，那些不种麦子的人则可能不劳而获，得到不少好处，单父的百姓也许能抢回来一些麦子，但是那些趁火打劫的人以后便会年年期盼敌国的入侵，民风也会变得越来越坏，不是吗？其实单父一年的小麦产量，对于鲁国强弱的影响微乎其微，鲁国不会因为得到单父的麦子就强大起来，也不会因失去单父这一年的小麦而衰弱下去。但是让单父的老百姓以至于鲁国的老百姓，都有了这种借敌国入侵能获得意外财物的心理，这才是危害我们鲁国的大敌。这种侥幸获利的心理，才是我们几代人的大损失呀！"

子贱不愧是孔子的弟子，他把老师平时教育的做人做官的原则实践得很好，爱正义胜过爱权威，爱真理胜过爱老师，这一点不是那么容易就能做到的。

这种对真理的崇敬和保护是一种正义。正义是社会发展不可缺少的力量，社会没有正义就如同大厦没有根基，将是一场灾难。正义是自然在人们心中培植的一种信念，一种善恶终有报的信念。正义给人以勇气，心怀正义，人人都是斗士。

亏钱也不能亏心

孔子不愧是大教育家，针对同样的问题他的回答却往往因人而异，这就是因材施教。《论语·颜渊》中有这样一段：司马牛问仁。子曰："仁者，其言也讱。"曰："其言也讱，斯谓之仁已乎？"子曰："为之难，言之得无讱乎？"在这里，弟子司马牛问老师：什么叫仁呢？孔子回答得很简单，他说一个仁道的人在说话的时候不会信口开河。

南怀瑾说这个"讱"就是后世所谓的说话忍一点儿，慢慢来。从这一句话看来，司马牛可能有放言高论的习惯，所以孔子教他不要随便说话。司马牛一听，说原来做到仁是这么简单啊，就是不随意开口说话，说话的时候忍一忍，难道这就是您所提倡的仁吗？那也太容易了。我们知道凡是看起来很简单的道理往往做起来很麻烦，关键是坚持不了。因为这时候需要我们有耐心和恒心，很多时候是在和我们的缺点较量，所以孔子说，看着容易，其实真做起来是很难的。这是孔子在教育方面，针对学生的个性、行为、某一个缺点再加以纠正。

司马牛问孔子怎样才够得上作为一个君子。君子在中国古代文化中——尤其是儒家的观念里，差不多是一个完整人格的代名词。孔子道："不忧不惧。"我们听了这四个字，回想一下自己，长期处在忧烦中，没有一样是不担心的，我们怕自己会失恋、怕丈夫搞外遇，大而言之，忧烦这个世界怎么一团糟；小而言之，我怎样能得到领导重视啊。一切都在忧中，一切也都在怕中。透过了"不忧不惧"这四个字，就了解了人生，始终在忧愁恐惧中度过，能做到无忧无惧，那真是了不起的修养，也就是"克己复礼"的功夫之一。司马牛一听，觉得这个道理太简单了。你看那些玩命之徒从来就没有什么好害怕的，他们没有钱的时候去偷去抢，反正活着也是活着，怎么活还不都是一样要死？孔子一听，知道他的学生又理解错了，赶忙解释。由此看来这个司马牛的悟性确实不怎么高，如果是颜回和子贡那样的弟子，肯定一下子就领悟到老师的真意了。孔子说一个人能做到内省不疚，就没有什么好忧惧的。

古时候，镇上有一个小木匠，手艺很好，十里八乡的农民都喜欢请他去帮忙。一天，七里外的一户人家请他去做家具。小木匠使尽浑身本领，为雇主做活。可女主人做的一日三餐实在难以下咽，小木匠苦不堪言。一日，他忽然灵机一动，计上心来。

第二天早晨，小木匠总也不来，女主人顿生狐疑。时近中午，他才姗姗来迟。女主人赶忙迎上去，问道："小师傅，怎么这个时候才来？"小木匠回答："唉！甭提了，和媳妇打架呢？""小两口为什么打架？""昨天从您家回到我家里，我媳妇正在偷偷地煮鸡蛋吃。于是我问，我在外边辛辛苦苦挣钱养家，你却在家里'开小锅'（意即吃小灶）！她却说，你每天给人家做活，吃香的喝辣的，好不自在。我煮两个鸡蛋算什么？女主人让您自己说，您给我弄好吃的了吗？她说这话亏不亏心？"

再看女主人，呆呆地站在那里，一言不发。

很多人看完这个故事便微微一笑，其实笑过后仔细想想老百姓的话"不做亏心事，不怕鬼敲门"，还真是这个道理。一个人在夜深人静的时候，扪心自问你有没有做了什么对不起别人的事，有没有昧着良心说瞎话，干没干过损人利己的事，如此等等，一圈问了下来，如果能做到没有任何亏心事，那么又谈什么忧惧呢？而故事中这位女主人，对这个竭尽全力为她干活的小木匠如果没有做亏心事，又为什么说不出话来呢！

做人是一辈子的事情，也是我们每个人共同的事业。这个事业经营得怎样，就看我们平时的表现如何。所以一句话看起来很简单，但是等到我们真正去实行的时候，又会发现它原来不是自己所认为的那样。就好比君子的"内省不疚"，又有几个人能真正做到暗自反省的时候没有觉得有一丝一毫的愧疚呢？这样的人是没有的，只是我们还是要秉持这样的信念，因为我们的内心需要安稳和宁静，为了这一份最简单的心安，我们还是要学会常常内省，不要做让自己忧惧的亏心事，这是做人最起码的准则。

立身成事，一曰诚，二曰信

孔子说："人而无信，不知其可也。"一个人的诚信相当于他的脊梁骨，如果没有这脊梁骨，人们将无法立起来，对于一个普通人来讲还有什么比没人信任更恐怖的呢？失去诚信也就等于把自己推向一个无底深渊，众叛亲离，只能孤军奋斗。

英国政治家福克斯以其言而有信著称。他的父亲是一名正统的英国人，他给小福克斯上的生动一课，在这位少年的心中留下了不可磨灭的印象。

18世纪，富有的英国绅士的住宅都有一个漂亮的花园。福克斯家的花园里有一座旧亭子，他的父亲想将其拆除，并在较为开阔处另建一座。小福克斯从住宿学校回家度假，正巧赶上工人在拆除亭子。孩子当然很想亲眼看一看亭子是怎样被拆除的，所以他打算迟些天返校。父亲却要他准时到校上课，为此父子间颇有嫌隙。母亲如同大多数母亲那样，在旁边替小福克斯说情。

末了，父亲答应将亭子的拆除推迟到来年假期。于是小福克斯就离家返校了。

父亲想，学校里儿子忙于学习，慢慢就会把此事忘掉。于是，儿子一走，他就让人把亭子拆了，在另一处盖了一座新的。谁想到儿子却一直把拆亭子这件事记在心头，假期又到了，小福克斯一回家，就朝旧亭子走去。早餐时，他闷闷不乐地对父亲说："你说话不算数！"

年迈的英国绅士听后大为震惊，严肃地说："孩子，你说得对，我错了我就改。言而有信比财富更重要。纵有万贯家产也不能抵消食言给心灵带来的污点。"父亲随即让人在旧亭子的地方盖起了一座亭子，再当着孩子的面将其拆除。

人们不喜欢假话，哪怕多么冠冕堂皇的假话，也不会打动人们的心，因为人人心中都有一架衡量语言的天平。人们从内心里喜欢说真话的人，因为他们讲信用，说到做到。一个人如果没有信用，那么无论他走到哪里大概都不会找到相信他的人。这样的结果很可怕，因为他将会失去朋友，甚至亲人，继而失去赖以生存的一切关系基础。尤其我们现代人的生存更是各种人际关系维系的结果，谁都无法想象，如果有一天说话无人相信自己，做事没人支持自己，甚至当自己正陷入困难中都没有援手来帮助自己，那么，这将是一场噩梦。

古人把诚信看得很重。孔子曾夸赞自己的弟子子路，认为他是个重信守信的人。无论是怎样的困难，只要答应别人的事情，子路就一定能做到。诚信不仅是做人的原则，

同时我们也能感到被他人信任是一件多么幸福的事。伟大的人物把信誉当作生命去捍卫，事关我们的尊严，在这个问题上我们又如何能允许自己食言呢？

君子守义，小人贪利

南怀瑾先生认为"君子"一词在儒家的理论里几乎是完美人格的象征，孔子说："君子喻于义，小人喻于利。"君子做事情只会看它是否符合道义。

如果一件事是坏的，是违背道德的，那么就算你告诉君子，这件事他会得到多少好处，他也不会去干的。小人就不一样了，"小人喻于利"，这句话就是说小人在做一件事时，他只会考虑利害关系，凡是能从中得利的他就去做。所以中国有句古话叫作："杀头的生意有人做，亏本的买卖没人干。"还有一句话说"重金之下必有勇夫"，也可以从侧面印证"小人喻于利"的现实。

所以，君子常常取义，而小人往往得利。君子做事情时考虑仁义道德，最低层次也是我们老百姓平时最爱说的"对得起自己的良心"，小人绝对不会这样，他们唯利是图，哪里还有仁义道德的位置？我们常说读史能明志，看古人的为人处世就能明白君子小人古而有之，原本就不足为怪。

晋国大夫文子曾遇到过投奔谁的难题。

文子流亡在外，经过一个县城。随从说："此县有一个啬夫，是你过去的朋友，何不在他的舍下休息片刻，顺便等待后面的车辆呢？"文子说："我曾喜欢音乐，此人给我送来鸣琴；我爱好佩玉，此人给我送来玉环。他这样迎合我的爱好，无非是为了得到我对他的好感。我恐怕他也会出卖我以求得别人的好感。"于是他没有停留，匆匆离去。结果，那个人果然扣留了文子后面的两车人马，把他们献给了国君。

人们常说的世态炎凉、人走茶凉，就是针对这样的势利小人而言。当你得势的时候，小人会对你百般巴结；可是人的一生总会有不如意，等到无酒也无肉时，就会树倒猢狲散。经历苦难，我们才能得知谁才是我们的真朋友。那些在我们顺境之时也许从未来"表示"的人，也许正是孔子眼中的君子，而当我们失意时可能就是这些我们平时料想不到的人来安慰和鼓励我们。这样的人刚正不阿，是真君子，也是"君子取义"所说的大丈夫。平时有酒肉招待的"朋友"，一旦看你失意而生怕你找他借钱的人，就是"喻于利"的小人。

争也始终保持君子的风度

—— 听南怀瑾讲君子风度

竞争是无时不在、无时不有的，每个人的生命从孕育的那一刻起就是竞争的结果，任何幻想逃避竞争都是不切实际的想法。可以说人类的发展就是竞争的结果，所以严复在翻译赫胥黎的《天演论》时就说出了一句震撼世界的话："物竞天择，适者生存。"

但是我们之所以被称为"人"，之所以自称是万物之灵长，就在于我们有区别于动物性的一面。如果我们为了自己的利益而和对手展开一场血腥的厮杀，那么我们还配叫"人"吗？而且有句话说"不义之财转眼就会失去"，只有凭借真的本事，依靠正当方法得来的东西才会长久。

不义之财，转眼就会失去

著名的宗教改革家马丁·路德有一句名言"为了完成最高道德，可以不择手段"，现代人断章取义，不看前面的前提，就抓住后面的半句话，对于维持一个良好的竞争有序的社会只有害处，没有丝毫益处。孔子认为一个君子不是真的"无所争"，而是"其争也君子"。什么意思呢？孔子举了一个"射"为例，古人讲"六艺"，也就是礼、乐、射、御、书、数。我们从一些影视作品中经常能看到射箭比赛，当然这个"射"字并不简单地代表射箭。古人就算是比赛也还要作揖，结果出来的时候，赢了的一方要说"承让"，输了的一方要说"领教"，这就是"其争也君子"的表现。

南怀瑾先生说，孔子不是在简单地告诉我们和人比赛时说"承让"和"领教"，他不是要我们只讲究这些形式，而是要我们用正当的手段获取我们应得的事物，不是靠歪门邪道。这种礼让的道德精神是全人类的文化遗产。

　　1936 年的柏林，希特勒对 12 万观众宣布奥运会开始。他要借世人瞩目的奥运会，证明雅利安人种的优越。

　　当时田径赛的最佳选手是美国的杰西·欧文斯。德国有一位跳远项目的王牌选手鲁兹·朗，希特勒要他击败杰西·欧文斯，以证明他的种族优越论——种族决定优劣。

　　在纳粹的报纸一致叫嚣把黑人逐出奥运会的声浪下，杰西·欧文斯参加了 4 个项目的角逐：100 米、200 米、4×100 米接力和跳远。其中跳远是他的第一项比赛。

　　希特勒亲临观战。鲁兹·朗顺利进入决赛。轮到杰西·欧文斯上场，他只要跳得不比他最好成绩少过半米就可进入决赛。第一次，他逾越跳板犯规；第二次他为了保险起见从跳板后起跳，结果跳出了从未有过的坏成绩。

　　他一再试跑，迟疑，不敢开始最后的一跃。希特勒起身离场。

　　在希特勒退场的同时，一个瘦削、有着湛蓝眼睛的德国运动员走近欧文斯，他用生硬的英语介绍自己。其实他不用自我介绍，没有人不认识他——鲁兹·朗。

　　鲁兹·朗结结巴巴的英文和善意的笑容使杰西·欧文斯全身紧绷的神经松弛了下来。鲁兹·朗告诉杰西·欧文斯，最重要的是取得决赛的资格。他说他去年也曾遭遇同样的情形，用了一个小诀窍解决了困难。果然是个小诀窍，他取下杰西·欧文斯的毛巾放在起跳板后数英寸处，从那个地方起跳就不会偏失太多了。杰西·欧文斯照做，几乎破了奥运纪录。几天后决赛，鲁兹·朗破了世界纪录，但随后杰西·欧文斯以微小的优势胜了他。

　　贵宾席上的希特勒脸色铁青，看台上情绪昂扬的观众倏忽沉静。场中，鲁兹·朗跑到杰西·欧文斯站的地方，把他拉到聚集了 12 万德国人的看台前，举起他的手高声喊道："杰西欧·文斯！杰西·欧文斯！杰西·欧文斯！"看台上经过一阵难挨的沉默后，忽然齐声爆发："杰西·欧文斯！杰西·欧文斯！杰西·欧文斯！"杰西·欧文斯举起另一只手来答谢。

　　等观众安静下来后，他举起鲁兹·朗的手朝向天空，声嘶力竭地喊道："鲁兹·朗！鲁兹·朗！鲁兹·朗！"全场观众也同声响应："鲁兹·朗！鲁兹·朗！鲁兹·朗！"没有诡谲的政治，没有人种的优劣，没有金牌的得失，选手和观众都沉浸在"君子之争"的感动里。

　　杰西·欧文斯创造的 8 .06 米的纪录保持了 24 年。他在那次奥运会上荣获 4 枚金牌，被誉为世界上最伟大的运动员之一。多年后，杰西·欧文斯回忆说，是鲁兹·朗帮助他赢得 4 枚金牌，而且使他了解，单纯而充满关怀的人类之爱，是真正永不磨灭的运动员精神，所创的世界纪录终有一天会被继起的新秀突破，而这种运动员的精神永不磨灭。

竞争是无时不在、无时不有的，每个人的生命从孕育的那一刻起就是竞争的结果，任何幻想逃避竞争都是不切实际的想法。但是我们之所以被称为"人"，之所以自称是万物之灵长，就在于我们有区别于动物性的一面。如果我们为了自己的利益而和对手展开一场血腥的厮杀，那么我们还配叫"人"吗？而且有句话说，不义之财转眼就会失去，为了这个不是靠正当手段得来的东西要赔上你整日灵魂不安，这是何等的不值得！只有凭借真的本事，依靠正当方法得来的东西才会长久。

穷不忘故旧，富更不能忘故旧

孔子一生周游列国，不求官也不求利，为的就是恢复周礼，因此《论语》中讲到"礼"的内容有很多。比如"恭而无礼则劳"，南怀瑾先生认为孔子说的"恭"就是恭敬的意思，有些人表面上对任何人任何事都很恭敬，一副毕恭毕敬的样子；有一些人和他们正好相反，给人的印象不太好，其实他们的内心并不是表现出来的那样，这只是他们天生的禀赋不同而已。所以我们在给一个人下定论的时候切莫犯了以貌取人的错误。

不要随便被外在的态度左右，要尽量客观。孔子所说的"恭而无礼"，这个礼不是指礼貌，是指礼的精神、思想文化的内涵。所以可以这样说，态度恭敬未必是德，如果有恭敬态度而没有礼的内涵则会"劳"。换句话说，态度礼貌固然重要，如果内心并没有礼的精神内涵，碰到人一味地礼貌，则会很辛苦、很不舒坦。"慎而无礼则葸"，我们身边一定有这样的人，做事小心翼翼、万分谨慎，就怕有什么闪失。做事情谨慎固然是好，但是谨慎过了头就不好了，他会因为担心和忧虑而不敢下手，甚至于对自己有把握的事情也如此，这样的人就会显得像个窝囊废。"勇而无礼则乱"，有些人有勇气、有冲劲，容易下决心，有事情就干了，这就是勇。如果内在没有礼的约束，就容易做坏事或者做了让自己后悔的事情。"直而无礼则绞"，有些人个性直率、坦白，对就是对，不对就是不对。这些人是非分明，眼睛里揉不得沙子。直率固然是好事，也是一种比较受人欢迎的个性，但是问题也来了，那就是直率的人通常说话比较直，有时候当面顶撞了别人还觉得自己没有错。事实上，这种人心地非常好，也很坦诚，非常适合做朋友。

如果你身边就有这样的人，那么你要学会容忍他。其实孔子的弟子子路就有这样的特点。这四点：恭、慎、勇、直，都是人的美德，很好的四种个性。但必须要经过文化教育来中和它们，不然就会有些偏激。太恭敬了，变成劳，我们中国人说"礼多必诈"，想来确有其道理；太谨慎了变成谨小慎微；太勇敢了，又会太过冲动；太耿直了，容易莫名其妙得罪他人。南怀瑾认为项羽的个性就是太勇太直这两个缺点。清代诗人王昙说项羽"误读兵书负项梁"，很有道理。所以文化教育，非常重要，自己要晓得中和。懂得孔子所说的四种典型性格，我们也就找到了自己内省的要领。这一点很重要，许多人还一直不能很好地认识自我，不清楚自己的优点和缺点，有时候甚至会误以为自己的缺点是优点。不过，做到真正的中和却并不容易。

孔子接着说："君子笃于亲，则民兴于仁。"我们中国人最讲孝道，观察一个人的时候要看他对他的父母和兄弟姐妹是不是很好，因为我们无法想象，一个对自己的亲人都没有感情的人又如何能对社会与国家奉献自己的爱？封建时代我们一直在提倡以孝治国，提倡仁爱，就是这个道理。

所以孔子认为一个人要对自己的亲人充满爱心，如果每个人都能做到的话，那么整个社会风气一定是很仁厚与和善的。所谓"故旧不遗，则民不偷"。"故旧"有两个意义，过去的解释是老朋友、老前辈。像古人说的"念旧"，老朋友的交情，始终惦念他。

朱元璋当了皇帝以后，要找年轻时和他一起种田的老朋友田兴出来做官。田兴不肯出来做官，只是到处在做好事。后来有人报告，一个县里，有五

只老虎出来吃人,很厉害,但是不久被一个人打死了,有点武松打虎的味道。朱元璋接到这封公文,知道一定是他的老朋友田兴做的好事,就找来翰林院的进士们,命令他们赶快写信去把田兴找来。于是翰林先生们之乎者也矣焉哉、孔子曰、孟子曰的,咬文嚼字。朱元璋看了半天,皱皱眉、摇摇头,还是自己动手写。他写的是白话,内容大致是:皇帝是皇帝,朱元璋是朱元璋。你不要以为我做了皇帝就不要老朋友了。我们两兄弟还是好兄弟,我今天不是以皇帝身份找你来。我们两兄弟见面,还像当年一起放牛的情景一样,你看我不顺眼了还可以骂我什么的。

古人有"苟富贵,勿相忘"这种精神,而有些现代人一旦自己发了财,升了官,就不想理过去的老朋友了。过去讲皇帝还有三千穷亲戚,现代某些人都恨不得把自己的历史一笔勾销,眼睛里早已经没有过去的影子了,所以现代人活得痛苦也有这个原因。富人怕穷人找麻烦,穷人嫌富人摆架子,相互怨恨。这是故旧不遗的第一个含义——苟富贵还不相忘。

"故旧"的另外一个意义就是传统,故旧不遗就是传统观念不要放弃。一个伟大的人物,不忘记自己的历史和民族的历史,他一定有真感情,可以做英雄,可以做烈士,有真感情才肯牺牲,才肯付出,有这种血气,"则民不偷"。偷是偷巧,不偷巧,社会风气就稳了。这就是孔子眼里最成功的做人方法,也是君子的生活准则。我们普通人当然不是那么容易就能达到这样的高标准,但是只要努力提醒自己,知道该往什么方向去要求自己,就已经是一件很了不得的事情了。

讨好小人容易,讨好君子困难

南怀瑾先生在《论语别裁》中一再强调孔子很了不起,因为他的很多道理是要结合我们的人生经验才能体会到的。孔子说:"君子易事而难说也。说之不以道,不说也。及其使人也,器之。小人难事而易说也。说之虽不以道,说也;及其使人也,求备焉。"他认为与君子一起做事很开心,也很容易。为什么呢?因为君子多半胸怀坦荡,没有什么偏见与私心,你要向他提个建议,没问题,只要是觉得合理他就会接受。但是接下来孔子又说了,你要是打算讨好君子就比较难了,这是怎么回事呢?因为君子的内心很正直,不会因为你给他说两句好话,戴两顶高帽,送点礼就能讨好他。他们做事情就是秉公办理,不会和你讲私情。

这就是为什么孔子说和君子一起共事容易,但是讨好他就比较难的缘故。小人呢?正好相反。我们看《论语》全文中有多处把君子和小人放在一起作比较。

孔子对君子的敬重和钦佩犹如对待美玉的高洁一样。如果你想讨好小人那很容易，只要投其所好就可以了。对于小人，你只要送他所需，送他所急，送他所喜，他就一定很高兴。这就是容易讨好的地方。但是你要和他一起共事就难了，小人永远只会考虑他的私利，而眼中没有大局，更何况是你呢？大难来临的时候小人才不会想到平时你给他送了多少东西，他的眼中只有他自己。所以说"小人难事而易说也"，一句话：和小人相处很难，但是想讨好他、取悦他那很容易。我们看一下唐朝徐文远是怎么对待他的两个学生的，就会明白对待小人与君子是不同的。

徐文远是名门之后，他幼年跟随父亲被抓到了长安，那时候生活十分困难，难以自给。他勤奋好学，通读经书，后来官居隋朝的国子博士，越王杨侗还请他担任祭酒一职。隋朝末年，洛阳一带发生了饥荒，徐文远只好外出打柴维持生计，凑巧碰上李密，于是被李密请进了自己的军队。李密曾是徐文远的学生，他请徐文远坐在朝南的上座，自己则率领手下兵士向他参拜行礼，请求他为自己效力。

徐文远对李密说："如果将军你决心效仿伊尹、霍光，在危险之际辅佐皇室，我虽然年迈，仍然希望能为你尽心尽力。但如果你要学王莽、董卓，在皇室遭遇危难的时刻，趁机篡位夺权，那我这个年迈体衰之人就不能帮你什么了。"

李密答谢说："我敬听您的教诲。"

后来，李密战败，徐文远归属了王世充。王世充也曾是徐文远的学生，他见到徐文远十分高兴，赐给他锦衣玉食。徐文远每次见到王世充，总要十分谦恭地对他行礼。有人问他："听说您对李密十分倨傲，但却对王世充恭敬万分，这是为什么呢？"

徐文远回答说："李密是个谦谦君子，所以像郦生对待刘邦那样用狂傲的方式对待他，他也能够接受；王世充却是个阴险小人，即使是老朋友也可能会被他陷害杀死，所以我必须小心谨慎地与他相处。我查看时机而采取相应的对策，难道不应该如此吗？"

等到王世充也归顺唐朝后，徐文远又被任命为国子博士，很受唐太宗李世民的重用。

徐文远之所以能在隋唐乱世保全自己，屡被重用，就是因为他针对不同的人有不同的应对之法，懂得灵活处世。遇到君子我们固然是幸运的，但是遇到小人却也是不可避免的。小人之所以可怕不在于他和你唇枪舌剑地明着唱反调，而在于他暗地里给你做手脚。更有甚者，小人不会让你察觉他的真实意图，他们习惯躲在暗处给你设圈套，就等着你不知情往里面跳，也许表面上他还会和你谈笑自如。这当然需要我们提高警惕，但更为重要的是人生经验。

认清身边的"墙头草"

我们骂那些没有原则的两面派："墙头草，两边倒。风往哪边吹就往哪边倒！"看看孔子是怎么说这做墙头草的人。

季康子问孔子如何治理政事，说："如果杀掉无道坏人，而成就有道之人，怎么样？"

孔子回答说："你是治理政事，为什么要用杀人的办法？你要是想做好事，百姓也会跟着做好事的。君子的品德好比是风，小人的品德好比是草，风吹到草上，草就会随风而倒。"这是南怀瑾对孔子的理解。

大千世界，鱼龙混杂，不管我们是否愿意面对，我们不可能不与小人打交道，而这些布设在我们身边的小人就像一颗定时炸弹，随时都会置我们于险境，而不管我们是否愿意承认，这些小人总是比好人更有能量，因为破坏一件事总比做好一件事容易得多。你把一匙酒倒进一桶污水，你得到的是一桶污水；你把一匙污水倒进一桶酒，你得到的还是一桶污水。所以，当你全力以赴成就事业时，"提防小人"应是你时时谨记在心的戒律。"对于正面的敌人，我总能应付，但是对于来自背后的狙击，我却总是不能保护自己。"这是麦克阿瑟将军说出的一句无奈之语，恐怕也是许多人所担忧的吧！

几乎在每个时代，都会有"小人"生长的土壤。"小人"就像一个随时可能出现的幽灵，在我们生活的空间里不断出现。提防小人非常重要，因为稍有不慎，就可能给自己带来伤害。

唐朝的杨炎和卢杞两人同任宰相。杨炎善于理财，文才也好。而卢杞除了巧言善辩之外，别无所长。他嫉贤妒能，使坏主意害人是拿手好戏。两个人在外表上也有很大不同，杨炎是个美髯公，仪表堂堂；卢杞相貌奇丑，形容猥琐。同在政事堂办公，他们一同吃饭。杨炎不愿同卢杞同桌吃饭，经常找借口在别处单独吃饭。有人趁机对卢杞挑拨说："杨大人看不起你，不愿跟你在一起吃饭。"卢杞自然怀恨在心。他专挑杨炎下属官员过错，并上奏皇帝。

杨炎因而愤愤不平，说道："我的手下人有什么过错，自有我来处理，如果我不处理，可以一起商量，他为什么瞒过我暗中向皇上打小报告！"两个人的隔阂越来越深，总是对着干，常常是你提出一条什么建议，我偏偏反对；你要推荐一些人，我就推荐另一些人。

当时，藩镇割据的势力梁崇义发动叛乱，德宗皇帝命令另一名藩镇李希烈去讨伐。杨炎觉得不妥，说："李希烈这个人，杀害了对他十分信任的养父而夺其职位，为人凶狠无情，没有功劳却傲视朝廷，不守法度，若是在平定梁崇义时立了功，以后更难以控制了。"

德宗已经下定了决心，对杨炎说："这件事你就不要管了！"杨炎不把德宗的决定放在眼里，一再表示反对，这使对他早就不满的皇帝更加生气。

不巧赶上天下大雨，李希烈一直没有出兵。卢杞知道这是扳倒杨炎的好时机，便对德宗皇帝说："李希烈之所以拖延不肯出兵，正是听说杨炎反对他的缘故，陛下何必为了保全杨炎的面子而影响平定叛军的大事呢？不如暂时免去杨炎宰相的职位，让李希烈放心，等到叛军平定以后，重新起用，也没有什么大关系！"

这番话看上去完全是在为朝廷考虑，也没有一句伤害杨炎的话，卢杞排挤人的手段就是这么高明。德宗皇帝果然信以为真，于是免去了杨炎宰相的职务。

从此卢杞独掌大权，杨炎自然就在他的掌握之中。他当然不会让杨炎东山再起，故意找茬整治杨炎。杨炎在长安曲江池边为祖先建了座祠庙，卢杞便诬奏

说:"那块地方有帝王之气,早在玄宗时,宰相萧嵩曾在那里建立过家庙,玄宗皇帝不同意,令他迁走。现在杨炎又在那里建家庙,必定怀有篡位的野心!"

听信谗言早就想除掉杨炎的德宗皇帝便以卢杞这番话为借口,先将杨炎贬至崖州,随即将他杀死。

杨炎刚愎自用,把对卢杞的蔑视表现在明处,最终被卢杞所害,这值得警戒。相比之下,郭子仪则比较谨慎。他每次会见客人的时候,常有很多侍女陪伴在他的左右。但是,只要一听说卢杞来到,郭子仪就会命令侍女全部下去回避。他的儿子们不明白这是什么原因,郭子仪回答说:"卢杞的容貌丑陋,妇人见了没有不笑的。我要是不叫侍女回避,她们肯定不可避免地要笑出声来。卢杞心胸狭窄,肯定会记恨在心的。他将来如果得志,我们全家人就都活不成了。"正是因为郭子仪谨小慎微,才最终没有为小人所害。

做君子固然好,但是如果为了做君子连自己的命也不懂得保护,这就算不上真正的君子。

在孔子看来"君子德风"应当能左右"小人德草",就算不能感化与影响他,起码要能做到自保。在内心要有君子的气节,在外要能识得小人的伎俩,不让自己被"墙头草"所利用,这才是真正的智慧。

最了不起的就是平凡人
—— 听南怀瑾讲平常心

无尽的欲望只会让你成为一口枯井。贪婪是耗尽人的能量，却永不让人满足的地狱。所以，我们一定要锁住自己的欲望，不要让它破坏我们的幸福。

贪婪如同海水，你喝得越多越觉得口渴，最后会让自己命丧于此。所以人应当时刻提醒自己，不要让自己跌倒在贪欲上。被欲望掩埋是很残酷的，而往往这种贪欲就像是人性的鸦片，你吸食的时候很过瘾，完全意识不到它的坏处，等你想抽身而逃的时候已经晚了，而且戒也戒不掉。

穷富是一场心理较量

子贡是孔子弟子中最能干的一个，他搞外交也行，当官也行，做生意又会赚大钱，口才也好，人也聪慧，这样的人实在难得。有一天子贡认为自己的德行修养得不错了，于是有点扬扬得意地和老师探讨起贫富的问题。他说："先生，你看一个人如果贫穷，但是他见了别人能自尊自爱，他不向任何人卑贱地拍马屁；一个人很富有，但是他完全不因为他的富有而骄傲，你觉得这样的人修养怎样？"（子贡曰：贫而无谄，富而无骄，何如？）

孔子听了以后说了这样一段话："还不错，但是还没有修炼到家。不如一个人虽然很贫穷但是却能以此为乐，也不及一个人虽然很富有却能够常常学习礼仪，懂得谦恭的好。"（子曰：可也，未若贫而乐，富而好礼者也。）

根据经验，一个人在失意的时候比得意的时候更容易忘形。（子曰：贫而无怨，难；富而无骄，易。）（《论语·宪问》）人们在不得志的时候往往会怨天尤人，抱怨生不逢时，认为自己的命不好，这在贫穷的人群中很普遍。

"富而无骄"，有地位，有财富，成功了不骄傲。本来这个修养很难，但是

比较起来还是相对容易。古今中外有些人因为地位高了，依然很谦恭，态度很好，修养极高，这相当不容易。可是如果我们和正在受苦的人相比，我们就能轻而易举地发现要做到贫而无怨比富而无骄难得多。穷人的一大特点就是爱抱怨，整天不是抱怨天气不好就是抱怨交通堵塞，再不就是抱怨自己没有娶个有钱的老婆，或者自己没有嫁个有钱的丈夫。夫妻之间也常常因此而引发战争。中国有句俗语"贫贱夫妻百事哀"，就有点儿这个道理。一对整日因为金钱而发愁的夫妻又怎么能做到没有怨恨呢？天长地久，夫妻之间心生悔意，互相就看对方不顺眼。男的开始抱怨自己的老婆太虚荣，不体贴自己；女的开始抱怨自己的老公没出息，不会像人家那样赚大钱，当大官。这样的情形在生活中屡见不鲜，出于攀比心理，人们的心理就会失衡，而且人心本来就不容易得到满足，因此说人心不足蛇吞象。所以贫而无怨的人在生活中很少见，如果有，这样的人可以说修养极高，一定是胸怀宽广、行为豁达的人。

反过来我们看，富了的人，他们当中也有不少人很有点儿得意的模样，这种人尤其在先苦后甜的人群中比较多见。有点小人得志的意思，好像很神气活现，觉得自己有点了不起，你看我从前很辛苦，现在不是比你有钱了吗？这样的人也为数不少，但是他们的修养还不高，身上总是脱不了小家子气。但是富人中有的人修养太好了，就像穷人中也有庄子那样的人一样，这样的人虽然少，但总是有的。如今的很多富豪，他们的态度不因为自己的地位而改变，他们的身上依然保持着一份待人的谦恭与真诚，有时候甚至会让人怀疑他们是不是成就卓越的富豪。像这样的人胸怀宽广，眼界也很宽广，也许他们能取得这样的成就和他们的气度有非常大的关联。

无论是贫还是富，这样的境遇对我们来说都是一种心理的较量，都是考验我们人格与修养的一所学堂。如果你贫穷，你在这里可以学到悲观、厌世、自暴自弃、怨天尤人，同时你也能够学到豁达、通透、激励、勤奋；如果你是一个富人，你在这里能够学到骄傲、自大、得意、粗俗，但你也可以学到感恩、知足、回报、幸福。一切就看你想怎么学，你的心里常常想的模样就是你将来的模样。

看破平常，怎能忍不过

南怀瑾先生说，世上的人只有两种："想得到，做不到；看得破，忍不过。"想想还确实如此，尤其是后半句"看得破，忍不过"。很多人看似把人间的一切名利得失都看透了，可是临了他还是要怨天尤人，还是要抱怨命不好。这就是"看得破，忍不过"。

一个人独自出门旅行，在一处山清水秀的地方迷了路。路遇沟涧，肚腹空空的他意外地抓到一条大鱼。

惊喜交加的游客燃起一堆火，想将鱼烤熟饱餐一顿。火刚燃起，鱼还没开始烤，突然出现一只山猫飞快地叼跑了鱼。又饥又饿的游客憋足劲儿追赶那只山猫，追不上，随手捡起一块石头砸过去。实在巧，石头结结实实地敲在山猫头上，将山猫砸晕了。

欢天喜地的游客用野藤捆住山猫，重新开始烤鱼。不料，烤鱼的香气飘得太远，竟招来一群野狼，但狼不稀罕鱼的美味，虎视眈眈地盯着孤身一人的游客。急中生智的游客拎着捆绑好的山猫赶紧攀上一棵大树。狼在下，人在上，对峙了半天，饿得头昏眼花的游客不得不决定用牙齿撕咬山猫来充饥。正准备下嘴，几声枪响，几只狼应声倒地，其余的狼则落荒而逃。原来，是几个猎人听到了狼嚎赶了过来。

绝境逢生的游客下了树，望着一堆猎物，猎人很高兴，不但当场给游客烤狼腿吃，还细心给他指明了方向。游客带着山猫踏上回程，没走多远，就遇上了一支考察队。考察队看中了游客抱着的那只山猫，想买回去做标本。游客暗自庆幸没将山猫扔掉，喜滋滋地收了两枚金币。

怀揣金币的游客脚步轻盈地继续前进，不幸再次发生了——他与两名强盗狭路相逢。强盗抢走了他的金币，万幸的是，因为他的苦苦哀求，强盗没要他的命，只是将他打了一顿。强盗走了，鼻青脸肿的游客在山溪边清洗伤口时，几个警察出现了，游客赶紧领着警察朝强盗逃窜的地方追赶。强盗落网了，竟是罪行累累犯下不少重案的大盗。正因为如此，游客获得了一笔不菲的奖金。

游客辗转回到了家，得意扬扬地拿出奖金向太太炫耀。正在这时，电话响了，他的父亲突发急症。他匆匆忙忙赶到医院，奖金变成了医药费。他对太太抱怨："折腾一番后发了一笔横财，却在一瞬间两手空空。"太太说："你出门去旅游时不也是两手空空吗？"

这个人想了想，咧嘴笑了。

这个人是有名字的，他的名字叫你、我、他。你、我、他的一生，其实也是一段段的旅程，拿一生的时光来看待"旅程"所遭遇的一切，无论幸与不幸，其实都是瞬间即逝，无足轻重。

谁都知道不义之财不可取，可是如果现在许多金钱摆在你面前，没有人看到你的作为，这个时候你会怎么想呢？也许看第一眼的时候还有理智，告诉自己这不是自己的，所以不能要；慢慢地，再看第二眼的时候，眼睛就红了，就会想着如果我拿到了这笔钱有多么大的用处；再看一会儿，你就会两眼发直，觉得不拿白不拿，反正是神不知鬼不觉。这就是"看得破，忍不过"的情况。其实，真的看得破了，也就能忍得过了。

贪婪的人最贫穷，知足的人最富有

俗话说知足常乐，老子在《道德经》中也说过"知足者富"的话。但是人们的欲望往往很大，欲壑难填是常有的事。孔子在《论语·公冶长》里就与人讨论过这个问题，用他的话说："吾未见刚者。"或对曰："申枨。"子曰："枨也欲，焉得刚？"他认为一个真正刚强的人不是说脾气很大，也不是靠蛮勇之力，而是对人对事都没有什么欲求。所以我们常听老人说"人到无求品自高"。

一个人做到对什么都没有特别的欲求就不会害怕别人的要挟，因为他没有任何需要别人来施舍的。这种气度就是南怀瑾先生所说的"弃天下如敝屣，薄帝王将相而不为"。

所以智者说壁立千仞，无欲则刚。人只要有自己的喜好，一旦遇到自己中意的就要落入套中。爱财的人一见到金子就两眼发直，好色的人一见到美女就垂涎欲滴，喜欢附庸风雅的人看到古玩字画就走不动路。因此，人要真的无欲还真难。

狐狸和狼是死对头，在动物王国中，它们一直在明争暗斗，渴望更高的位置和权力。但是狼比狐狸走运，狼被提拔了，而狐狸却什么也没得到。

怎样搞掉狼呢？狐狸冥思苦想，终于想出一条计策。

狐狸去拜见狼，诚恳地说："狼大哥，过去我有对不起你的地方，是我错了，你一定要原谅我呀。"

狼见狐狸登门认错，心里得意，摆出大仁大义的样子说："没什么，过去的事情就别提了，咱们团结一致向前看。"

狐狸与狼倾心长谈，积极为狼出谋划策，临走时，非要留下点小礼品不可。狼觉得也不能太不给狐狸面子，就收下了，反正狐狸也没有什么要求。

狐狸隔三岔五来走动，每次来都带些礼品，不轻不重，狼渐渐地也就习以为常了。

有一天，狐狸对狼说："现在羊和猪在争一块草地，羊跟我关系不错，你看能不能帮羊说句话？"

这件事狼是知道的，不是什么大事，就替狐狸办了，之后，狐狸拿了更多的礼品来感谢。长此以往，狐狸求狼办的事也越来越多，当然礼品也越来越多，不知不觉中，超过原则的范围也越来越远。

终于有一次，狐狸让狼办一件很危险的事，许诺事成之后必有重谢，狼不干。狐狸取出一个小本，上面记着狼每次受贿的时间、事由等，各种证据俱全，这些就足以毁掉狼的前程。不得已，狼答应再帮这一次忙，下不为例。

没有下一次了，狼东窗事发，将在狱中度过自己的余生。

在现实生活中，我们需要有一种放弃欲望的清醒。其实在物欲横流、灯红酒绿的今天，摆在每个人面前的诱惑有许多。唯有保持一颗清凉心，才不会误入歧途。贪婪是耗尽人的能量，却永不让人满足的地狱。无尽的欲望只会让你成为一口枯井。所以，我们一定要锁住自己的欲望，不要让它破坏掉我们的幸福。

贪婪如同海水，你喝得越多越觉得口渴，最后会让自己命丧于此。所以人应当时刻提醒自己，不要跌倒在自己的贪欲上。被欲望所掩埋是很残酷的，而往往这种贪欲就像是人性的鸦片，你吸食的时候很过瘾，完全意识不到它的坏处，等你想抽身而逃的时候已经晚了。

贫穷也是一种富有

《论语·子罕》中有这样一段故事，大宰问于子贡曰："夫子圣者与？何其多能也？"子贡曰："固天纵之将圣，又多能也。"子闻之，曰："大宰知我乎？吾少也贱，故多能鄙事。君子多乎哉？不多也！"

南怀瑾先生解释说"大"读"太"，大宰是春秋时代的职官名称。有位大宰问子贡说："孔子是你的老师，他可真是一个大圣人啊。你说他是跟谁学的知识呢？怎么那么渊博？难道是自学成才不成？"子贡一听对方是在夸赞他的老师，很是高兴，可以想到的是子贡一定是非常自豪地回答他说："那当然，我们的老师天生就是当圣人的料！"孔子听说了这件事以后这样对弟子说："哎呀，那个大宰哪里能理解我啊。我年少的时候受了很多苦，因为吃苦耐劳所以才有了今天这一点修养。"

孔子出身不是很好，家里很贫穷。贫穷的生活锻炼了孔子的意志，也让孔子学会了许多做人的道理。我们平时也常说穷人的孩子早当家，确实很有道理。所以现代的青年必须明白吃苦不见得是坏事，玉不琢不成器，人生在早年的时候经受一些痛苦的磨难不但不是坏事，反而有助于人的成长。有不少人甚至认为年轻的时候如果一帆风顺，对于自己的成长非但无益反而有害。如果说磨难也是一种财富的话，那么因为贫穷而带来的磨难或者坎坷不也是一种财富吗？其实，世界上每个人都很富有。

一天，小哈瑞回到家后就对妈妈说："妈妈，我们很穷，是吗？"

"不，哈瑞，我们并不穷。"妈妈说。

"不，妈妈，"小哈瑞难过地说，"我们就是非常穷，你在骗我！"

"哈瑞！"妈妈的口气中含有责备的意味。

"是的，妈妈，我们就是太穷，"他哭着说，"伙伴们都有好多玩具，可是我一个也没有。"

这时候，他的叔叔来到了哈瑞家，当他了解到哈瑞哭泣的原因之后，就对哈瑞的妈妈说："我会让他知道自己是多么富有。"

"哈瑞，我正在做一个关于眼睛的实验，如果你肯把你的眼睛给我的话，你将得到 2 美元。"叔叔对哈瑞说。

"你是在开玩笑吗？"哈瑞吃惊地问。

"不，这不是玩笑。"叔叔一本正经地说。

"我想不行。"小家伙回答的语气非常坚决。

"你嫌得到的少吗？ 5 美元、10 美元、20 美元……"叔叔接着问。哈瑞总是摇头说："不，1000 美元我也不干！"

"2000 美元呢？"叔叔问道。

"不！"哈瑞摇头。

"那么好吧，"叔叔说，他又从兜里拿出一个小瓶子，里面有一些红色的药水，"如果你让我把这瓶子里的药水滴到你耳朵里的话，你将会得到 20 美元。我只想知道这些药水是否能让一个人的耳朵变聋。""不行！"哈瑞斩钉截铁地说。"3000 美元？"叔叔又问。"不，不行！"哈瑞又摇头。

接着，叔叔又要他的双手、双脚、鼻子，最后出价 10 万美元要他的妈妈。哈瑞拒绝了所有的提议。"哈瑞，现在你来看！"叔叔把刚才出的价钱都记在本子上了，"你真是太富有了！这些钱加起来一共是 132000 美元。""你不觉得放弃这么多的钱太可惜了吗？我要告诉你现在反悔还来得及，我还在这里。"叔叔提醒道。

"不，我绝对不会后悔。"哈瑞坚决地说。"那么，你为什么要说自己穷，让你妈妈那么伤心呢？"

哈瑞红着脸，泪水滑下了脸颊，他冲到妈妈怀里亲吻着她的脸庞说："妈妈，我知道了，其实我们每个人都很富有，我能天天看见你，还有健康的身体，生活真是太好了，它给了每个人一切。"

这个世上有很多事都不是那么绝对的，事情有很多面。在你眼里看起来是坏事，也许在别人眼里就是一件好事。比如，你出身贫苦，但是如果你努力也许会比同龄人要早熟，意志坚定，四肢勤奋，这些都是贫苦带给人们的好处。出身富贵之家是众人的意愿，但是富贵之乡也许会消磨你的意志，容易让人玩物丧志，就像唐代大诗人韦应物，他的出身很好，然而养成了游手好闲的恶习，幸而后来痛改前非，否则也就没有他在文学上的成就了。这就说明事情不会那么绝对，如果我们的出身不好，千万不要自暴自弃，而应自立自强，要相信自己也很富有。

做领导人第一个修养就是容忍

—— 听南怀瑾讲包容

　　"小不忍则乱大谋""识时务者为俊杰""君子藏器于身，伺机而动"，这些古话都是教我们要忍耐方能成大事。在小事情和小细节上如果不能忍耐，动不动就吹胡子瞪眼，这样的人多半性格急躁不能宽容，"大谋"就会因此而被破坏。中国人是最擅长"忍之术"的一个民族，更有人说为官之道就在于一个"忍"字。当自己力量还比较薄弱时，切莫意气用事，为逞一时之快而犯下以卵击石的错误。

做官一阵子，做人一辈子

　　有人曾经这样问孔子，你觉得郑国的子产怎么样啊？孔子说：噢，子产是个了不起的大政治家呢。子产当政的时候，对社会贡献很大，对国家的老百姓，是有恩惠的人。南怀瑾先生认为孔子最敬佩的人之一就是郑国的大政治家子产，所以孔子才会这样作答。

　　但是这个人好像还一副很不满足的样子，又接着问孔子：你认为楚国宰相子西如何呢？孔子回复他的话意犹未尽，他说："他啊，他啊！"明眼人一看就知道孔子对他不是很钦佩，但是孔子又不好直接说什么，毕竟这不是我们这位孔圣人的做人风格——孔子很反感背后乱批评别人。那么，孔子为什么要这样说呢？这里有一个插曲，知道了这个故事就明白孔子为什么如此回答。孔子在春秋时代弟子三千，而且有很多能人、贤人，所以他的名声很大。当他来到楚国的时候，这位大宰相怕位置不保，担心孔子过来抢了他的宝座。就单这一件事我们就能看出子西这个人胸怀不够宽广，很有点嫉贤妒能的意思，同时他还用小人之心度君子之腹。一个国家有这样一个位高权重的人当宰相，他能为他的母邦带来什么实质

性的贡献呢？

　　接下来这个人还不满足，偏要把春秋时的几个大宰相放在一起，让孔子来作个比较。他又问道："那你认为管仲这个人怎么样啊？"我们知道没有管仲就不会有齐桓公的称霸，是他帮助齐桓公七连诸侯，这在当时是个了不起的功绩。因为当时诸侯纷争，乱成一团，而齐桓公能号令天下，组织大家开了一场又一场的"国际会议"，全都仰仗管仲之力。所以孔子对管仲很是佩服，我们几乎能想象到孔子回答这个人问题时的表情和动作，似乎孔子应该是竖起大拇指连连点头称赞管仲：管仲才算得上是一个真正意义上的人。真了不起！他在当政的时候，能够把齐国另一大夫伯氏的三百好田没为公有，而伯氏一家人因此穷困，只有青菜淡饭可吃，但一直到死，也没有怨恨管仲，心服口服。所以孔子说他能够称为一个人，了不起。我们如果稍微注意一下，就能发现孔子心中的标准。他为什么不说管仲也是一位大政治家呢？这是因为仅仅如此说，会降低了管仲的价值。因为政治家只是一个政治上很有作为的人物，而能够将别人的财产拿走，还能让别人没有一丝一毫的怨言，这就不是用"政治家"所能概括得了的了。所以孔子称他是一个"人"。

我们通篇看下来就会明白这样一个朴素而深刻的道理：做官只有一阵子，做人却是我们一辈子的事业。做人比起做官要重要得多，它们也不是一个层次上的哲学命题。

清代康熙年间，北京城里延寿寺街上廉记书铺的店堂里，一个书生模样的青年站在离账台不远的书架边看书。这时账台前一位少年购买一本《吕氏春秋》，付书款时有一枚铜钱掉下滚到了这个青年的脚边，青年斜睨眼睛扫了一下周围，就挪动右脚，把铜钱踏在脚底。

不一会儿，那少年付完钱离开店堂，这个青年就俯下身去拾脚底下的这枚铜钱。凑巧，这个青年踏钱、取钱的一幕，被店堂里面坐在凳上的一位老翁看见了。他见此情景，盯着这个青年看了很久，然后站起身来走到青年面前，同青年攀谈，知道他叫范晓杰，还了解了他的家庭情况。原来，范晓杰的父亲在国子监任助教，他跟随父亲到了北京，在国子监读书已经多年了。今天偶尔走过延寿寺街，见廉记书铺的书价比别的书店低廉，所以进来看看。老翁冷冷一笑，就告辞离开了。

后来，范晓杰以监生的身份进入誊录馆工作，不久，他到吏部应考合格，被选派到江苏常熟县去任县尉官职。范晓杰高兴极了，便水陆兼程南下上任。到了南京的第二天，他先去常熟县的上级衙门江宁府投帖报到，请求谒见上司。

当时，江苏巡抚大人汤斌就在江宁府衙，他收了范晓杰的名帖，没有接见。范晓杰只得回驿馆住下。一天过去，又得不到接见。这样一连十天。第十一天，范晓杰耐着性子又去谒见，威严的府衙护卫官向他传达巡抚大人的命令："范晓杰不必去常熟县上任了，你的名字已经写进被弹劾的奏章，你被革职了。""大人弹劾我，我犯了什么罪？"范晓杰莫名其妙，便迫不及待地问。"贪钱。"护卫官从容地回答。"啊？"范晓杰大吃一惊，自忖："我还没有到任，怎么会有贪污的赃证？"一定是巡抚大人弄错了。急忙请求当面见巡抚大人陈述，澄清事实。护卫官进去禀报后，又出来传达巡抚大人的话："范晓杰，你不记得延寿寺街上书铺中的事了吗？你当秀才的时候尚且爱一枚铜钱如命，今天侥幸当上了地方官，以后能不绞尽脑汁贪污而成为一名戴乌纱帽的强盗吗？请你马上解下官印离开这里，不要使百姓受苦了。"范晓杰这才想起以前在廉记书铺里遇到的老翁，原来就是正在私巡察访的巡抚大人汤斌。

一枚铜钱断了范晓杰的政治之路，让他在还没有起飞的时候就先折了翼，归根结底不是因为那一枚铜钱有多厉害，而是因为他不会做人，人都没做好，又如何能做好事情呢？做人要恪守自己的原则。做人要有正确的人生信念、执着的人生追求，做人要合乎历史潮流，不可随波逐流。陶渊明不为五斗米折腰，朱自清宁可饿死不食美国面粉，鲁迅"横眉冷对千夫指，俯首甘为孺子牛"。

做不好事情也做不好官，这就是做官一阵子，做人一辈子的核心。通篇读下来，我们能感受到孔子知人论世的准确、深刻，同时更感受到只有人生经验很丰富的人才能有如此体会。在实践中磨砺，在实践中锻炼自己，不愿吃苦、不肯艰苦奋斗的人，成就不了大事，也不可能成为顶天立地之才。

能忍还能挨一刀，不忍丢掉命一条

"小不忍，则乱大谋"这句话几乎所有人都明白它的意思，在小事情和小细节上如果不能忍耐，动不动就吹胡子瞪眼，"大谋"就会因此而被破坏。

这样的人多半性格急躁不能宽容，在这方面清朝的曾国藩就是一个典型，他一生奉行"忍"的为官处世之道。因此他才能官居高位，在宦海中几经沉浮却没有被淹没，最终得享天年。如果我们稍微留心一下历史就会发现，笑到最后的人几乎都是有"忍"之海量的人，开创清朝升平之世的康熙皇帝就是这样的一个人。

根据祖宗的惯例，康熙满十四岁那年举行了亲政大典。可是亲政后的康熙帝，仍然没有实权，鳌拜继续大权独揽。皇帝与权臣之间的矛盾，终于在如何对待苏克萨哈的问题上公开化了。

苏克萨哈是顺治皇帝临终时指定的四位顾命大臣之一，一向为鳌拜所妒忌。在一次朝会上，鳌拜对康熙帝说："苏克萨哈心怀不轨，蓄意篡权，我已下令将他抓了起来。请皇上同意将苏克萨哈立即正法。"

此时康熙尽管对鳌拜的做法不满，可自知实力上远不是鳌拜的对手，所以只好忍耐。虽然表面上一个要杀，一个不准杀，谁也不肯让步，但实际上还是鳌拜势力更大。鳌拜一气之下，袖子一拂，扬长而去。满朝文武，人人惶恐，没人敢说话。鳌拜一回到家，马上传令绞杀苏克萨哈，同时诛杀了他的一家人。

康熙听到苏克萨哈被处死的消息后，气得两眼冒火，决心要除掉这个欺君擅权的鳌拜。但是，康熙心里清楚：鳌拜羽翼丰满，并且掌握着朝廷的军政大权，党羽亲信遍及朝廷内外。而且其身高力大，武艺高强，平时行动总是戒备森严。康熙帝深知要除掉鳌拜绝非一件易事，弄不好，激起兵变，那么，他这皇帝的位子也就别想再坐了。

经过一夜的冥思苦想，康熙帝最后定下了铲除鳌拜的计策。第二天鳌拜上朝时，康熙帝不露声色，也不再提苏克萨哈的事情，仿佛根本就没有发生过昨天那场争执一样。鳌拜心里却暗自得意：皇上到底是个小孩子，你一厉害，他就软下来了。其实他哪里知道，这是康熙帝高明的地方，先忍一步为的是最终的胜利。

没过几天，康熙帝给鳌拜晋爵位，加封号，又给鳌拜的儿子加官晋爵，鳌拜心里美滋滋的。康熙一面故作软弱无能，稳住鳌拜，一面挑选了十几个机灵的小太监，在宫内舞刀弄棒，练习角力摔跤。康熙帝自己也加入摔跤队伍与小太监们对阵取乐。消息传到宫外，大家认为只不过是小皇帝变着法子闹着玩罢了。鳌拜进宫奏事，见一伙小太监们练习摔跤，康熙在一旁忘情地呐喊、助威，也认为是小皇帝瞎折腾，闹着玩。

小小年纪就能如此机智，沉默忍耐，康熙确实有过人之处。所以从表面上看，朝中大事一切照旧，鳌拜还是那样为所欲为，康熙对鳌拜还是那样信赖，鳌拜渐渐放松了戒备。练习拳棒和摔跤的小太监们，技艺逐渐纯熟。康熙见时机已到，决定向鳌拜下手。

一天，康熙派人通知鳌拜，说是有要事商量，请他立即进宫。鳌拜直奔宫中，康熙此时正和小太监们玩摔跤，鳌拜上前，正要与康熙打招呼，十几个小太监打打闹闹地挨近了鳌拜身边。说时迟，那时快，大家一拥而上，拉胳膊扯腿地将毫无防备的鳌拜翻倒在地。

鳌拜很快反应过来，感到大事不妙，急得挣扎反抗时，十几个小太监已牢牢地将他制伏在地，哪里肯让他脱身。他们拿来准备好的绳索，将鳌拜捆了个结结实实。

康熙正颜厉色地对躺在地上动弹不得的鳌拜说："你欺凌幼主，图谋不轨，飞扬跋扈，滥杀无辜。今日下场，是你罪有应得。你鳌拜罪行累累，罄竹难书，待我查清你的罪行，一定严惩，绝不宽待。"

鳌拜自知难逃一劫，紧紧地闭着双眼，一句话也不说。

看了历史故事再观察我们自身的得失，不得不暗自佩服孔子的智慧，这也正是《论语》得以成为我们中国人的"圣经"的缘故。经典之所以能成为经典，圣人之所以能被称为圣人，不是因为他的理论有多么高深莫测，让普通人参不透它的玄机，而是由于它贴近大众的生活和心理，才得到众人的认可和景仰。

包容也是信任的标号

"水至清则无鱼，人至察则无徒"，这两句话含有很深的意义，尤其领导人更要注意这一点。孔子在《论语·八佾》中说："居上不宽，为礼不敬，临丧不哀，吾何以观之哉？"孔子要表达什么呢？南怀瑾先生认为是说，一个上级最怕的是"察察之明"，太过精明了，眼睛里揉不得沙子，不会装糊涂，这就是"居上不宽"。金无足赤，人无完人，如果你是别人的上级，你不能容忍下属的任何过错与不足，那么做你下属的人就惨了。这也是为什么当初管仲没有把鲍叔牙推荐给齐桓公的缘故。历史上有很多明君，他们都是睁一只眼闭一只眼，在小事情上他们都无比糊涂，不会把下属逼得每日战战兢兢，如临深渊、如履薄冰。当然遇到大事情的时候，或者触犯大原则的时候，他们也毫不客气，一点儿也不手软。

为礼要敬，并不是只限于下级对上级行礼要恭敬，上面对下面的爱护，也包括在礼的范围之内。而且都要敬，就是都要做到诚恳、真挚，不真诚没有用。天天行礼很方便，但中间没有诚意就没有用。同样的，做长官的对部下的爱护关怀，也要有诚敬之心，假的关怀没有用。临丧不哀，就是当别人遇到沉痛的事情我们也要表现出真的哀痛，否则你就没有必要假惺惺地去关心别人。假如没有沉痛的心情，就是属于"临丧不哀"的情况。

以上几点总结起来，孔子是说做上级的人要有度量，并且能真心关怀下属。容人之过，释人之嫌，不但是一种为人的度量，同时也是一种生存的谋略。

楚庄王逐鹿中原，连续几次取得了胜利，庄王设宴款待群臣。席间，庄王命最宠爱的妃子为参加宴会的人敬酒。

这时，天色渐渐暗下来，大厅里燃起蜡烛。猜拳行令，敬酒干杯，君臣喝得兴高采烈，好不热闹。忽然，一阵狂风刮过，客厅内所有的蜡烛一下子全被吹灭，整个大厅一片漆黑。庄王的那位宠妃，正在席间轮番敬

酒，突然，黑暗中有一只手拉住了她的衣袖。对这突然发生的无礼行为，宠妃喊又不敢喊，走又走不脱，情势紧迫之下，她急中生智，顺手一抓，扯断了那个人帽子上的帽缨。那人手一松，宠妃趁机挣脱身子跑到楚庄王身边，向庄王诉说被人调戏的情形，并告诉庄王，那人的帽缨被扯断，只要点燃蜡烛，检查帽缨就可以查出这个人是谁。

楚庄王听了宠妃的哭诉，出乎意料地表示出很不以为然的样子，趁蜡烛还未点燃，便在黑暗中高声说道："今天宴会，盛况空前，请各位开怀畅饮，不必拘礼，大家都把自己的帽缨扯断，谁的帽缨不断谁就是没有喝好酒！"群臣哪知庄王的用意，为了讨得庄王欢心，纷纷把自己的帽缨扯断。等蜡烛重新点燃，所有赴宴人的帽缨都断了，根本就找不出那位调戏宠妃的人。就这样，调戏庄王宠妃的人，不仅没有受到惩罚，就连尴尬的场面也没有发生。按说，在宴会之际竟敢调戏宠妃，堪称杀头之罪。楚庄王为什么蓄意开脱，不加追究呢？他对宠妃解释说："酒后失态是人之常情，如果追查处理，反会伤了众人的心，使众人不欢而散。"

时隔不久，楚庄王借口郑国与晋国在鄢陵会盟，于第二年春天，倾全国之兵围攻郑国。战斗十分激烈，历时三个多月，发动了数次冲锋。在这场战斗中有一名军官奋勇当先，与郑军交战斩杀敌人甚多。郑军投降，楚国取得胜利，在论功行赏之际，才得知奋勇杀敌的那位军官名叫唐狡，就是在酒宴上被宠妃扯断帽缨的人，他此举正是感恩图报啊！

容人之过，方能得人之心。有过之人非常希望得到他人的宽容和友谊，希望得到悔过自新的机会。这种需要一旦得到满足，其对立情绪便会立即消失，感恩戴德，"得人滴水之恩，必当涌泉相报"的情感很快在心理上占据主导地位。在这个基础上，稍加引导，就会产生像"戴罪立功"那样的心理效果。

如果说当年楚庄王"三年不鸣，一鸣惊人"之举表现出他在诸侯中问鼎称霸的韬略和气魄的话，那么在宴会中绝缨之事，则表现了他宽容大度的襟怀。一位统御者能宽宥属下的某些过失，宽大为怀，容人之过，念人之功，谅人之短，扬人之长，必然会得到部下的奋力相报，在客观上为自己留下了一条后路。

烧好新官上任三把火

仲弓是孔子的弟子，他准备要到鲁国权臣季氏家做事，临行前来向老师请教："老师你告诉我怎样为政吧。我一个新上任的官员，总要让我烧几把火吧？"孔子告诉他主要是烧好三把火，哪三把火呢？"先有司，赦小过，举贤才"，翻译成今天的话就是这样的："第一件事，你到了那儿要搞清楚职务之间的权责问题，务必做到权责分明；第二件事，你作为领导要对下属宽容，能赦人小过，这个问题还是要居上要宽（南怀瑾一向认为这一点对于一个领导者来讲尤为重要）；最后一件事，向你的上级推荐贤才。"第一件事大概很多人能够做好，后面的两件事恐怕就未必能做到了。有的领导人为了显示自己的权威，全然不顾下属的面子，当众训斥，这样的领导能让下属甘心为他做事吗？所以历史上的名臣贤相一般都不会这样做。他们总是把下属单独拉到一个房间，语重心长，最后往往说得下属声泪俱下，并表示愿意为他肝脑涂地。这些人就是会当领导，能赦人小过，而且还能顾及他人的自尊心。

武则天当政时期，曾下诏禁止天下屠杀生灵、捕捞鱼虾，使得王公大臣宴请宾客只能吃素席，不敢带有一点儿荤腥。

朝中有个叫张德的人，官为左拾遗，一贯受到武皇的信任。在他儿子出生后的第三天，亲友、同僚纷纷前去祝贺。张德觉得席上都是素菜实在过意不去，便偷偷地派人杀了一只羊，做了一些带肉的菜，并包了一些羊肉包子让大家吃。

也许是这些亲朋好友与同僚好久没有吃到荤腥味了，见席上有肉，便来了兴致，猜拳行令，好不热闹。三个时辰过去，大家酒足饭饱，各自回去。张德心中自然也十分高兴。不料，在他的同僚中有个叫杜肃的，官拜补阙，见席上有肉，认为张德违反了皇帝的诏旨，顿生恶意。临散席时，他悄悄将两个肉包子揣在怀中。散席之后，便去武皇那里告了黑状。

第二天早朝，武皇处理完政事之后，突然对左拾遗张德说："听说你生了个儿子，我特向你表示祝贺。"张德叩头拜谢。武皇又说："你那席上的肉是从哪里来的？"张德一听，吓得浑身哆嗦，他知道，违诏杀生是死罪，故连连否认道："为臣不敢！为臣不敢！"武则天见状，微微笑道："你说不敢，看看这是什么？"说着，便命人将杜肃写的告状奏章和两个肉包子递给了张德。张德一见，面色如蜡，不住地叩头说："臣下该死！臣下该死！"此时告状的杜肃，站在一旁扬扬得意，专等封赏。

武则天把这一切看在眼中，稍稍一停，便对张德说："张德听旨：朕下诏禁止屠杀牲畜，红白喜事皆不准腥荤。今念你忠心耿耿，又是初犯，也就不治你罪了。"

张德听后高声喊道："谢主隆恩！谢主隆恩！"而杜肃却惊得瞪大了眼睛。

只听武皇又道："不过，张德你要接受教训，今后如再请客，可要选择好客人，像杜肃这种好告黑状的人，可不要再请了！"一时间，张德感激得痛哭失声，诸大臣见武皇如此忠奸分明，不信谗言，用人不疑，便一起跪倒在地，高

呼："吾皇万岁！万岁！万万岁！"而那个告状的杜肃，在众人不屑的目光下，羞愧得无地自容，武皇"退朝"二字刚一落音，便赶紧溜走了。

　　这就是武则天高明的地方，她让下属明白她不是一个糊涂的皇帝，她知道了下属的过错但是又赦免了他，这样让众臣在感到皇威的同时也感受到她的恩泽，正所谓恩威并施，这样的管理者当然能赢得下属的心。

　　第二件事难做，考验的是你的度量，第三件事则不仅要看你的度量——因为如果是一个嫉贤妒能的小心眼是不会推荐贤才的，同时，它还考验你察人识人的眼光，所以说第三件事就更难做了。仲弓问老师怎么才能举贤才，孔子说，你推荐你认识的人当中那些贤良之人，对于你自己都不知道的就留给别人去发现吧。

　　谈到举贤才就不得不提一个人，他是宋朝的著名贤相王旦。他不仅做到了居

46

上以宽，更做到了举贤才，不愧为后世敬仰的贤相。

王旦任宰相十一年，为政清廉，处事谨慎，善断大事，为人宽厚，以德服人，顾全大局，备受当时人们的尊敬和赞誉。其德操修养与人格魅力仍令今人叹服；其为政之道及廉洁自律、忠心为国、公而无私的品质仍值得我们今天的官员学习和借鉴。

"王文正公旦，局量宽厚，未尝见其怒。"家人欲试其量，以少量墨投其羹中，只是不食而已，家人问为何不食羹，说："我偶不喜肉。"一日又把墨水投入其饭中，王旦看了看说："我今日不喜饭，可具粥。"

寇准为枢密使时，王旦为宰相，中书省有事需要与枢密院沟通，所拟的文书违反了诏令格式，寇准立即把这事报告了皇帝。真宗大为动火，对王旦说："中书行事如此，施之四方，奚所取则！"王旦赶紧拜谢说："此实臣等过也！"中书省的其他官吏也因此受到处罚。不过一个月，枢密院有事需要传达给中书省，其文书也不符合诏令规格，中书省的官员发现后，以为有了报复的机会，就非常得意地将文书呈送给王旦，王旦看后却下令退还给枢密院。枢密院的官员把这件事告诉寇准后，寇准非常惭愧。后来寇准对王旦说："同年，甚得许大度量？"

每当王旦拜见皇帝时，都要称赞寇准的才华，而寇准却经常在皇帝面前议论王旦的短处。一次，真宗对王旦说："卿虽谈其美，彼专道卿恶。"王旦答道："臣在相位久，阙失必多，准对陛下无所隐，益见其忠直，此臣所以重准也！"由此，真宗更认为王旦贤明宽厚。寇准得知将被罢去枢密使职务后，便托人到王旦家私下请求出任使相，"王旦听后非常吃惊地说：将相之任岂可求邪。吾不受私请"。寇准大失所望。不久后真宗问王旦："准当何官？"王旦说："寇准未三十岁，已登枢府，太宗甚器之。准有才望，与之使相，令当方面，其风采足以为朝廷之光。"遂任命寇准为武胜军节度使，同中书门下平章事。寇准接到诏令后前去拜见皇帝，哭诉道："苟非陛下主张，臣安得有此命！"真宗告诉他是王旦推荐的，寇准既羞愧又感叹，逢人便说："王同年器识，非准可测也。"

这样的气度确实非一般人能具备，寇准在皇帝面前说尽他的坏话，而他能不羞不恼，反而大力推荐寇准。当寇准去求官的时候，王旦自己明明要举荐他，却还是严厉拒绝他："宰相这样重要的位置岂是随便就可相求的？"但是我们看到，如果没有他的推荐，恐怕寇准也没有机会再做大官了。王旦的做法和一般人不同，一般人如果要打算推荐你，恨不得立刻告诉你，要你感激涕零、感恩戴德。

综上看来，要烧好孔子的三把火还真不是一件容易事。

懂得就是懂得，不懂就是不懂

——听南怀瑾讲求学精神

古希腊著名哲学家苏格拉底讲过："就我来说，我所知道的一切，就是我什么也不知道。"这句话以最简洁的形式表达了进一步开阔视野的理想姿态。可以说，至今仍有很多人信奉这句名言。无论你多么伟大，无论你多么有才能，你也有不知道的地方，说"不知道"并不是就意味着你无能，反而会在勇敢承认的同时获得更多的称赞。

求真理，用心眼而不是肉眼

"不在其位，不谋其政。"孔子这句话我们很熟悉，时常被人用来洗脱自己的罪责。中国人做事情多半爱"各扫门前雪"，遇到事不关己的时候，就让它们高高挂起。这都是对"不在其位，不谋其政"这句话的歪曲理解。

在南怀瑾看来，这句话暗含这样的深意：你不在那个位置上，你就不可能理解那个位置的难处，也不知道它的内容，所以不要轻易对人家的做法妄作判断。这个很好理解，比如做下属的永远觉得上司做得不尽如人意，而领导又常常会怪罪下属办事不力；员工觉得老板抠门，老板又嫌弃员工不努力。世上这样的矛盾很多，许多我们肉眼看到的事情并不一定就是它所表现出来的那样。我们常常说眼见为实，其实我们的双眼也会欺骗我们的大脑。这个世界上的很多事情都如此，因为事物本身就很复杂，从本质到现象还有一定的差异，现象是纷繁复杂的，有真相也有假象。这就要求我们无论看事物还是看人都要用"心眼"来看而非"肉眼"。记得有人曾对南怀瑾说宗教是迷信，"你了解宗教吗？"南怀瑾这么回答他，"你连它是什么东西都说不清楚，又如何说它是迷信呢？"

人不是万能的，我们必须承认这一点，尤其是聪明人和学识渊博的人更应谨记。自己不知道的事，模棱两可的事不要轻易下结论。别太把自己当回事，你不是权威。

德国诗人歌德曾说："真理就像上帝一样。我们看不见它的本来面目，我们必须通过它的许多表现而猜测它的存在。"真理往往细弱如丝，混杂在一堆假象里，我们的眼睛、我们的心智甚至我们在道德上的缺失都会阻碍我们去敲响真理的门，从而对不了解的事，对尚未为人所知的领域作出错误的判断。

有两个旅行中的天使到一个富有的家庭借宿。这家人对他们并不友好，并且拒绝让他们在舒适的客房里过夜，而是在冰冷的地下室给他们找了一个角落。当他们铺床时，较老的天使发现墙上有一个洞，就顺手把它修补好了。年轻的天使问为什么，老天使答道："有些事并不像它看上去的那样。"第二晚，两人又到了一个非常贫穷的农家借宿。主人夫妇对他们非常热情，把仅有的一点点食物拿出来款待客人，然后又让出自己的床铺给两个天使。第二天一早，两个天使发现农夫和他的妻子在哭泣，他们唯一的生活来源——那头奶牛死了。

年轻的天使非常愤怒，便质问老天使为什么会这样，第一个家庭什么都有却那样冷漠，老天使还帮助他们修补墙洞；第二个家庭尽管如此贫穷却还是热情款待客人，而老天使却没有阻止奶牛的死亡。

"有些事并不像它看上去的那样。"老天使答道，"当我们在地下室过夜时，我从墙洞看到墙里面堆满了古代人藏于此的金块。因为主人被贪欲所迷惑，不愿意分享他的财富，所以我把墙洞填上了。昨天晚上，死亡之神来召唤农夫的妻子，我让奶牛代替了她。所以有些事并不像它看上去的那样。"

眼睛偶尔也会欺骗我们的心灵，有时事情的表面会与真相背道而驰，如果不经过大脑的洗练就对事情妄下结论，我们就永远找不到真相，甚至会被真理所遗弃。萨穆·蓝沙博士这样说明看的心理过程："大多数看的过程都不是经由眼睛所造成，眼睛的作用像手一样，它们'伸出去'，抓住无意义的'东西'，然后带进脑子；脑子又把这些'东西'转交给记忆，等到脑子用比较的方法去解释以后，你才真正'看到'东西。"

有些人活了一辈子都没有看见自己四周的力量和光明。你不见得每次都能把眼睛带来的信息，透过心灵过程适当地予以过滤；你常常只是"看了"却没有真正"看见"；你虽然接受了实体的印象，却没有明白它的真正意义。这时你应该把你的心灵视觉检查一下。心灵的视觉也像肉体的视觉一样会扭曲变形，当它发生这种现象时，你就会在错误观念的迷雾里瞎摸，跌跌撞撞、东倒西歪，无意中伤害了自己和别人。

肉眼最常见的毛病是两种相反的极端：近视和远视。它们也是心灵视觉两个主要的扭曲现象。心理上近视的人很容易忽略远处的物体和发展，只留意手边的问题，却不计划未来，因此看不见可以属于自己的机会。而心理上远视的人则容易忽视自己面前的机会，看不见自己身边的良机，只见到与目前无关的远景，不肯按部就班地走，只想从顶点开始。因此，在学习观察的过程中，要同时培养近的眼光和远的眼光。一个人如果懂得如何仔细观察眼前的东西，那就在认知能力上向前迈进了一大步。

不怕不懂，就怕装懂

我们从小就听到过"知之为知之，不知为不知"这句话，可有几个人真正地理解并运用呢？这是《论语·为政》中孔子说的："由，诲女知之乎！知之为知之，不知为不知，是知也。"孔子说："子路，我教导你的话，明白了吧！凡事知道就是知道，不知道就是不知道，这是真正的'知道'。"

南怀瑾认为，一个敢于说自己"不知道"的人才真有气魄。凡事都要想好了再去做，莫要不懂装懂，那样不仅会让人看不起你，而且会让你事业受挫。生活中，不怕一知半解，不怕一无所知，怕只怕不懂却要装懂。事实上，不懂装懂本身就是一种无知的表现，它同无知一样可怕。

有位小杂志社社长不管在什么场合总喜欢装腔作势，并且故意以降低自己的音调来表现庄重的样子。不但如此，他也总是一副无所不知的样子，这种姿态让人觉得他好像在做自我宣传。

然而，不论他再怎么装腔作势，夹着再多的暗示性话语，他出版的杂志或周刊也永远上不了台面，他出版的刊物总是被人批评为现学现卖、肤浅的杂学之流，这是因为他对任何事都喜欢进行评论。当他一要开口说话，旁边的人就说："天啊！又要开始了。"

这和说大话、吹牛并无不同。自己虽然没有高人一等的智慧，却装出一副什么都知道的样子，这样会被人看作是虚张声势的伪君子。在人际交往中最令人敬而远之的就是这种一点也不自知的人。承认自己也有不知道的事并不丢人，为了要自抬身价而不懂装懂，一旦被对方看穿，反而会令对方产生不信任感。

韩愈说"闻道有先后，术业有专攻"，每个人都有自己的专长，不可能每件事都很精通。愈是爱表现的人，愈是无法精通每件事。交朋友应该是互相取长补短，别人有比自己精通的地方就应不耻下问，即使是自己很精通的事，也要以很谦虚的态度来展现实力，这样才能说服他人。

在一个高度发达的信息时代，每个人所吸收的知识都不可能包罗万象。若不以虚心的态度与人交往，如何能够受到大家的欢迎？凡事都自以为是的人，必然得不到大家的尊敬。不懂装懂就是无知，不利于交际范围的扩展。这样的人在社会中恐怕永远也不会受欢迎，不懂装懂和自作聪明的处事方法会毁掉一切刚刚兴起的事业，人们会失去对你的兴趣和信任。作为一个有职位的领导，如果爱装腔作势，对自己不懂的事也一味勇往直前，那么这种破坏力比一般人还大。俗话说权力越大，责任越大，做领导的理应比其他人更慎重，做事更应顾全大局。千万莫让一时的表现欲毁了你的未来。

古希腊著名哲学家苏格拉底讲过："就我来说，我所知道的一切，就是我什么也不知道。"这句话以最简洁的形式表达了进一步开阔视野的理想姿态。可以说，至今仍有很多人信奉他这句名言。无论你多么伟大，无论你多么有才能，你也有不知道的地方，说"不知道"并不就意味着你无能，反而在勇敢承认的同时你获得了更多的称赞。

有一位学问高深、年近八旬的老妇人。她原是大学教授，会讲五种语言，读书很多，语汇丰富，记忆过人，而且还经常旅行，可以称得上是见多识广。然而，人们从未听到过她卖弄自己的学识或对自己不了解的事情假称通晓。遇到疑难时，她从不回避说"我不知道"，也不用自己的知识去搪塞，而是建议去查阅有关专著、资料，以作参考。看到老人的这一切，每个跟她接触的人才真正懂得了怎样才能被别人敬重，怎样才能获得做人的尊严。

心理学家邦雅曼·埃维特曾指出，平时动不动就说"我知道"的人，头脑迟钝，易受约束，不善同他人交往。迅速和现成的回答，表现的是一种一成不变的老一套思想；而敢于说"我不知道"所显示的则是一种富有想象力和创造性的精神。埃维特还说，如果我们承认对这个或那个问题也需要思索或老实地承认自己的无知，那么我们自己的生活方式就会大大地改善。诺贝尔奖得主杨振宁曾说："对于中国的学生，要能够知之为知之，但最重要的是不知为不知。"或许这才是做人做事的真正学问。

学问越多越自认无知

孔子曾对他的学生说："你们以为我真正有学问吗？我老实告诉你们，我一点学问都没有，我什么都不懂（子曰：吾有知乎哉？无知也。有鄙夫问于我，空空如也，我叩其两端而竭焉）。有不曾受教育的人来问我，我实在没有东西，就他的程度所问的，我便就我所知的答复。"南怀瑾先生认为孔子最伟大的地方就在于他的学问、修养很高，却能保持谦恭的态度。

孔子的谦虚在《论语》中有很多处表现，我们说最高的知就是"无知"。为什么要这样讲？因为要一个人骄傲是

很容易的，但是让一个人谦恭却很难。古话有"文人相轻"，说文人之间互相看不起对方的文章与学问。其实，何止是文人啊？很多人都有这个心理，总觉得这个事情只有让我来做才能做得好，别人则一概瞧不上。我们身边自负的人比比皆是，但是真正谦恭的人却很少见。

在一个经常交织着风雨雷电的古老星球中，住着两位仙人，一位叫自负，另一位叫谦虚。有一次，自负仙人认为自己比谦虚仙人厉害，就想去挑战谦虚，想战胜在这星球上唯一能与他抗衡的人。见到谦虚，自负认为一定能战胜谦虚，总纠缠着他不放，谦虚为了不伤和气，也就勉强接受了他的挑战，不过不是动武，而是提出要赌一场。赌什么呢？经过一番讨论后，他们决定赌谁能在另一个星球——地球走向成功。主意已定，两人便一同向地球飞去了。

来到地球后，他们各自化作一个打工者，来到同一家公司应聘，当踏进此公司时，自负就向谦虚夸下海口说他一定会被这家公司聘用。谦虚什么也没说。进入面试室后，自负改不了自身的毛病，一坐下来就跷起二郎腿滔滔不绝地说着他的宏伟蓝图，还把工作人员递给他的一份企划案批得一无是处；而谦虚则保持着他一贯的态度，对企划案礼貌地提出不同的意见，遇到不明白的地方还虚心地询问工作人员。面试后，自负很是得意，认为自己留给工作人员的印象一定不错，肯定能被聘用。心里越发瞧不起谦虚，甚至想象着回到星球后如何大张旗鼓地庆祝自己赌赢了。

过了一会儿，面试结果出来了，工作人员宣布正式聘用谦虚。听到这个宣布，自负很不服气地对工作人员说："我哪样不比他强，为啥不选我呢？"工作人员只说了一句话："因为你太自负了。"最后自负低着头，灰溜溜地走出了这家公司。自负仙人知道自己输了，沉着脸，低着头，飞回了那古老星球。

现实生活中我们往往会发现这样的现象：一些取得成就的人，往往会上演一幕小人得志的丑剧，将最初的谦恭忘得一干二净。这样的人其实不具备谦虚的美德，但伟大的人则不会如小丑般，他们的谦恭是由内而外、自始至终的。

越在名利的顶峰处显示出的虚心，越发显得弥足珍贵。谦虚是每个人获得成功必不可少的品质。在你到达成功的顶峰之后，你会发现谦虚真的十分重要。因为只有谦虚的人才能得到智慧。一个人如果把自己放得太高，眼睛里就看不到地上的万事万物，而只能看见天上的白云。脚跟都沾不着地面的人，怎么能踏实做事呢？

忘记从前的成绩，记住过去的谦恭

《论语·子张》中有这样一段话：叔孙武叔语大夫于朝曰："子贡贤于仲尼。"子服景伯以告子贡，子贡曰："譬之宫墙，赐之墙也及肩，窥见室家之好；夫子之墙数仞，不得其门而入，不见宗庙之美，百官之富。得其门者或寡矣。夫子之云，不亦宜乎？"

南怀瑾先生解释说，叔孙武叔是人名，叔孙氏，名州仇，谥为武，他是鲁国的大夫。这里他和子贡的对话是在孔子逝世以后，当时颜回与子路等大弟子也已经死了，子贡本来就是一个多才多艺的人，再者凭借其多年来和老师周游列国的经历，此时的子贡已经是名满天下的人物了。

所以叔孙武叔在朝廷中告诉一班大夫们说："真要比较起来，依我看孔子的学生子贡比他本人要厉害得多。"在这里叔孙武叔并不是要表达青出于蓝而胜于蓝的敬仰和尊敬，他是在诋毁孔子，怀疑他的人品和学问道德。

子服景伯也是人名，鲁国的大夫，他和子贡是同学，他在当时是很有权力的人。子服景伯听了这个话，就回来告诉子贡，说叔孙武叔如何批评老师。子贡就说："譬如门墙，我们筑的墙，只筑到肩膀这么高，人家站在外面一望，就看见了里面的一切，而老师的高墙太高，我们也许一辈子也不得其门而入。正因为他的地位太高，许多普通人反而摸不到它的实际高度，所以才会认为我比我们的老师还要厉害。这真是一个笑话。"

我们在这里看到子贡对孔子很敬佩，而且很有自知之明。他没有因为别人的恭维而自鸣得意，反而竭力维护老师的尊严。做人的学生最应该有这样的精神，为人师者如果遇到子贡这样一个既能干又懂得维护自己尊严的学生也是三生有幸。正如孔子自己感慨的一样："得天下英才而教之，真是人生的一大乐事。"

乔治·卡特利特·马歇尔是美国的一代名将，在第二次世界大战中，他作为美国陆军参谋长，对建立国际反法西斯统一战线做出了重要贡献。

鉴于其卓越的功勋，1943年，美国国会同意授予马歇尔美国历史上从未有过的最高军衔——陆军元帅。但马歇尔坚决反对，他的公开理由是如果称他"Fid Marshal Marshall"（马歇尔元帅），后两字发音相同，听起来很别扭。其实真正的原因是这将使他的军衔高于当时已病倒的潘兴陆军四星上将。马歇尔认为潘兴才是美国当代最伟大的军人，自己又多次受到潘兴将军的提拔和力荐，马歇尔不愿使自己崇敬的老将军的地位和感情受到伤害。

第一次世界大战中，马歇尔随美军赴欧参战。当时的美国远征军司令潘兴非常欣赏马歇尔的才能，大战末期将他提拔为自己的副官，视为得意门生。后来潘兴虽然退役，仍然多次力荐马歇尔晋升。在潘兴的有力影响下，1939年马歇尔领临时四星上将军衔出任美国陆军参谋长。有一段小插曲足以说明马歇尔对潘兴的深厚感情。1938年春，马歇尔前往探望潘兴。潘兴若有所思地说："乔治，总有一天你也会像我一样当上四星将军的。"马歇尔满怀感激地回答："美国只有您有资格获四星上将军衔，绝不可能再有另一个人！"听到马歇尔的肺腑之言，潘兴顿时热泪盈眶："谢谢你，乔治！"

马歇尔拒绝当元帅后，为了表示对他的敬意，美军从此不再设元帅军衔。1944年底，马歇尔晋升五星上将——美军的最高军衔。

如今尊师重道似乎已经不流行了，人们忘记了自己的很多成就都是老师教育的结果，有些学生甚至和老师因为意见不合而怒目相视。不知道我们的大教育家孔子如果看到今天这样的现象会有什么感慨。从另一方面来讲，人们想要知道自己是什么人物，什么分量还真不是一件容易的事。

现实生活中我们往往会发现这样的现象：一些取得成就的人，往往将最初的谦恭忘得一干二净，这样的人其实并不具备自知之明的美德。伟大的人的谦恭是自始至终的，越在顶峰处越发显示出虚心的珍贵。就像子贡一样，在他功成名就的时候还没有忘记老师的教诲，吃水不忘挖井人，这就是一种尊师重道的表现，也是拥有自知之明的人才会做出的选择。

朋友是一种感情的结合

—— 听南怀瑾讲交友之道

孔子曾说"唯女子与小人难养也"，这并不是在说女性，而是说如何保持距离。女子与小人是最难办的了，对她太爱护、太亲近了，她就会恃宠而骄，让你无所适从；如果疏远她，又会招来怨恨。这里的女子和小人其实更是偏重于做朋友来说的，"近则不逊，远之则怨"，在与朋友交往过程中要懂得保持距离。

人生的路途上难免中途停车或者减速，如果想要让我们的友情更加长久和健康，就请保持一个安全距离吧。友情不能一气用光，用心经营才是首选，而方法就是文火慢炖。

交可谋的朋友，也交不足谋的朋友

"道不同，不相为谋。"朋友有很多种，有泛泛之交，也有知心密友，还有合作伙伴等，孔子说，有的人和你的目标不一样，思想差异也很大，那么就没有必要在一起谋事。大家各走各的道，没有什么冲突，这样也好。切莫硬要把自己的意愿强加给朋友，你如果要开店做生意，而你的朋友热衷其他事情，那么就不要拉着他一起了。这是有原因的，弄不好连朋友也没的做，大家反目成仇了。正所谓："可与共学，未可与适道。可与适道，未可与立。可与立，未可与权。"（《论语·子罕》）

南怀瑾先生说，这是做人做事最要注意的。讲到这种人生的经验，孔子真是圣者，实在是了不起。孔子觉得，有的人你和他做同学就好，但是不一定能一起取得某种成就。这样的事情很多，生活中总有一些人在创业的时候要拉上自己的好友，稍微不慎就会成为冤家，这样做是将友谊放在一个火山口上，说不定火山爆发友情就要中止。

"可与适道，未可与立。"有些人可以一起取得某种成就，但是没有办法共同建功立业。"可与立，未可与权。"有些人可以共同建功立业，但不能给他权力，无法和他共同权变。这在历史上很多故事中可以看到，有些人学问、道德都不错，做别人的部下很好，但是一旦你把大权放到他的手里就坏事了。

说到这些，南怀瑾先生给我们举了王安石和赞元禅师的故事。

王安石与赞元禅师的交情犹如兄弟，一个做了宰相，一个出家当了和尚，王安石每个月都要写信给赞元，而赞元始终不打开来看。有一天王安石问他能不能学道，赞元禅师说："你只有一个条件可以学道。但有三个障碍永远去不了，只好再等一世，来生再说学道的事吧！"

王安石听了很不痛快，要他说明。赞元禅师便说："你的气大，又热心于人世的功名事业，成功与失败，没有绝对的把握，你心里永远不会平静，哪里能够学道呢？并且你脾气大，又容易发怒。做学问，重理解，对学道来说，是'所知障'，你有这三个大毛病，怎么可以学道？不过，不大重视名利，而且生活习惯很淡泊，很像一个苦行僧，只有这一点比较近道而已。所以说你可以先研究修道的理论，等来生再说吧！"

我们看了这一段对话，再研究一下王安石的一生与宋神宗时代历史上的成败得失，便可以了解孔子所说的这三句话的分量了。人间的道理都被他说遍了，也全被他说中了。当然这些都是要有自己的经验才能感受得到，否则只会如隔靴搔痒。历史上明太祖朱元璋起初很反对孟子，他觉得孟子是看不起贫苦出身的人的，于是要打倒孟子。可是后来他经历了一些人、事之后，他改变了自己的看法，觉得圣人之言还真有道理。

我们看《论语》也一样，当时不觉得孔子有多么了不起，走过了人生的一些春秋后，自然就会心生敬畏。这一点就好像自己小时候不听话一样，父母要我们好好学习，我们觉得他们很唠叨、烦人，于是不听，最终学业无成，悔恨终生。到这个时候才体会到父母言论的正确，也才体会到他们的良苦用心。但是此时悔恨已经晚了，只好用来教育自己的下一代。但是他们能不能听还是另外一回事，这不得不说是一个遗憾。

什么样的朋友值得交

在交友方面，孔子给了后人很多建议和提示："益者三友，损者三友。友直、友谅、友多闻，益矣；友便辟、友善柔、友便佞，损矣。"孔子说有三种朋友我们和他相处会受益匪浅。第一种是他很正直，这种人多半很有点侠气，对朋友讲义气，比如孔子的弟子子路；第二种是性格宽厚的人，这样的人多半心地善良，很仁慈，不会对人吹毛求疵，比如孔子的弟子曾子和颜回；第三种是学问很好的人，他们知识渊博，能带给你很多你学不到的智慧，能开阔你的眼界，比如孔子的弟子冉求和子贡。

交友之道和谈恋爱的道理一样。如果交上一个好的朋友是怡情悦性的一件美事，这就如同谈恋爱遇上一个理解自己、相处愉快的恋人。虽然性质不同，但结果相似：遇到君子，双方都有进益，皆大欢喜的场面；遇人不淑，被人拉下水或吃了哑巴亏，只好自认倒霉。上面讲的是益者三友，可是孔子紧接着还告诉我们损者三友，交友也是宁缺毋滥。那么，是不是只能被动接受，毫无预防和还击之力呢？非也。他告诉我们三种人万不可接近，谨防上当——"友便辟、友善柔、友便佞"。

首先是友便辟，这种朋友指的是专门喜欢谄媚逢迎、溜须拍马的人。他知道你喜欢什么，他就对你投其所好。我们在生活、工作中经常会碰到这样的人，尤其当你是他的上司，或者你对他还有点儿利用价值，那么你的什么话，他都会说"所言极是"；你做的任何事情，他都会说"太棒了"，其实有可能他打心眼里还瞧不起你的这一套。他从来不会对你说个"不"字，反而会顺着你，称赞你，夸奖你。

这种人特别会察言观色，见风使舵，细心体会你的心情，以免违逆了你的心意。就像俄国小说家契诃夫写的"变色龙"一样，他们是骑墙之草，永远都会顺风倒。你得意时他追随你，不离左右，你一旦失意，他立刻让你感受什么叫人走茶凉与世态炎凉。

如果大家稍微留心，便会发现像这样的人比比皆是，比如大贪官和珅。他对乾隆皇帝百般逢迎，奴颜谄媚，几乎无所不用其极。他就是一个典型的"便辟"之人。

孔夫子说，和这种人交朋友，太有害！

为什么？和这种人交朋友，你会感到特别舒服、愉快，就像乾隆皇帝一样，明知道和珅贪赃枉法，还是离不开他。人性的一大弱点是爱听恭维话，法国思想家卢梭说，要讨厌那些奉承我们的人真是太难了。连伟大的人物尚且有如此感叹，平凡如你我就更不必说了。但就是因为这样的人危害最大，所以才值得我们关注。

第二种叫友善柔。这种人是典型的"两面派"。他们当着你的面，永远是和颜悦色，

满面春风，恭维你，奉承你，就是孔子说的"巧言令色"。但是，在背后呢，会传播谣言，恶意诽谤。比如唐朝大奸臣李林甫，他口蜜腹剑，绵里藏针，就好比是独门暗器一样，让我们防不胜防，招架不住。

第三种叫友便佞。便佞，指的就是言过其实、夸夸其谈的人。其中这个"佞"就是指口才好但不诚实、不正直，也就是所谓"假、大、空"。这种人生就一副伶牙俐齿，没有他不知道的事，没有他不懂的道理，说起话来，滔滔不绝，气势逼人，不由得人不相信。可实际上呢，除了一张好嘴，别的什么也没有。

巧舌如簧，却腹内空空，"吹牛不打草稿"的人，你敢和他做朋友吗？孔子一向推行"敏于行，讷于言"的做人处世理念，像夸夸其谈的人在他那里是不会有什么好评语的。有了一些人生阅历的人就会懂得孔子这几句话的高深之处了。

友情需要文火慢炖

孔子说：晏子这个人了不起，是个善于和人交往的人，他的交往之道就在于"久而敬之"。这四个字是什么意思呢？就是说晏子和老朋友交往，越是相处得久的人越是"相敬如宾"。我们现代人乍听这句话觉得没有什么了不起的，甚至会认为这个就算会交友了吗？好朋友不是更亲密无间吗？在南怀瑾先生看来这句话蕴藏着很深的交往艺术。比如有的人因为和老朋友交情深厚，相处起来无所顾忌，时间久了，一对"死党"变成"最熟悉的陌生人"。孔子非常敬重晏子，在司马迁的《史记》中有描写他的"管晏列传"。像晏子这样的大政治家都推崇"久而敬之"的交友之道，或许它确有深刻的道理。

在文坛，两位世界级文学大师的故事不幸从反面印证了晏子的正确。

加西亚·马尔克斯是 1982 年诺贝尔文学奖获得者，巴尔加斯·略萨则是近年来被人们说成是随时可能获得诺贝尔文学奖的西班牙籍秘鲁裔作家。他们堪称当今世界文坛最令人瞩目的一对冤家。他俩第一次见面是在 1967 年。那年冬天，刚刚摆脱"百年孤独"的加西亚·马尔克斯应邀赴委内瑞拉参加一个他从未听说过的文学奖项的颁奖典礼。

当时，两架飞机几乎同时在加拉加斯机场降落。一架来自伦敦，载着巴尔加斯·略萨，另一架来自墨西哥城，它几乎是加西亚·马尔克斯的专机，两位文坛巨匠就这样完成了他们的历史性会面。因为同是拉丁美洲"文学爆炸"的主帅，他们彼此仰慕、神交已久，所以除了相见恨晚，便是一见如故。巴尔加斯·略萨是作为首届罗慕洛·加列戈斯奖的获奖者来加拉加斯参加授奖仪式的，而马尔克斯则专程前来捧场。所谓殊途同归，他们几乎手拉着手登上了同一辆汽车。他们不停地交谈，几乎将世界置之度外。马尔克斯称略萨是"世界文学的最后一位游侠骑士"，略萨回称马尔克斯是"美洲的阿马迪斯"；马尔克斯真诚地祝贺略萨荣获"美洲诺贝尔文学奖"，而略萨则盛赞《百年孤独》是"美洲的《圣经》"。此后，他们形影不离地在加拉加斯度过了"一生中最有意义的4天"，制订了联合探讨拉丁美洲文学的大纲和联合创作一部有关哥伦比亚—秘鲁关系的小说。略萨还对马尔克斯进行了长达30个小时的"不间断采访"，并决定以此为基础撰写自己的博士论文，这篇论文也就是后来那部砖头似的《加夫列尔·加西亚·马尔克斯：弑神者的历史》。

基于情势，拉美权威报刊及时推出了《拉美文学二人谈》等专题报道，从此两人会面频繁、笔交甚密。他俩都是在外祖母的照看下长大的，青年时代都曾流亡巴黎，都信奉马克思主义，都是古巴革命政府的支持者，现在又有共同的事业。

作为友谊的黄金插曲，略萨邀请马尔克斯顺访秘鲁，后者谓之求之不得。在秘鲁期间，略萨和妻子乘机为他们的第二个儿子举行了洗礼；马尔克斯自告奋勇，做了孩子的干爹。孩子取名加夫列尔·罗德里戈·贡萨洛，即马尔克斯外加他两个儿子的名字。

但是，正所谓太亲易疏。多年以后，这两位文坛宿将反目成仇、势不两立，以至于1982年瑞典文学院不得不取消把诺贝尔文学奖同时授予马尔克斯和略萨的决定，以免发生其中一人拒绝领奖的尴尬。当然，这只是传说之一。有人说他俩之所以闹翻是因为一山难容二虎，有人说他俩在文学观上发生了分歧或者原本就不是同路。更有甚者说略萨怀疑马尔克斯看上了他的妻子。这听起来荒唐，但绝非完全没有可能。后来，没有人能再把他们撮合在一起。

看完了他们的故事，我们不得不感慨"君子之交淡如水"这句话是多么正确，而孔子之所以推崇晏子也有其深刻的人生体悟，相信一个没有太多人生经历的人是不会理解其深意的。

孔子曾说"唯女子与小人难养也"，这并不是在说女性，而是说如何保持距离。女子与小人是最难办的了，对她太爱护、太亲近了，她就会恃宠而骄，让你无所适从；如果疏远她，又会招来怨恨。这里的女子和小人其实更是偏重于做朋友来说的，"近则不逊，远之则怨"，在与朋友交往过程中要懂得保持距离。人生的路途上难免中途停车或者减速，如果想要让我们的友情更加长久和健康，就请保持一个安全距离吧。友情不能一气用光，用心经营才是首选，而方法就是文火慢炖。

酒肉里无真朋友

"岁寒，然后知松柏之后凋也。"这也是《论语》中的一句名言。南怀瑾先生说天气变冷了，满地都是枯草，这个时候你就知道松树和柏树是最有气节的——它们都是常年碧绿的。树木也和人一样，有的人在你得意的时候紧紧围绕着你，是所谓"酒肉朋友"。你有"酒肉"他就是你的朋友，如果你没酒也没肉，那对不起，从此以后我们形同陌路。

所以中国有句古话叫"疾风知劲草，板荡识忠臣"，风刮得越厉害你就越能看出来哪一种草是不会倒下的，当政治格局不太稳定的时候你就能看出谁是忠臣。

在西方也有这么一句谚语："A friend in need is a friend indeed." 患难见真情，如果你正处于困境，起码你得到了识别真正朋友的机会。

从前，有一个广交天下豪杰的武夫。他临终前对儿子说："别看我自小在江湖闯荡，结交的人如过江之鲫，其实我这一生就交了一个半朋友。"

儿子纳闷不已。他的父亲就贴近他的耳朵交代一番，然后对他说："你按我说的去见我的这一个半朋友，朋友的意义你自然会懂得。"

儿子先去了父亲认定的一个朋友那里，对他说："我是某某的儿子，现在正被朝廷追杀，情急之下投身你处，希望予以搭救！"这人一听，容不得思索，赶忙叫来自己的儿子，喝令儿子速速将衣服换下，穿在这个并不相识的朝廷要犯身上，而让自己的儿子穿上朝廷要犯的衣服。儿子明白了：在你生死攸关的时候，那个能与你肝胆相照，甚至不惜割舍自己的亲生骨肉来搭救你的人，可以称作你的一个朋友。

儿子又去了他父亲说的半个朋友那里，抱拳相求把同样的话说了一遍。这半个朋友听了，对眼前这个求救的朝廷要犯说："孩子，这等大事我可救不了你，我这里给你足够的盘缠，你远走高飞快快逃命，我保证不会告发你……"

儿子明白了：在你患难时刻，那个能够明哲保身、不落井下石加害你的人，可称作你的半个朋友。

英国作家王尔德说：当世人都疏远了我，而仍在我身边的人，就是我的真正朋友。或许这些可以当作一句印证《论语》中的箴言。

真正的朋友是那些并非有意接近你的人，只是因为相互欣赏才在一起的。中国有句古话，君子和而不同，小人同而不和。君子之间可以相互持有自己的意见，同时相互尊重成为好朋友，他们并没有想通过结交朋友为自己谋利益，也不想为此放弃自己的立场。而小人就不同了，他们总是习惯于从对方身上取得最大的利益，所以会在意自己被谁利用得多一点。在这些人身上，看不到友谊的光辉。

朋友就是这样的，平时看不出谁会一直守在你身边，只有刮来了一阵"疾风"，你才能看得到"劲草"的模样。《论语》之所以今天还要来重温它，原因之一就在于它对人类的普遍人文关怀精神，它所讲述的道理都很朴素，但是却与我们的生活息息相关。

孝是对父母爱心的回报

—— 听南怀瑾讲孝道

　　每个人的生命总是要一步步接近衰老，在我们风华正茂的时候，是否想过养育我们多年的父母呢？他们把余热都已发挥至尽，他们的人生正如一幕戏剧般行将落幕，对此，我们能否对他们多一点体贴和理解呢？

孝是爱的根本

　　《论语》中有一段话，是孔子的弟子有若对于孝的理解，他说：一个对父母尽孝、对兄弟友爱的人，但是却喜欢犯上作乱的简直太少了。"孝弟"可以说是一个人的立身之本啊。

　　所谓"孝"就是对父母应尽孝道，所谓"弟"就是友爱兄弟的意思。在南怀瑾看来，"弟"包括了兄弟姐妹的爱，还有朋友。中国有首名为《劝孝歌》的古诗："人不孝其亲，不如禽与兽。"语言虽然很直白，但是却蕴含着很丰富的内涵。一个人不论他出身什么样的家庭，也不论他将来的地位有多大的变化，只要他的父母还健在，那么他就有尽孝道的义务，这也是人之所以为人的根本。

　　试想一下，如果我们的父母养育我们多年，等到老了却享受不到应有的亲情，这是多么令人寒心的场面！我们一直标榜自己是万物之灵长，但是倘若面对自己的父母都不孝敬，那么又有什么资格来谈孝道呢？然而现实生活中，有的人也许真的还不如自然界中的一些动物。

　　他本在一家外企供职，然而，一次意外使他的左眼突然失明。为此，他失去了工作，到处求职却因"形象问题"连连碰壁。"挣钱养家"的担子落在了妻子的肩上，天长日久，妻子开始鄙夷他的"无能"，像功臣一样对他颐指气使、居

高临下。

　　她日渐感到他的老父亲是个负担，拖鼻涕淌眼泪让人看着恶心。为此，她不止一次跟他商量把老人送到老年公寓去，他总是不同意。有一天，他们为这件事在卧室吵了起来，妻子嚷道："那你就跟你爹过，咱们离婚！"他一把捂住妻子的嘴说："你小声点儿，当心让爸听见！"

　　第二天早饭时，父亲说："有件事我想跟你们商量一下，你们每天上班，孩子又上学，我一个人在家太冷清了，所以，我想到老年公寓去住，那里都是老人……"

　　他一惊，父亲昨晚果真听到他们争吵的内容了！"可是，爸——"他刚要说些挽留的话，妻子瞪着眼在餐桌下踩了他一脚。他只好又把话咽了回去。第二天，父亲就住进了老年公寓。

星期天，他带着孩子去看父亲，进门便看见父亲正和他的室友聊天。父亲一见孙子，又抱又亲，还抬头问儿子工作怎么样，身体好不好……他好像被人打了一记耳光，脸上发起烧来。"你别过意不去，我在这里挺好，有吃有住还有的玩……"父亲看上去很满足，可他的眼睛却渐渐涌起一层雾来。为了让他过得安宁，父亲情愿压制自己的需要——那种被儿女关爱的需要。

几天来，他因父亲的事寝食难安。挨到星期天，他又去看父亲，刚好碰到市卫生局的同志在向老人宣传无偿捐献遗体器官的意义，问他们有谁愿意捐。很多老人都在摇头，说他们这辈子最苦，要是死都不能保个全尸，太对不起自己了。

这时，父亲站了起来，他问了两个问题：一是捐给自己的儿子行不行？二是趁活着捐可不可以？"我不怕疼！我也老了，捐出一个眼角膜生活还能自理，可我儿子还年轻呀，他因为这只失明的眼睛失去了多少求职的机会啊！要是能将我儿子的眼睛治好，我就是死在手术台上，心里都是甜的……"所有人都结束了谈笑风生，把震惊的目光投向老泪纵横的父亲。

屋子里静静的，他已说不出话来，一股看不见的潮水瞬间将他包裹住。他满脸泪水，迈着沉重的步伐，一步步走到父亲身边，和父亲紧紧地抱在一起。当天，他不顾父亲的反对，为父亲办好有关手续，接他回家。至于妻子，他已做好最坏的打算。临走时，父亲一脸欣慰地与室友告别。

室友一把眼泪一把鼻涕地埋怨自己的儿子不孝，赞叹他父亲有福气。"别这样讲！"父亲说，"俗话说，庄稼是别人的好，儿女是自己的亲，打断骨头连着筋。自己的儿女，再怎么都是好的。你对小辈宽宏些，孩子们终究会想过来的……"说话间，父亲还用手给他将将衬衣上的皱褶，疼爱的目光像一张网，将他兜头罩下。他再次哽咽，感受如灯的父爱，在他有限的视力里放射出无限神圣的光芒。

父辈以他们的宽容承载着晚辈的伤害，对此我们难道可以无动于衷吗？也许在竞争激烈的现代社会，你不得不离开父母，外出创业；不得不终日忙碌，以至于顾不上照顾父母。但是，对远在老家的父母，千万不要认为借邮局之手汇上一笔钱就算是尽了孝心了，要知道孝不仅仅是养活父母，更是一种发自内心的真挚情感。

父母对子女的爱，就像流水，一直在流；而子女对父母的爱，就像风吹树叶，风吹一下，就动一下，风不吹，就不动。趁他们有生之年赶快尽一点自己的孝心吧，莫要等到"子欲养而亲不待"时再后悔。

能养不算孝

　　子游问孝。子曰："今之孝者，是谓能养。至于犬马，皆能有养。不敬，何以别乎？"（《论语·为政》）子游问老师什么是孝道。孔子回答他说：现在很多人以为能养就算孝了，这真是一种错误的做法。孝道不是像养只狗或养匹马那样简单，认为给它点吃的喝的就可以了。如果这样的话，那我们和其他禽兽还有什么区别呢？孝道不是像如今很多人认为的那样，以为一个月给父母多少钱，买多少礼品就算尽到了孝道。真的孝敬父母，在南怀瑾看来还要有一颗关爱父母的心。

　　在南方一座宁静的小城，有一个不大不小的图书馆。图书馆里的一名管理员发现有一位奇怪的老读者，他背驼得厉害，但风雨无阻，几乎天天泡在图书馆的报刊阅览室里。

不仅如此，在所有读者中，他总是第一个进去，最后一个走。有时读者都走光了，他也不走，天天如此，阅览室管理员对这个读者烦透了，打心眼里烦。那个老读者每次来到阅览室，翻翻这看看那，看上去毫无目的，纯粹是来消磨时光的。管理员越来越看不上这个驼背的老头，他一来她就烦，别的管理员也如此，对他也没有一点儿好感。有一天，偶然发生的一件事，让管理员从此改变了对这位老人的看法。

那天在下班的路上，同事突然问她："你母亲是不是被聘为我爱人那个商场的监督员了？"管理员愕然："没听母亲说过呀。"同事说："我的爱人在商场当营业员，她们商场每天开门，迎来的第一个顾客常常是你母亲。老人什么也不买，却挨个儿看柜台，还要问这问那。时间一长，营业员们就以为老人是商场的领导雇的监督员，是来监督他们工作的——因为商场领导有话在先。营业员们就对老人很戒备。"虽然同事没有直接说出来，但是她依然听出了那话语中的不友好和厌烦。

管理员径直回到母亲家，她父亲两年前病故，母亲一个人生活。她把同事所说的事情一说，问母亲是否真的在给人家做监督员。母亲矢口否认："没有这回事呀？他们大概是误会了，我就是闲逛而已。"她开始数落母亲。孰料，母亲长叹了一声，伤感地说："我们这些老人一天到晚太寂寞了，逛逛商店，消磨一下时间，可时间一长就养成习惯了，一天不去就觉得不得劲儿。要不，你要我干什么呢……"母亲说到这里，垂下花白的头，悄悄地流下了眼泪。

就在一刹那间，管理员突然感到心里酸酸的。母亲有一儿两女，可由于很多原因，他们很少来看母亲，陪她聊聊天，母亲需要的是排解寂寞和孤独呀！那天管理员没有回家住，而是陪母亲住了一晚，聊了一晚上。

第二天早上，管理员上班很早，驼背老人仍然等候在阅览室门前，也不知怎么她心中突然涌起一股柔情，她第一次没有用以前的那种眼光来看这个老人。管理员面带微笑，对他说："早啊大爷，这么早就来了，来了就进来吧。"

每个人的生命总是要一步步接近衰老，在我们风华正茂的时候，是否想过养育我们多年的父母呢？他们把余热都已发挥至尽，他们的人生正如一幕戏剧般行将落幕，对此，我们可否对他们多一点体贴和理解呢？

看到这样心酸的晚年，我们大概才真的理解为什么孔子说"能养"根本就不算孝了。请记住，孝顺永远不是一沓钞票或者一包礼品，孝顺也许就是简单的问候，聊聊家常。关心父母寂寞的晚年是我们每个儿女应尽的义务。

父母之年，不可不知

子曰："父母之年，不可不知也，一则以喜，一则以惧。"（《论语·里仁》）孔子说父母亲的生日不可不知道啊，一则为父母添寿而感到喜悦，同时也为父母年龄的增长而暗自恐惧。为什么要恐惧呢？因为人的一生是有限的几十个春秋，多了一个春秋也就等于向垂暮的晚年迈进了一步。这是南怀瑾先生对孔子的解读。

一次，桑托到邮政总局给朋友拍电报。在他身边坐着一位老太太，她把头低低地俯在电报纸上。她在上面写了些字，随后把电报纸拿到眼前，眯缝着眼睛看。看过之后，把纸揉成了一团，又拿了一张新的，重新填写，写完了又揉成一团，然后又伏在桌子上，想要再填写一张。桑托要帮助这位老太太填写，可是她

怎么也不肯。她自己又拿了一张电报纸，打算再重新填写。后来她叹了口气说："我就住在这儿附近，可是，往五层楼上爬很吃力，不戴眼镜又写不了……您若是不急着走的话，请替我写一下。"桑托拿过电报纸，老太太一字一句地说出华盛顿的地址。然后，沉默片刻，叹息地说："请写上：亲爱的妈妈，祝贺您的生日。到我们这儿来吧。吻您。薇拉·娜嘉·谢尔盖。"桑托看了看老太太，问她："您的妈妈还健在？"

老太太很不愉快地冷笑一下说："妈妈——就是我。""啊？""明天是我的生日，女儿她很可能忘了给我拍贺电，因此，我就决定……免得邻居们责怪她。她是我的好女儿，大家都很尊重她，她在贝尔实验室当工程师。"桑托想象得出来，她的女儿一定是整天很疲劳、很操心的人。在实验室和在家里都有好多事情要做。可能，女儿过去有时候忘记了给妈妈拍贺电，老人就会抱怨："你看，孩子们不需要我们了，把我们忘记了……"

"女儿不会忘记向您祝贺的。不过偶然情况总是免不了……"老太太抬起一双忧伤的眼睛望着桑托，低声说："她已经忘记12年了。"桑托对老人家还能说什么呢？用什么语言来安慰她？是不是要责怪她的女儿呢？虽说这是有理由的。可是，老太太已经平静下来，她对他说："对不起，请您帮我买一张带玫瑰花的贺电专用电报纸，我的女儿干什么都喜欢漂亮的……"

多么让人悲伤的事情！辛劳了一辈子的老人到老了还是没有享受到她心中的幸福生活。父母从来不会忘记儿女的生日，可惜的是有几个做儿女的能记得自己父母的生日呢？现在不少人能记得朋友的生日或者是恋人的、伴侣的，在他们的生日那天还不忘买礼物表示一下，遗憾的是我们唯独忘记了对我们有养育之恩的父母，更不要说买什么礼品来祝贺他们添寿了！

有句老话叫：树欲静而风不止，子欲养而亲不待。正如孔子所言，趁着父母都还健在的时候及时表达你们的爱吧，哪怕是一个简单的电话或者一声亲切的问候，千万不要让自己将来悔恨终生。

第二篇

听南怀瑾大师讲《孟子》

特立独行，不愿曲学阿世

——听南怀瑾讲孟子其人

人格是构建人生大厦的支柱，没有它，壮丽与辉煌将无从谈起；人格是人生的风帆，有了它，才能驶向理想的彼岸；人格是一个人的名片，在这张名片上印制高尚，人生之路畅通无阻，而一旦打上卑鄙的烙印，一世难再有英名。人格是人生亮丽的风景线，唯有它，才具有吸引人、影响人的巨大魅力。

司马迁眼中的孟子：艰难依然前行

南怀瑾先生在讲述孟子的人生际遇时，有感而发地说，古今中外，许多能影响千秋万世，被后世称贤称圣的伟人，在当时，大多处境都很凄凉寂寞。之所以这样，原因就在于一个选择，选择了为王道政治所奔走，而当时的国君们更注重的是君临天下的"霸道"之业。

《史记》一书中，司马迁为孟子这个选择的后果做了很好的注解。孟子奔走于各个国家，都被作为一个摆设受到了冷遇，而与他同时代的邹衍却是风光无限。"是以邹子重于齐。适梁，惠王郊迎，执宾主之礼。适赵，平原君侧行撇席。如燕，昭王拥彗先驱，请列弟子之座而受业，筑碣石宫，身亲往师之。"

邹衍在齐国极受尊敬，连一般的知识分子稷下先生们，在他的影响下，也受到了齐王的敬重和优待。当邹衍到魏国（梁）的时候，梁惠王亲自到郊外去迎接他，而且梁惠王还用接待国宾的大礼来接待他。后来他到赵国的时候，当时有名的战国四公子之一平原君竟然不敢和他并排走路，只小心翼翼地侧着半个身子在后侍从，非常恭顺。到了行馆以后，在请邹衍坐下之前，平原君亲自用自己的衣裳打扫了一下座位，表示恭敬。

其实无论是孟子，还是邹衍，都是治世之才，孟子是圣人，邹衍也不是欺世盗名之辈，只是二人坚持的思想不同，恰好一人的思想主张与当世君王的意愿相符，从而得到重用；而另一位却因其思想是功在当代，利在千古，不能为君主们接受而已。同时代的杰出人士却有不同的命运，原因只在一个——选择。

　　人生中不可避免地要面对选择。在选择之前，未来是不确定的；在选择之后，你所做的选择就成了既定的事实。即使有无数人来对你的选择进行评论和争吵，都不得不接受你已经作出的选择。

　　人生就像是一条通向未来的路，你所做的每一次选择就是这路上的一个岔道口，它们不停地延伸，把你带向生命的终点。只有到了你要离开这个世界的那一瞬间，你才会知道自己归于何处。到了那个时候，你心中会或多或少地有着某种遗憾或是懊悔："当初，如果我……就好了！"你却永远也无法再次回到当初的那个起点重新作出选择。可你不能不选又不能全选，不选也是一种选择，不选和全选只在特定空间、时间和事件限定中存在。

因此，你必须面对人生，做出自己的选择，并为这个选择埋单，无论其结果是好，还是坏。

颜回和子贡同为孔子的弟子，二人的遭遇却大不相同。颜回是孔子最得意的弟子，他出身贫寒，自幼生活清苦，却能安贫乐道，不慕富贵；性格恬静，聪明过人，长于深思。孔子所讲的许多高深道理，他能完全理解，且能"闻一知十"。颜回跟随孔子周游列国，过匡地遇乱及在陈、蔡间遇险时，子路等人对孔子的学说都产生了怀疑，而颜回始终不渝。不幸的是颜回早逝，葬于鲁城东防山前。孔子对他的早逝感到极为悲痛，不禁哀叹说："噫！天丧予！天丧予！"颜回一生没有做过官，也没有留下传世之作，他的只言片语，收集在《论语》等书中，其思想与孔子的思想基本是一致的。后世尊其为"复圣"。孔子在颜回逝世之后感叹道："贤哉回也，一箪食，一瓢饮，在陋巷，人不堪其忧，回也不改其乐。贤哉回也！"

而孔子另一位弟子子贡也博学多才，洞察时势，能言善辩，在经商和社会活动方面都很有成就。《史记·货殖列传》共载 17 人，将子贡列在第二。子贡善于掌握市场信息，并"与时转货赀"，在商业经营和国际贸易中取得巨大成功。他"常相鲁卫，家累千金"，"富可敌国"。子贡经商与政治目的相联系。他经常"结驷连骑，束帛之币以聘诸侯"，"所至，国君无不分庭抗礼"。越王勾践甚至"除道效迎，身御至舍"。正因为经商致富，他才有显赫的政治地位和广泛的社会影响。

无论是孟子与邹衍，还是颜回与子贡，他们因自己不同的选择，从而经历了不同的人生。孟子和颜回等当初寂寞处世的人，都在经过历史的大浪淘沙之后，确立了自己的地位，孟子"亚圣"之称就是明证。而颜回虽然早逝，并没有留下系统的论著，但孔子一句"贤哉回也"，也让后人对其景仰不已。而邹衍和子贡在当世风风火火，成就了一番属于自己的事业，同样值得尊敬。做利在当代事，或者成功在千古留名，两者都有其不可否认的积极意义，同样值得提倡，如何选择则留给来者评说和实践了。

总之，无论作出何种选择，只要自己能够自得其乐，认为这样的选择是值得的，并能为其后果负责，如此面对选择、面对人生，相信人生无憾。

贵在此时此刻的坚持

"沧浪之水清兮，可以濯吾缨，沧浪之水浊兮，可以濯吾足。"当年渔父的一首《沧浪歌》，虽隔了千年，音犹在耳。从中我们可以悟出一个道理，即一个人无论身处清世抑或浊世，都要刚直进取，要有豁达的心胸。

南怀瑾先生感慨孟子的遭遇，称赞其因生不逢时，郁郁不得志，但始终为人伦正义、为传统文化的道德政治奔走呼号的品格。他明知不可为而为之，将自己的人生价值发挥到了最大化。直至老之将至，坦然面对自己的失败，传道授业，著书立说，就如寒梅般，在冰雪中怒放。

这就是一个生不逢时之人的典范。虽然大家都说上天是公平的，但这也只是自我安慰，上天不会眷顾每个人，而命运无常才是真。因此，与其把人生寄托在上天的安排上，不如把握在自己的手里，无论是生逢其时，还是生不逢时，都要扼住命运的咽喉，与其抗争到底，绝不轻易言败，绝不妥协。因为妥协就是生命的枯萎，就是人生的大悲哀。

屈原是生于楚国的贵族。公元前 340 年诞生于秭归三闾乡乐平里，他自幼勤奋好学，胸怀大志，26 岁便升至楚国左徒兼三闾大夫。起初他颇受楚怀王的信任，官至左徒时，主张选贤任能，彰明法度，改良内政，联齐抗秦。但是，楚怀王的令尹子椒、上官大夫靳尚和他的宠妃郑袖等人，暗中受了秦国使者张仪的贿赂，不但阻止怀王接受屈原的意见，并且用计使怀王疏远了屈原。结果楚怀王被秦国诱去，囚死在秦国。顷襄王即位后，屈原继续受到迫害，并最终被放逐到江南，郁郁不得志。公元前 278 年，秦国大将白起带兵南下，

攻破了楚国国都，屈原的政治理想破灭，对前途感到绝望，虽有心报国，却无力回天，只得以死明志，就在同年五月初五这天投汨罗江自杀。

屈原认为："安能以皓皓之白，而蒙世俗之尘埃乎？"愤然跳进滚滚江水，一生思想与抱负付之东流，从此只有鱼儿与他做伴。其实清者自清，浊者自浊，以死来表示自己的清白高洁，确实有些不值得。既然你无力改变"举世皆浊"的世态，就应该傲然面对，做自己能做的，岂不更好！

杜甫，中国文坛一座难以攀登的高峰，他用一生谱写了一部悲壮的历史。当强大的唐朝走向衰弱的时候，他成了人间苦难的首席歌者，唱出了历经动乱后的悲凉之音。

作为一个胸怀大志的才子，杜甫可谓生不逢时。"安史之乱"的浩劫，打破了唐王朝繁华盛世的局面，也打碎了杜甫心中的美好蓝图，从此他走上了一条与残酷现实抗争的荆棘之路。因守长安达十年之久而无所作为，他的理想之火不灭；遭受幼子饿死之痛，一家老小甚至沦为难民，他也没有放弃信念；被叛军俘虏，沦为阶下囚，他还是对国家忠心耿耿。直到大历五年（公元 770 年），在一个非常寒冷的冬日，一叶行在潭州到岳阳江面上的孤舟，带走了诗人五十九年的生命。

作为一位历经磨难的诗人，杜甫一生漂泊，他游历了国家的大好河山，也看尽了百姓生活中的痛苦，从而写出了"三吏""三别"这样忧国忧民、脍炙人口的诗篇。

杜甫虽生不逢时，却心忧天下，为天下苍生而奔走。他这种身在饥寒之中而心忧天下的可贵品质是贯穿其一生的，而这种至高至洁的伟大人格让人感动，正是："历千万祀，与天壤而同久，共三光而永光。"

因此，只要思想高洁，"举世皆浊我独清，众人皆醉我独醒"，即使曲高和寡又何妨？不能"留取丹心照汗青"，为千秋思念，为万世传颂，也要活他个虎虎生威、有滋有味，这才不白活一回。

立身三宝：正义、尊严、人格

孟子在去往齐国的路上，碰巧路遇弟子充虞，师徒对话间，孟子说："如欲平治天下，当今之世，舍我其谁也？"一句话如一股浩然正气奔涌而出，瞬间便"沛乎塞苍冥"。正是这股浩然正气使孟子不与混乱的现实环境妥协，始终坚持自己的理想和人格，成为顶天立地的大丈夫。

南怀瑾指出，像孟子这样的圣人，并不是不懂得怎样去"阿世苟合"，向时代风气妥协，以便获取自己本身的利益。他"非不能也"，而是不肯为也，宁可为真理正义穷困受苦，也不愿苟且现实，追求那些功名富贵。这就是圣人人格。

人格是构建人生大厦的支柱，没有它，壮丽与辉煌将无从谈起；人格是人生的风帆，有了它，才能驶向理想的彼岸；人格是一个人的名片，在这张名片上印制高尚，人生之路畅通无阻，而一旦打上卑鄙的烙印，一世再难有英名。人格是人生亮丽的风景线，唯有它，才具有吸引人、影响人的巨大魅力。人格高尚者，让世人敬重，如屈原、孟子、陶渊明、文天祥等，一世英名照汗青；人格低下者，让世人唾弃，如秦桧、严嵩、慈禧、汪精卫等，遗臭万年遭唾弃。

南宋奸臣秦桧以"莫须有"之罪害死岳飞，一向为历代百姓所痛恨。位于杭州的岳王坟有以铁铸成的秦桧夫妇跪像，不断地被人咒骂、踢打、吐口水。

关于秦桧夫妇铁像，有一个传说。

话说有个姓秦的浙江巡抚，上任后见秦桧夫妇的跪像受辱，感到面目无光。为免激起民愤，他命人在夜间偷偷地把铁像搬走，扔进西湖。不料，次日湖水忽然发出恶臭。由于岳王坟的铁像不翼而飞，百姓纷纷要求官府调查。不久，铁像竟然从湖底浮起。百姓将铁像捞起，放回岳王坟前，湖水又清明如初，臭味全无了。百姓都认为是秦桧弄污了西湖。姓秦的巡抚见此情形，亦无可奈何。

后来有秦姓人作诗："宋字以后少名桧，我在坟前枉姓秦。"秦桧就这样向罪恶交出了自己的人格，从此遗臭万年，永被后来人唾弃。

谁爱遗臭万年，想必只有那些沽名钓誉之徒、贪婪无耻之辈，而大多数人都想保持着清白的良心，无愧于天地过完此生，以求无憾。还有很多人活出了常人难以企及的大人格，为后世传颂。

嵇康，"竹林七贤"之一，他一面崇尚老庄，恬静寡欲，好服食丹药求长生；一面却尚奇任侠，刚肠疾恶，在现实生活中锋芒毕露，他对那些传世久远、名目堂皇的教条礼法不以为然，更深恶痛绝乌烟瘴气、尔虞我诈的官场仕途。他宁愿在洛阳城外做一个默默无闻而自由自在的打铁匠，也不愿与竖子们同流合污。所以，当他的朋友山涛向朝廷推荐他做官时，他毅然决然地与山涛绝交，并写了历史上著名的《与山巨源绝交书》，以明心志。

不幸的是，嵇康那卓越的才华和不羁的性格，最终为他招来了祸端。他提出的"非汤武而薄周孔""越名教而任自然"的人生主张，深深刺痛了当政者。于是，在钟会之流的诽谤和唆使下，公元262年，统治者司马昭下令将嵇康处死。

在刑场上，有三千太学生向朝廷请愿，请求赦免嵇康。而此刻嵇康所想的，不是他那神采飞扬的生命即将终止，却是一首美妙绝伦的音乐后继无人。他要过一架琴，在高高的刑台上，面对前来为他送行的人们，铮铮琴声响起，激越的曲调，铺天盖地，飘进每个人心中。弹毕，嵇康从容地引首就戮，那一刻，残阳如血。

那一年嵇康三十九岁。

嵇康钟情于道家，孟子为儒，两人都有着狂放的性格以及绝不谀世的情操，真可谓大丈夫也。这就是自古高风亮节的代表。也许他们在当时志不能伸，却留一世英名于后人。因此，在《正气歌》中，文天祥诗云："天地有正气，杂然赋流形。下则为河岳，上则为日星。于人曰浩然，沛乎塞苍冥。皇路当清夷，含和吐明庭。时穷节乃见，一一垂丹青。"

"当今之世，舍我其谁"，中国历史上能讲出这种话的人可谓空前绝后了。像这种大丈夫一定有大人格、大境界、大眼光、大胸襟！

现代社会中，要想立身成事，浑身正气，就要守住大丈夫的尊严与人格，成功或者成仁都没有捷径，人间正道是沧桑。完美人生来自完美人格，我辈即使不能名垂千古，也要携一身正气，如果不能照亮世界，也要照亮自己的人生，这才不枉人世走一遭。

有形的财富，只是暂时属于你的

—— 听南怀瑾讲欲望

人无欲则刚，人无欲则明。无欲能使人在障眼的迷雾中辨明方向，也能使人在诱惑面前保持自己的人格和清醒的头脑，不丧失自我。在这个充满诱惑的花花世界里，要想真正地做到没有一丝欲望，和水一样平平淡淡、毫无牵挂的确很难。

要想真正地做到"无欲"，首先要有一颗静如止水的心。心淡如水是生命褪去了浮华之后，对生活中那些细微处的感动，只有用感恩的心去生活，才能寻找到生命的意义所在，才能做到不为"欲"所牵连、不为"欲"所迷惑，在物欲横流、权欲泛滥、钱欲盛行、色欲蔓延的浊世之中仍能保持心中的一方净土。

财富只是外形，心才是快乐的根

有一天梁惠王在他的花园里游玩，欣赏着各种飞禽走兽，不禁为自己能得此乐而得意不已，便语带讥讽地问孟子："贤者亦有此乐乎？"意思是像你这样的贤者也喜欢这些吗？孟子不卑不亢，坦然对曰："贤者而后乐此，不贤者虽有此不乐也。"一个贤者，只有等到天下太平、百姓安居乐业时，才会享受这种园林的乐趣。可是一个不贤的人，即使有了这样的园林，也不会有真正的快乐。

南怀瑾先生对梁惠王和孟子的这次对话感触颇深。他将之与个人的心态联系起来，认为物质环境的好坏，固然可以影响到人的心情与思想。但有高度精神修养的人，同样也能够以自己的心去改变环境。如果没有立身处世的道德标准和精神修养，纵然有再多的财富、再好的物质环境，他也不会快乐。

快乐是一种身心愉快的状态，离苦得乐，是人最本质的需要。快乐很简单，它与一个人的财富、地位、名气无关，它不需要大量的金钱去支撑，也不需要以名气为后盾，更不需要乌纱帽来提携。相反，快乐只与一个人的内在有关，物质财富的获得可能让人获得快乐，可是处理不当则会成为人生的负累，生活从此远离快乐，永无宁日。

从前在峨眉山下有一个樵夫，他长年累月都以打柴为生，早出晚归，风餐露宿，但是家里仍然常常揭不开锅。于是他老婆天天到佛前烧香，祈求佛祖慈悲，让他们脱离苦海。

真是苍天有眼，好运降临。有一天樵夫在大树底下挖出了十八个金罗汉。转眼间，他就变成了百万富翁。于是他买房

置地，宴请宾朋，好不热闹。亲朋好友也都像是一下子从地下冒出来似的，纷纷前来向他表示祝贺。

按理说樵夫应该非常满足了，现在终于知道荣华富贵是什么滋味了。可是他只高兴了一阵子，就开始愁眉苦脸，吃睡不香，坐卧不安了。他的妻子看在眼里，劝他说："现在我们吃穿不愁，又有良田美宅，你为什么还是愁眉苦脸的呢？你这个丧气鬼，天生就是个受穷的命！"

樵夫听到这里，不耐烦了："你个妇道人家懂得什么？我们得到金罗汉的事情，人人都知道了。如果有人来偷来抢怎么办？我是愁没有最好的地方来藏它们。"妻子听过之后也觉得有理。于是夫妻二人开始找藏金罗汉的好地方。可是无论何地他们都觉得不安全，结果就这样天天找，天天担心，生活没有了一刻的宁静。

人生在世，名利钱财、金银珠宝等都是身外之物，即使时时刻刻永不停息、永无止境地去追求和索取，也不会有满足的时候。相反，一味地追求反而丢失了生活的宁静与快乐，真是得不偿失。快乐无须附丽，它只是内心深处的富足，它像一缕清纯的阳光，既可以照亮自己，也可以照耀周围的人。那些身无长物的人，同样可以获得人生的快乐。

孔子说颜回："一箪食，一瓢饮，在陋巷，人不堪其忧，回也不改其乐，贤哉回也！"颜回短暂的一生，师从孔子，周游列国，虽有满腹经纶，德才兼备，但是甘于贫苦生活而不改其乐，可以说是乐由心生、无须附丽的典型了。

美国哲学家桑塔亚那说："快乐是生命唯一的意义，没有快乐的地方，人类的生活会变得疯狂而可怜。"当我们哀叹命运不公、抱怨时运不济时，以为只有得到名利才快乐，那真是一件可悲的事情。快乐其实很简单，它就住在每个人的心里，不过，需要你用心寻找。有位哲人曾经说过：只有心才是快乐的根。快乐不是霓虹灯下的买醉，不是一掷千金的快感。不放纵生命，不麻醉灵魂，珍惜生命的点点滴滴，才是快乐；拥有一颗感恩的心，感激生命，感激阳光雨露，忘却曾经的苦痛，快乐之情会油然而生；历尽沧桑后，快乐是一份安心，宠辱不惊，不为利驱，不为名逐，不为情惑，快乐是看花开花落、云卷云舒的散淡安然。

如果你希望有所成就并且生活得逍遥自在、豁达明朗，就首先要努力使自己成为一个有道德教养的人，一个有良好品格的人，一个有丰富心灵的人，一个有益于他人的人，这样才能有效地防止那些使人沮丧和紧张的因素，从而充分享受工作和生活本身蕴含的乐趣，在任何情况下保持一种"临清风，对朗月，登山泛水，肆意酣歌"的心境，陶陶然乐在其中，不亦快哉！

行走于青山绿水之间，且听风吟，了无牵挂，快乐盈心！

世上无如人欲险

欲望本身就是一个具有诱惑力的字眼。人没有欲望无法生存和进步，而有了太多欲望却会让自己永远陷入矛盾与烦恼中，它是最纯洁的也是最卑劣的。心理学上有句名言：人类的一切痛苦来源于人的欲望。因为欲望无穷无尽，它会生长。

南怀瑾先生谈到欲望时，首先说明了欲望的合理性，《礼记》中有云："饮食男女，人之大欲存焉。"这是每一个人，上自帝王，下至百姓，人人共有的大欲。但是先生接着又说，人的欲望是没有止境的。

一次，齐宣王与孟子打哑谜，让孟子猜其大欲，孟子欲擒故纵，开始时说他的欲望是为了物质声色的享受，在齐宣王否定这个答案之后，孟子才回答说："王欲辟土地，朝秦、楚，莅中国而抚四夷也。"大王您是想统一天下，让诸国来朝啊，没等齐宣王答话，孟子便接着说下去："以若所为，求若所欲，犹缘木而求鱼也。"就这样一盆冷水浇了下来，却浇不灭齐宣王心中的欲望之火。

明代的《解人颐》中有一篇很有哲学意味，描述人类欲望无止境的白话诗："终日奔波只为饥，方才一饱便思衣。衣食两般皆俱足，又想娇容美貌妻。娶得美妻生下子，恨无田地少根基。买到田园多广阔，出入无船少马骑。槽头扣了骡和马，叹无官职被人欺。县丞主簿还嫌小，又要朝中挂紫衣。若要世人心里足，除是南柯一梦西。"真是精辟，将人类无穷的贪欲说尽了。其实，欲望是把双刃剑，处理好了是社会发展的动力，处理不好就成了万恶之源。

有一个人穷困潦倒，家徒四壁，只有一条长凳，他每天晚上就在那条长凳上睡觉。但是这个人却很吝啬。他向佛祖祈祷："如果我发财了，我绝对不会像现在这样吝啬。"佛祖看他可怜，就给了他一个装钱的口袋，说："这个袋子里有一枚金币，当你把它拿出来以后，里面就会又出现一枚金币，但是你只有把这个钱袋扔掉才能用这些金币。"

那个穷人得到这个钱袋，欣喜异常，他不断地往外拿金币，整整一个晚上都没有合眼，地上到处都是金币。这些金币已经够他花一辈子了，可是每次当他决心扔掉那个钱袋的时候，心中总有万般不舍。于是他就不吃不喝地一直往外拿金币，直到屋子里装满了金币。

可他还是对自己说："我不能把袋子扔了，钱还在源源不断地出来，还是让钱更多一些的时候再把袋子扔掉吧！"到了最后，他已经非常虚弱了，连把钱从口袋里拿出来的力气都没有了，但他还是不肯把袋子扔掉，最终死在了装满金币的屋子里。

一个人竟能因贪婪而丧命，可见欲望之可怕。如何处理这把双刃剑，古人已经给出了答案。古人讲：致虚极，守静笃；夫唯不争，天下莫能与之争。柔中带刚，刚柔并济，含蓄不乏进取，何等之境界！总结起来，其实就是"无欲则刚"。人若没有私欲，品格自然高峻清洁、不染尘泥。

宋朝的雪窦禅师喜欢云游四方，这天，禅师在淮水旁遇到了曾会学士。

曾会问道："禅师，您要往哪里去？"

雪窦回答说："说不准，也许去往钱塘，也许会去天台。"

曾会建议道："灵隐寺的住持珊禅师和我交情甚笃，我给您写封信带给他，您一定会受到他的款待。"

于是雪窦禅师来到了灵隐寺，但他并没有把曾会的信拿出来，而是潜身于普通僧众之中，这一藏就是三年。

三年后，曾会出使浙江，便到灵隐寺去找雪窦禅师，但寺中人却矢口否认有这样一个人。曾会不信，便到云水僧所住的僧房内，在一千多位僧众中仔细寻找，终于找到了雪窦禅师。曾会不解地问："禅师，为什么您不去见住持而隐藏在这里呢？是因为我为您写的信丢了吗？"

雪窦禅师微笑着回答道："不敢不敢。我只是一个云水僧，一无所有，所以我不会做您的邮差的！"

说完拿出信，原封不动地交还给曾会，两人相视而笑。曾会随即将雪窦引荐给住持珊禅师，珊禅师甚惜其才。

后来，苏州翠峰寺缺少住持，珊禅师就推荐雪窦去任职。在那里，雪窦终成一代名僧。

人无欲则刚，人无欲则明。无欲能使人在障眼的迷雾中辨明方向，也能使人在诱惑面前保持自己的人格和清醒的头脑，不丧失自我。在这个充满诱惑的花花世界里，要想没有一丝欲望，像水一样平平淡淡、毫无牵挂的确很难。要想真正地做到"无欲"，首先要有一颗静如止水的心。心淡如水是生命褪去了浮华之后，对生活中那些细微处的感动，只有用感恩的心去生活，才能寻找到生命的意义所在，才能做到不为"欲"所牵连、不为"欲"所迷惑，在物欲横流、权欲泛滥、钱欲盛行、色欲蔓延的浊世之中仍能保持心中的一方净土。

无欲则刚是一种高尚的精神境界，人若无欲，其品格就如苍松翠柏，任凭乌云翻卷、雨暴风狂，也能挺立世间，永不被摧折。

留一只眼睛，看住心中的狂野与贪婪

孟子说："权，然后知轻重；度，然后知长短。物皆然，心为甚。"意思是说一件东西，用秤称过，才知道它的轻重；用尺量过，才知道它的长短。世间万物，也都是这个样子，要经过某些标准的衡量，才知道究竟。而一个人的心理，更应该如此，经常反省衡量，才能认识自己、改善自己。

南怀瑾先生作为一位国学大师，其自身的修养已经达到了一定的境界，但他仍然坚持自我反省。先生认为，我们如果不及时反省，就会犯错误，而反省对道德修养的重要，就像秤与尺在权衡上所占的分量一样重要，所以，检讨自己的行为，多加反省，才可能知道自己是不是合乎道德的标准。如不反省，就无法知道自己的思想、心理行为中，有哪些地方需要改过，有哪些地方需要发扬光大。

有位哲学家在他晚年的时候刺瞎了自己的双眼，别人都不理解他的这一举动。他说，我只是为了更好地看清自己。上帝在每个人的肩上都挂了两个袋子，一个在胸前，一个在背后。前面的袋子装着自己的优点，后面的袋子则装着自己的缺点，结果，每个人只要一睁开眼睛，看见的就是自己的优点和别人的缺点。所以，每个人都认为自己最优秀，而别人最愚蠢，因而对别人总是求全责备，对自己总是肯定赞扬。

"知人者智，自知者明。"真正的聪明人必须具备自知之明。何谓自知之明？孔子说："知之为知之，不知为不知，是知也。"孔子的学生曾子也强调："吾日三省吾身。"圣人都有自知之明，无非是因为他们都留着一只眼睛审视着自己。

有位家庭主妇是虔诚的佛教信徒，她每天都从自家的花园中采撷鲜花到寺院供佛。

一天，当她送花到佛堂时，碰巧遇见智闲禅师从佛堂出来。智闲禅师道："你每天都这么虔诚地以鲜花供佛，根据佛典记载，常以鲜花供佛者，来世当得庄严相貌的福报。"信徒闻言十分欣喜，又有几分疑惑："我每次来您这里礼佛时，觉得心灵就像被洗涤过一样，清凉无比，但回到家中，很快就心烦意乱起来。作为一名家庭主妇，我该如何在喧嚣的尘世中保持一颗清凉纯洁的心呢？"

智闲禅师反问道："你以花礼佛，对花草总有一些常识，我现在问你，你如何保持花朵的新鲜呢？"信徒答道："保持花朵新鲜的方法，莫过于每天换水，并且在换水时把花梗剪去一截，因为这一截花梗已经腐烂，腐烂之后水分不易吸收，花就容易凋谢！"智闲禅师说："这就是保持一颗清凉纯洁之心的方法。我们生活的环境就像瓶中的水，我们就是花，唯有通过不停地换水，即不停地自省、检讨，改掉陋习、缺点，才能净化我们的心灵，不断吸收来自大自然的养分。"

信徒听后，如醍醐灌顶，幡然醒悟。

智闲禅师的话说得对，我们的心灵在复杂的环境中，难免要沾惹灰尘，使灵性被掩盖，因此要时时清理。只有善于自省的人，才能真正明心见性、把握自己的人生。

因此我们要留一只眼睛看自己，才能看住自己那一颗狂野的心和无限的贪欲，你才能明白自己到底是谁，你才能明白这世间什么事可为，什么事不可为。

留一只眼睛看自己，你才能看清人的本心，从而看清别人。因为你所思正是别人所思，你所欲正是别人所欲，你所苦正是别人所苦，这样推己及人，既看清了自己，又看清了别人。只有这样，才能明白人生在世，应当有所为、有所不为，从而获得内心的自在和宁静。

人生最大的敌人是自己。那些认真审视自己，时刻反省自己的人，才可能真正觉悟。反省是一棵智慧树，只有深植在心中，它才能长成参天大树。

独乐，不会有真正的快乐

——听南怀瑾讲分享

一个懂得分享的人，生命就像加利利海的活水一样，丰沛而且充满活力。只有懂得与别人交流和分享，我们才能够在智慧和情感的分享中不断地提升与发展。

分享是一种博爱的心境，学会分享，就学会了生活。

分享是一种生活的信念，明白了分享，也明白了存在的意义。

一方青山，万代共享

孟子曾提到"不违农时，谷不可胜食也。数罟不入洿池，鱼鳖不可胜食也。斧斤以时入山林，材木不可胜用也"。意思是说，只要不耽误百姓的农时，粮食就吃不完；细密的渔网不放入大塘捕捞，鱼鳖就吃不完；按一定的时令采伐山林，木材就用不完。南怀瑾先生认为，孟子在这里就揭示了保护天然资源这个现代理念。

古时候，在江南某地有一个小官吏。一天，他奉命去京城送文件。这一天，他骑着一匹马匆匆上了路，傍晚，他歇宿在一个旅馆里。旅馆里有一口水井，井水冬暖夏凉，还有一丝淡淡的甘甜。小官吏喝着井水，感到旅途的辛劳减轻了不少。这口井为南来北往的人增添了许多美好的回忆。但这个小官吏是个自私自利的人，第二天早上离开旅馆时，他顺手便把马吃剩下的残草败根倒在了水井里。

过了一个月左右，小官吏从京城办完事回来，又来到这家旅馆。他赶到这里时，天已完全黑了，经过一天的长途跋涉，小官吏感到又累又渴，他便从水井里打水来喝。由于天黑看不清水桶里的水，小官吏又渴得厉害，喝起水来如同牛饮一样，结果喝进去一根草秆。草秆卡在小官吏的喉咙里，吞不下，又吐不出，不一会儿，小官吏就一命呜呼了。而这草秆正是他上一次的杰作。

古人为了吸取小官吏的教训，便告诫后人说："千年井，不反唾。"这就是告诫人们不要弄脏水源的意思。看来，我国古人早就懂得了保护水资源、爱护自然环境的道理，一心宣扬仁政的孟子也于无意间触及了这个问题。

在南怀瑾看来，分享是一个十分宽泛的概念。包括人与人、人与天地自然，以及自然界一切生物间的共同分享。而对于人类而言，没有人分享的人生，注定是一种惩罚，因为没有人会喜欢寂寞的生活，即使功成名就，正如有首歌所唱的："有谁孤单却不企盼一个梦想的伴，相依相偎相知，爱得又美又暖，没人分享，再多的成就都不圆满，没人安慰，苦过了还是酸……"其实分享并不意味着失去，独占也不意味着拥有，懂得分享的人生，可以让我们收获更多。

有个年轻人刚搬到某处公寓二楼，他在阳台上种植了一大排紫藤花，藤蔓的细枝叶逐渐生长，慢慢地垂悬于一二楼之间。

夏天的时候，紫藤花形成了一片美丽的绿色布幔。

年轻人几度想将紫藤花枝叶拉起用木架固定，如此可以帮他挡住灼热的阳光，以降低屋内闷热的暑气，却总认为如此做未免太小气而作罢。

一年春天的时候，悬垂的绿色布幔开满了紫色的小花，吸引了许多不知从何而来的美丽蝴蝶，翩翩飞舞的蝴蝶与争妍小花为单调

而略显寂寞的公寓增添了许多生气。

年轻人站在阳台，眼光追逐着一只美丽的彩蝶，忽然惊奇地发现有几株葡萄藤即将攀上他的阳台。往下看，一个女孩对着他微笑。

楼下人家为了感谢年轻人种植的紫藤花装点出的美丽和挡住夏天的太阳，所以种植了葡萄作为回馈。

一架紫藤清香，换来一树葡萄美味，这正是分享使快乐成倍的道理。

可见，一个懂得分享的人，生命就会丰沛而且充满活力。只有懂得与别人交流和分享，我们才能够在智慧和情感的分享中不断地提升与发展。所谓一方青山，万代共享。其实，分享是一种博爱的心境和做人美德都是一种人生智慧，同样，也是自然宇宙的一种本生方式。明白了分享，也明白了存在的意义。

每个人都不是孤立的一个人

推己及人是一个很基本的道德原则。孔子曾说过："己所不欲，勿施于人。"南怀瑾先生讲到孟子和齐宣王关于声色货利的对话，认为两人就像打太极拳一样，表面风平浪静，却是绵里藏针、波涛暗涌，隐藏的锋芒直指对手，最后孟子的建议就是齐宣王好乐就与民共享，好色就让人间的家庭幸福，好货则藏富于民，要推己及人，正所谓："己欲立而立人，己欲达而达人。"

每个人在社会上都不是孤立的，周围有许多与自己共同学习、工作和生活的人，为使学习顺利、事业成功、生活幸福，人们都愿意建立良好的人际关系。而推己及人则是实现人际关系和睦、融洽的重要之道。要做到推己及人，首先要做到"己所不欲，勿施于人"，然后再进一步做到"己欲立而立人，己欲达而达人"。就是说，一个有仁德的人，自己想要站得住，同时也要帮助别人站得住，自己想要事事行得通，同时也要帮助别人事事行得通。真正做到己立、立人，己达、达人。

有一天，一个富翁在家中被杀，财物被盗。警方后来抓到了两个犯罪嫌疑人，并从他们的住处搜出被害人丢失的财物。但他们都矢口否认自己曾杀过人，辩称自己先发现富翁被杀，然后只是顺手牵羊偷了点儿东西。

于是警方将两人隔离审讯。检察官分别对每个人说："你们的偷盗罪已经成立，所以可以判你们1年刑期。但是，我可以和你做个交易。如果你单独坦白杀人的罪行，我只判你3个月的监禁，但你的同伙要被判10年刑。如果你拒不坦白，而被同伙检举，那么你就将被判 10 年刑，他只判 3 个月的监禁。但是，如果你们两人都坦白杀人的罪行，那么，你们都要被判 5 年。"

显然最好的策略是双方都抵赖，大家只判 1 年刑就可以了。但是由于两人处于隔离的情况下无法串供，这样两人都选择了坦白的策略。因此分别被判刑 5 年。

为何会出现这种困境？其实他们正犯了"己所不欲"而施于人的毛病。他们都从利己的目的出发，宁愿别人陷入灾难的境地而不顾，从而损人不利己。

本来是自己不喜欢的东西，反而去强加给别人，其后果向来是反诸己身，亦即搬起石头砸自己的脚。推己及人，就是用自己的心思去推测别人的心思，就是将心比心。

南宋诗人杨万里的妻子在古稀之年，每到天寒时，天不亮就早早起来，然后径直走进厨房，熟练地生火、烧水、煮粥。满满的一大锅粥要熬上很长时间，杨夫人每次都耐心地等着。清甜的粥香顺着热气渐渐充满了厨房，飘到了院子里。

院子的另一边，仆人们伴着这熟悉的香气陆陆续续地起床，洗漱完毕后，来到厨房，并接过杨夫人盛起的满满一大碗热粥喝了起来。

杨夫人的儿子杨东山看到母亲忙碌的身影，甚是心疼，一次，他劝母亲说："天气这么冷，您又何苦这么操劳呢？"杨夫人语重心长地说："他们虽是仆人，也是各自父母所牵挂的子女。现在天气这么冷，他们还要给我们家里做活。让他们喝些热粥，心中有些热气，这样干起活来才不会伤身体。"

慈悲为怀的人，总是会去体谅别人的切身感受，为别人着想。随着社会的不断进步和发展，人们的交往越来越密切，人际关系也越来越复杂。培养推己及人的美德，搞好人际关系显得尤为重要。我们要以爱己之心来对待周围的人，无论做什么事，都要以自己的感受去体会别人的感受，以自己的处境去想象别人的处境，站在对方的立场上，将心比心，把别人当作自己来对待，设身处地地为别人着想。

当然，并不是所有的事都要己所欲而施于人，推己及人要有道，毕竟并不是所有于己有益的东西也同样适用于他人，也并不是所有对他人有益的东西，别人都能接受。在他们不想接受时，绝不可以"这是为他们好"为由，强迫其接受，因为每个人都有自由选择的权利，如果侵犯这一权利，不是也陷入"己所不欲，勿施于人"的误区了吗？

宽容是消灭敌人的最佳策略

南怀瑾先生感慨战国时期各国百姓生活的水深火热，从而分析其原因，指出当时各国之所以走富国强兵的路线，大多都是为了雪耻强国。这是战国时代各国间共同的情况——相当于个人的冤冤相报。在循环报复的思想下，绵延了几百年的战乱苦了几代百姓。

确实，在孟子游于魏国时，正值梁惠王"东败于齐，长子死焉；西丧地于秦七百里；南辱于楚"。梁惠王心中所想就是富国强兵，以雪前耻，根本不会去理会孟子"仁者无敌"那一套。这可以说是战国时代各种战乱四起的原因之一。国家间因仇恨、因"睚眦必报"而兵戎相见，最后受伤害的是百姓。而个人冤冤相报既伤人又害己。

东汉时期，苏不韦的父亲苏谦曾做过司隶校尉。另一个官员李皓和苏谦素有嫌隙，因此怀着私愤把苏谦判了死刑。当时苏不韦只有十八岁，他把父亲的灵枢送回家，草草下葬，又把母亲隐匿在武都山里，自己改名换姓，用家财招募刺客，准备刺杀李皓，以报杀父大仇，但刺杀一直没有成功。很久以后，李皓升为大司农。

苏不韦暗中和人在大司农官署的北墙下开始挖洞，夜里挖，白天则躲藏起来。干了一个多月，终于把洞打到了李皓的寝室下。一天，苏不韦和他的人从李皓的床底下冲了出来，不巧李皓出去了，于是杀了他的妾和儿子，留下一封信便离去了。李皓回房后，看到这个场面大吃一惊，以后他每天都在室内布置许多荆棘，晚上也不敢安睡。苏不韦知道李皓已有准备，杀死他已不可能，就挖了李家的坟，取了李皓父亲的头拿到集市上去示众。李皓听说此事后，心如刀绞，又气又恨，却不敢声张，没过多久就吐血而死。

苏不韦的一生生活在仇恨之中，为报仇竭心尽力。李皓只因一点儿私人恩怨，不忍私仇，就置人于死地，结果招致老婆孩子被杀，死了的父亲也跟着受辱，自己最终气愤而死，被天下人耻笑，真是愚蠢至极。冤冤相报就是如此，仇恨双方都得不到好处，这是一种"双输"的行为。因此，何不将"冤冤相报何时了"变成"相逢一笑泯恩仇"的双赢，用一颗宽容的心对待仇恨？

通慧禅师年幼时，有一次去井边打水，恰好碰到一个卖鱼人。一条鱼不慎跌入他端水的盆中，他顺手将鱼捞起，扔到地上摔死了。

三十年之后的一天，早已做了住持的通慧对弟子说："三十年前的一桩公案今天应该了结了！"弟子不明白住持的意思，垂手静听下文，只见通慧禅师径自闭目打坐，不再言语。当时有个统兵张浚，是个虔诚向佛的居士，恰好这天带兵路过通慧禅师所住的寺前，刹那间性情大变，暴怒异常，手持弓箭闯入法堂，对通慧禅师怒目而视。

通慧禅师笑道："我已经等你很久了。"

张浚问道："我与禅师素不相识，今日一见，为何心中如此愤恨，直欲置你于死地而后快？究竟是什么原因，还请禅师开示。"

通慧禅师便如实讲述了自己在三十年前无心摔死一条鱼的往事。

张浚听后大悟，说："冤冤相报何时了，劫劫相缠岂偶然。不若与师俱解释，如今立地往西天。"说完便站着往生了。（往生：佛家指死后去西方极乐世界，亦即"立地成佛"之意。）通慧禅师见张浚已往生，便取出纸笔写道："三十三年飘荡，做了几番模样。谁知今日相逢，却是在前变障。"写完，也于座上往生了。

抛却心中仇恨，既是宽恕了别人，也是原谅了自己。有人曾经这样说过，消灭敌人最好的办法是把他们变成自己的朋友。在现实生活中，人与人之间的矛盾、摩擦是不可避免的，但你大可不必将它们看得太严重，动辄就上升到仇恨的地步。多一些宽容，多一分爱心，你的生活会多一点温暖，多一缕阳光。当你用宽容换来内心的豁达，用宽恕换来敌人的微笑时，你难道不是把最好的心情留给了自己吗？宽恕别人的过错，宽容别人的无意冒犯，宽容别人的缺点与不足，同时也等于宽容了自己。

当然宽容并不是没有原则。孔子提倡"以直报怨，以德报德"，体现出了老夫子的睿智，因为宽容也是有条件、有原则的，不可因一味宽容而纵容邪恶，这会造成更大的伤害。

古人云："冤冤相报何时了，得饶人处且饶人。"这是一种宽容，一种博大的胸怀，一种不拘小节的潇洒，一种伟大的仁慈。自古至今，宽容被圣贤乃至平民百姓尊奉为做人的准则和信念，成为中华民族传统美德的一部分，并且被视为育人律己的一条光辉典则。宽容也是一种幸福，饶恕别人，自己也能够在与他人和睦相处中获得幸福。

人之所以成功，在于他的气量

——听南怀瑾讲胸怀格局

气量，是一种不需投资便能得到的精神高级滋补品；是一种保持身心健康、具有永久疗效的"维生素"；是一种宠辱不惊，笑看庭前花开花落的清醒剂；是一种使人做到骤然临之而不惊，无故加之而不怒的智慧和定力。气量，鄙视的是斤斤计较、蝇营狗苟和鼠目寸光的行为；崇尚的是磊落坦荡、无私无畏和志存高远的品格；失去的是不平、烦恼和怨恨；得到的是友情、快乐和幸福；抛弃的是狭隘、偏激、小气和毫无意义的你争我斗；得来的是宽广、博大、舒畅和融洽的人际关系。

靠自己站着的人最坚强

人生不如意事，十之八九，正是"譬如朝露，去日苦多"。只要活着，就无法逃避，因此不如坚强地面对，自立自强，做生命的水手，与滔滔浊浪勇敢搏斗。

一次，滕文公请教孟子："滕，小国也，间于齐楚。事齐乎？事楚乎？"我们滕国是一个小国家，东临齐，南接楚，是应该向齐国靠拢呢，还是应该投向楚国？孟子告诉他只有一条路可走，即"凿斯池也，筑斯城也，与民守之，效死而民弗去，则是可为也"。也就是说，加强你的国防设施，挖深护城河，加高加厚城墙，和全国的百姓同心协力，保卫自己的疆土。要自立自强，即使战死，也不逃离，甚至宁可亡国，也不向任何一个大国投降。先有这样的准备，才可能有所作为。

这正是两大之间难为小，滕这个小国受着齐国与楚国的夹板气，无力反抗，也不敢反抗，于是孟子给他开了自立自强这个药方。南怀瑾先生由此联想到为人

处世，他说："个人做人也是一样，不自强，不自立，不从自己本身想办法，在两大之间，怨天怨地，希望得到别人的同情来为自己解决困难，天下不会有这样的事情。个人事、国家事、天下事的原则是一样的，只有自立自强，才是唯一的生存之道。"

挪威戏剧家易卜生说过："在这个世界上最坚强的人，是孤独的只靠自己站着的人。"人，要想经风雨，而立于不败之地，必须学会自立。也许蜡梅并不喜欢严寒霜冻，也许青松并不喜欢悬崖峭壁，也许海燕并不喜欢狂风暴雨，但它们不甘心放弃，自己做自己的救星，它们为自己奏响了生命乐章。

人要学会自立，遇到困难时，不可畏缩，但是要想战胜困难，换取人生一片坦途，自立只是第一步，还要学会自强，欲成事，先壮大自己的力量，练就一身真本领。

西晋时期，司马家族的统治极其腐败，致使国力衰弱。北方匈奴乘机入侵，消灭了晋军主力，攻陷了晋都洛阳，俘虏了晋愍帝。

晋愍帝先被匈奴百般羞辱，最后又为匈奴所杀。在匈奴的统治下，百姓生活在水深火热之中。其时，一位名叫祖逖的爱国志士，发誓要收复失地，拯救受苦难的百姓。他与好友刘琨住在一起，每日凌晨鸡鸣之时，两人就起床练剑。在皎洁的月光下，两位热血青年身姿矫健、比翼对舞。多年来他们坚持"闻鸡起舞"，无论酷暑严冬、刮风下雨，从不间断。就这样，他们练就了高强的武艺，磨砺了坚定的意志。

公元 317 年，司马睿在建康（今南京市）建立了东晋政权，史称晋元帝。东晋朝廷苟安于江南一隅，并没有收复失地的意图。祖逖为此十分焦虑，专程从沦陷区赶到建康求见司马睿，要求领兵北伐，收复中原。

司马睿没有办法拒绝祖逖的要求，就任命祖逖为豫州刺史，却不给他一兵一卒，只拨给他一千人的粮食和三千匹布，要他自己招兵买马，建立军队。

虽然得不到朝廷的全力支持，可祖逖并没有放弃北伐的决心。他带领几百名志愿北伐的壮士，渡江北上。船到江心，祖逖敲着船桨，大声地发誓："北伐如不成功，我祖逖绝不再踏入这条大江。"随行的人听了祖逖的豪言壮语，一个个热血沸腾。

过江以后，祖逖一边召集人马，打造兵器，一边与敌人作战。中原的老百姓给他们送来了粮草。军民同心协力，浴血奋战，祖逖很快就收复了黄河以南的大部分土地。

"天行健，君子以自强不息。"无论是想在世界上安身立命，还是想实现宏图大志，都需要自立、自强。要想真正做到自强，有三个条件：一是要自觉。做任何事情，尤其是要实现自我设定的目标时，只有自觉，才能获得主动权，只有主动，才思进取。二是要勤奋。有了勤奋，才不会满足，只有不满足，才能保持旺盛的斗志。三是要有毅力。实现目标的过程，就是克服困难的过程，没有百折不挠的毅力，只会半途而废。没有这三条，自强终究是一句空话。南非总统曼德拉说："人生最美的光环不在于人的升起，而是坠下后还能再升起来。"人生就是如此，风风雨雨，充满曲折，在我们坠下后，就要自立、自强，再升起来，学会自己救自己。

没有谁能永远做你的救星，除了你自己。失败并不可怕，可怕的是你没有走向成功的勇气；受挫并不可怕，可怕的是你没有自立、自强的决心。做自己的救星，相信风雨过后，一定是鹰击长空的壮景；相信荆棘过后，一定是铺满鲜花的康庄大道。

大胸怀成就人生大规模

法国大作家雨果说："世界上最广阔的是海洋，比海洋更广阔的是天空，比天空更广阔的是人的胸怀。"气量和胸怀决定一个人的人生和人格高度，一个人处世立身，气量和胸怀最重要。

气量，是一种不需投资便能得到的精神高级滋补品；是一种保持身心健康、具有永久疗效的"维生素"；是一种宠辱不惊，笑看庭前花开花落的清醒剂；是一种使人做到骤然临之而不惊，无故加之而不怒的智慧和定力。气量，鄙视的是斤斤计较、蝇营狗苟和鼠目寸光的行为；崇尚的是磊落坦荡、无私无畏和志存高远的品格；失去的是不平、烦恼和怨恨；得到的是友情、快乐和幸福；抛弃的是狭隘、偏激、小气和毫无意义的你争我斗；得来的是宽广、博大、舒畅和融洽的人际关系。

孟子第一次见梁惠王的儿子襄王时，"出。语人曰：'望之不似人君，就之而不见所畏焉。'"。远远地看他没有君主的样子，近处观察发现他没有一点儿谦虚之德，也没有一点儿恐惧戒慎之心，可见其气量之狭小。因此，南怀瑾先生感慨道："一个越是有德的人，当他的地位越高，临事时就越是恐惧，越加小心谨慎……不但一国君主应该戒慎恐惧，就是一个平民，平日处世也应该如此，否则的话，稍稍有一点儿收获，就志得意满。赚了点儿小钱，就高兴得一夜睡不着，这就叫作'器小易盈'，有如一个小酒杯，加一点儿水就满溢出来了，像这样的人，是没有什么大作为的。"

古人立身修德，求"海纳百川，有容乃大；壁立千仞，无欲则刚"之境界。目光短浅、骄傲自大之辈绝不会成就大事。

司马迁的《史记·陈涉世家》中载有一则故事：

陈胜称王以后，从前和他一起当雇工的一个穷朋友听说了，便来找他。这个人敲着宫门嚷道："我要见陈胜！"守宫门的卫士要绑他，他一再解释，才没被绑，但卫士始终不肯给他通报。后来陈胜出来了，这位穷朋友挡着路直呼陈胜的名字。陈胜无奈让他上车一同回宫。从

97

此以后，这人时常随便出入宫殿，还情不自禁地说了他过去和陈胜在一起时的旧情。于是有人对陈胜说："这个人愚昧无知，专说些不得体的话，有损您的尊严。"陈胜听后，没有经过仔细思虑，就把这人杀了。此后陈胜的老朋友都自动离去，没有人敢再接近他了。

陈胜是杰出的农民起义军领袖，这是大家都承认的，他的失败有多重原因，但他自身的原因却不容忽视，这等气量怎能让人与之为伍，为他打天下？他又怎能令天下百姓心向往之，甘心为其子民呢？气量小，不容人，熟人和故交也离你而去，孤家寡人难成大业；气量大，能容人，可化敌为友，纳天下英才而用之，事业岂有不兴旺的道理！

大胸怀是大海，纳百川，载千舸，容万物，育众生。大胸怀是高山，不厌细尘，不嫌怪石，披风雪，湍瀑布，生草木，活鸟兽。大胸怀是大地，默默承载，无怨无悔。无论是刀枪剑戟，车轮滚滚，炸弹核武，还是巨峰的重压，江河的撕扯，铁蹄的践踏……都能够平静地忍受。大胸怀是天空，默默包容，从不逃避。不管是阴云风雨，万钧雷霆，抑或朗朗晴空，朝霞彩虹，或是沙暴埃砾，日月星辰，它都能以寥廓之胸怀容之。

人生不如意事，十之八九。面对挫折、苦难，是否能保持一份豁达的情怀，是否能保持一种积极向上的人生态度，这需要博大的胸襟、非凡的气度。其实，生命本身就是一种幸福，逆境能磨炼意志，不必计较一时的成败得失。"风物长宜放眼量"，人生重在追寻长久的精神底蕴。忍受孤独，在彷徨失意中修养自己的心灵，这就是最大的收获，如蚌之含沙，在痛苦中孕育着璀璨的明珠。

做君子之勇，拒绝匹夫之勇

勇气是人类最重要的一种特质，是衡量灵魂的标准。勇者并不是蛮勇之谓，凡见义不为为非勇，欺凌弱小为非勇，贪图便宜、使乖取巧、自私自利皆为非勇。

什么是真正的勇气？一次齐宣王说"寡人有疾，寡人好勇"时，孟子给出了回答："王请无好小勇。"大王你好勇没关系，但不要逞小勇。"今王亦一怒而安先天下之民，民惟恐王之不好勇也。"如果你也能英雄豪气冲云天，大勇安定天下，那么百姓还唯恐大王不好勇呢！南怀瑾先生很赞赏孟子的话，并进一步阐述了这个道理。他认为个人好勇，逞匹夫之勇，就会"任气尚侠"，甚至睚眦必报，犯禁杀人，最后自取灭亡。所以，个人不可无勇，但也不可好匹夫之勇。

勇气是捍卫人格尊严的一个支点，有了它，即使你粉身碎骨，依然会在人们心中树起丰碑。勇气是每个人潜在的英雄情结，勇气是敢于面对困难、挑战困难，不被任何东西打垮的气概。怯懦者在酒杯中寻找勇气，真正的勇敢者有一颗勇敢的心。

鲁迅先生说过，真的勇士，敢于直面惨淡的人生，敢于正视淋漓的鲜血。勇气是为正义而奋斗的精神，勇气是天地为之动容的人格力量。勇气是克服恐惧，开启成功大门的钥匙，勇者无惧！

但是，与勇气这个具有正面意义的词相随的是匹夫之勇。易中天先生在他的《品人录》中是这样区分匹夫之勇和君子之勇的："路见不平，拔刀而起，一言不合，拳脚相加，这是匹夫之勇。因为只要有几分血气，有几分力气，不要有任何志向和修养，随便什么人都做得到，而且也不会有什么辉煌的战果，因此是匹夫之勇。什么是君子之勇呢？泰山崩于前而色不变，麋鹿兴于左而目不瞬，骤然临之而不惊，无故加之而不怒，这就是君子之勇。"

可悉陵是北魏皇族，他身材高大魁梧，性格勇敢坚毅，又练得一身好武艺，很受皇室器重。

在可悉陵十七岁的那一年，一次，北魏皇帝拓跋焘带着他到山林里去打猎。

他们一行人个个都善使弓箭，勇猛无比，没过多半天，便捕获了许多野兔、鹿、山鸡之类的野味。

在返回的路上，大家大声地谈笑着，夸耀自己的战果。正在兴头上，忽然有人察觉旁边的树在微微颤抖，传出一阵"沙沙"声，好像有什么动物在快速行走。犹疑间，丛林中突然蹿出一只吊睛白额猛虎。它大吼了一声，直吼得地动山摇。

人们惊慌失措，不知如何是好。这时只听一个人大喊道："保护皇上，看我的！"说话间，此人已到了老虎跟前。大家定睛一看，原来说话的是可悉陵。可悉陵赤手空拳和老虎搏斗起来。老虎的尾巴用力一掀，眼看要扫到可悉陵身上，可悉陵灵巧地一闪，躲开了。大家回过神来以后，弯弓搭箭想要帮可悉陵的忙，可悉陵却喊道："大家别插手，我可以应付！"于是大家只好看着可悉陵和老虎周旋，心里暗暗为他捏了一把汗。

可悉陵躲过了老虎凶猛的一扑一掀一剪，瞅准机会跳到老虎背上，揪着虎皮，死死按住虎头，抬起铁拳拼命朝老虎的天灵盖砸下去。也不知打了多少拳，直到他没了力气，才发现老虎已经七窍流血，死了。于是可悉陵把这只老虎献给了拓跋焘。

拓跋焘没有过分称赞他，说道："我们本来有机会逃走，不跟老虎纠缠。实

在走不了，大家一起上，也可以轻而易举地置老虎于死地，你偏要徒手和老虎单打独斗。你的勇敢确实超人一等，应该用来造福国家，而没必要浪费在这种搏斗上。万一为之所伤，岂不可惜？"

拓跋焘的话很有道理，可悉陵的行为表面上看勇猛无比，其实不过是逞匹夫之勇。真正的勇气是仁、智、勇的结合，是来自内心对真理的执着，来自对美好的向往，来自追求自身更高的境界。尼采说："这是一个焦虑的时代，一个群众道德和个人孤立的年代。勇气是一种必需品。"

大勇与匹夫之勇，这是两条路，一条是稳重，一条是冲动；一条通向成功，一条通向悔恨。勇气是勇敢者的通行证，做君子之勇，拒绝匹夫之勇，会使我们在自己的人生路上走得更远，走得更稳。

小人之争因权势利害，君子之争因思想不同
——听南怀瑾讲气节

　　君子争义，小人争利。因此古往今来，成就大事者，都懂得在无害于大局的情况下满足各种人的利益要求，从而获得人心，获得人才。古代谋略家黄石公说："贪者丰之，欲者使之，畏者隐之，谋者近之。"意思是说，贪利的可以给他丰厚的收入，想立功的可以让他去冲锋陷阵，有隐私的要替他隐瞒，有谋略的要对他亲近信任。

君子之争与小人之争

　　南怀瑾先生曾经针对孟子的际遇心生感慨道："自古以来，政治上的倾轧，都是如此。小人与小人之争，是为了权势利害；君子与君子之争，则是为了思想意见不同。历史的成败关键，往往就在于此。古今中外，都跳不出这个圈子，深为可叹！"

　　为何有此一说？这是因为南怀瑾先生分析孟子在齐国时，齐宣王左右反对孟子的人很多，甚至开始怀疑包括"不治而议论"的稷下先生们以及推行合纵计划的苏秦方面的人，孟尝君的门下客，都有可能向齐宣王进谗言，诬陷孟子。从孟子强调"国人皆曰可杀"的话，可见他们攻击孟子，几乎到了非去之而不甘心的程度。

　　自古以来关于君子与小人的论断与事例不胜枚举，其中以孔子的说法最为精妙。在《论语》中孔子有多处细论君子和小人的哲言。"君子喻于义，小人喻于利"，"君子和而不同，小人同而不和"，"君子周而不比，小人比而不周"，"君子坦荡荡，小人长戚戚"，等等，把君子与小人各自的特征以及二者的不同说得相当到位，后世人只要悟透这些，就可以把握住君子与小人的本质了。

其实南怀瑾先生所说的很像孔子关于君子与小人之论的白话版，就因为君子坦荡荡，且"喻于义"，"和而不同"，所以君子之间只有思想和世界观的不同，而无私利的纷争。而小人正相反，更多的是为了满足眼前的蝇头小利，表面一团和气，暗地里明争暗斗，互不相让。

秦始皇死后，权臣赵高与李斯合谋伪造诏书，逼秦始皇长子扶苏自杀，另立胡亥为帝。他们都是胡亥的心腹，但是这两个阴谋家却很快产生了矛盾，赵高决定彻底铲除李斯。

赵高是胡亥的近臣，具有安排其他臣子觐见皇上的特权，于是他利用这一特权开始行动。他首先告诉李斯，皇上（秦二世）现在大造宫殿，民不聊生，你身为丞相应该劝谏。李斯马上认同，但表示这种触碰龙鳞的话不能在公开场合说出。赵高称会给他安排单独觐见的机会。

于是，只要秦二世在后宫饮酒作乐、斗鸡斗狗的时候，赵高就会马上通知李斯说皇上目前有空，你可以来参奏。这样几次，小皇帝开始厌烦起来，认为李斯

别的时候从不来进谏，偏偏在自己玩得正高兴的时候来，是故意倚老卖老欺负自己，非常气愤。

赵高认为时机成熟，便在秦二世面前开始诬陷李斯。当然，他诬陷的内容绝对能打动小皇帝，即诬陷李斯的威望高于皇帝，国人只知道丞相而不尊敬皇帝，又诬陷李斯的大儿子时任蜀中太守的李由谋反。结果胡亥中计，诛灭了李斯三族。

几年之后，刘邦、项羽兵临咸阳，赵高为了保命，对秦二世下了毒手，理由居然也是诬以谋反，即称秦二世的先君始皇帝谋反周王朝。几天后，赵高被杀。

李斯妒杀韩非，与赵高合谋害死秦始皇长子扶苏，真乃小人也。他与赵高为权力而谋，最后死在争权夺利的过程中，正是小人之争的一个写照。

君子和君子、君子和小人、小人和小人之间的交往各不相同，他们之间的友情和纷争也大相径庭。而君子之争，展现出了其坦荡的一面。

北宋时期，司马光比王安石长两岁，都曾在包拯手下为官。两人才华横溢，且相互仰慕，一度是好友。两个人同升翰林学士的时候，同样受到了宋神宗的赏识，然而也就在这个时候，他们却因政见不同而渐渐开始争吵、疏远甚至决裂。

由于当时官吏过多，俸禄颇高，整个大宋的国家财政已经入不敷出，出于对国家财政的考虑，宋神宗大胆起用一直以来在地方上享有盛誉、干脆果断且深知百姓疾苦的王安石为参知政事，让他主管变革事宜。王安石一上任，立即显示出了他非凡的行政才能和魄力，对旧有制度进行大刀阔斧的改革，可是王安石确立的新制度一出台，立即受到以司马光、文彦博等为代表的一大批正直文人的强烈反对。其实司马光反对的并不是王安石变法，而是他急功近利的改革方式。司马光认为改革必须循序渐进，稳妥进行，而不可能立竿见影，不然会带来很多负面的影响。

司马光与当时身居高位的王安石政见不同，曾有很多人劝他弹劾王安石，然而司马光却一口回绝了他们，他认为王安石变法没有任何私利，没必要这样做。面对身为副宰相的王安石的如日中天，司马光毫不犹豫地选择了退让，回家开始了那场令世人惊叹的浩瀚之举，历经数十年之光阴，著作《资治通鉴》。

多年后，王安石宰相之职被免，告老还乡。一向支持王安石的神宗皇帝在继续施行了近十年的新法之后驾崩，十岁的哲宗即位，由太后垂帘，时年六十六岁的司马光被召回开封，出任宰相，开始大刀阔斧地起用旧臣，恢复原有制度。尽管其在政治上全盘否定了王安石，可在王安石死后，他仍然吩咐手下要善待王安石的安葬事宜，由此足见其作为君子的坦荡之处。而且他在所著的《资治通鉴》中将社会对王安石的偏颇之言给予了斧正，他说世人都说安石奸诈，这是过分之言。

　　司马光和王安石大有英雄相惜之情，只是他们思想主张不同，但他们以独特的人格魅力征服了世人，同样受人景仰与崇拜，也为后人留下一段君子之争的佳话。

　　君子争义，小人争利。因此古往今来，用人者、成就大事者，都懂得在无害于大局的情况下满足各种人的利益要求，从而获得人心，获得人才。古代谋略家黄石公说："贪者丰之，欲者使之，畏者隐之，谋者近之。"意思是说，贪利的可以给他丰厚的收入，想立功的可以让他去冲锋陷阵，有隐私的要替他隐瞒，有谋略的要对他亲近信任。曾国藩则说得更加直截了当：武人给钱，文人给名。以众人之私，成一人之公。是做争义的君子，还是争利的小人，按照正常的道德标准，其答案不言而喻。

铁肩担道义：知识分子的立身准则

　　知识分子，特别是文人知识分子走到现代，虽然遭遇边缘化的困境，可还是应该有自己的立身标准，否则，即使才高八斗，一肚子锦绣文章，仍然只是绣花枕头而已。现代知识分子究竟应该具备怎样的素养呢？主要有两个方面，一是承担意识，二是批判精神。

　　民国著名记者邵飘萍有一句座右铭："铁肩担道义，辣手著文章。""铁肩担道义"正是知识分子的承担意识。他秉持着这种精神，一肩挑起对社会、历史、民族的重担，辣手作文，绝不妥协，结果因拒收张作霖30万元"封口费"而惨遭杀害。这也体现了20世纪上半个世纪那一代知识分子"不可夺"之"志"。

　　现代知识分子应该对自我在社会、历史中的角色、立场有一个选择、认定，努力承担起对国家、民族、人类，对历史、时代、社会、人民的责任。你应该清楚你是"公共知识分子"，你所代表的不是某个利益集团的利益，更不是一己的私利，而是社会公共利益，是时代的正义和良知的代表。

　　其实，知识分子应该明白在这种"大承担"背后，还要有一个"大生命"的观念。如鲁迅所说："无穷的远方，无数的人，都和我有关。"所谓"心事浩茫连广宇"，在知识分子的心目中，整个民族、整个人类、整个宇宙的生命都和自己的生命息息相关。只要世界上有一个生命是不自由的，你自己也不能是自由的。有人说，真正的诗人是能感受到天堂的欢乐和地狱的痛苦的。因此，你追求的个体精神自由应该包含博爱精神，也就是佛教所说的大慈悲情怀。这是一种"天马行空"的境界，独立不依，不受拘束，同时又可以自由出入于人我之间、物我之间的、大境界中的大自由状态，这是令人神往的。相比于这种大自由的境界，只追求一己的"自由"就会使精神显得相当猥琐，这绝不是真正的现代知识分子所为。

　　作为民族文化的传承与发扬者，作为民族精神的守护者，现代知识分子不仅要有"铁肩担道义"的承担意识，最重要的是还要有批判精神。站在一个更高的层面上，对历史或现实作甄别和审视，对人或事进行分析和解剖，这也是知识分子的天然品格和性情。

　　现代西方的很多学者将批判精神视为知识分子的本质，以此作为判断知识分子与非知识分子的依据。梅兹格认为：知识分子是不断批判社会和自我批判的人，不论他们的待遇好与坏，也不管社会的发达与落后，他们因对现实的不满而继续批评下去。知识分子是天生的反对派，他们在社会舞台上的出现，本身就意味着潜在的革命作用，而不是由于他们效忠的对象改换了。在这里，知识分子的作用绝不是一个摆设，他们是社会的良心，是为了社会不断进步而大胆预言的海燕。

　　我国自古就有为社会进步而呐喊的海燕，例如孟子，但不可否认，更多的是向现实妥协的读书人，这虽为民族之不幸，但他们的衬托却使得孟子身上的人格魅力更加动人。南怀瑾先生虽然感慨孟子的命运，但也非常欣赏孟子游走于列国而本性不失的立身精神。他明知不可为而为之、道不同不相为谋，仍然坚持走王道路线、为天下苍生请命，他绝不降格以求的品质以及他敢于当面批判君王的勇气，都体现了作为一名知识分子，其本身所蕴含的承担意识和批判精神。这种精神是流传千年也不会过时的瑰宝，只要知识分子身上具备这两种特质，相信一个国家就有希望。

然而，反观中国知识分子的现状，学界的"士气"渐趋消解，科学家之间缺少公开的、批评性的学术交流，已属寻常，社会批判和制度批评更成了稀缺的声音。师承近亲繁殖，唯长是尊；学界一团和气，老好人主义盛行；学术缺乏创新；更多的学者"两耳不闻窗外事"，"躲进小楼成一统"，学术论文堆得山高，而百无一用。眼见得国外的知识精英们纷纷荣登诺贝尔榜，我们却与学术的创新和批判精神渐行渐远，有时发两句牢骚，然后继续保持其乐融融。

不可否认，这是一个批判精神普遍缺失的时代，"作一士之谔谔"者少之又少，不能容忍轻薄为文、无视民生，在严于解剖自己的同时，进行着不妥协的批判的人，更是后无来者。求知只是更好的谋生手段，已没什么神圣可言。"著书只为稻粱谋"，市场化、商业化、逐利化，也让学者们学会了"明哲保身"，"唯上""唯书""唯权"。

可以想见，这样的知识分子的精神是廉价的，绝对称不上现代的，他们是精神的侏儒，甚至是社会进步的绊脚石，因为知识分子手里掌握的是一个国家的灵魂，他们是思想的布道者，是文明的传播者，如果他们的灵魂枯萎，批判精神萎靡，就谈不上什么承担意识了。

真正的知识分子，具有承担意识和批判精神，要有自由和独立的思想。不浑浑噩噩，不随波逐流，保持自己的本色和批判的锋芒，"书生报国无他物，唯有手中笔如刀"，用一支妙笔写尽人间不平之事。

"远庖厨"是一种反省

孟子一句"君子远庖厨"，使后世"君子"们如获至宝，从此将狭小的厨房扔给了女人，而他们只一味地在饭桌上享受美食。"君子远庖厨"真的承载了让女人掌管人间烟火的内涵吗？南怀瑾先生说，这句话其实被后人曲解了。为何如此，又怎样被曲解，还得回到历史现场来寻找答案。

孟子在齐国时，一次，他看见齐宣王用一只羊代替牛来做祭品。于是说了这句流传千古的话："君子之于禽兽也，见其生，不忍见其死；闻其声，不忍食其肉。是以君子远庖厨。"意思是说君子对于飞禽走兽：看见它们活着，便不忍心看它们死；听到它们哀鸣的声音，便不忍心吃它们的肉。所以君子要离厨房远远的。南怀瑾认为，这种心理正是一种恻隐之心，和君子把厨房留给女人这种做法是八竿子打不着的。因此，不得不佩服后世君子们曲解经典以为"我"所用的功力。

远庖厨，是恻隐之心的表现，那么，君子就只能入佛吃斋不杀生了吗？非也，酒肉穿肠并不是君子所不为。再说，植物也是生命啊，是否也不进食了呢？当然不能，因此孟子的"君子远庖厨"阐述的是如何面对人生的一些不得已。人为了自己的生存，吃素食也好，吃肉食也罢，总是一种不得已。认识到这种不得已，而恻隐，而不忍，而远庖厨，正是一种自我的反省，自我的约束，并非是要做给谁看。

因此，面对人生的不得已，要常怀恻隐之心。人之所以为人者，唯此恻隐之心而已。求仁者求此，积德者积此。"恻隐之心"就是仁慈爱物之心。见到一切动物有苦难，自然就生出同情心，这就是"恻隐之心"。

从前有位比丘，修行已经证得了六神通，跟一位小沙弥住在一起。

一次，比丘在禅定中，见到小沙弥只剩7天寿命了，心中不忍，于是叫小沙弥返家看父母。结果7天过后，小沙弥竟然又回来了。比丘感到很奇怪，就再入定观察，发现小沙弥寿命得以延长，于是比丘问小沙弥，在回家的路上做了什么特别的事情，小沙弥想了很长时间，最后终于说了一件他自认很普通的事情。原来小沙弥在回家的路上，看见了河边的一个蚁穴，水快要流进蚂蚁洞了，小沙弥急忙脱下袈裟，拿泥土把水挡住。小沙弥就是因为救护蚁命的因缘，而延长了12年的寿命，后来他更加精进修行，证得了四果罗汉。

小沙弥护住蚁洞一事，看似举手之劳，却因其怀一颗恻隐之心，自得善报。

恻隐之心乃是在人的心灵中汩汩流淌的善良情感的甘泉，它滋润着人的心灵不至于变得冷酷，它使人具有仁爱之心和悲悯情怀，它构成无数善行纯洁而又高尚的动机。

但是不是任何恻隐之心都会得到回报，在运用你的同情心时，也要分清状况，看对象，并想到后果，否则，就要陷入东郭先生的境地。

明代马中锡的《东田传》中记载了一个东郭先生和狼的故事。说的是书生东郭先生背着一口袋书，在去中山国谋官的途中，遇到一只受伤的狼，狼恳求他帮忙，以便逃过猎人的追捕。东郭先生看到这只受伤的狼很可怜，便把狼藏在了自己的书袋里。

　　不一会儿，猎人追了上来，发现狼不见了，就向东郭先生询问狼的去向，结果东郭先生骗过了猎人。等猎人走远后，他又把狼放了出来。不料，狼却嗥叫着张牙舞爪地扑向东郭先生。

　　东郭先生徒手同狼搏斗，嘴里不断对狼喊着"忘恩负义"。最后幸好一位农夫走过来，将狼重新骗入口袋中，并对东郭先生说："这种伤害人的野兽是不会改变本性的，你对狼讲仁慈，简直太糊涂了。"说罢，抢起锄头，把狼打死了。

　　《红楼梦》中有云：子系中山狼，得志便猖狂。其本来喻指人忘恩负义，其实狼的本性如此，一切都是由于东郭先生乱动恻隐之心导致的。所以凡事要辩证对待，不可一味地偏执于理论，具体问题具体分析，才能在生活中游刃有余。

　　总之，君子远庖厨，呼唤的就是一颗恻隐之心。对万物常怀恻隐之心，愿意珍重一切生命，这样也就找到了做人的快乐。

不是做不到，只是不肯做
—— 听南怀瑾讲做事

鹰击长空虽然要经受风雨的摧残，却可以看尽天下万物，将世界揽入胸怀，而井底之蛙虽可一生平安，却只能行走于方寸之地，心灵和眼界一样狭窄。正如红顶商人胡雪岩所说："如果你拥有一县的眼光，那你可以做一县的生意；如果你拥有一省的眼光，那么你可以做一省的生意；如果你拥有天下的眼光，那么你可以做天下的生意。"

眼光，是目标也是方向

心有多大，世界就有多大；眼光有多远，就能走多远。法国前总统戴高乐也曾说："眼睛看到之处，是你能到达的地方。"要想成功，长远的眼光是必不可少的，"风物长宜放眼量"。一个国家的领导人只有有远大的眼光，他的国家才有希望。而如果领导人目光短浅，那他就很难使国家兴旺发达。梁惠王就是一例。

一次，梁惠王和孟子谈话时很庄重地说："寡人之于国也，尽心焉耳矣。"他说，在他的国境以内，如果黄河内套遭遇了水旱天灾、粮食歉收的凶年，就把河内的人民，迁移到河东来；同时在河东征收了粮食送到河内去，使河内的人不至于受到饥饿的痛苦。假如是河东遭遇到灾害时，他也是用同样的方法，去照顾帮助河东的人民，这都是他尽心仁爱人民的事实，是施行了仁政，邻邦并没有这样做，可是他们的人民并没有减少，自己的人民也没有增加。梁惠王很是迷惑，请教孟子，孟子一针见血地指出他的行为就是以"五十步笑百步"的行为。他以战争来做比，说："填然鼓之，兵刃既接，弃甲曳兵而走，或百步而后止，或五十步而后止，以五十步笑百步。"在作战的时候，战鼓响起来，部队就向前冲锋，双方接近战斗以后，一些怕死的兵将脱了战袍，丢了兵器往后逃走，有的逃了一百步才停下来，有的跑了五十步就停下来，而跑了五十步的人却讥笑跑了一百步的人胆小。这不是和你梁惠王的行为一样吗？

孟子以此来比喻梁惠王为政的缺点，梁惠王遇到凶荒的年岁，移民、输粮，固然是好事，但也只是头痛医头、脚痛医脚的办法而已。他不能从根本上除去病源，为国家千秋万世着想，作百年大计，长久之图，怎么可能比邻国的人民多起来呢？

南怀瑾先生很赞同孟子的观点，他认为治国与个人发展的道理是相通的，一个人只有具有远大的眼光，才能取得辉煌的事业。

只有有了远大的眼光，我们才会发现世界的美好，才能摆脱"坐井观天"的困境，从而让心遨游于五湖四海，让生命绵延、伸展。要取得人生的辉煌，我们就应该培养自己的远见卓识，练就独到的眼光，唯有这样才能扩展自己人生的格局，避免受到诸多因素的干扰。成大事者都是有远见、能高瞻远瞩的人。

秦末，烽火四起之时，项羽和刘邦曾约定，先入咸阳的人称王。刘邦于是日夜兼程，首先抵达。

咸阳作为秦的国都，全国的金银珠宝、图书典籍都聚集在此。进入咸阳之后，刘邦的部将们都争着跑到秦国府库中去瓜分金银财宝，只有萧何一个人先带人去没收秦丞相、御史制定的法律、典章、文书、档案，并妥善收藏好。

后来，刘邦之所以能全面了解全国的险要关塞、人口多少、哪些方面强、哪些方面弱以及人民所痛恨的是什么，并最终取得楚汉战争的胜利，就是因为萧何接管了秦朝的这些重要文件的缘故！

大人物的远见卓识不仅可以成就大业，而且还左右着历史的发展；而寻常人具有长远的眼光，则不仅仅可以安身立命，还能成就自己的事业，名利双收。

秦汉时期宣曲（今陕西西安市西）任氏是一个大富商。他的祖上曾经担任过秦时督道仓的官吏。秦朝灭亡后，豪强之人争着夺取金玉珠宝，只有任氏用地窖藏了许多粮食。任氏的家人都埋怨他，不理解他为什么这样做，任氏也没有多加解释。

后来，楚霸王项羽和汉王刘邦争夺天下，相持于荥阳一带，农民无法种庄稼，加上当时战事频繁，粮食也不能从别的地方转运过来，荥阳开始闹起了饥荒，一石米价陡然涨至一万钱，那些抢夺金玉珠宝的豪强们，空有金玉珠宝，也无可奈何。

这时，任氏打开自己的地窖，趁机贩卖粮食。于是，所有的金玉珠宝又都流到任氏手中了。任氏家人都夸赞他有眼光。

可见，一个人如果把眼光放长远一些，就会获得长久的收获。但在这个世界上，人最容易被很多东西诱惑，比如金钱的威力、地位的荣耀、名誉的光环，等等，如果不将眼光放长远一点，就容易被这些东西蒙住眼睛，迷失自我。

鹰击长空虽然要经受风雨的摧残，却可以看尽天下万物，将世界揽入胸怀，而井底之蛙虽可一生平安，却只能行走于方寸之地，心灵和眼界一样狭窄。正如红顶商人胡雪岩所说："如果你拥有一县的眼光，那你可以做一县的生意；如果你拥有一省的眼光，那么你可以做一省的生意；如果你拥有天下的眼光，那么你可以做天下的生意。"

如果一个人没有足够的远见，也就没有了对成功的渴望与梦想，也就失去了进取的动力，虽然他现在取得了成功，但是，将来他却无法攀登到成功的最高峰。所以，从现在开始你就必须克服你的惰性，大胆地预测你的明天，不断给自己设定新的目标，上足生命的发条，走出一个辉煌灿烂的人生。

身体和智慧是成功的两只手

中国历史上有很多文人，一生疾病缠身，有些甚至英年早逝，不得不让人心生叹息。

被后世誉为"诗鬼"的唐代诗人李贺，为唐宗室郑王李亮的后裔，后来其家道中落。他"细瘦通眉，长指爪"，童年即能作辞章。李贺父名晋肃，"晋""进"同音，与李贺争名的人，就说他应避父讳不能举进士，韩愈作《讳辨》鼓励李贺应试，但贺终不得登第。后来做了三年奉礼郎，郁郁不得志。

公元815年，在朋友们的帮助下，李贺最后一次离开家乡昌谷，到潞州（山西长治）去做了张彻的幕僚。在诗人心中，潞州此行，已谈不上什么步入仕途，只是为了谋求生路而已。然而，让他再一次感到心寒的是，由于时局动乱，不久后，赏识他的上司和朋友们相继离去，这让他的心理和精神又一次受到了沉重的打击，这年冬天，李贺病了，而且病得不轻，无奈之下，孤独且疾病缠身的李贺也离开了潞州，再次回到了家乡。回家后的李贺，从此就再也没有从病榻上起来，在生命的最后时刻，他最后一次清点了一下自己的诗稿，看着自己饱蘸心血的纸墨，他眼眶里溢满了眼泪，含泪吟道："谁看青简一编书。"

李贺短暂的一生，以诗为业，体弱多病，可算是智慧无限，却身体染疾，英年早逝。如若其健康长寿，当有更多好诗"一唱天下白"，供后人悟之、赏之、模仿之。南怀瑾先生曾经感慨，体能好，智慧又高，文武俱全的人太少。正如孟子所云："人之有德慧术知者，恒存乎疚疾。"意思是说学问、德业好的人多半体弱多病。

一个有病的人，因为经常在病苦中，身体没有其他的活动，所以会多思想、会搞学问。体力好的人，沉迷于运动，要他写两篇文章，会很吃力，这是事实。但是事实归事实，一个人即使有才华，但没有良好的体能、没有充沛的精力，也难以成就事业。所以说必须要有强健的体力、饱满的精神才能干好事业。就如曾国藩所说："功名看器宇，视野看精神。"

纵观古今中外，成大事者无不具有大智慧与旺盛的精力。如国内的汉武帝、清康熙帝，外国的拿破仑、戴高乐、丘吉尔等，都是体力、精力与智力超群的人物，因此他们能建功立业，青史留名。

成就一番惊天动地的大事业需要充沛的体能和超人的智慧，同样，要想成就个人事业的成功，两者也是必不可少的。体能和智慧就是成功的左膀右臂，做到了两手一起抓，两手都要硬，何愁不成功？

一切从识人开始

知人知面不知心，自古识人难。南怀瑾先生也承认这一点，因此他讲到鉴识人品的时候，认为从一个人的言谈举止，看他内在的品德修养，是一件很难的事。

虽然难，还是要去体味，毕竟识人是与人交往的基础。只有在对一个人的性格品质有所了解的情况下，才能决定与其相处的模式以及关系的远近。所谓道不同不相为谋，或谋之有道；而道相同者则引为知己，这些都需要从识人开始。

在一个阳光明媚的清晨，柏拉图和老师苏格拉底在一片幽静的树林里散步。
柏拉图对老师说："东格拉底这人很不好！"苏格拉底问："为什么这么说？"
柏拉图说："他经常挑剔您的学说，并且不喜欢您的扁鼻子。"
苏格拉底笑了笑，缓缓地说："可我倒觉得他这人很不错。"
柏拉图很迷惑地问："您怎么会这样认为呢？"
苏格拉底说："他对他的母亲很孝顺，照顾得非常周到；他对他的老师十分尊敬，从来没有对老师有不恭敬的行为；他对朋友很真诚，常常当面指出别人的缺点，帮忙改正；他对孩子很友善，经常和孩子们在一起做游戏；他对穷人非常富有同情心，我曾经亲眼看见他掏出身上最后一个铜板，放进了乞丐的帽子里面……"

"但是，他对您却不那么尊敬！"柏拉图说。

"孩子，问题就在这里，"苏格拉底抚摸着柏拉图的肩头，慈爱地说，"一个人如果站在自己的立场上来看待别人，常常会把人看错。所以，我看人，从来不看他对我如何，而看他对待别人如何。"

苏格拉底的话非常有道理，要想客观地认识一个人，不能总是站在自己的立场上，因为这会把自己的利益放在其中考虑，很有可能失之偏颇。

识人不同于相人。识人是经由观察一个人的行为与言论以鉴识其品德与才能，而相人则是观察一个人的相貌与体征以判定其一生的吉凶祸福。两者小同而大异。

清朝名臣曾国藩指派李鸿章训练淮军时，李鸿章举荐了三个人，希望曾国藩能授以官职。当李鸿章带着三个人来见曾国藩的时候，他刚好饭后外出散步，李鸿章命三人在室外等候，自己则进入室内。

曾国藩散步回来，李鸿章请曾国藩传见三人。曾国藩摆摆头，说不用再召见了，并对李鸿章说："站在右边的是个忠厚可靠的人，可委派后勤补给工作；站在中间的是个阳奉阴违之人，只能给他无足轻重的工作；站在左边的人是个上上之才，应予重用。"

李鸿章惊问道："您是如何看出来的？"

曾国藩笑答："刚才我散步回来，走过三人身旁时，右边那人垂首不敢仰视，可见他恭谨厚重，故可委派补给工作；中间那人表面上毕恭毕敬，但我一走过，他立刻左顾右盼，可见他不够本分，故不可用；左边那人始终挺直站立，双目正视，不亢不卑，乃大将之才。"而曾国藩说的这位"大将之才"就是后来担任台湾巡抚的刘铭传。

曾国藩这种经由观察一个人的行为举止，以鉴识其品德与才能的方法就是识人，而非相人。"听其言而观其行"，这是孔子告诉我们的简易有效的识人方法。

南怀瑾先生说，人之所以成功，自有他的气度，有优良的品质。而看人的气度是好是坏，也如同鉴定东西的品质是好是坏，从外形上即可看出一样，从人的言谈举止之间，即可看出此人之气质如何，只是需要一双慧眼和一点心思。

确实如此，鉴识人，见其气度，即使是从言谈举止有了认识，也是不够的，还必须要更深入地了解他的个性。南怀瑾先生讲到这里时，引用了荀悦《申鉴》中的一段讨论到气度的话，并进行了精彩的解释，可算是对人正反性格的一个全

面而精辟的概括。

　　"人之性，有山峙渊渟者，患在不通。"一个稳如山岳、太持重的人，做起事来往往不能通达权宜。"严刚贬绝者，患在伤士。"处世太严谨刚烈、除恶务尽的人，往往会因小的漏失而毁了人才。"广大阔荡者，患在无检。"过分宽大的人，遇事又往往不知检点，流于怠惰简慢，马马虎虎。"和顺恭慎者，患在少断。"对人客客气气，内心又特别小心谨慎的人，在紧急状况下，在关键时候，则没有当机立断的魄力。"端悫清洁者，患在拘狭。"做人方方正正、丝毫不苟取的人，又有拘拘缩缩、施展不开的缺点。"辩通有辞者，患在多言。"有口才的人，则常犯话多的毛病，言多必失。"安舒沉重者，患在后时。"安于现实的人，一定不会乱来，但他往往是跟不上时代的落伍者。"好古守经者，患在不变。"尊重传统、守礼守常的，又往往会食古不化，死守着古老的教条，于是就难有进步。"勇毅果敢者，患在险害。"所谓有冲劲、有干劲的人，在相反的一面，又容易造成危险的祸害。

　　人无完人，识人要识其本质，还要注意其优点和缺点，既可"见贤思齐，见不贤而内自省也"，又可从容地与之交往，一举两得。人具有交往的天性，希望在人际交往中能够规避陷阱，游刃有余，而且都想在人生中交到益友，邂逅知己，而这一切当从识人开始。

仁义才是长久的大利

——听南怀瑾讲利与义

要使自己名贵的花卉不失本色，唯一的办法就是让邻居的花圃里也都种上同样名贵的花。心灵无私是保持高贵的唯一秘诀，也是营造仁爱氛围的唯一方法。爱默生曾提醒我们："要做一个为后来者开门的人，不要试图使世界成为死巷。此生最美妙的报偿就是，凡真心帮助他人的人，没有人不帮助自己的。"

生命不是用来自私的，一个自私的人注定会伤害到自己，而一个乐于助人的人，反而会从别人那里得到好处。把自私从你的心里赶走，你的心中就会充满光明。

人生就是一个以利为圆心的圆周运动

自古关于"利"的成语很多，例如"追名逐利、见利忘义、利欲熏心"。提到这个"利"字，似乎所有君子都嫌它是一块烫手山芋，不敢明着去招惹，可是有几个人仔细想过，究竟什么是利？

南怀瑾先生这样说："或者是人，或者是物，或者是事，当某一时间，某一空间中，能够产生'利用安身'的功能效果，那么它就具有'利用安身'的价值；也就是在当用、该用、要用、可用、适用、值得用的条件下，那么对这人或事或物来说，就构成了价值；也就是对这人或事或物的利。"

讲得明白些，就是人生在世，怎能不讲利？人类文化思想包含了政治、经济、军事，乃至人生的艺术、生活，等等，都是以求利为目的。如果不求有利，又何必去学？做学问也是为了求利，读书认字，不外乎是为了获得生活上的方便或是自求适意。即使出家学道，也是为了成仙成佛，这何尝不是求利？

其实早在两千年前，孟子已经思考过这个问题，并提出了义与利这千古一辩。孟子来到魏国，见到魏国国君梁惠王，于是遭遇了这句问话："叟，不远千里而来，亦将有以利吾国乎？"老头儿，你能为我们国家谋什么利益吗？孟子听后，没有拍案而起，针锋相对，而是颇有风度、庄重地说："王何必曰利？亦有仁义而已矣。"意思是说，大王您何必只图目前的利益？其实只有仁义才是永恒的大利。按照孟子的说法，仁义也是利，道德也是利，这些是广义的、长远的利，是大利，不是狭义的金钱财富的利，也不只是权利的利。可见，人们追求有用或没用的东西都是利，只不过有大利、小利之别而已。

人与人的追求不同，因此对于每个人来说，能够对自己产生"利用安身"的价值的东西也不同。有的人求子孙满堂，得之，心满意足；有的人求福如东海，得之，心中无憾；有的人求无上智慧，得之，最是得意；有的人求万事如意，得之，甚为欢喜；有的人求名扬四海，得之，心中风光无限；有的人求家财万贯，得之，幸福无比。但是无论是求喜求乐求名求财，说穿了，求的还是一个利。

"采菊东篱下，悠然见南山。"陶渊明以他那高洁的品质和优美的诗句，留香于中国的文学与历史的天空。而他不为五斗米折腰的故事，更是为世人所传颂。

在晋安帝义熙元年（公元 405 年）的那年夏天，陶渊明被任命为彭泽县县令。他上任不到三个月，有一天，接到上级官员送来的一份公函。公函上说，郡

里有个官员要来彭泽县检查公务，文中暗示陶渊明放聪明些，小心谨慎地伺候。

陶渊明一向正直，从不阿谀奉承。接到公函后，他感到很纳闷，猜不透文中的深层含义，于是他叫县衙里的师爷来给他解释一下。

这位师爷看完之后，心领神会，他说："历任的县太爷为迎接上级每一位官员，都要好生准备，恭恭敬敬地到路边迎候，安排欢迎仪式，为的是讨得他们的欢心。"

"讨得他们的欢心又如何？"陶渊明问。

"啊，这您还不懂？要是讨得这些官老爷的欢心，那升官发财之路就光明了。否则的话，恐怕连您头上的这顶乌纱帽也保不住了。大人，您可千万别马虎啊！"

陶渊明听到这里，拍案而起，愤怒地说："岂有此理，怎能为这五斗米官俸向乡里小人折腰！这官，我不做了！"

说完，陶渊明脱下官服，交出官印，毅然回家耕田去了。

世人把不为五斗米折腰的陶渊明看作淡泊名利、知足常乐、悠然处世的典范。殊不知，他去除名利的束缚，求来的却是另一种利，这对陶渊明来说也许是一种大利，因此在面临选择时，他毅然抛弃了世人所向往的官阶财富，而选择了维护自己的人格和操守，以取得心灵的宁静，保持心中那份做人的崇高感。

古今中外，像陶渊明这样为求大利益而抛弃小名利的人还有很多，例如越国富可敌国的范蠡，更是在身居高位、家财万贯时毅然弃之，选择了另一种人生。

在勾践灭掉吴国后，辅佐勾践二十余年的功臣范蠡却上书请辞，他对勾践说："过去大王受辱，臣不敢言退。今日大仇已报，臣不敢居功享乐。"勾践十分不解，劝他说："你遍历辛苦，难道不想有快乐的这一天吗？现在你功高位尊，无所忧患，正是尽享富贵的时候，为何轻言放弃呢？"

范蠡搪塞掩饰，不肯正面回答。后来他对家人说："盛名之下，其实难久；人不知止，其祸必生。勾践可与共患难，难与同安乐！"

他的家人不相信他的推断，都劝他不要在功成名就之时离开。但范蠡自信无失，他长叹道："人的一念之差，往往决定着一生的生死福祸。若为贪念所系，不加约束，祸发之日再想收手，就为时已晚了。"

于是他带着家人从海路逃到齐国，改名换姓，在海边耕田，再创家业。

范蠡是一个非常有智慧的人，他经营有方，加之苦心不懈，没多久，就积累了数十万家产，富甲一方。齐王听说了他的才能，深以为奇，便任他为相。面对这突如其来的殊荣，范蠡的想法却出乎所有人的预料，他忧心地说："治家能积累千金，居官能升至将相，这是平民百姓所能达到的最高位置了。至此若不思退，不用理智制止放纵之念，凶险马上就会降临。"于是他退回了相印，决定散尽家财远走，他的家人苦劝不止，又说："有官不做，我们无话可说，可散尽家财就不可理喻了。这是我们辛劳所得，不贪不占，为何要白白送给别人呢？"范蠡开口说："官高招怨，财多招忌，这都是惹祸的根苗。人贫我富，人无我有，若只取不施，为富不仁，钱财再多也无益，不如放弃！"

他把家财分给好友和乡亲，自带一些珍宝来到陶邑，隐居下来。

初到陶邑，范蠡自觉无比快乐自在。时间一长，他不甘清闲，又思治业大计。他的家人心有怨气地说："人人思富，个个求财，你富不珍惜，认为钱财无用，今日何必再提此事？钱财有那么好赚吗？"

范蠡轻松一笑说："穷富之别，在乎心也。只要有心，钱财取之何难？"

范蠡在陶邑以经商为业，求取利润。范蠡的经商谋略也是超群的，他采用"贱取如珠玉，贵出如粪土"的方法，买贱卖贵，有进有止，遵循"积贮之理"，没用多久就又积聚了巨万资财，成了当地首富，号称"陶朱公"。

后来，范蠡又散尽家财，周济贫困的乡党故旧，为此他表白说："在我看来，经商是一种乐趣，在求取金钱上不该贪得无厌。钱财乃身外之物，不过分看重它才能得到它，此中真谛非守财者所能悟出。它让人受益无穷啊！"

这位"三聚三散"的越国重臣可谓是不追名逐利的典范，清代诗人徐公修也曾写诗赞道："两国甘心抛相印，五湖浪迹泛扁舟。铸金故主空摹象，凤举鸿冥不可留。"可是范蠡真的是不求利吗？其实不然，范蠡在离开越国之前，写了一封信给越国大夫文种，说："飞鸟尽，良弓藏，狡兔死，走狗烹。越王为人长颈鸟喙，可以共患难，不可与共乐。子何不去？"据《史记·越王勾践世家》记述，文种不听范蠡的忠告，后遭越王勾践猜忌，伏剑自尽。同为越国重臣，一功成身退而生，一身在高位而死。这让我们看出了范蠡的大智慧，即知道如何保全自己，这不也是一种利吗？生命，难道不是人生的大利？

其实纵观人的一生，人们都在围绕着利这个圆点，不停地做着圆周运动，追求的东西多了，这个圆就大一些，人也就跑得累一些；追求的东西少，圆就小一些，自会轻松不少，但无论如何，这个圆总是存在。难怪司马迁在自己的巨著中叹道："天下熙熙，皆为利来；天下攘攘，皆为利往。"他这一叹，固有对世人追逐现实名利的无奈，却也说明了人生天地间，利用安身的道理。

舍生取义，拓展生命的深度

虎啸深山，龙潜海底，驼走大漠，雁排长空，万物都有它的极致之美。人生亦然，也有自己的极致。人生匆匆，如白驹过隙，如流星滑过，但短暂不是放弃的理由。我们不能选择生命的长度，但我们能够拓展生命的深度。

怎样才算活出生命的深度，活出人生的极致，以下故事或许可以告诉你。

秦朝末年，韩信发兵袭齐。齐军败退，齐将田横悲愤交加，为图复国之计，自立为王，率部属五百人隐入海岛（即今田横岛）。

公元前202年，刘邦建汉称帝，为消灭各地残余反抗势力，刘邦又派使者来岛招降："田横来，大者王，小者封侯，不来则举兵加诛。"面对刘邦的再次召见，田横出于"国家危亡，利民至上"的思想，为保全五百部属性命，毅然带着两名随从前往洛阳朝见刘邦。但行至洛阳三十里外的尸乡时（今河南偃师），田横获悉刘邦召见的目的旨在"斩头一观"，愤然

对随从说："当初我和刘邦都想干一番大事业，而如今一个贵为天子，一个却要做他的臣子，我忍辱负重只不过是想保全这五百人的性命，刘邦见我，无非是想看我面貌，此地离洛阳三十里，若拿着我的人头快马飞驰去见刘邦，面貌还不会变。"言外之意是：我死，刘邦会认为岛上群龙无首，五百人的性命也就保住了。

说完，不顾随从再三跪求，遥拜齐国山河，悲歌："大义载天，守信覆地，人生遗适志耳。"慨然横刀自刎。田横自杀后，二随从急将田横之首送至洛阳，刘邦看到田横能为五百人自杀，感动落泪说："竟有此事，一介平民，兄弟三人前仆后继为齐王，这能说不是贤德仁义之人吗？"遂派两千禁军，以王礼葬田横于河南偃师，并封田横的二随从为都尉。二随从不被官位所动，埋葬田横后，随即在其墓旁挖坑自尽。留岛的五百兵士听说田横自杀后，深感"士为知己者死"，田横为保全属下性命而去洛阳，他们为表达对田横的忠义之心，遂集体挥刀自刎。

田横为民谋利殚精竭虑、捍卫国家坚贞不屈、大义载天守信覆地、舍生取义甘抛头颅的大无畏精神，真乃大英雄也。司马迁曾对田横评价说："田横之高节，宾客慕义而从横死，岂非至贤！"唐朝的韩愈也这样说过："自古死者非一，夫子（田横）至今有耿光。"像田横这样的人，算是活出了人生的极致。

这正是孟子所说的舍生取义的道理。"生，我所欲也；义，亦我所欲也，二者不可得兼，舍身而取义者也。"几千年前的孟子面对心灵的选择，毅然发出了舍生取义的呐喊，是心灵的选择激发出了先哲的思想火花，这将是一条亘古不变的古训。只有将义定义为人生大利的人，才可能成为真君子、伟丈夫。

孟子不仅仅用这条标准来要求自己，他还以之教化君王，他一直和梁惠王强调"亦有仁义而已矣"，只要有仁义就够了。主张行仁由义，极力宣扬仁义的美德。南怀瑾先生认为，孟子所说的这种仁义之道，即是人生的大利。不管是什么伟大的义理，都是力行于义，才能有利于成其为君子，才能够活出人生的极致。

活出极致，就是融个人之"小我"于社会之"大我"中。中国古代向来不缺这种舍生取义，活到极致的人。战国时廉颇、蔺相如"将相和"的故事，是一段传颂千古的美谈。

蔺相如是战国时期赵国的大臣，他不畏秦国的强权，甘冒生命危险，以自己的聪明才智，将"和氏璧"完璧归赵，使赵王免于受辱。归国后，他因功封为上卿，位居廉颇之上。廉颇是赵国大将，自认对赵国劳苦功高，不甘屈居蔺相如之下，愤慨之情溢于言表，数次侮辱蔺相如。蔺相如以国家安危为重，以容忍谦让对待，终使廉颇愧疚悔悟，负荆请罪，二人遂成为至交。

蔺相如的这种处世态度，是基于国家的利益，他这种"大我"的胸怀，诠释了活出极致的内涵——舍私利求大义。和平年代，很难遇到田横为五百士而牺牲自我的考验，也不会有太多人遇到廉颇和蔺相如为国家大利，负荆请罪的美谈。但是鉴前世之兴衰，考当今之得失，历史可以渐行渐远，精神却不能忘却。在人生路上，修身养性，反躬自省，多行仁义，君子之名成矣，人生大利存焉。

人生在世，大义为先，舍己为公，舍生忘死，都是"舍鱼而取熊掌者也"。舍得贪婪，高枕无忧；舍得名利，乐得清静；舍得自我，活出极致。

仁义，伪君子的暗箭

中国几千年来奉行的儒家思想以"仁义"为核心，然而南怀瑾先生指出：仁义的确是一种好德行，但是这德行用久了，便会成为人们用来争权夺利的一种工具。

道家思想对仁义持批判的态度，其原因就在于此。他们并不是否定道德观念，而是从反面论证。老子曾说，道德颓废，才有礼仪之说。庄子也说："圣人不死，大盗不止。""仁义者，先王之蘧庐，可以一宿，不可以久处。"为何有如此一说？因为在春秋战国时代，各国诸侯的征伐口号，大体上也都是标榜仁义，而实际上并不是真行仁义，只是利用仁义的美名，以达到争权夺利的目的。

这些以仁义为幌子而图谋自身利益的人，就是所谓的伪君子。与今人憎恨的小人形象颇有不同，小人行事，众人已知其邪，故能得而防患；然而伪君子者，其口蜜腹剑、满腹经纶与道理，事事讲得条条有理，但做来却违背良心，本以为他光明坦荡，却在不知不觉中，坠其陷阱，受尽欺骗和侮辱。

王莽乃汉元帝皇后王政君之侄。幼年时父亲王曼去世，不久其兄也去世。王莽孝母尊嫂，生活俭朴，饱读诗书，结交贤士，声名远播。

王莽对其身居大司马之位的伯父王凤极为恭顺，因此王凤临死嘱咐王政君照顾王莽。汉成帝时公元前22年，王莽初任黄门郎，后升为射声校尉。王莽礼贤下士，清廉俭朴，常把自己的俸禄分给门客和穷人，甚至卖掉马车接济穷人，深受众人爱戴。其叔父王商上书愿把其封地的一部分让给王莽。

永始元年（公元前16年）王莽封新都侯，骑都尉，光禄大夫侍中。绥和元年（公元前8年）继他的三位伯、叔之后出任大司马，时年三十八岁。翌年，汉成帝薨。汉哀帝继位后丁皇后的外戚得势，王莽退位隐居新野。其间王莽的儿子杀死家奴，他逼儿子自杀，得到世人好评。公元5年，王莽毒死汉平帝，立年仅两岁的孺子婴为皇太子，太皇太后命王莽代天子朝政，称"假皇帝"或"摄皇帝"。从居摄二年（公元 6 年）翟义起兵反对王莽开始，不断有人借各种名目对王莽劝进称帝。初始元年（公元 8 年）王莽接受孺子婴禅让后称帝，改国号为新。

王莽托古改制，由于贵族、豪强破坏，改制没有缓和社会矛盾，反使阶级矛盾激化，又对边境少数民族政权发动战争，赋役繁重，横征暴敛，法令苛细，终于在公元 17 年爆发了全国性的农民大起义。公元 23 年，新王朝在赤眉、绿林等农民起义军的打击下崩溃，王莽也在绿林军攻入长安时被杀。

唐代诗人白居易的诗说得最是精彩："周公恐惧流言日，王莽谦恭未篡时。向使当初身便死，一生真伪复谁知。"是啊，伪君子就是这样，表面满嘴仁义道德，暗地里却任意妄为。

伪君子是阴险的道德家，说着言不由衷的谎话，干出欺世盗名的勾当。他们有蜜糖般的谎言，有处心积虑的幌子以及儒雅的外表和夸张的表情。他们有着慢条斯理的言辞、文绉绉的腔调，甚至连举止都是做作的。而真小人就是小人，表面和内在都很小人。真小人是灵魂丑恶的家伙在道德舆论即将毁损、崩塌时的疯狂叫嚣，呼吁大家和他一样尊奉自私、残忍和不择手段，以便给道德舆论致命的最后一击。小人们用他们的肮脏，摆开了一个比世界上任何真正的战场都令人恐怖的混乱方阵，使再勇猛的斗士都只能退避三舍。

提到伪君子和真小人，让人想到金庸的《笑傲江湖》，其中那表面温、良、恭、俭、让的岳不群，算是谦谦君子的典范，可是一部绝世武功《葵花宝典》，便把他所有的伪装撕破，最后男不男、女不女，与之前的君子形象形成强烈反差，真是绝大的讽刺；而与之相对的真小人要算任我行了，从他的名字已经能够感受到天下任我驰骋，管他仁义道德的意味。

俗语说：宁做真小人，不做伪君子。其实伪君子与真小人都十分可怕，柏杨先生曾对两者有一精妙论述，"伪君子"有时被逼到墙角，他的良心还有萌芽的可能，"真小人"则根本没有墙角。圣洁的理念，可能使"伪君子"醒悟，却不可能使"真小人"醒悟。"伪君子"有所顾忌，所以才伪；而"真小人"反正挑明了我是无耻之徒，便无所不为，无恶不作。

伪君子令人如沐春风，使你舒服而无提防，正是暗箭难防；而明枪也不易躲，真小人恶人恶语，无所顾忌，一招接一招，说不定哪招就致命。

做人，须防真小人，也须防伪君子。

不要有统治别人的霸道思想
——听南怀瑾讲领导哲学

南怀瑾先生总结孟子的说法，就是用人不可学非所用，用非所长，而是要知人善任，唯才所宜。拿破仑说，最难的不是选拔人才，而在于选拔后怎样使用人才，使他们的才能发挥到极致。

发现人才，识别人才，选拔、推荐人才，都是为了善用人才。韩信用兵，多多益善；刘邦择将，三人而已，这就是领导用人的奥妙所在。伯乐与千里马的关系，可谓人人皆知，但不见得人人都能用。管理学大师德鲁克说过："人的长处，才是一种真正的机会。"大凡高明的领导者无不深明此意：要以人的长处运用为机会，善于识察人的长处，并能用得恰到好处，这样就能不失时机地赢得事业的成功。这也正是中国管理者们从古至今一直在学习汲取并不断实践的用人之道。

取才，不拘一格是道

孟子在齐国十分不得志，于是打算离开这里。在临走之际，他对齐宣王说："王无亲臣矣。"即大王您没有值得信任的臣子了，因为"昔者所进，今日不知其亡也"。过去有人推荐了人才给您，但是都得不到重用，最后都悄悄离开了。齐宣王于是问他如何取才。孟子回答他说："国君进贤，如不得已，将使卑逾尊，疏逾戚。"意思是说，如果您真遇到贤才的话，就不要拘泥于成规，应该越级提拔，使得人尽其才。

由此，南怀瑾先生对中国古代历来的人才选拔制度进行分析，认为每一个朝代稳定之后，人才选拔上都会出现世臣巨族门第之见。即使自唐太宗以选拔考试取士以后，经过历代的累积，门第世臣的弊病还是屡屡发生，很难做到"拔识于稠人"，即从普通百姓中选才的程度。为此无数人怀才不遇，国家的人力资源也遭受了重大损失。

南怀瑾先生的这一观点为现代的领导人提供了一个取才之道，其核心就是要不拘一格选人才。正如电影《天下无贼》中葛优饰演的黎叔所说："21世纪什么最贵？人才。"现在企业的竞争大都是人才之争，因此选出德才兼备的人才是每个领导的愿望，也是必做之事。

"上品无寒门，下品无士族"，讲究出身、门第，这在封建社会里可以说是一种再正常不过的现象。但这恰恰是选拔人才过程中的严重弊端，因此，有识之士多持反对态度。南北朝时期的西魏大臣苏绰在参与治理国家的实践中，坚决主张选用贤良，彻底打破传统的门户之见。他透彻而形象地指出："自昔以来，州郡大吏，但取门资，多不择贤良；末曹小吏，唯试刀笔，并不问志行。夫门资者，乃先世之爵禄，无妨子孙之愚瞽；刀笔者，乃身外之末才，不废性行之浇伪。若门资之中而得贤良，是则策骐骥而取千里也；若门资之中而得愚瞽，是则土牛木马，形似而用非，不可以涉道也。若刀笔之中而得志行，则是金相玉质，内外俱美，实为人宝也；若刀笔之中而得浇伪，是则饰画朽木，悦目一时，不可以充榱橼之用也。今之选举者，当不际资荫，唯在得人。苟得其人，自可起厮养而为卿相，伊尹、傅说是也，而况州郡之职乎。苟非有人，则丹朱、商均虽帝王之胤，不能守百里之封，而况于公卿之胄乎。由此而言，观人之道可见矣。"

因此，在选用官吏方面，必须切实做到："将求才艺，必先择志行。其志行善者，则举之；其志行不善者，则去之。"苏绰选用人才的标准是很明确的，即选用有德有才、德才兼备之人，而全然不顾其出身门第的高低贵贱。

正是英雄不问出处，只要是人才就可以为我所用。当然，选拔人才最需要的还是一双慧眼，这双慧眼怎样得来，下面这个故事提供了一个方法。

战国时期魏文侯是一位礼贤下士的国君。一次，他想提拔一位相国，可是有两个合适的人选，让他难以抉择。于是他找来谋士李克，对他说："有句谚语说'家贫思良妻，国乱思良将'，现在我们魏国正是处在'国乱'的这个状态，我迫切需要一位有本事又贤良的相国来辅助我。魏成子和翟璜这两个人都不错，我该怎样取舍？"

李克听后，并没有直接回答魏文侯的话，却说："大王，您下不了决心，是因为您平时对他们的考察不够。"魏文侯急忙问："怎样考察？有何标准吗？"

李克说："当然有，我认为考察一个人的标准应该是：一看他平时亲近些什么人，从他亲近的人的品质可以看出他的为人；二看他富裕了和什么人做朋友，如果富裕了就摒弃以前穷时结交的朋友，或者巴结富贵人，那此人就不可取；三要看他当官后推荐什么人，只有真心为您效力的人才会为您推荐天下最贤良的人；四看他不做官了，不屑于做哪些事情，如果他不做官了，却还摆做官的架子，接受别人的馈赠，像当官时一样威风，那他就不是一个忠心的人；五看他贫穷了哪些钱他不屑于拿，如果他贫穷了就去拿讨来的钱或者偷窃来的钱，那他就不是一个贤德的人。只要您按照这五个标准去衡量他们，就可以作出决定了。"

魏文侯听后点头称是。

李克出来后遇见了翟璜，翟璜问道："听说魏文侯找你商量谁做相国的事情，不知结果如何？"李克说："结果已定，魏成子为相国。"翟璜气不过，愤愤地说："我哪里不如魏成子？大王缺西河太守，我把西门豹推荐给他；大王要攻打中山这个地方，我就推荐了乐羊；大王的儿子没有师傅，我就推荐了屈侯鲋，结果是：西河大治，中山攻克，王世子品德日增，我为什么不能做相国呢？"

李克说："你怎么能比得上魏成子呢？魏成子的俸禄，百分之九十都用来罗致人才，所以子夏、田子方、段干木三人都从国外应募而来。他把这三个人推荐

给大王，大王以师礼相待。而你所推荐的人，不过是魏文侯的臣仆，你怎么能和魏成子相比呢？"翟璜沉默了一会儿，无奈地说："你是对的，我的确比不上魏成子。"果然，魏文侯让魏成子做了相国。

选拔人才需要大智慧、大眼光，需要有理性的头脑，需任人唯贤，不可任人唯亲。《红楼梦》中贾雨村的一句"玉在匣中求善价，钗于奁中待时飞"，道出了自古以来所有想一展自己抱负的人的心声。大文学家韩愈感叹道："世有伯乐，然后有千里马。千里马常有，而伯乐不常有。"确实，千里马是人才，而识得千里马的伯乐更是人才。

懂得不拘一格的识才、选才之道，惜才、爱才，这样的领导就是伯乐。

上行下效的力量

孟子为人正直，说话也耿直，他说梁惠王"庖有肥肉，厩有肥马，民有饥色，野有饿莩，此率兽而食人也。兽相食，且人恶之；为民父母，行政，不免于率兽而食人，恶在其为民父母也"。意思是说厨房里有肥嫩的肉，马棚里有壮实的马，老百姓却面带饥色，野外有饿死的人，这如同率领着野兽来吃人啊！野兽自相残食，人们见了尚且厌恶，而身为百姓的父母，施行政事，却不免于率领野兽来吃人，这又怎能算是百姓的父母呢？

　　南怀瑾先生指出，这里孟子在讽刺梁惠王"上梁不正下梁歪"。无论是行政机关，还是企业，作为领导人，总是主导着单位的发展方向和道德风气，古语云：上有所好，下必甚焉。中国自古就有"上行下效"的事情，君不见"楚王好细腰"，而民间"多饿死"吗？

　　春秋时期，自从宰相晏婴去世之后，齐景公一直很苦闷，因为再无其他人敢于正面指责他的过失。

　　有一天，齐景公大宴文武百官，席散后，一起到广场上射箭取乐。每当齐景公射出一支箭，即使没有射中靶心，文武百官也都高声喝彩："好呀！妙呀！""真是箭法如神，举世无双。"

　　事后，齐景公把这件事情对他的臣子弦章说了一番。弦章对景公说："这不能全怪那些臣子，古人有云'上行而后下效'，国王喜欢吃什么，群臣也就喜欢吃什么；国王喜欢穿什么，群臣也就喜欢穿什么；国王喜欢人家奉承，自然，群臣也就常向大王奉承了。"

　　景公听了弦章的话，认为很有道理，就派侍从赏给弦章许多珍贵的东西。弦章看了摇摇头，说："那些奉承大王的人，正是为了要多得一点儿赏赐，如果我受了这些赏赐，岂不是也成了卑鄙的小人了！"他坚决地拒绝了这些赏赐。

　　"上行下效"的道理在这个故事中得到了很好的阐释，正是因为国君喜欢听人奉承，因此，才有下面人的好话连篇，每个人似乎都在戴着一个面具作秀，其目的也不一定都是卑劣的，毕竟人在屋檐下，不得不低头啊！

　　有古诗说：问渠那得清如许，为有源头活水来。只有领导这个源头清明透彻，正直无私，他流经的地方才会不含杂质，他的下属才会具有正直的人格。

　　榜样能带给人巨大的力量，富有领袖气质的领导者都明白这个道理。美国前副总统林伯特·汉弗莱说："我们不应该一个人前进，而要吸引别人跟我们一起前进。这个试验人人都必须做。"这就是说，以身作则可以成为富有领袖气质的领导者的一股强大的力量。

　　《论语》有言："其身正，不令而行；其身不正，虽令不从。"要正人，先正己，自己以身作则才能约束他人。一个好的领导就是下属的榜样，而榜样的力量是无穷的。

　　因此，领导要想正人必先正己，"上清而无欲，则下正而民朴"。要求别人做的，自己首先要做到；禁止别人做的，自己坚决不做。唯有如此，才能真正地发挥出自我影响力。

用人不可学非所用，用非所长

孟子关于用人之道也有他的心得。"夫人幼而学之，壮而欲行之。王曰：'姑舍女所学而从我。'则何如？今有璞玉于此，虽万镒，必使玉人雕琢之。至于治国家，则曰：'姑舍女所学而从我。'则何异于教玉人雕琢玉哉？"

意思是说，一个人从小就学一样东西，长大之后，想施展所学，你却要他放弃自己所学，而按照你的方法去做，结果会怎么样？再假定有一块上等玉石，即使价值万两黄金，也一定需要琢玉的工人依他的学识技术，把它雕琢好才可以。你现在寻找治国之才，却叫他放弃平生所学，唯你是从，岂不是等于让琢玉的人放弃他所学的技术，而按你的方法来琢玉一样？这如何行得通？

南怀瑾先生总结孟子的说法其实就是用人不可学非所用，用非所长，而是要知人善任，唯才所宜。拿破仑说过，最难的不是选拔人才，而在于选拔后怎样使用人才，才能使他们的才能发挥到极致。因为发现人才，识别人才，选拔、推荐人才，都是为了善用人才。韩信用兵，多多益善；刘邦择将，三人而已，这就是领导用人的奥妙所在。"伯乐"与"千里马"的关系，可谓人人皆知，但不见得人人都能用。管理学大师德鲁克说过："人的长处，才是一种真正的机会。"大凡高明的领导者无不深明此意：要以人的长处运用为机会，善于识察人的长处，并能用得恰到好处，这样就能不失时机地赢得事业的成功。这也正是中国管理者们从古至今一直在学习汲取并不断实践的用人之道。

唐代陆贽说过："若录长补短，则天下无不用之人；责短舍长，则天下无不弃之士。"唐代韩愈在《送张道士序》中也说："大匠无弃材，寻尺各有施。"用人也是如此。俗话说："人无弃才。"关键在于知人善任。只有知人善任，才能人尽其才。知人善任是领导艺术，也是决定事情成败的关键所在。

《贞观政要》记载着唐太宗李世民的用人之术。李世民说："明主之任人，如巧匠之制木。直者以为辕，曲者以为轮，长者以为栋梁，短者以为栱桷，无曲直长短，各有所施。明主之任人亦犹是也。智者取其谋，愚者取其力，勇者取其威，怯者取其慎，无智愚勇怯兼而用之，故良匠无弃材，明主无弃士。"李世民不仅是这样说的，也是这样做的。

在一次宴会上，唐太宗对王珪说："你善于鉴别人才，尤其善于评论。你不妨从房玄龄等人开始，评论一下他们的优缺点，同时和他们互相比较一下，你在哪些方面更优秀。"

王珪回答说："孜孜不倦地办公，一心为国操劳，凡所知道的事没有不尽心尽

力地去做，在这方面我比不上房玄龄；常常留心于向皇上直言进谏，认为皇上的能力、德行比不上尧舜，这方面我比不上魏徵；文武全才，既可以在外带兵打仗做将军，又可以进入朝廷担任宰相，在这方面，我比不上李靖；向皇上报告国家公务，详细明了，宣布皇上的命令或者转达下属官员的汇报，能坚持做到公平公正，在这方面我不如温彦博；处理繁重的事务，解决难题，办事井井有条，这方面我也比不上戴胄；至于批评贪官污吏，表扬清正廉洁，疾恶如仇，这方面比起其他几位来说，我也有一技之长。"唐太宗非常赞同他的话，而大臣们也认为王珪完全道出了他们的心声，连连点头称是。

从王珪的评论可以看出唐太宗的团队中，每个人各有所长，但更重要的是唐太宗能将这些人依其专长运用到最适当的职位上，使其能够发挥自己所长，进而让整个国家繁荣强盛。其实在用人大师的眼里，没有废人，正如武林高手，不需名贵宝剑，摘花飞叶即可伤人，关键看如何运用。

人才如花，艳花大多不香，香花大多不艳，艳而香的花大多有刺。艳者取其艳，容其不香；香者取其香，容其不艳；艳且香者取其艳香，容其有刺。要做一个好的领导者就要重视人才、知人善任，并且能够笼络人心，留住人才。对于有能力的人，要安排合适的岗位发挥他们的长处；对犯了错误的人，要悉心教育；对待有大功劳的人，要重奖，要提拔，以形成一个积极向上的团队氛围。

若无伯乐，乃千里马之大不幸。而遇一不能善用人才的领导，却是人才之大不幸。因为，你也只能在泥沙遮不住珍珠光彩的信念中埋没一生，在"天生我材必有用"的自嘲中抗争一生。对领导者来说，善于用人，则家和业兴国盛；埋没人才，则害人害己害国。

天下定于一

——听南怀瑾讲强国之道

真的勇士敢于直面现实，敢于披坚执锐，敢担当，敢负责。天下事，总在局外呐喊终是无益，总需躬身入局，成事乃可冀。但是以孔孟为代表的先儒们却奉行着师道和臣道的路线。用南怀瑾先生的话说，尽管儒家标榜的是尧、舜、禹、汤、文、武历代帝王的盛德，可是他们本身所走的路线，都是"依附草木"式的，依靠一个既成的力量借以推行王道，并没有自己去走一条路，或自己起而行之，去实现他们的理想。

每个人的天下，每个人的国家

何为天下？只有在个人的眼中，天下才有意义。对于个人来说，你就是天下，因此才有"天下兴亡，匹夫有责"的道理。维护天下一统是每个人双肩上的一副重担，敢于承担这副担子，你的天下才能安宁。

梁惠王的儿子襄王，就是那个"望之不似人君"的不成器的公子哥儿，居然一开口就问孟子："天下恶乎定？"给人以小人说大话的感觉：他竟然也想平定天下！孟子并没有因为反感这人就拂袖而去或缄口不言，而是认真地对他进行了一番关于统一天下的开导。南怀瑾先生认为，孟子所讲天下"定于一"的道理，是中国历史哲学的不二法门，即必须要"天下统一"或"天下一统"，才有长久的安定。其实这种天下定于一的思想是儒道同源的，老子也曾说："天得一以清。地得一以宁。侯王得一以天下平。"

人人都希望天下太平，生活安定，所以都希望天下统一。中国人自古就有大一统的思想观念，它包括很多方面：在地理概念上，它是指国土统一，"天无二日，土无二王"；在政治概念上，它是指全国上下高度一致，听命于最高统治者，

"天下若一"，"夙夜匪解，以事一人"，"尊天子，一法度"；在时间概念上，它是指长久统一，千秋万代江山永固；在民族概念上，它是指"夷狄进至于爵，天下远近小大若一"。这种以"统一"为理想政治秩序观念的形成，其根本原因在于人们在现实生活中亲身体验到分裂割据给国家、民族带来的深重灾难。

正如孟子所描绘的"争地以战，杀人盈野；争城以战，杀人盈城"，还有曹操的"白骨蔽于野，千里无鸡鸣"等，都是关于国家分裂、战乱频繁给百姓的生活带来灾难的形象写照。与此形成鲜明对照的是，在统一的政治秩序下，社会生产的发展相对迅速，民众的生活相对安定，国家的安全相对能得到保证。这无疑是比较理想的局面，可以实现人们向往的"九天阊阖开宫殿，万国衣冠拜冕旒"的盛况。由此可见，在中国历史上，对战乱的厌恶，对和平的渴望以及对中央集权的追求，使得统一既是统治者的政治雄心，客观上也符合广大普通民众的意愿。

中华民族的先天禀赋中似乎就蕴含了强烈的群体精神，其反对分裂、维护统一的悠久与坚定，在整个人类世界都是独一无二的。这是中华民族能够以大民族、大国家的形式数千年岿然屹立的根本原因之一。

纵观中国历史，可以发现，中国一直是以天下一统为主流的。从夏开始，至今4100多年。让我们先来宏观地看看在这漫长的四个千年中中国的统一与分裂的线条：

夏，16王，大约500年，统一的国家。

商，17代31王，大约600年左右，统一的国家。

西周，13王，257年，统一的国家。

以上三代是中国第一种统一的国家形式。

东周，春秋时代，25王，100余诸侯国，300余年。

战国，7大战国，30余小诸侯国，250年左右。

以上两段是中国创立新型统一国家的过渡时期，也是国家分裂时期，但不是通常意义的分裂时期。

秦帝国，3皇帝，15年，统一帝国。

楚汉相争，5年内乱（分裂）。

西汉，15帝，215年，统一时期。

新，1帝，15年，统一时期（后期3年内乱）。

东汉，14帝，196年，统一时期（初期8年内外战争，后期24年内乱）。

三国，60年，分裂时期。

西晋，4帝，52年，统一时期（后期15年内乱）。

东晋南北朝，12帝，264年，大分裂时期。

隋，5帝，39年，统一时期（后期3年内乱）。

唐，25帝，276年，统一时期（中间及后期内乱大约30年）。

五代十国，52年，大分裂时期。

北宋，9帝，163年，统一时期。

南宋，10帝，157年，大分裂时期。

元，13君，88年，统一时期。

明，19帝，294年，统一时期。

清，10帝，296年，统一时期。

根据以上粗线条的总结，可以分析出中国历史前两个千年基本统一，后两个千年（秦帝国之后）中，统一时期比分裂内乱时期要多几百年。从总的方面说，中华民族的统一占据了主流，分裂内乱终归统一。有一个基本规律是，强盛的中国全部是统一时期，积贫积弱的中国全部是分裂内乱时期。世界上没有一个大民族像中国这样历经如此多的分裂内乱而每次都能整合自己，最终回归统一潮流。分裂势力在中国历史上没有成功过一次，不能不说是世界民族史的奇迹。

为何如此？因为中华文化孕育了胸怀天下、追求统一的思想观念和爱国情怀。民族团结、国家统一这中华民族共同的价值观念，深深烙印在中国人的民族意识中。一部中华民族发展史，就是各族儿女为团结统一而不断奋斗的爱国史。班超"爱国如饥渴"，投笔从戎，抗敌御侮；祖逖闻鸡起舞，立志拯救国家危亡；文天祥丹心报国，辉映千古；林则徐痛击鸦片祸殃，捍卫民族利益与尊严；伟大的革命先驱孙中山，为追求民族独立、民主自由和民生幸福贡献了毕生精力。正是由于这种"天下兴亡、匹夫有责"的爱国精神，使得中国历史上出现了短暂的分裂后，有更多的人为国家统一而奋斗。特别是20世纪三四十年代，面对日本帝国主义的野蛮入侵，中华儿女坚持国家和民族利益至上，誓死不当亡国奴，同仇敌忾、共赴国难，前仆后继、浴血奋战，以气吞山河的英雄气概谱写了惊天地、泣鬼神的壮丽史诗，再次迎来了国家的统一和天下太平。

《三国演义》中有一句被广泛传颂的名言，即"天下大势，分久必合，合久必分"。纵观中国古代历史，虽然分少合多，但是确实有此趋势。这也提醒生活在和平年代的现代人，要居安思危，以天下为己任，在和平年代，防微杜渐，同心协力，维护国家的统一和社会的和谐，为一份平安、自在的生活而奋斗。

孟子心中的"清明上河图"

无论是中国还是西方国家，人们心中一直存在着一个大同世界的美好理想。从某种意义上说，一部人类社会历史，就是人们追求美好社会理想的历史。

孟子也描绘了他心中的"清明上河图"，即"使民养生丧死无憾"，意思是说使百姓养家糊口、办理丧事没有遗憾，这就是王道的开始。孟子接着说："五亩之宅，树之以桑，五十者可以衣帛矣。鸡豚狗彘之畜，无失其时，七十者可以食肉矣。百亩之田，勿夺其时，数口之家可以无饥矣。谨庠序之教，申之以孝悌之义，颁白者不负戴于道路矣。"意思是说五亩田的宅地，多种桑树，五十岁的人就能穿上丝棉袄了。鸡、猪和狗一类家畜不错过它们的繁殖时节，七十岁的人就能吃上肉了。一百亩的田地，不要占夺种田人的农时，几口人的家庭就可以不饿肚子了。做好学校教育，不断向年轻人灌输孝顺父母、敬爱兄长的道理，头发花白的老人就不必肩扛头顶着东西赶路了。

这段话阐释了中国文化所标榜的政治精神——养生、丧死。南怀瑾先生分析认为，"养生"包括了人口的增加、生活的不断改善以及生存的保障、生命的延续。并以现代西方国家的福利制度为例，认为他们重视儿童福利以及老人福利的精神，就是孟子"养生""丧死"的理想范围。也就是我们今天所标榜的《礼运》

的大同世界的理想，所谓"使老有所终，壮有所用，幼有所长，鳏寡孤独者皆有所养"的境界。

　　人类呼唤大同，争取解放和追求自由平等美好社会制度的愿望源远流长，绵绵不绝。从《周礼》的"以和邦国，以统百官，以谐万民"到孔子的"大同世界"，到近代中国革命民主主义者天下为公的奔走呐喊；从希腊古代大哲学家柏拉图关于理想国的描述，到近代欧洲众多空想社会主义者对资本主义弊端的深刻揭露和对理想社会的蓝图设计。在中国，为这大同理想而奔走一生，鞠躬尽瘁的当属孙中山先生。

　　孙中山一生最憧憬的理想社会，是儒家的大同社会。孙中山学说——"三民主义"的最终目标是建设一个大同世界。他希望在中国建设的大同社会，与孔子的大同世界理想相一致，进而实现全人类的大同。

孙中山认为，大同世界是民生主义的理想，民生主义是大同世界的实行。孙中山把大同社会说成是"新共产时代"，在这个时代里"大家都有面包和饭吃，便不至于争，便可免去人同人争"。"天下为公"在大同世界里的物质概念就是"共产"。在大同世界里，由于"共产"，孙中山认为人们因此而得到安乐，又不再受财产分配不均的痛苦，一切物质利益由人们共有和共享，便无剥削问题。如果从民有、民治、民享来看孙中山所谓的"大同世界"，就是国家是人民所共有，政治是人民所共管，利益是人民所共享。到了这种地步，"不只是共产，一切事权都是要共的，这才是真正的民生主义，它就是孔子所希望之大同世界"。

读孙中山先生关于大同世界的描绘，让人心生向往，盼望天下大同，百姓生活真正地达到永恒的"离苦得乐"。但是在一片赞同和向往大同世界的声音中，还有另一种声音顽强地存在着，不容忽视。

鲁迅先生将西方的"乌托邦社会"，中国传统的"大同世界"，等等，统称之为"黄金世界"。人们通常把这样的"黄金世界"看作是没有矛盾、没有斗争，绝对完美、绝对和谐的理想社会，是历史、社会、人生发展的终结。鲁迅却尖锐地问道："黄金世界"还有没有黑暗？他的回答是肯定的，并且预言还会有将"叛徒"处以"死刑"的事情发生。为什么会这样？鲁迅有一个精辟的概括，"曾经阔气的要复古，正阔气的要保持现状，未曾阔气的要革新"，过去、现在如此，恐怕将来也如此。当然，将来的"黄金世界"里，"阔气"的标准会和今天不一样，但那里也依然存在着"曾经阔气""正在阔气"与"未曾阔气"这样三种人之间的利益冲突，也就免不了要斗争，而且"正在阔气"的掌权者，也一定会把"未曾阔气"因而要求"革新"的人，视为叛徒，而将其处以死刑。这样，鲁迅就在人们认为结束了矛盾、斗争的历史终结处，看到了新的矛盾、新的斗争，以至新的死亡。这就是"于天上看见深渊"。鲁迅由此而否定了一切"至善至美"的东西的存在。他说，如果有至善至美的人，那大多数人都不配活着；如果有至善至美的书，图书馆就得关门。人们在吹捧某一件东西时，喜欢说达到了"极境"。鲁迅说什么是"极境"？"极境"就是"绝境"，都是自欺欺人的"神话"。对于大同世界，孙中山是理想化的态度，而鲁迅则持着现实的态度。其实仔细分析，很容易发现鲁迅先生的话似乎更符合现实和事物的规律，至少在现在看来是这样。但是他的缺点在于太直接。鲁迅自己曾论悲剧，说悲剧就是把美好的东西撕碎了给人看。将这话用在他关于"黄金世界"的说法上，很是合适。人生于世，总有很多不如意的事情，对社会也会有很多不满意的地方，所以会向往一个理想的社会。因此，每个人都需要一个理想化的东西来为之奋斗，否则还有何进步的动力可言。

依然是那句话：高山仰止，景行行止，虽不能至，心向往之。请在心中藏一个桃花源，追随大同的理想，走向幸福。

道不同，则有所不为

南怀瑾先生分析孟子困于齐梁，成为各个国君的摆设的原因，主要在于"道不同"，这是王道与霸业、圣人与英雄分野的必然结果。孟夫子执着于王道的精神让人肃然起敬。

"道不同，不相为谋"，语出《论语·卫灵公》，《史记·伯夷传》引此言曰："道不同不相为谋，亦各从其志也。"确实，每个人都有自己的志向与追求，不可因为一时之荣辱，或一时之诱惑就抛弃自己的信仰与做人的原则，这只会使自己的人格蒙羞，生命染尘。

人生天地间当有所为，有所不为，要坚持自己的底线和信念，"走自己的路，让别人说去吧"。只要仰不愧天，俯不怍地，足矣。

在商朝末年，孤竹国（在今河北省）的国君有两个儿子，哥哥叫伯夷，弟弟叫叔齐。国王很钟爱叔齐，打算把王位传给他。伯夷知道了父亲的心意，为了成全父亲的想法，便主动离开孤竹。叔齐不愿接受哥哥让给他的王位，也躲了起来。伯夷、叔齐听说姬昌（即周文王）尊老敬老，赡养老人，便一起投奔周国，在那里定居下来。

后来姬昌死了，周武王继位。武王整顿内政，扩充兵力，进军讨伐商纣。伯夷、叔齐听说这件事后，便

跑去拉住武王的马缰绳，劝谏道："父死未葬，就大动干戈，攻伐别人，这能说是孝吗？作为臣子，却去攻伐君主，这能说是仁吗？"武王的将士听了这些话，非常生气，拔出剑来要杀他们，被太公姜尚制止了。太公说："这是讲道德的人。"吩咐将士不要为难他们。

武王最终伐纣成功，天下人尊奉他为天子，伯夷、叔齐认为这是件可耻的事，决心不做周臣，不食周粟。他们互相搀扶着离开了周朝的统治区，在首阳山隐居下来，靠采薇菜充饥。快要饿死时，作歌道："登彼西山兮，采其薇矣。以暴易暴兮，不知其非矣。神农虞夏忽焉没兮，我安适归矣？于嗟祖兮，命之衰矣！"至死反对武王的行为。歌罢，饿死在首阳山上。

这是政治态度不同不相为谋的典型。世人对伯夷与叔齐的做法，既有非议也有赞赏，可他们坚持了自己的志向，亦死而无憾。

人乃血肉之躯，不可能永世长存，因此活就要活出自己的精神价值，不随波逐流，不与邪恶同流合污，即使身陷险境，也要坚持以一身傲骨，为正气而歌。

黄宗羲的《宋元学案》说得好："大丈夫行事，论是非，不论利害；论顺逆，不论成败；论万世，不论一生。"做人当作大丈夫，要以"仁义"为先，注重道义，要有骨、有气，要挺起胸膛，正直无私，具有顶天立地的气概。正是：玉可碎，而不可以改其白；兰可移，而不可以减其馨。即使有金玉满堂，难移一颗坚定的心。人若能达此种境界，即使称贤称圣又有何不可？

而孟子"明知其不可为而为之"，绝不与现实妥协，既然"举世皆浊我独清，众人皆醉我独醒"，那就不惜粉身碎骨，也要留一身清白照亮乾坤，坚持道不同不相为谋，这就是圣人之道。

第三篇

听南怀瑾大师讲《老子》

用顺道，不是用相反的逆道
——听南怀瑾讲道家

南怀瑾先生意味深长地说，《老子》一开始便提出"道"与"名"的含义，自己提出了一个道的名词，而后又推翻了道的表述，仿佛一粒浑圆的珍珠在一个圆盘中滚动，没有一个固定的方位。老子之所以给所谓的"道"一个固定的名称，只是为了表达的方便，姑且名之为"道"而已。正如每个人都有一个名字，而名字只是一个符号和象征，是人为意识的设定，"道"也是如此。

道，救人救世的药

对于儒、释、道三家，南怀瑾先生有个生动的比喻：儒家好比粮食店，为人们提供必不可少的精神食粮；佛家是百货店，日常用品，林林总总，一应俱全；道家则是药店，灵丹妙药，用以救人救世。儒家店必须光顾，圣人曰：饮食男女，人之大欲。佛家店则随时可以逛逛，有钱则购，无钱则望，其中应有尽有，为人生之不可或缺之物。道家店则是无事不必登，有病必须看，否则病入膏肓，悔之晚矣。

西方学者评出的"东方三大圣人"，第一是老子，第二是孔子，第三是六祖惠能，正好代表了中国的道儒释三家：以老子为代表的道家，以孔子为代表的儒家，以禅宗六祖惠能为代表的中国佛家。

经过几千年的演变融合，道、儒、释三家已然相互渗透、相互同化，从某些角度看，已经"三教一体"了。嵩山少林寺有一个供奉老子、孔子、释迦牟尼的地方，对联是："百家争理，万法一统；三教一体，九流同源。"少室山上还有一副对联："才分天地人总属一理，教有儒释道终归一途。"这些对联概括精辟，点明了三家殊途同归的本质特点。

三家对于个人修养的观点说法不一，但大同小异：

儒家是"修身、治世、平天下"，释家是"见性、救世、通万有"，道家是"养生、遁世、穷万物"。

儒家尽"人道"，释家求"佛道"，道家穷"天道"。

儒家讲求"正心"，释家讲究"明心"，道家追求"炼心"。

儒家重"治世"，释家求"治心"，道家讲"治身"。

对于世界的解悟，儒家重视现世的修为，孔子说："未能事人，焉能事鬼？"人们要先懂得生活，再谈论死亡，穷则独善其身，达则兼济天下；道家讲的是"穷尽变化"，老子一直不厌其烦地为人们讲述万事万物的变化规律，让人们效法天道，顺应自然，在自然之道中学习为人处世之道；佛家则讲"缘起性空"，四大皆空。

儒家智慧是德行的智慧，通过礼乐教化、修身实践，尽心知性而知天；道家智慧则既是心灵的智慧，又是处世的智慧，于自然中寻求和谐处世之道；佛教智慧是解脱的智慧，无执无欲，破茧解脱，直悟生命的本真。

南怀瑾先生在评议儒、道、释三家的差异时说："儒家是讲入世的，勇猛精进，百折不挠，它的精义是'工作'；道家在出世入世之间，行云流水，顺其自然，它的精义是'生活'；佛家是讲出世的，似空非空，云空未必空，它的精义是'睡眠'。"

相对而言，儒、道两家，对于中国历史文化的影响更为深远，可以说华夏几千年的历史舞台上的精魄就是道家思想与儒家思想。

儒、道的差异，在公元前 163 年后，被明显地区分出来，文人崇老，官吏尊孔，然而，一旦文人墨客步入仕途，乌纱一戴，官服一披，便又开始公开尚儒，暗地研道。华夏文明，数千年的历史，也有一个不易的法则，即每当时代变乱至极点，最终都要靠道家思想来"拨乱反正"。汉、唐、宋、元、明、清开基立业的鼎盛时期，都是由"三玄"之学——《易经》《老子》《庄子》出来用世，"内用黄老，外示儒术"，外面标榜的是孔孟之道，实际运用的却是黄老之学。

纪晓岚曾用八个字精练评述道家思想——综罗百代，广博精微。老子的《道德经》虽然只有五千言，但他可以算是世界上影响最大的哲学家，只三五字就足够人们参悟一生。

不可言说的"道"

对于老子，《史记》中记载，老子研修道德，他的思想学说主要以归隐出世、无名无为为主。老子提倡无言之教，见证了周朝的衰微，在离关的时候，在守关官员的勉强下写下了五千字，也为后人留下了一笔宝贵而神秘的精神财富。

《老子》洋洋洒洒五千言，信手拈来，淋漓尽致，道的真相，自在其中。开篇便言："道可道，非常道。"南怀瑾先生这样解释，老子将"道"这一名词提出，同时又强调，不可将"道"看为一般的常道，不可执着于名相而寻道。

有一则小故事，讲的是五代时的一位宰相冯道请一位学识渊博的门客为其讲解《老子》，对于开篇的这句"道可道，非常道"，门客大伤脑筋。因为古代忌讳颇多，对于冯道的名讳，门客在解释这句话时只好说：不可说，门客是要避讳的，无可奈何之中，"不可说，非常不可说"。门客的无奈之举恰恰点出了道的本质——不可说。

"道"是一种看不到、听不见、抓不住的东西，恍恍惚惚，无形无状，混而有一。它是宇宙唯一的存在，"先天地生"，为"万物之母"，是终极所在，是万物根源。"道"是天地万物运行的法则，是天地万物表现出来的一种基本品质。它是整体性的，在本质上既不可界定也不可言说，不能以任何对象来限定，也不

能将其特性有限地表达出来。

　　南怀瑾先生意味深长地说，《老了》一丌始便提出"道"与"名"的含义，自己提出了一个道的名词，而后又推翻了道的表述，仿佛一粒浑圆的珍珠在一个圆盘中滚动，没有一个固定的方位。老子之所以给所谓的"道"一个固定的名称，只是为了表达的方便，姑且名之为"道"而已。正如每个人都有一个名字，而名字只是一个符号和象征，是人为意识的设定，"道"也是如此。

　　道之难以言传，有这样一则意味深长的故事能够证明。

　　齐桓公在堂上读书，木匠在堂下做车轮子。木匠停住手中的活问桓公："您读的是什么？"桓公漫不经心地说："圣人之言。""圣人还活着吗？"桓公说："已经死了。""那么说您读的只是古人留下的糟粕了！"桓公听了大怒，说道："我在这里读书，你有什么资格说三道四？今天如果说出个子丑寅卯倒还罢了，否则就处你极刑。"

　　木匠不慌不忙地来到堂上，对齐桓公说："我这道理是从做车轮中体会出来的。榫眼松了，省力而不坚固，紧了则半天敲打不进去。我可以让榫眼不松不紧，然后不慌不忙地敲进去，得之于手而应之于心，嘴里虽然说不出这松紧的尺寸，心里却是非常有数的。我心里这个'数'，无法传给我的儿子，儿子也无法从我这里继承下去。所以我都六十岁了，还在这里为您做车轮子。圣人已经死了，他所悟出来的最深刻的道理也随着他的死亡而消失了，能够用语言表达出来的，只能是浅层次的道理。所以我说您读的书只不过是古人留下的糟粕罢了。"齐桓公听了若有所思。

道，妙不可言。因此，南怀瑾先生说，修道不可执着于道的名相，不然便只会流于表面。"道"有时也可以叫作"无""朴""一"。它是一种不受局限的、无终止的、一切事物的源泉与原始浑朴的总体。"道"不是静止不变的实体，而是永远不停息的流转与变迁的过程。道是整体与过程的统一，具有否定性和潜在性，它创造和维持了每一个肯定的和实在的事物，在此过程中，潜在变为现实，否定变为肯定，空无变为实有，单一变为多样。

归根结底，究竟什么是道，恐怕只言片语难以讲清。

有一则佛家逸事，形象地点明了执着于名相而寻道的不可取，那是马祖和南岳两位大师修行时所发生的事情。

一日，南岳来拜访马祖，开口询问："马祖，你最近在做什么？"

"我每天都在坐禅。"

"哦，原来如此，你坐禅的目的是什么？"

"当然为了成佛呀！"

南岳闻言，不言不语，随手拿来一片瓦片，默默地磨了起来。

马祖百思不得其解，开口问道："你究竟想干什么啊？"

南岳平静地回答："你没有看到我在磨瓦吗？"

"你磨瓦做什么？"

"做镜子。"

"大师，瓦片是没法磨成镜子的。"

"马祖啊，坐禅也是不能成佛的。"

南岳和尚用瓦片不能磨成镜子的道理来告诫马祖，坐禅也不能成佛的原因，对话看似滑稽，实则意义深远。坐禅是为了观照真正的自我，从而悟道成佛，这是一般人对坐禅的认识，马祖也这么认为，更有甚者，认为坐禅是悟道成佛的唯一方法，因此在修行时，非常重视坐禅，主张彻底地去做。然而，南岳看到马祖天天坐禅的生活，却给予否定的评价。言外之意是想告诉马祖，他过分执着于坐禅的形式和手段，反而无法找到佛法的精髓。虽然坐禅很有意义，可是如果被坐禅束缚，心的自由就会受到制约，也就无法悟道成佛了。

佛法如此，道亦如此，莫可名状，只要心领神会。道就一个悟字，悟透了才是道，否则就是误，做人做事，也是如此。过于执着于表面的形式，只会走进生活的误区。

美有不同的标准，道也不可衡量

老子口中一直强调的是一个"道"字，道究竟是怎样的呢？南怀瑾先生在讲解《老子》时说，大道无名，并非一般凡夫俗子心中的常道，人们为形而上的道建立起一个至真、至善、至美的名相境界，反而偏离了道的真义。

有真善美，便有假恶丑；有天堂，便有地狱；有极乐世界，便有无边苦海。有人甘愿沉沦于罪恶的地狱，有人情愿沐浴在无边苦海，二中取一，便是背道而驰；两两相忘，才是道有所成。不执着于真假、善恶、美丑，便可得其道妙而逍遥自在。

关于美，历史上有一个著名的故事，那就是东施效颦。

相传，春秋时，越国有个名叫西施的姑娘，容貌娇丽，举止动人，西施素来有个心口疼痛的疾病，犯病时总是用手按住胸口，紧皱眉头。在旁人眼中，她的病容却别有一番韵味，惹人怜爱，楚楚动人。邻里有个丑姑娘叫东施，一次在路上碰到西施，见其手捂胸口，紧皱眉头，路人交口称赞其美貌。她想，难怪人们都说西施漂亮，原来是要做出皱眉抚胸的姿势，于是她便模仿西施的病容。结果人们见了原来就丑的她，现在变成这种疯疯癫癫的样子，仿佛见了鬼一样，赶紧把门关上。

其实，美丑、善恶没有绝对标准。建立一个善的典型，善便会为人利用，成为作恶多端的挡箭牌；建立一个美的标准，便会出现"东施效颦"的陋习。"善之为善，斯不善矣"，引申开来便是庄子所说的"为善无近名，为恶无近刑"。与其信奉"善有善报，恶有恶报"，不如祈求"愿天常生好人，愿人常做好事"。

老子提出，如果天下人都知道了怎样是美，那么，丑便会随即产生；如果天下人都知道了什么是善，那么恶也就不可避免地出现了。从原本的无美丑善恶之分到有美有丑、有善有恶，人们其实渐渐被一种人为的标准所左右。老子的告

诚，并非混淆视听，自始至终，都是要人勿做祸首、莫为罪魁的教示。与其为真善美设立一个评定标准，不如坚持本性中纯朴的东西，清水出芙蓉，天然去雕饰，不执着于种种限制，方能体会出道的本意。

有一则小故事，其蕴含的哲理从另一个角度讥讽了世间"东施效颦"的闹剧。

从前，有一位闻名遐迩的画家，备受赞誉，画家受到了许多肯定与赞扬，希望自己能在艺术的殿堂中更上一层楼，于是决定创作一幅尊贵的佛陀画像。由于佛陀没有真实形象，因此画家花了数年时间，慎重寻找自己理想中的模特，最后他找到一位相貌庄严、轮廓分明、清净明澈的年轻人，画家认为这就是他所想表达的圣人形象，于是他重金聘请这位年轻人当模特。

果然，这幅画展出后，轰动了艺术界，画家被更多的鲜花与赞美包围。一段时间后，画家又想，如何能够突破自己已有的高度呢，唯一的方法就是用美与丑的极端对比营造出强烈的艺术效果。佛陀是最庄严的，而恶魔最丑陋，那么接下来是不是应该画一幅最丑陋的恶魔像？

坚定信念后，画家开始寻找一位相貌极端丑恶的人，誓要画出人间最凶恶、让人看了心惊肉跳的邪恶形象，这一找，又是多年。就在画家寻觅未果想要放弃的那一刻，他终于在监狱中找到一个与他心中所想的形象十分契合的死刑犯。当画家快要画完的时候，这个死刑犯忍不住哭了出来，说："几年前，我就曾经当过你的模特，那时你画的是佛像；几年后，你画悲魔，竟然再次选中了我。"

画家听了，整个人愣住了，他说："怎么会这样啊？你以前看起来庄严光明，为什么会沦落到如此境地？"死刑犯告诉他："那时你画完之后给了我很多钱，我想要充分享受人生的快乐，谁想到吃喝玩乐，将钱财挥霍一空后竟沾染了种种恶习，造下无边罪恶，才落得今天的下场。"

俗话说，相由心生。昔日，这位年轻人的心清净明澈，无私无欲，没有迷失，所以能成为佛相的模特；后来迷失于善恶之间，一遭沦陷，无法自拔。画家为了将善淋漓尽致地描绘出来，最终却造就了一个迷失的灵魂。

其实每个人的本性都没有差别，所谓"人之初，性本善"，人一生下来本就具有纯真的心念，只不过被后天的欲念所玷污，变得争权夺利、事事计较，因一时糊涂一步踏错，步步皆错。然而在这茫茫尘世中轮回漂泊，又有几个人的心能够不被欲念沾染呢？保持一颗原有的"初心"，不要为世俗制造善恶美丑的标准，才能避免人们迷失自我。

悟道禅师当初行脚时，路过一间卖茶的茶坊，因为口渴，就进去想喝杯茶小憩一下。店主一看是位云水僧就热情招呼，并且问道："禅师，辛苦了吧？喝茶吗？"

只见悟道禅师用平淡的眼光看了一下茶架，点一下头，其他一句话也不说。店主似乎也是禅道高手，小心谨慎地说道："想必您是一位禅道高深的禅师。禅师，在下有一个问题想请教您，如果您能为我解答，我就供养您，如何？"

悟道禅师点点头："你问吧！"

店主问道："古镜未磨时如何？"

悟道禅师很快地答道："黑如漆。"

店主再问道："古镜既磨了以后如何？"

悟道禅师回答道："照天照地。"

店主不以为然，说道："对不起！恕不供养。"说着转身就入店内去了。悟道禅师愣了一下，心想：我参禅数十年，竟然连世间一位店主都不如，于是决定下苦功闭门深修，以求开悟。

三年后，悟道禅师又出现在茶坊的门口。

店主仍亲切地招呼道："呵！三年不见，仍想请教那句老话，'古镜未磨时如何'？"

悟道禅师顺口说道："此去汉阳不远。"

店主再问道："古镜既磨后如何？"

悟道禅师再回答道："黄鹤楼前鹦鹉洲。"

店主听后，诚恳地说道："请禅师接受我的供养。"随即转身喊道："伙计，泡好茶！"

在此店主以古镜比喻人的心性，人的本性其实清净明朗，如果说"未磨黑如漆，已磨照天地"，那么便陷入了人为标准的误区。自性者在圣不增，在凡不减，悟道禅师未能认识人之本性，故吃不到茶。第二次禅师回答，古镜未磨"此去汉阳不远"，古镜已磨"黄鹤楼前鹦鹉洲"，便是意识到了保持真本性的重要。若无西施之美，又哪会有东施的闹剧？自然而然，保持初心，坚守本性，若人人皆能如此，世间必是一片祥和之态。

容纳一切细流与尘垢

——听南怀瑾讲老子三宝

老子传了三件法宝："曰慈，曰俭，曰不敢为天下先。"

慈，是内心深处纯良与中正的外在表现；俭，指适中适可的行事方式；不敢为天下先，即具体应该如何去做。凡事从"我"着手，恰好解决问题即可，无须过多的形式与修饰，否则，便是冗余；不敢为天下先，即不违背"道"，做事符合"道"的准则，无论是事物内在的道还是外在的道。背"道"而驰，就会冒天下之大不韪，循"道"而行，也有一定的前提要求，即"不敢"的时候，不具备某种能力的时候，没有认清某种"势"的时候，就不要"螳臂当车"，为天下之先。

"盗"的正反面

"不贵难得之货，使民不为盗。"这句话是说，对于稀奇难得的财物，不要去珍重、宝贵它，便不会使大家生起盗心。

南怀瑾先生进一步拓展解释，佛家说，"不与取"便是盗，即没有经过对方同意，便将东西据为己有。道家讲"道"便是"盗机"。《阴符经》说："天地，万物之盗。万物，人之盗。人，万物之盗。"

南怀瑾先生风趣地说，人活着都是偷了天地自然的东西，偷太阳的光芒，偷土壤的养分，侵害万物的生命，托钵乞食，却还认为是理所当然。修道人偷盗天地精华之机，也是如此。人要不犯盗戒，只有餐风饮露，享受江上之清风与山间之明月，才算是清白。从另一个角度讲，"天地，万物之盗"，天地也是偷了万物的生命，才显现出天地存在的威德功能。

如此看来，这个世界本来就是互相偷盗的世界，彼此相偷，互相浑水摸鱼，

而夸耀自己为万物之灵的人，也不过是天地眼中的"倮虫"，自欺欺人而已。因此，"盗"无处不在，但"盗"亦有道，不同情况下的盗取，换来的是不同的结局。

在沙漠里，印第安人的墙是经过特别设计的，因为沙漠的气候十分特殊，"早穿棉衣午披纱，围着火炉吃西瓜"便是沙漠昼夜温差悬殊的形象写照。白天，火红的太阳经过沙石的反射和热量的累积，能把人活活烤死；夜晚，旷野和荒寒在一无遮掩的情况下泛滥，又能把人冻僵。尽管沙漠气候如此可怕，美国印第安人却能安适地住在那里，因为他们建筑的围墙有着奇妙的功效。

沙漠墙厚度适宜，增一寸则太厚，减一寸则太薄。白天，炽热的骄阳晒不透向阳的墙壁，正将热透时，夜晚就已降临；夜晚，酷寒难耐，偷取了白日艳阳光芒的土墙，正慢慢散发出储存的热量，室内温暖如春。如果墙薄一些，白天室内就会变成一个大火炉，夜晚也不能散发足够的热量。如果墙再厚一些，白天固然不至于炎热，但夜晚却因无法集聚热量而严寒难耐。

正如南怀瑾先生对天地万物间盗机的解释一样，奇妙的建筑"盗"取大自然炽热的日光留给寒夜，将生存条件恶劣的沙漠变为安适的家园，真是一个妙不可言的"贼"。与之相反的，便是一种奇特的鱼，它的"盗"终究害了自己。

布拉特岛的水域生长繁衍的王鱼有一种奇特的本领，能吸引一些较小的动物贴附在自己的身上，然后慢慢吸收使之成为自己身上的一种鳞片。说是鳞片，只是为了形象，其实那不是鳞，只是一种附属物。当王鱼身上布满这种类似鳞片的附属物后，便会比一般的王鱼大出数倍之多。王鱼仿佛一个欺诈之人，将其他人骗至自己的身边，盗取他人的精华，但结局却是：当王鱼生长到后期，身体机能退化，这种附属物便会慢慢脱离它的身体，使它重新恢复原本较小的体形，遍体鳞伤，痛苦不堪，甚至无法自由游弋。不能适应水世界的王鱼往往不断在岩石上遭到猛烈撞击，直至悲惨死去。

王鱼本不该选择附属物作为自身的鳞片，因为那原本就不属于自己。虽然"盗机"无处不在，但并非所有东西都可以据为己有，即便一时成功，风光无限，但最终换来的则是凄凉的晚景。功名利禄，富贵荣华，有时就像是王鱼身上的附属物，人啊，总不要过于贪心，有时盗取的越多，失去的也越多。

为人不可过于看重名利，只为自身享乐而活就会丧失了自身存在的价值。其实，一切名利，都只是过眼云烟。佳人艳丽，终究会有美人迟暮的一天；功名再高，也如庄周梦蝶，海市蜃楼一样，到头来只是虚幻一场；金钱再多，也是生不带来，死不带去。

传世"三件宝"的历代演绎

老子传了三件法宝："曰慈，曰俭，曰不敢为天下先。"

慈，指内心深处纯良与中正的外在表现；俭，指适中适可的行事方式；不敢为天下先，即具体应该如何去做。凡事从"我"着手，恰好解决问题即可，无须过多的形式与修饰，否则，便是冗余；不敢为天下先，即不违背"道"，做事符合"道"的准则，无论是事物内在的道还是外在的道。背"道"而驰，就会冒天下之大不韪，循"道"而行，也有一定的前提要求，即"不敢"的时候，不具备某种能力的时候，没有认清某种"势"的时候，就不要"螳臂当车"，为天下之先。

南怀瑾先生极为推崇深谙"黄老之道"的汉文帝，文帝是将老子的传世三件宝真正身体力行的一代君主，慈、俭、不敢为天下先，都逐一做到。

汉文帝即位不久，就下了一道诏书说："一个人犯了法，定了罪也就是了，为什么要把他的父母妻儿也一起逮捕办罪呢？我不相信这种法令有什么好处，请你们商议一下改变的办法。"大臣们一商量，按照汉文帝的意见，废除了一人犯法、全家连坐的法令。后来的缇萦上书，废除肉刑，更是文帝仁慈治天下的表现。

临淄太仓令淳于意因无心官场，辞官归故成为一名郎中。一次，当地一位豪商的妻子生了病，请淳于意医治，不料病人不治身亡，大商人仗势向官府告了淳于意一状，当地官吏判处其"肉刑"，将其押赴长安。淳于意的小女儿陪父前往长安，并托人写了一封奏章传入宫门，乞求皇帝废除惨无人道的肉刑，自己甘愿为官奴替父赎罪。汉文帝看了信，召集群臣，说："犯罪受罚，理当如此。但肉刑过于残酷，不利于人改过自新，将之取缔吧！"

吕祖谦曾说过："凡四百年之汉，用之不穷者，皆文帝之所留也。"综观西汉文帝在位的言行政措，有一点特别突出，即"躬自俭约"。文帝淳朴节俭是臣民的表率。《史记·孝文本纪》中记载，文帝即位从政二十三年间，生活俭朴，身着粗袍；修建陵墓全用泥瓦，甚至连墓室装饰也明令不准使用金、银、铜、锡等贵重金属；所宠爱的慎夫人，也随文帝过着简朴的生活，平时不着一般贵妇穿的拖地长裙，而是像劳动妇女那样"衣不曳地"，所居住的室内帷帐全无雕龙绣凤的纹饰。一次，汉文帝想在宫内修一座露台，就向工匠打听所需花费，当工匠告诉他修成需要百金时，汉文帝马上感叹："这花费相当于十户中等人家的财产啊。"于是放弃了原先的打算。

此外，文帝还经常揽过失于自身，他说："我听说天之道是祸自怨恨而起，福由行德而生，百官的不对，应该由我亲身负责……我不英明，不能施德及远，以致使边疆的人们不得宁息。"汉文帝下罪己诏非常频繁，无论天象异常或外患日亟，他都要罪己反省。

后世许多人认为时为代王的刘恒在继承帝位之前的谦虚不过是一场"不敢为天下先"的表演，即便如此，也是文帝将黄老之术运用娴熟的表现吧。汉文帝学习老子可谓抓住了其精髓所在，故能成为一代名主，不过后世中有些假冒伪善、画虎不成反类犬的帝王们，却错学了汉文帝。南怀瑾先生给我们讲述了另一位皇帝的故事：

晋武帝司马炎谋权篡位当上了晋朝的开国皇帝，这位以欺诈起家、取天下于孤儿寡妇之手的君主在他在位的第四年发生了一件事，竟然波及后世中国科技的发展，可谓影响深远。

　　太医司马程为讨好皇帝,利用精工绝巧的手工艺,精心设计制作了一件"雉头裘",奉献上去。司马炎为标榜恭俭,将这件精巧的裘服在殿前烧毁,并下了诏书,认为"奇技、异服,典礼所禁"。机巧技艺、奇装异服是传统文化精神中所反对的,特敕令内外臣民,敢有再犯此禁令的,便是犯法。

　　南怀瑾先生总结说,读中国的历史,姑且不论司马氏的天下是好是坏以及对司马炎的个人道德和政治行为又做什么评价,但历来对奇技淫巧、精密工业以及科技发展的禁止,大体都是效法司马炎这一道命令的精神。因此,使得中国的学术思想,在工商科技发展上驻足不前,永远停留在靠天吃饭的农业社会形态上。

　　电视剧《宰相刘罗锅》中曾有几个场景便将乾隆皇帝效法司马的虚伪之举表现得淋漓尽致:他奖赏一位身着补丁官服的虚伪官吏,标榜俭朴;他对西洋供奉的舰船模型不屑一顾……电视是在杜撰历史,也是在重现历史,许多封建帝王都是在老子传世"三件宝"中学到了些皮毛，便自欺欺人。帝王治世之道，便是现代的领导艺术；古代的处世之道，如今依然有着不变的价值。

老子的三件宝经过了历代的演绎，后人恐怕已找不出其原本的含义了，只有抓住关键，才能真正在老子的告诫中从容处世，游刃有余。

名利上，不争天下先

人世间有一则不变的名言，即"天下熙熙，皆为利来；天下攘攘，皆为利往"。太史公司马迁一语道破人心，"君子疾没世而名不称焉"，人啊，就是怕死后默默无闻，没有人记得你。正所谓："名利本为浮世重，古今能有几人抛？"

南怀瑾先生说，"不尚贤，使民不争"是消极的避免好名的争斗，"不贵难得之货，使民不为盗"是消极的避免争利的后果。名与利，本来就是权势的必要工具，名利是因，权势是果。乾隆皇帝下江南时，来到江苏镇江的金山寺，看到山脚下大江东去，百舸争流，不禁兴致大发，随口问道记和尚："你在这里住了几十年，可知道每天来来往往多少船？"高僧回答："我只看到两只船。一只争名，一只夺利。"一语道破天机。权与势，是人性中占有欲与支配欲的扩展，很少有人能够跳出名利权势的圈子。正如明朝无名氏在其所著《渔樵闲话》中写道："为利图名如燕雀营巢，争长争短如虎狼竞食。"

追名逐利都逃不开一个"欲"字，佛经中说，凡是对一切人世间的事物，沾染执着，产生贪爱而留恋不舍，都是欲。情欲、爱欲、物欲、色欲以及贪名、贪利，凡有贪图的都算是欲。只不过，欲也有善恶之分，善的欲行可与信愿并称，恶的欲行就与堕落衔接。

有个富翁在急流中翻了船，爬到溪间的石头上大喊救命。一个年轻人奋不顾身地荡舟去救，但是由于山洪下泻而渐涨的湍流使船行进得艰难而缓慢。

"快呀！"富翁高喊，"如果你救了我，我给你1000块！"船仍然移动缓慢。

"用力划啊！如果你划到，我给2000块！"青年奋力地划着，但是既要向前，又要抗拒水流的阻力，船速仍然难以加快！

"水在涨，你用力呀！"富翁声嘶力竭地狂喊，"我给你5000块！"此时，洪流已经快淹到他站立的地方。青年的船缓缓靠近，但仍有一段距离。

"我给你10000块，快呀！"富翁的脚已经淹在水中了，但是船速反而越来越慢了。

"我给你50000……"富翁的话音未落，已经被一个大浪打下岩石，转眼卷入

洪流，失去了踪影。

青年颓丧地回到岸上，蒙头痛哭："我当初只想到救他一命，他却说要给我钱，而且一次又一次地增加。我心想，只要划慢一点点，就可能多几万块的收入，哪里知道，就因为慢了这么一下，他被水冲走了，是我害了他啊！"青年后悔不已，"但是，当我心里只有义，而没有想到利的时候，他为什么要说给我钱呢？"说到底，还是富翁自己害了自己。

在没有涉及名利时，人的本性中总是义字当头的，一旦勾起了内心隐藏的私欲，世间的人或事就会变得十分复杂。人是一个很矛盾的生物，内心永远有着双重标准，要求别人能做到无欲无私，以符合圣人的标准，而自身又总难免在私欲的缠缚中打转。

依据老子的本意，要使得人们真正做到不受私欲主宰，必须"虚其心，实其腹，弱其志，强其骨，常使民无知无欲"。如此这般，在现实社会谈何容易？难就难在无欲与虚心。正因为不能无欲，因此老子才教给人们一个消极的办法，只好尽量避免，"不见可欲，使民心不乱"。

佛陀住世时，有一位名叫黑指的婆罗门来到佛前，两手拿了两个花瓶，前来献佛。佛对黑指婆罗门说："放下！"婆罗门把他左手拿的那个花瓶放下。

佛陀又说："放下！"婆罗门把他右手拿的那个花瓶放下。

然而，佛陀还是对他说："放下！"这时黑指婆罗门说："我已经两手空空，没有什么可以再放下了，请问现在你要我放下什么？"

佛陀说："我并没有叫你放下你的花瓶，我要你放下的是你的六根、六尘和六识。当你把这些统统放下，再没有什么了，你才能从生死桎梏中解脱出来。"黑指婆罗门这才了解了佛陀说"放下"的道理。

有首禅诗说："尘沙聚会偶然成，蝶乱蜂忙无限情；同是劫灰过往客，枉从得失计输赢。"世界本是一粒粒沙子堆拢来的，偶然砌为成功的世界，人生亦是如此，偶然中有必然，必然中有偶然。蝶乱蜂忙，人们就像蜜蜂蝴蝶一样，到处飞舞，痴迷忙碌，正所谓："不论平地与山尖，无限风光尽被占；采得百花成蜜后，为谁辛苦为谁甜。"人生一世，劳苦一生，为儿女，为家庭，为事业，最后直到生命之火燃尽，仍找不到生命的答案。明知道到头来终是一场空，也跳不出世俗的羁绊。人在旅途，同为劫灰过往客，又何必在一时的输赢得失中斤斤计较？

装了东西的船，遇到风浪会沉没
——听南怀瑾讲抛却烦恼

清心寡欲，安于现实，知足常乐，便是最好的解脱自在的人生。

老子说："持而盈之，不如其已。"南怀瑾先生解释，一个人，如果真正能够对天道自然的法则有所认识，那么，天赋人生，已够充实。善于利用生命中原有的真实，应对现实生活，就能够优游余裕而知足常乐。但是，如果忘记了原有生命的真善美，任欲望膨胀，希求永无止境的满足，那么，必定会招来无限的苦果。

只身存天下的最佳安排

老子说天地之所以能够长久存在，是因为其"不自生"，"故能长生"。天地自然而生，不为万物，不为人。天地的"不自生"，正是天地极其自私的道理。南怀瑾先生在这里解读说，老子所要表现的是天地的"极私"，同时也是天地的"至公"。

从万物中个体的小生命来看，生死仿佛是极为不幸之事，但从天地长生的本位来说，生生死死，只是万物表层的变相。万物与天地本来便是一个同体的生命，万物的生死只是表层现象的两头，天地能生能死的功能，并没有随生死的变相而消灭，它本来便是一个整体的大我，无形无相，生而不生，真若永恒似的存在着。

得道的圣人如果能够效法天地的法则立身处世，去掉自我人为的自私，把自己假象的身心摆在最后，把自我人为的身心，看成是外物一样，便真正摒弃了私心。只要奋不顾身，为义所当为的需要而努力去做。那么，虽然看似把自身的利益置于最后，其实恰好是一路领先，光耀千古，看来虽然是外忘此身而不顾自己，其实是做出了一个身存天下的最好安排。"是以圣人后其身而身先，外其身而身存，非以其无私邪？故能成其私。"岂不是因为他毫无私心的表现，而完成了他真正整体的大私吗？南怀瑾先生说，老子在这里用幽默的口吻反衬出圣人真正大公无私的理念。

依据这种观点，"公而忘私，故能成其私"便成为千古颠扑不破的无上法则。

只身存天下，将己身与天下融为一体，是对自身最好的安排。北宋范仲淹曾挥毫撰写了千古传诵的《岳阳楼记》，"不以物喜，不以己悲"，情感不轻易地随景而迁。升官发财之日，不会得意忘形；遭厄受穷之时，也不致愁眉紧锁。身居高职，能为民解忧；一旦流离江湖，依旧心系万民。在位也忧，离职也忧。如要问：似这般无日不忧，几时才是一乐？只道："先天下之忧而忧，后天下之乐而乐！"这两句话，是范仲淹一生所追求的为人准则，是他忧国忧民思想的高度概括。

从青年时代开始，范仲淹就立志做一个有益于天下的人。为官数十载，他在朝廷上犯颜直谏，不怕因此获罪。他发动了庆历新政，这一政治改革，触及北宋的政治、经济、军事制度的各个方面，虽然由于守旧势力的反对，改革失败，但范仲淹主持的这次新政开创了北宋士大夫议政的风气，传播了改革思想，成为王安石熙宁变法的前奏。

他在地方上每到一处，便兴修水利、培养人才、保土安民，政绩斐然，真正做到了为官一任，造福一方。在生活上，他治家严谨，俭朴持家，衣食不华，只为温饱，直到晚年，也没建造一座像样的宅第。然而，他却乐善好施，待人亲热敦厚，乐于义助他人，当时的贤士，很多是在他的教导和荐拔下成长起来的。即使是乡野和街巷的平民百姓，也都能叫出他的名字。在他离任时，百姓常常拦住传旨使臣的路，要求朝廷让范仲淹继续留任。

文正公死后，朝野上下一致哀痛，甚至西夏、甘、凉等地的少数民族，也都聚众举哀，连日斋戒。凡是他从政过的地方，老百姓纷纷为他建祠画像，数百族人来到祠堂，像死去父亲一样痛哭哀悼。看起来好像范仲淹的一生错过了许多，比如荣华富贵，比如功名利禄，其实他表面错过的都是实际收获的，正是"了却君王天下事，赢得生前身后名"。

许多大公无私之人表面上看似因为无私而失去了许多，殊不知，他们为此得到的却更为丰裕。如果推开历史，走进生活之中，你同样会发现，如果不将自己局限在一个狭小自私的位置，获得的将会更多。

在人生的大道上，总会遇到许多公与私之间的艰难抉择，但我们或许不知道，生命的旅程中，有时救了别人，恰恰是自我的救赎。

至公便是至私，从另一个角度看，好比两个结伴登山的人，突然遇到寒冷的天气，加上饥饿疲惫，使得其中一人体力不支倒地。另外一个人虽然也累得难以支持，但是为了救自己的朋友，拼全力终于把朋友背下了山。而也正因为他背负一个人，使自己充分运动，才免于被冻死。如果助人者当时没有救人之心，只一味顾及一己私利，最终二人都可能难逃冻死的厄运，细想，正是这大公无私的举动拯救了自己。

烦恼一如瓶中水

一个人如要效法自然之道的无私善行，便要做到如水一样，保持至柔之中的至刚、至净、能容、能大的胸襟和气度。

"到江送客棹，出岳润民田"，南怀瑾先生十分推崇水的厚德载物。水，具有滋养万物生命的德性，使万物得其润泽，而不与万物争利。永远不居高位，不把持要津，在这个永远不平的物质世界中，宁愿自居下流，藏垢纳污而包容一切。所以老子形容它，"处众人之所恶，故几于道"，正所谓"水唯能下方成海，山不矜高自及天"。

"几于道"的"几"字，值得推敲，并非说若水的德性，便合于道了。老子只是拿水与物不争的善性一面，来说明它几乎近于道的修为而已。一个人的行为如果能做到如水一样，善于自处而甘居下地，所谓"居善地"；心境像水一样，善于容纳百川的深沉渊默，所谓"心善渊"；行为举止同水一般助长万物生灵，所谓"与善仁"；言语如潮水一样准则有信，所谓"言善信"；立身处世像水一样持平正衡，所谓"正善治"；担当做事像水一样调剂融和，所谓"事善能"；

把握机会，及时而动，做到同水一样随着动荡的趋势而动荡，跟着静止的状况而安详澄止，所谓"动善时"；遵循水的基本原则，与物无争，与世无争，永无过患而安然处世，这便是掌握了天地之道的妙用了。

古代，一位官员被革职遣返，他心中的苦闷无处排解，便来到一位禅师的法堂。禅师静静听完了此人的倾诉，将他带入自己的禅房之中，桌上放着一瓶水。禅师微笑着说："你看这只花瓶，它已经放置在这里许久了，几乎每天都有尘埃灰烬落在里面，但它依然澄清透明。你知道这是何故吗？"此人思索良久，仿佛要将水瓶看穿，忽然他似有所悟："我懂了，所有的灰尘都沉淀到瓶底了。"

禅师点点头："世间烦恼之事数之不尽，有些事越想忘掉越挥之不去，那就索性记住它好了。就像瓶中水，如果你厌恶地振荡自己，会使一瓶水都不得安宁，混浊一片；如果你愿意慢慢地、静静地让它们沉淀下来，用宽广的胸怀去容纳它们，这样，心灵并未因此受到污染，反而更加纯净了。"官员听后恍然大悟。

佛说"大海不容死尸"，说明水性至洁，表面藏垢纳污，实质却水净沙明，晶莹剔透，至净至刚，不为外物所染。儒家观水，子在川上曰："逝者如斯夫，不舍昼夜。"因其常流不息，能普及一切生物，有德；流必向下，不逆成形，或方或长，必循理，有义；浩大无尽，有道；流几百丈山涧而不惧，有勇；安放没有高低不平，守法；量见多少，不用削刮，正直；无孔不入，明察；发源必自西，立志；取出取入，万物就此洗涤洁净，善于变化。

南怀瑾先生逐一解读儒、释、道三家圣哲对水的赞语，读出了不同的深意：儒家精进利生，道家谦下养生，佛家圣净无生。一水犹如三面古镜，观照人生的不同趋向，何时何地应当何去何从，某时某刻应当如何运用宝鉴以自照、自知、自处。

观水学做人。始终保持一种平常心态，和其光，同其尘，愈深邃愈安静；至柔而有骨，执着能穿石，以"天下之至柔，驰骋天下之至坚"；齐心合力，激浊扬清，义无反顾；灵活处世，不拘泥于形式，因时而变，因势而变，因器而变，因机而动，生机无限；清澈透明，洁身自好，纤尘不染；一视同仁，不平则鸣；润泽万物，有容乃大，通达而广济天下，奉献而不图回报。人生在世，若能将水的特性发挥得淋漓尽致，可谓完人，正是"上善若水，厚德载物"。

轻柔的春风最自在

《史记》中记载，有人说，老子活了100多岁，有人说老子活了200多岁，虽然说法不一，但可以肯定的是老子的养生之道的确有独到之处。

南怀瑾先生说，老子为我们讲述了一个长生的秘诀，即营魄合一。老子在"营魄抱一"之上，加了一个"载"字，用字巧妙而形象。人的身体如一部车乘，其中装载了"营"和"魄"两样重要东西，它们各自为政，又随时合作。人们长年累月、随时随地都在使用这两样东西。

然而，思想的纷繁、情感的嚣动，常使自己魂灵营营困扰，常在放射消散之中，散乱不堪。体能的劳动、生活的奔忙，常使精魄涣散，不可收拾。老子说，倘使人能将生命秉受中的营魄合抱为一，永不分离，便可得长生的希望了。因此说："载营魄抱一，能无离乎！"

营魄合一是让你不为情感、生活的杂乱所侵扰，世上本无事，庸人自扰之，将心灵的琴弦调控适宜，才能弹奏出悦耳动听的音乐。人的心灵好比一张弓，如果上好了弦后，一直绷得紧紧的，长时间这样放着，弓背和弓弦的效用就差了，力道也减了，根本就射不出多远。现实生活中，一个人要是始终绷紧神经，处于紧张状态，就会导致身心疲惫、精神涣散。

营魄合一是要你保持一颗平常心，不要患得患失，一切顺其自然，终能持盈保泰。

有一个学僧到法堂请示禅师道："禅师！我常常打坐，时时念经、早起早睡、心无杂念，自忖在您座下没有一个人比我更用功了，为什么就是无法开悟？"

禅师拿了一个葫芦、一把粗盐，交给学僧说道："你去将葫芦装满水，再把盐倒进去，使它立刻溶化，你就会开悟了！"

学僧遵示照办，过不多久，跑回来说道："葫芦口太小，我把盐块装进去，它不化；伸进筷子，又搅不动，我还是无法开悟。"

禅师拿起葫芦倒掉了一些水，只摇几下，禅师慈祥地说道：盐块就溶化了，"一天到晚用功，不留一些平常心，就如同装满水的葫芦，摇不动，搅不得，如何化盐，又如何开悟？"

学僧又问："如此说来，修道还需要用功吗？"

禅师答："需要。"

学僧问："如何用功呢？"

禅师说："饿了就吃饭，困了就睡觉。"

学僧不解，便问道："天下所有的人都是一样的，是不是也都与您一样在用功修道？"

禅师答："不同。"

学僧问："有何不同？"

禅师语重心长地说："有人吃饭时，不肯吃饭，很多要求；睡觉时，不肯睡觉，胡思乱想。"

吃饭、睡觉，看似非常简单的事情，但究竟能有多少人能快乐地把饭吃完，安稳地把觉睡饱呢？营魄合一便是生活的艺术，在最稀松平常的事情上下功夫，让自己的生活充满祥和与快乐，便是幸福长生的秘诀。

真正的幸福不是周围的环境所给予的，而是顺应自己的本性，靠自己去创造的。即使自己的处境不顺心，也要试着心存感激地接受。顺应了自我的本性，你就是幸福的，如果你还一味地追求什么幸福的标准，就会离幸福的轨道越来越远。

一位官场失利、妻离子散之人心绪烦乱，烦恼、嫉妒、浮躁、忧虑，整日困扰于心，不得安宁，于是去拜见德高望重的无生禅师，请求开解。禅房里，面对慈祥、超然的无生禅师，他一股脑儿地道出了自己的困惑和烦恼。无生禅师笑笑，伸出右手，握成拳头，握得越来越紧，让来人照做。

"感觉如何？"禅师问。来人茫然不觉。"把手伸开。"禅师拿出一枚野果和一片琉璃碎片放在这人手中，说道："握紧。"这人将野果和碎片握在手心。"握紧一些，再紧一些。""不行了，禅师，我的手都快要被割破了。"

此时，禅师突然喝道："那你还不赶快把拳头松开！"

这人吓了一跳，舒开手掌，看着手掌有些微红的硌痕，碎片已经扎到野果里了。禅师望着他，说："现在，把碎片取出来，丢掉吧。"

此人顿时豁然开朗，如醍醐灌顶："这野果就好比我的事业和生活，而这碎片就是生活中困扰着我的嫉妒、浮躁、忧虑……"

禅师笑了笑，说："看来施主已经有所了悟。生活中的事就好像这枚果实和琉璃碎片。如果你什么都不取，空握拳头，即便使再大的力气，也是一无所获，这叫徒劳无功。果实好比生活中一切美好的事物，而碎片就是困扰你心的无尽烦恼，要记得及时将果实中的碎片取出来丢掉，不然就会心浮气躁、精魄散乱。"

如果你不给自己寻烦恼，别人永远也不可能给你烦恼。所以，每当你忧心忡忡、唉声叹气的时候，不妨把你的烦恼写下来，看看它是否值得我们忧虑。如果值，我们就去寻找解决问题的办法，如果不值，又何必费神呢？人生在世就只有短暂的几十年，不必对自己苦苦相逼。尝试对自己微笑一下，和自己握手言和吧。每个人都应该如此，破除思想的纷繁，阻止情感的嚣动，不让自己的心灵在散乱中一发不可收拾，劳生一世，苦痛奔忙在所难免，但是，心灵的安宁才是幸福的归宿。

做生命中的"原木"

——听南怀瑾讲善与真

一杯混浊的水，放着不动，长久平静下来，混浊的泥渣自然沉淀，终至转浊为清，成为一杯清水。心如止水，由浊到静，由静到清，在混浊动乱的状态下平静下来，慢慢稳定，使之臻于纯粹清明的地步。南怀瑾先生通晓佛理，指出佛、道合流的话来说，即"圆同大虚纤尘不染"，不容尘埃，亦没有金屑，纯清绝顶。

浮于表面的仁义道德

当仁义仅浮于表面，而离本义越来越远，倒不如摒弃表面的仁义道德。南怀瑾先生说，老子之所以叹息"大道废，有仁义；慧智出，有大伪；六亲不和，有孝慈；国家昏乱，有忠臣"，其实是基于当时社会环境的变化。

当内在的精神信仰遭到破坏的时候，人们才会制定出各种各样的外在表面的仁义法则来治理社会秩序；当人们了解外在事物规律并总结出道理的时候，就会用这样的道理违背内心而行事，虚伪地对待外在事物；当人们为了个人的私欲而分散血缘亲情的时候，人们才会拿出孝敬和慈悲的单纯的人伦信仰来拯救家族的和谐；当一个国家处于混乱的时候，才会出现忠臣良将来救社稷于水火之中。

春秋战国之际，诸侯纷争，割地称雄，残民以逞，原属常事。因此，许多有志之士奔走呼吁，倡导仁义，效法上古圣君贤相，体认天心仁爱，以仁心仁术治天下。诸子百家，皆号召仁义。但是，无论是哪一种高明的学说，哪一种超然的思想，用之既久，就会产生相反的弊病，变为只有空壳的口号，原本真正的实义则被慢慢忽略了。

因为生于天下大乱之时的圣人，若是为了救世而救人，既然有所作为，就不免保存了一面，而伤及另一面。杀一以儆百，杀百以存一，本质相同，均为义所不忍为。所以佛说愿度尽众生，方自成佛，但以众生界不可尽故，吾愿亦永无穷尽。因此，老子认为那些自称为圣人之徒、号召以仁义救世的现世之人，不过是徒托空言，毫无实义，甚至假借仁义为名，以逞一己之私。

正如鲁迅先生在《狂人日记》中写道："我翻开历史一查，这历史没有年代，歪歪斜斜的每页上都写着'仁义道德'几个字。我横竖睡不着，仔细看了半夜，才从字缝里看出字来，满本都写着两个字是'吃人'！"

提及浮于表面的仁义道德，不由想起古典小说《镜花缘》中的淑士国，李汝珍以讽刺的手法勾勒出一个满口仁义的表面派国家。家家标榜"贤良方正""德行耆儒""通经孝廉""好义循礼"，不过是做足了表面文章，让人啼笑皆非。

有人愤世嫉俗地认为，道德不能让人成功，也无法让人胜利，做做仁义道德的表面文章便可获得成功。其实表面的仁义道德总会被别人看穿，仿佛一场戏剧

表演，演员总有卸下装扮的一天，总有人知道你五色油彩下面的真实面容。

老子在当时之所以菲薄圣人讥刺仁义，其实不过是为了打掉世间假借圣人虚名以伪装仁义的招牌。老子希望人们真能效法天地自然的法则而存心用世，不必标榜高深而务求平实，才说出"天地不仁，以万物为刍狗。圣人不仁，以百姓为刍狗"的名言，借以警世。

善恶只合转眼看

"善之与恶，相去何若？"善与恶若是往深一层去观察，也许是划分不出距离的。善恶之间，很难分辨。往往做了一件好事，反而得到恶果。南怀瑾先生以其个人经验，为我们做出了解读，有时以为做了善事，救了别人，后来思量，他们继续的生活方式，对于其他人来说，反而是更大的伤害。因此，善与恶，难以捉摸，没有绝对。

从前有一个和尚跟一个屠夫是好朋友。和尚天天早上起来念经，而屠夫天天起来杀猪。为了不耽误早上的工作，他们约定早上互相叫对方起床。多年以后，和尚与屠夫相继去世了。屠夫上天堂了，而和尚却下地狱了。为什么？因为屠夫天天做善事，叫和尚起来念经，相反的，和尚天天叫屠夫起来杀生……

这则故事看似荒诞，却也有其道理。你所做的事情，在自己看来都是对的，但对于其他人来说却不一定是对的。"通往地狱的路有时是用善意铺成的。"善心人会好心做坏事，不按照客观规律办事也会好心做坏事。天地自有其道，人不要自作聪明，妄加干涉。

南太平洋的加拉巴哥岛上有许多太平洋绿海龟用来孵化小龟的巢穴，有一个生态旅行团前往实地观察幼龟离巢入海。太平洋绿龟的体重在 150 千克左右，幼龟不及它的 1%，幼龟一般在四五月间离巢而出，争先恐后爬向大海。只是从龟巢到大海需要经过一段不短的沙滩，稍不留心便可能成为鹰等食肉鸟的食物。旅行团于黄昏时登岛，突然，一只幼龟率先把头探出龟巢，却又欲出而止，似乎在侦察外面是否安全。正当幼龟踟蹰不前时，一只海鹰突兀而来，它用尖嘴啄幼龟的头，企图把它拉到沙滩上去。一个好心人从鹰嘴中救下了这只小生灵，放它归海。然而，接下来发生的事却让人始料未及，成群成群的幼龟从巢中鱼贯而出。那只先出来的幼龟，原来是龟群"侦察兵"，一旦遇到危险，它便会返回龟巢。

现在做向导的幼龟被引向大海，巢中的幼龟得到错误信息，以为外面很安全，于是争先恐后地结伴而行。数十只幼龟成了海鹰、海鸥、铿鸟的口中之物。

　　人是万物之灵，然而，当人自作聪明时，尽管出于善念，却有可能走向反面。

　　善恶只合转眼看，单纯评价某一种行为，有时很难下定论。就好比一个小偷潜入一间屋子，发现了一位气息奄奄的老人，老人以为小偷是来看望他的，便诉说着孤独和感激之情，小偷心存愧疚，内心善念萌发，后来小偷便常来看望老人，并给他送来食物、衣服，只不过，这些衣物也是小偷从其他地方偷来的，包括从其他的奄奄一息的老人那里。人有时，就像这个小偷，常常以为做了善事，其实却很难判断。善恶在一念之间，有时不要让表象掩盖了本质，否则只会换来无尽的遗憾。

封山季节，山上已冷得滴水成冰，一家药铺的父子三人上山采摘灵芝，不料遭遇暴风雪，非但一无所获，老父亲也因体力不支，倒在了冰冷的雪地上，根本无法行走。父亲果断地对两个儿子说："我不行了，你们赶快穿上我的衣服下山去。"儿子们舍不下父亲，大儿子脱下自己身上的衣服套在父亲身上，二儿子背着父亲继续前行。不一会儿，父亲便在寒风中咽气了，此时，大儿子也步履蹒跚，哥哥断断续续地说："不要管我了，你赶快穿上我的衣服下山去，全家老小还等着呢！"弟弟哭着摸摸父亲已经僵硬的身子，又拉着哥哥还有一丝温热的手，随后坚决地脱下自己身上的衣服，套在了哥哥身上。第二天，当村里人在山上找到他们的时候，只见父亲身上套着大儿子的衣服，大儿子身上套着小儿子的衣服，小儿子身上只有一件薄薄的单衣。

骨肉相连，血浓于水，让人感动，然而，他们之中原本有两个人可以保住性命。如此看来，当初三人的仁爱之举究竟是对还是错呢？

在这个社会上，爱人就会被爱，恨人就会被恨，给予就会被给予，剥夺就会被剥夺。你如果对自己、对他人、对一切美好的事物都充满爱心，这会使你的生活充满激情，会使你的人生发生伟大的转变。但是真正的善与恶，有时需要放在一个大的前提下去考量，或许正因为事事难断，许多抉择让人犹豫不决。世间的人和事都不能简单地下定论，只因没有人能看到真正的因果。

拒绝雕琢的原木

人需抛弃自己引以为傲的聪明机巧，抛弃自私自利的贪图之心，如果人人皆能如此，便不会有作奸犯科的盗贼，即所谓的"绝巧弃利，盗贼无有"。

南怀瑾先生说，如果将绝圣弃智的观念归纳到生命理想中，便是"见素抱朴，少私寡欲"。"见"指见地，观念、思想谓之见；"朴"是未经雕刻、质地优良的原木。"素"乃纯洁、干净；见素抱朴正是圣人超凡脱俗的生命情操，佳质深藏，光华内敛，一切本自天成，没有后天人工的刻意造作。

老子主张"绝仁弃义"，不以圣人为标榜，不以修行为口号，只要老老实实、规规矩矩做人，那便是真修道。

曾国藩是中国历史上最有影响的人物之一，其为人处世堪称难得。他常对家人说，有福不可享尽，有势不可使尽。他平日最好昔人"花未全开月未圆"七个字，将其视作惜福保泰之法，常存冰渊惴惴之心，处处谨言慎行。他的处世原则是：趋事赴公，则当强矫；争名逐利，则当谦退。开创家业，则当强矫；守成安乐，则当谦退。出与人物应接，则当强矫；入与妻奴享受，则当谦退。若一面建功立业，外享大名，一面求田问舍，内图厚实，二者皆盈满之象，全无谦退之意，则断不能长久。

曾国藩天赋不高，少时在家苦读，一篇文章不知重复多少遍了，还没能诵出，时下有一贼，潜伏在他的屋檐下，希望等他睡着之后行窃，无奈听他翻来覆去地读同一篇文章，却无法记诵。贼人大怒，跳出来说："这种水平还读书做甚？"随后将那文章背诵一遍，扬长而去！

贼人比曾先生聪明，却依旧是个无名小贼，曾国藩以规矩之道为人处世，功成名就又全身而退，实乃真修道之人。

孔子在《论语》中说，"素"如一张白纸，毫不沾染任何颜色，人的思想观念要随时保持纯净无杂，即佛家禅宗所说"不思善，不思恶"。心地胸襟，应该随时怀抱原始天然的朴素，以此态度来待人接物，处理事务。个人拥有这种修养，人生一世便是最大的幸福；如果人人秉持这种生活态度，天下自然太平和谐。

《三字经》里的第一句话是"人之初，性本善"，儒家孟子也提倡"性本善"，曾说"人皆有不忍人之心"。见到一个牙牙学语的小孩子摇摇摆摆走向井边，无论何人，都会走上前去将他抱开。然而，善性存于心，往往受环境的影响，丧失了原本的善意。对此，荀子持有不同的看法，他在《性恶篇》开篇就说："人之性恶，其善伪也。"人性本是恶的，其善是人为的，人有为善的可能，就在于后天的学习修为。对于本性的问题，可谓"仁者见仁，智者见智"，而老子的观点则更为深刻，即本性无善恶。

人性之初，本没有善恶之分的，本性是很难改变的，正所谓"江山易改，本性难移"。善恶只不过是在周边环境影响下依据本性而产生的，有善恶之分的不是本性而是习惯。本性是一种内在的东西，平时可能感觉不到它的存在，但它却在暗中操控着你。它决定着你的大部分习惯，决定着你的性格，甚至决定着你的人生。人本来生下来都很朴素，很自然，由于后天的教育、环境的影响及种种原因，把圆满的自然的人性雕琢了，自己刻上了许多的花纹雕饰，反而破坏了原本的朴实。因此，人不要刻意雕琢自己本性的棱角，要保持住生命中最朴素的东西。

大浪淘沙沙去尽，沙尽之时见真金，大多数人都在浮华过后才意识到本色的可贵。质本洁来还洁去，不要让尘世浮华沾染了原本纯洁的心灵。玉不琢，不成器。但有时，人应该成为一块拒绝雕琢的"原木"，保留人性中单纯、善良、朴实的东西，不要让外在的雕饰破坏自然的本质。

不经绚烂，不知平淡的可贵

——听南怀瑾讲淡对宠辱

　　天地便是如此，荣的任它荣，枯的任其枯，不偏不倚，无悲无喜。真正悟道的圣人，心如天地，明比日月，一切的所作所为，只要认为理所当为、义所当为便自然而然地去做，并非出于仁爱世人之心，因为如果圣人有此存心，便有偏私。

功成身退天之道

　　老子曰："功成身退，天之道也。"功业既成，引身退去，天道使然。花开果生，果结花谢，自然之道。南怀瑾先生笑言，老子对人生的洞察是深邃的，一眼便窥透了深层的人性内核。人莫不爱财慕富，贪恋权势，但凡能及时抽身引退，便能一生圆满。

　　"功成身退"并非指一定要隐居山林，归隐田园。功成身退其实是一种对待功名的态度，即使有了大功劳也不居功自傲，"飞扬跋扈为谁雄"，只会引来无妄之灾。

　　数千年来，中国历史一直上演着"飞鸟尽，良弓藏；狡兔死，走狗烹"的悲剧，政治的险恶，入世还是出世，成为中国仁人志士艰难的抉择，铿锵刚劲，又痛苦无奈。历史上许多留名之人终其一生都在寻找"功"与"身"的平衡点。"儒"是进取的，是理性的，是社会的，是宗族的，是油然于心的；而"道"呢，则是个人的，是直觉的，是天然的，是无可奈何的。儒和道，看似不相融，其实却息息相通，犹如一面古镜的正反两面。

　　让我们从一位历史人物身上看看"功成身退"的绝佳演绎吧。

金熙宗天眷二年（1139年），石琚考中进士，任邢台县令。当时官场腐败，贪污成风，邢台守吏更是贪婪恶暴，强夺民财。在此环境中，石琚却保持着清醒的头脑，他不仅不贪不占，还多次告诫别人不要贪取不义之财。他常对人说："君子求财，取之有道，怎么能利令智昏，干下不仁不义之事呢？人们都知钱财的妙处，却不闻不问不义之财所带来的隐患，这是许多人最后遭祸的根源啊。"

有人对石琚的劝告置之一笑，还嘲笑他说："世事如此，你一个人能改变得了吗？你的这些高论说来动听，实际上却全无用处，你何苦自守清贫，不识时务呢？要知无财才是大祸，你身在祸中，尚且不知，岂不遭人耻笑？切不可再言此事了。"石琚又气又怒，他又当面对邢台守吏规劝说："一个人到了见利不见害的地步，他就要大祸临头了。你敛财无度，不计利害，你自以为计，在我看来却是愚蠢至极。回头是岸，我实不忍见到你东窗事发的那一天。"邢台守吏拒不认错，私下竟反咬一口，向朝廷上书诬陷石琚贪赃枉法。结果，邢台守吏终因贪污受到严惩，其他违法官吏也一一治罪，石琚因清廉无私，虽多受诬陷却平安无事。

石琚官职屡屡升迁，有人便私下向他讨教升官的秘诀，石琚总是一笑说："我不想升迁，凡事凭良心办事，这个人人都能做到，只是他们不屑做罢了。"来讨教的人不信此说，认为石琚是在敷衍自己，心怀怨气，石琚见此又是一笑道："人们过分相信智慧之说，却轻视不用智慧的功效，这就是所谓的偏见吧。"

金世宗时，世宗任命石琚为参知政事，万不想石琚却百般推辞。金世宗十分惊异，私下对他说："如此高位，人人朝思暮想，你却不思谢恩，这是何故？"石琚以才德不堪作答，金世宗仍不改初衷。石琚的亲朋好友力劝石琚，他们说："这是天下的喜事，只有傻瓜才会避之再三。你一生聪明过人，怎会这样愚钝呢？万一惹恼了皇上，我们家族都要受到牵连，天下人更会笑你不识好歹。"石琚面对责难，一言不发。他见众亲友喋喋不休，最后长叹说："俗话说，身不由己，看来我是不能坚持己见了。"

石琚无奈接受了朝廷的任命，私下却对妻子忧虑地说："树大招风，位高多难，我是担心无妄之灾啊。"他的妻子不以为然，说道："你不贪不占，正义无私，皇上又宠信于你，你还怕什么呢？"石琚苦笑道："身处高位，便是众矢之的，无端被害者比比皆是，岂是有罪与无罪那么简单？再说皇上的宠信也是多变的，看不透这一点，就是不智啊！"

石琚在任太子少师之时，曾奏请皇上让太子熟习政事，嫉恨他的人便就此事攻击他别有用心，想借此赢取太子的恩宠。金世宗听来十分生气，后细心观察，才认定石琚不是这样的人。金世宗把别人诬陷他的话对石琚说了，石琚所受的震撼十分强烈，他趁此坚辞太子少师之位，再不敢轻易进言。

大定十八年（1178 年），石琚升任右丞相，位极人臣，前来贺喜的人络绎不绝。石琚表面上虚与委蛇，私下却决心辞官归居。他开导不解的家人故旧说："我一生勤勉，所幸得此高位，这都是皇上的恩典，心愿已足。人生在世，祸在当止不止，贪心恋栈。"他一次又一次地上书辞官，金世宗见挽留不住，只好答应了他的请求。世人对此事议论纷纷，金世宗却感叹说："石琚大智若愚，这样的大才天下再无二人了，凡夫俗子怎知他的心意呢？"

石琚可谓深谙进退之道，能进能退，把握得极其有度，所以才能在官场混迹多年而屹然不倒。提及石琚，不由想到李斯，当初他贵为秦相时，"持而盈"，

"揣而锐"，最后却以悲剧告终。临刑之时，李斯对其子说："吾欲与若复牵黄犬，出上蔡东门，逐狡兔，岂可得乎？"他临死才幡然醒悟，渴望重新返璞归真，在平淡生活中找寻幸福，但悔之晚矣。

进一步，容易；退一步，难。大多数人能成功，却不能全身而退；少数人看透功名实质，重视过程，淡看结果，终能功成身退。

声色货利多陷阱

老子说，"五色令人目盲，五音令人耳聋，五味令人口爽。驰骋畋猎，令人心发狂。难得之货，令人行妨。是以圣人为腹不为目，故去彼取此。"缤纷的色彩使人眼花缭乱，嘈杂的声音使人听觉失灵，浓厚的杂味使人味觉受伤，纵情猎掠使人心思放荡发狂，稀有的物品使人行为不轨，因此，圣人应该致力于基本的维生事务，不耽乐于感官的享乐，有所取舍。

南怀瑾先生就此也告诫世人，善于用物可以，但绝不可被物所用，以免在与现实外物的博弈中输得一塌糊涂。从古至今，又有几人能够脱离利益、外物的束缚，用现实而不为现实所用呢？

长平之战前，赵王中了秦国的反间计，免除了赵国当时唯一能指挥军队抵抗秦军的廉颇的职务。这一免职的结果是，赵国痛失国之千城，廉颇喜得世态三昧。"失势之时，故客尽去。"诚如《金瓶梅》所言，趋炎附势者，"得势叠肩来，失势掉臂去"。然而天道轮回，不久，赵国为救亡图存，再次起用廉颇。"客又复至。廉颇曰：'客退矣。'客曰：'吁！君何见之晚也？夫天下以市道交，君有势，我则从君，君无势则去。此固其理也，有何怨乎？'"

有利可图，趋之若鹜；权势一去，作鸟兽散。以小人之眼看这个社会，一看一个准。这位门客是小人，也是快人，一语点破了世态真相。声、色、货、利以及口腹之欲，常常让人任性自欺而上当受骗，许多人都心甘情愿地跳入陷阱而不自知。

一条小鱼问阅历丰富的大鱼道："妈妈，我的朋友告诉我，钓钩上的东西是最美的，可就是有一点儿危险，要怎样才能尝到这种美味而又保证安全呢？"

"亲爱的孩子，"大鱼说，"这两者是不能并存的，最安全的办法就是绝对不去吃它。"

"可它们说，那是最便宜的，因为它不需要任何代价。"小鱼一脸艳羡。

"这可就完全错了，"大鱼说，"最便宜的很可能恰好是最贵的，因为它希图别人付出的代价是整个生命。你知道吗，它里面裹着一只钓钩？"

"要判断里面有没有钓钩，必须掌握什么原则呢？"小鱼又问。

"那原则其实你都已经说了。"大鱼说，"一种东西，味道最鲜美，价格又最便宜，似乎不用付出任何代价，那么，钓钩很可能就藏在里面。"

大鱼的判断原则对于人来说，同样适用。人们有时像一只无意中掉入米缸的老鼠，满目都是白花花的大米，欣喜着不必辛劳出去觅食，却不见缸究竟有多深。吃着存米，做着美梦，眼看着米一天天减少，自己离缸口也越来越远，却总舍不得抽身离去。直到有一天，缸中米已见底，才发现自己想跳也跳不出去了。

声色货利，自古以来，便被奸人运用得得心应手。以声色犬马困住你，让你无暇顾及其他，只知道乐不思蜀，自己却慢慢沦为别人的傀儡。

道法天地，一任枯荣

佛经中常说："上天有好生之德。"南怀瑾先生调侃说，依照老子的思想观点，如果上天真的听到凡人口中的这句话，只会暗笑我辈的痴傻。

南怀瑾先生解释，依据老子的哲学观点，天地生万物，本是自然而生，自然而有。万物的生或死都是十分自然的一件事，天地既不认为生出万物是做了好事，也不认为杀死万物是做了坏事。因为从另一个角度看，天地既生了长养万类的万物，同时，也生了看来似乎相反的毒杀万类的万物。

有两个小和尚在为一件小事吵得不可开交，谁也不愿让谁，僵持了一段时间后，第一个小和尚怒气冲冲地去找师父评理，师父正在和一个小和尚讨论经文。听完他的叙述后，郑重其事地对他说："你是对的。"于是，第一个小和尚得意扬扬地跑回去宣扬。

第二个小和尚不服气，也跑去找师父评理，师父在听完他的叙述之后，也郑重其事地对他说："你是对的。"

待第二个小和尚满心欢喜离开后，一直站在一边的小和尚沉不住气了，他不解地问师父："师父，你平时不是教我们要诚实，不可说违背良心的谎话吗？可是，你刚才对两位师兄都说他们是对的，这不是违背了你平日的教导吗？"师父听完之后，不但一点儿都不生气，反而微笑着对他说："你是对的。"

这个小和尚恍然大悟，立刻拜谢师父的教诲。

以这则佛经故事为例，可以明白，其实在天地眼中，万事万物无明确的对错之分，天地只是冷眼旁观世间一切。

人类自认为是万物灵长，最受天地的眷顾，其实未必如此。天地并不一定厚待于人类而轻薄了万物，只是人类予智自雄。在万物眼中，恐怕人类才是最大的毒害，因为人们随时随地都在伤害残杀生灵，只为一己之私。

或许有人会对此嗤之以鼻，只想自己眼中看到的，不愿探究深层次的含义，然而，许多事实虽然无法确定，却是真实存在的。

一名弟子问佛祖："您所说的极乐世界，我看不见，怎么能够相信呢？"

佛祖把弟子带进一间漆黑的屋子，告诉他："墙角有一把锤子。"

弟子不管是瞪大眼睛，还是眯成小眼，仍然伸手不见五指，只好说看不见。

佛祖点燃了一支蜡烛，墙角果然有一把锤子。佛祖问："你看不见的，就不存在吗？"

天地无心而平等生发万物，万物亦无法自主而还归于天地。所以说："天地不仁，以万物为刍狗。"即天地并没有特意立定一个仁爱万物之心而生长万物，只是自然而生，自然而有，自然而灭。从天地的立场来看，一律同仁，万物与人类都不过是自然、偶然、暂时存在，最终将归于幻灭的"刍狗"而已。

正如印第安人对于生命的理解：每个人都拥有一杯水，你从里面饮入了生活。人生确实不过就是一杯水，杯子的华丽与否显示了一个人的贫与富，杯子只是容器，杯子里的水，清澈透明，无色无味，对任何人都一样。不过在饮入生命时，每个人都有权利加盐、加糖，或是其他，只要自己喜欢，这是每个人生活的权利，全由自己决定。在欲望的驱使下，你或许会不停地往杯子里加入各种东西，但必须适可而止，因为杯子的容量有限，并且无论你加入了什么，无论它的味道如何，最终你必须将其喝完。如果杯中物甘爽可口，你最好啜饮，慢慢品味，因为每个人都只有一杯水，喝完了，杯子便空空如也。

一天，唐朝药山禅师与门下两位弟子云散、醒吾坐在郊外参禅，看到山上有一棵树长得很茂盛，绿荫如盖，而另一棵树却枯死了，于是药山禅师观机教化，想试探两位弟子的功行，于是先问醒吾："荣的好呢，还是枯的好？"醒吾答曰："荣的好！"再问云散，云散却回答说："枯的好！"此时正好来了一位沙弥，药山就问他："树是荣的好呢，还是枯的好？"沙弥说："荣的任它荣，枯的任它枯。"药山颔首。

天地便是如此，荣的任它荣，枯的任其枯，不偏不倚，无悲无喜。真正悟道的圣人，心如天地，明比日月，一切的所作所为，只要认为理所当为、义所当为便自然而然地去做，并非出于仁爱世人之心，因为如果圣人有此存心，便有偏私。庄子说过，有所偏私，便已不是真正的仁爱了，即有自我，已非大公。生而称"有"，灭而称"无"，平等齐观，无偏无私，只是人们以人心自我的私识，认为天地有好生之德，因此发出天心仁爱的赞誉。倘若天地有知，应会大笑我辈痴儿痴女的痴言痴语吧。

善于自处而甘于下地
——听南怀瑾讲成功之道

成功总是由无到有，由小变大，由少到多，这中间需要人不断地努力与争取，这便是"图难于易"的成功要诀。

不过，从另一个角度看，"图难于易"还具有一层更深的寓意。历史学家司马迁对汉初三杰之一张良赞誉有加："运筹帷幄之中，制胜于无形；子房计谋其事，无知名，无勇功，图难于易，为大于细。"

成功总是从无到有

《老子》里面有一句："有无相生，难易相成，长短相形，高下相盈，音声相和，前后相随，恒也。"也就是说对于一切事物来说，相反的两种属性总是相互融合、相互统一的。南怀瑾先生在解释"难易相成"时说，难与易，互为成功的原则，其重点在于难易相成的"成"字。天下没有容易成就的事，但天下事在成功的一刹那，都会显得十分容易，凡事都是看似容易，做起来艰难，"图难于易"，正是成功的要诀。

天下事有难易乎？为之，则难者亦易矣；不为，则易者亦难矣。人生中所有伟大的成功，都是由于做到了看来不可能做到的事情而取得的。而即便是普通人，如果能以一颗决然的心，图难于易，那些看上去不可能的事也会变成可能。

1968 年，加州的一位牧师想要用玻璃建造一座水晶大教堂，他向一位朋友描述了自己的梦想："这是一座人间的伊甸园。"朋友问他预算多少，他开朗地说："我身上一分钱都没有，我需要用教堂自身的魅力来吸引大家的捐款。"

最后，牧师粗略地估算教堂大概需要 700 万美元，他在心里盘算着得到捐款的一系列途径：寻找 1 笔 700 万美元的捐款；寻找 7 笔 100 万美元的捐款；寻找 14 笔 50 万美元的捐款；寻找 28 笔 25 万美元的捐款；寻找 70 笔 10 万美元的捐款；寻找 100 笔 7 万美元的捐款；寻找 140 笔 5 万美元的捐款；寻找 280 笔 2.5 万美元的捐款；寻找 700 笔 1 万美元的捐款；卖掉 1 万扇窗，每扇 700 美元。

　　40 天后，牧师用水晶大教堂奇特而美妙的模型说服了一位富商，他捐出了第一笔 100 万美元。第 50 天，一对倾听了牧师演讲的农民夫妇，捐出了 1000 美元。70 天时，一位被牧师孜孜以求的精神所感动的陌生人，在生日的当天寄给牧师一张 100 万美元的银行支票。

　　6 个月后，一名捐款者对牧师说："如果你的诚意与努力能筹到 600 万美元，剩下的 100 万美元由我来支付。"第二年，牧师以每扇 500 美元的价格请求美国人

认购水晶大教堂的窗户，付款的办法为每月 50 美元，10 个月分期付清。6 个月内，一万多扇窗户全部售出。1980 年 9 月，总造价为 2000 万美元的水晶大教堂竣工了，成为世界建筑史上最伟大的奇迹，而这一切是靠身无分文的牧师一点一点筹集资金做到的。

由此可见，所谓成功总是从小到大、从无到有的。人生是一个追求成功的过程，人们总是给自己设置许多障碍，却忘记了难与易总是相对而言的。而这类的从无到有的奋斗案例，放眼古今中外更是俯拾即是。

3 岁时，莫扎特已经学会弹奏古钢琴，并能记住只听过一次的乐段。

7 岁时，波兰钢琴家肖邦创作了《G 小调波罗乃兹舞曲》。

10 岁时，爱迪生建立起一个实验室，开始他的发明事业。

12 岁时，格特鲁德·埃德成为女子 800 米自由泳最年轻的世界纪录创造者。

15 岁时，鲍比·费希尔获得"最年轻的国际象棋大师"称号。

21 岁时，简·奥斯汀开始写她的第一部著作《傲慢与偏见》。

22 岁时，海伦·凯勒出版了她的自传。

25 岁时，查理斯·林德析格首次单人不间断飞越了大西洋。

40 岁时，芭蕾舞蹈家玛戈特·芳廷才开始与芭蕾舞著名男演员鲁道夫·纳勒耶夫合作，同登舞台。

43 岁时，约翰·肯尼迪当选为美国最年轻的总统。

50 岁时，亨利·福特采用"流水装配线"，首次实现了汽车价格低廉的大规模生产。

53 岁时，玛格丽特·撒切尔成为英国第一任女首相。

64 岁时，弗朗西斯·奇切斯特独自乘 53 英尺长的游艇周游世界。

65 岁时，丘吉尔首次成为英国首相。

76 岁时，红衣主教安吉洛·龙卡利成为约翰二十三世教皇，于 5 年内进行了重要改革，为罗马天主教廷开创了新纪元。

80 岁时，摩西奶奶（安娜·玛丽·罗伯逊）举行了首次女画家个人画展。

81 岁时，本杰明·富兰克林巧妙地协调了议会众代表的分歧意见，使美国宪法得以通过。

84 岁时，丘吉尔二任首相告退，回到下议院，又一次获得议会选举，并展出他的画作。

88 岁时，大提琴家帕布罗·卡萨尔斯照常举行音乐会，于 96 岁逝世。

1983 年，美国黑人早期爵士音乐钢琴演奏家兼作曲家尤比·布莱克逝世，圆满地走过了他的 100 岁人生。他在去世前 5 天时说："如果早知道我能活这么长，我一定会更好地努力奋斗。"

成功总是由无到有，由小变大，由少到多，这中间需要人不断地努力与争取，这便是"图难于易"的成功要诀。不过，从另一个角度看，"图难于易"还具有一层更深的寓意。历史学家司马迁对汉初三杰之一张良赞誉有加："运筹帷幄之中，制胜于无形；子房计谋其事，无知名，无勇功，图难于易，为大于细。"

从最低处开始

老子在提及万事万物的辩证两面之时，一笔带过了一句"高下相倾"。高与下的关系，看似十分简单，南怀瑾先生却发掘出许多深远的含义。高高在上，低低在下，表面看来，绝对不是齐一平等的，重点在相倾的"倾"字。天地宇宙，本来便在周圆旋转中，凡事崇高必有倾倒，复归于平。因此，高与下，本来就是相倾而自然归于平等的。即使不倾倒而归于平，在弧形的回环旋律中，高下本来同归于一律，即佛法中所说"是法平等，无有高下"。

一位闻名遐迩的画家每逢青年画家登门求教，总是很耐心地给人看画指点；对于有潜力的青年才俊，更是尽心尽力，不惜耗费自己作画的时间。一次，一位后辈画家对于前辈的关爱有加感激涕零，老画家微笑着讲了一个故事。

40 年前，一个青年拿了自己的画作到京都，想请一位自己敬仰的前辈画家指点一下。那画家看这青年是个无名小卒，连画轴都没让青年打开，便推托私务缠身，下了逐客令。青年走到门口，转过身说了一句话："大师，您现在站在山顶，往下俯视我辈无名小卒，的确十分渺小；但您也应该知道，我从山下往上看您，您同样也十分渺小！"说完转身扬长而去。青年后来发愤学艺，终于在艺术界有所成就，他时刻记得那一次冷遇，也时刻提醒自己，一个人形象是否高大，并不在于他所处的位置，而在于他的人格、胸襟、修养。

的确，站在山顶的人和居于山脚的人，在对方眼中，同样渺小。高高的山峰终于被一群登山者踩在了脚下，极目四眺，一切都离他们那么远。"你们看，山下的人都如蚂蚁一般！"其中一人兴奋地嚷着。"可是，他们也许根本就没觉着山上有人。"一位同伴在一旁轻轻地说。大家霎时冷静下来：是啊，巍峨的只是脚下的山峰，我们还和过去一样普通，并不因位置的升高而高大。

提起高下的问题，不由使人想起苗家人房屋建筑的特点。一个不大的屋子里面可以有几十个房檐和门槛，平日里，苗寨里的乡亲们就背着沉甸甸的大背篓从外面穿过这些房檐和门槛走进来。虽然障碍如此之多，可从来没有人因此撞到房檐或者是被门槛绊倒，而外乡人初至，即使是空手走过这样的屋子里也会经常碰头跌跤。一位苗家老人常常告诫初来的外乡人，要想在这样的建筑里行走自如，就必须牢记：可以低头，但不能弯腰。低头是为了避开上面的障碍，看清楚脚下的门槛；而不弯腰则是为了有足够的力气承担起身上的背负。

老人的告诫又何尝不是对人生的形象比喻，苗家建筑好比人生，一路上充满了房檐和门槛，一个不大的空间里到处都是磕磕绊绊，而人们肩膀上那个沉沉的背篓里装满了做人的尊严。背负着尊严走在高低不平、起伏不定的道路上，必须时刻提防四周的危险，还要时刻提醒自己：头要低，腰须挺。

有一个禅宗故事再次点明了"高下相倾"蕴含的深意。

明心禅师游方归来，见苦心禅院的学僧们正在寺前的围墙上描绘一幅龙虎斗的画像，画面上巨龙于云端盘旋而下，虎踞山头，作势欲扑。众僧多次修改，总觉不尽如人意，却不知问题所在。明心禅师见状，微笑言道："动态不足。"学僧们欲闻其详，禅师道："龙于攻击之前，头须向后退缩；虎作上扑之时，头必自下压低。龙颈愈屈，虎头愈低，冲势愈猛，扑劲愈大，此乃常性。"学僧们点头受教。明心禅师进一步指点迷津："为人处世，参禅修道的道理也是如此啊。"学僧们闻言恍然大悟。

有一位禅师曾经譬喻说："宇宙有多大多高？宇宙只不过五尺高而已！我们这具昂昂六尺之躯，想生存于宇宙之间，只有低下头来！"人生在世，有时顶天立地，孤傲不群，犹如龙抬头虎相扑；但有时也应虚怀若谷，犹如龙退缩，虎低头。当进则进，当退则退；当高则高，当低则低。高下相倾，进退有据，才能独立于世。

唐朝布袋和尚曾写过这样一首诗："手把青秧插满田，低头便见水中天；心地清净方为道，退步原来是向前。"波澜壮阔的大海之所以能够包容万物，笑纳百川，深远伟大，关键在于其位置最低。位置放得低，所以能从容不迫，能悟透世事沧桑。正如一位哲人所言，想要达到最高处，必须从最低处开始。

无为之中的大有所为

"万物作焉而不辞，生而不有，为而不恃。"南怀瑾先生将自然的法则与处世之道融会贯通，娓娓道来。天地间的万物，不辞劳苦，生生不息，但并不将成果据为己有，不自恃有功于人，如此包容豁达，反而使得人们更能体认自然的伟大。所以上古圣人，悟到此理，便效法自然法则，用来处理人事。

所谓"处无为之事"是说为而无为的原则，一切作为，应如行云流水，义所当为，理所应为，做应当做的事。做过了，如雁过长空，不着丝毫痕迹，不有纤芥在心，正如泰戈尔诗中所写，"天空没有翅膀的痕迹，但鸟儿已经飞过"。

孔子一心向老子问"礼"，于是便带着弟子们来到了洛阳。老子把孔子师徒引入大堂，入座之后，孔子表明来意，老子点头微笑。孔子师徒正准备洗耳恭听之时，不想老子却张开嘴巴："你们看我这些牙齿如何？"孔子师徒莫名其妙地看了看老子七零八落的牙齿，不知何意。随后，老子又伸出舌头问："那么，我这舌头呢？"孔子又仔细看了看老子的舌头，灵光乍现，醍醐灌顶，孔子顿悟，微笑着答道："先生学识渊博，果然名不虚传！"

后来，师徒几人辞别老子，起身返回鲁国。弟子子路却疑云重重，不得释然。颜回问其何故，子路说："我们大老远跑到洛阳，原本想求学于老子，没想到他什么也不肯教给我们，只让看了看他的嘴巴，这也太无礼了吧？"颜回答道："我们这次来不枉此行，老子先生传授了我们别处学不来的大智慧。他张开嘴让我们看他的牙齿，意在告诉我们：牙齿虽硬，但是上下碰磨久了，也难免残缺不全；他又让我们看他的舌头，意思是说，舌头虽软，但能以柔克刚，所以至今完整无缺。"子路听后恍然大悟。

颜回继续道："这恰如征途中的流水虽然柔软，但面对当道的山石，它却能穿山破石，最终把山石都抛在身后；穿行的风虽然虚无，但它发起脾气来，也能撼倒大树，把它连根拔起……"孔子听后称赞说："颜回果然窥一斑而知全豹，闻一言而通万里呀！"

满齿不存，舌头犹在，无为而作，才能完成义所当为之事。

三国时曹魏阵营有两个著名谋士，一是杨修、一是荀攸。杨修自恃才高，处处点出曹操的心事，经常搞得曹操下不了台，曹操"虽嘻笑，心甚恶之"，终于借一个惑乱军心的罪名把他杀了，而荀攸则完全是另一种下场。荀攸有着超人的智慧和谋略，不仅表现在政治斗争和军事斗争中，也表现在安身立业、处理人际关系等方面。他在朝二十余年，能够从容自如地处理政治旋涡中上下左右的复杂关系，在极其残酷的人事倾轧中，始终地位稳定，立于不败之地。

在当时的社会政治、经济条件下，曹操虽然以爱才著称，但作为封建统治阶级的铁腕人物，铲除功高盖主和有离心倾向的人，却从不犹豫和手软。荀攸则很注意将超人的智谋应用到防身固宠、确保个人安危的方面。那么，荀攸是如何处世安身的呢？曹操有一段话很形象也很精辟地反映了荀攸的这一特别的谋略："公达外愚内智，外怯内勇，外弱内强，不伐善，无施劳，智可及，愚不可及，虽颜子、宁武不能过也。"可见荀攸平时十分注意周围的环境，对内对外，对敌对己，迥然不同，判若两人。参与谋划军机，他智慧过人，迭出妙策；迎战敌军，他奋勇当先，不屈不挠。但他对曹操，对同僚，却注意不露锋芒、不争高下，把才能、智慧、功劳尽量掩藏起来，表现得总是很谦卑、文弱、愚钝。

荀攸大智若愚、随机应变的处世方略，使得其在与曹操相处二十年中，关系融洽，深受宠信。从来不见有人到曹操处进谗言加害于他，也几乎从未得罪过曹操，或使曹操不悦。建安十九年（公元214年），荀攸在从征孙权的途中善终而死。曹操知道后痛哭流涕，对他的品行推崇备至，赞誉他为谦虚的君子和完美的贤人，这都是荀攸无为而作、明哲保身的结果。

荀攸深谙老子"无为"之道，无为而为，反而能够有所作为。世间法则，均是在两个极端之间徘徊，例如，以柔克刚，"木"虽钝，但削成"矛"状，或许比真正的矛还要锋利。

做人处世，效法天道，尽量地贡献出来，不辞劳苦，不计较名利，不居功，秉承天地生生不已、长养万物万类的精神，只有施出，而没有丝毫占为己有的倾向，更没有相对地要求回报。人们如能效法天地存心而做人处事，这才是最高道德的风范。计较名利得失，怨天尤人，便是与天道自然的精神相违背。

不盈不满，如履薄冰

——听南怀瑾讲为官禁忌

眼见不一定为实，对于领导艺术来讲，居上之人，应该摒却耳目的侵扰，不为自己的主观情感所左右，客观理性地筛选信息，才能避免以耳目导心。

作为一个身居高位的领导者，不应只记得一个角度的"偏见"，不然便会犯下许多错误。不畏浮云遮望眼，只缘身在最高层，但愿为上者真正能够站得高，看得远。

不盈不满，雅量容天下

《老子》中在提到"道"时说了一个道理，"挫其锐，解其纷，和其光，同其尘"，字面的意思便是，挫掉锋芒，消除纠纷，含敛光耀，混目尘世。挫锐解纷，和光同尘，或许听来略显晦涩，其实是在告诉我们一个为人处世的方法。有一个人，可以让我们对这种生活态度有一个深刻的了解。

济颠和尚，以其佯狂应世，游戏风尘，为人排忧解难，看似疯疯癫癫，实则一切了然，表面嬉笑尘世，实际心怀慈悲。后人有诗赞曰："非俗非僧，非凡非仙。打开荆棘林，透过金刚圈。眉毛厮结，鼻孔撩天。烧了护身符，落纸如云烟。有时结茅宴坐荒山巅，有时长安市上酒家眠。气吞九州，囊无一钱。时节到来，奄如蜕蝉。涌出舍利，八万四千。赞叹不尽，而说偈言。"

一个鞋儿破、帽儿破、身上袈裟破的行脚僧，一个人人都笑骂的癫头和尚，却是一个行走红尘惩恶扬善的活佛，这便是挫锐解纷，和光同尘。

冲虚自然，仿佛一泓活水，永远不盈不满，来而不拒，去而不留，除故纳新，流存无碍而长流不息。凡是有太过尖锐、呆滞不化的心念，便须顿挫而使之平息；倘有纷纭扰乱、纠缠不清的思念，也必须要解脱斩断。

南怀瑾先生说，修道的基本，首先要能冲虚谦下。冲，冲和谦虚，虚而不满，源远流长，绵绵不绝。能够做到冲虚而不盈不满，自然可以顿挫坚锐，化解纷扰。

冲而不盈，和合自然的光景，与世俗同流而不合污，周旋于尘境有无之间，却不流俗，混迹尘境，但仍保持着自身的光华。南怀瑾先生认为将"挫其锐，解其纷"的战略运用得得心应手的代表人物之一便是中唐时期的郭子仪。

郭子仪被唐德宗称之为尚父，尚父这个称谓，只有周朝武王称过姜太公，在古代是一个十分尊崇的称呼。由唐玄宗开始，儿子唐肃宗，孙子唐代宗，乃至曾孙唐德宗，四朝都由郭子仪保驾。唐明皇时，安史之乱爆发，玄宗提拔郭子仪为卫尉卿，兼灵武郡太守，充朔方节度使。命令他带领本军讨逆，唐朝的国运几乎系于郭子仪一人之身。

唐代宗时，天下大乱，一支吐蕃和回纥军队快要打到长安了，皇帝下诏请郭子仪出来。当时他一支部队都没有，跟在身边的只有老部下数十个骑士，一接到诏命，他只好临时凑合出发，勉勉强强把没有经过训练的后备兵，连退伍老弱都加以整编，也只凑了五千人，去抗拒敌人十万雄兵。他到了前方跟随军的儿子讲，这仗不能打，我一个人去敌营，或许还有点办法。郭子仪出发之际，他的三儿子郭晞紧紧拽住父亲的马缰："回纥人如狼似虎，父亲大人是堂堂元帅，怎么能自己送上门去当俘虏？"郭子仪告诉儿子："现在敌强我弱，如果硬拼，我们父子都要战死，江山社稷就危险了。如果能与回纥谈判，说服他们倒戈，那就是黎民百姓的福气，扭转战局，在此一举。"他推开了儿子，向回纥军营策马而去。药葛罗听说郭子仪来了，将信将疑，他生怕有诈，命人弯弓搭箭，严阵以待。郭子仪摘下头盔，脱掉铠甲，放下兵器，缓缓而行。当他来到药葛罗面前时，回纥首长们一起拜倒，表达了诚心诚意的欢迎。郭子仪凭借一己之力说服回纥首领，单骑退兵，从此名震千古，传为佳话。

不止一次，许多危急关头，都被郭子仪化解了，当天下无事了，皇帝又担心他功高镇主，命其归野。朝中的文臣武将，都是郭子仪的部下，可是一旦皇帝心存疑虑，要罢免他时，他就马上移交清楚，坦然离去。等国家有难，一接到命令，又不顾一切，马上行动，所以屡黜屡起，四代君主都离他不得。

郭子仪将冲虚之道运用得挥洒自如，以雅量容天下。皇帝面前一个颇有权位的太监鱼朝恩，用各种花样专门来整他，他都没有记恨，一一包容。最后鱼朝恩居然派人暗地挖了郭父的坟墓，郭子仪不动声色，在皇帝吊唁慰问时哭着说："臣带兵数十年，士兵在外破坏别家坟墓的事，我都顾及不到，现在家父的坟墓被人挖了，乃因果报应，与他人无关。"

郭子仪洞悉世情，汾阳郡王府从来都是大门洞开，贩夫走卒之辈都能进进出出。郭子仪的儿子多次劝告父亲，后来，郭子仪语重心长地说："我家的马吃公家草料的有五百匹，我家的奴仆吃官粮的有一千多人，如果我筑起高墙，不与外面来往，只要有人与郭家有仇，嫉妒郭家的人煽风点火，郭氏一族很可能招来灭族之祸，现在我打开府门，任人进出，即使有人想诬陷我，也找不到借口啊！"儿子们恍然大悟，都十分佩服父亲的高瞻远瞩。

郭子仪晚年在家养老时，王侯将相前来拜访，郭子仪的姬妾从来不用回避。唐德宗的宠臣卢杞前来拜访时，郭子仪赶紧让众姬妾退下，自己正襟危坐，接待这位"鬼貌蓝色"的当朝重臣。卢杞走后，家人询问原因，郭子仪说道："卢杞此人，相貌丑陋，心地险恶，如果姬妾见到他，肯定会笑出声来，卢杞必然怀恨在心。将来他大权在握，追忆前嫌，我郭家就要大祸临头了"。果然，后来卢杞当上宰相，"小忤己，不致死地不止"，但对郭家人一直十分礼遇，完全应验了郭子仪的说法，一场大祸无意间消于无形。

郭子仪一生历经武则天、唐中宗、唐睿宗、唐玄宗、唐肃宗、唐代宗、唐德宗七朝，福寿双全，名满天下。年85岁而终，子孙满堂，所提拔的部下幕府中六十多人，后来皆为将相。生前享有令名，死后成为历史上"富""贵""寿""考"四字俱全的极少数名臣之一。历史对郭子仪的评议："功盖天下而主不疑，位极人臣而众不嫉，穷奢极欲而人不非之。"郭子仪私人生活十分奢侈，但上至政府，下至民间，没有一个人批评他不对，对于此，郭子仪乃古往今来第一人。

郭子仪的一生便是"挫锐解纷，和光同尘"的最好解读，做人如此，做官如斯，已是人中之极了。

在高位，擦亮眼

老子在描绘"道"时，说"视之而弗见，名之曰夷。听之而弗闻，名之曰希。搏之而弗得，名之曰微。三者不可至诘，故混而为一"。看不见，称无色；听不见，叫无声；摸不着，叫无形。这三者不能穷其根本，所以统归于道。看、听、感觉，都属于人体的官能，老子从官能的角度来讲述道的玄妙，南怀瑾先生则顺便提及了帝王领导的用世之学。

南怀瑾先生讲解，从传统的政治哲学讲，王者设官治世的所谓"官"的定义有两种：从政治制度看，官者，管也；从领导政治哲学来看，官，犹如人体的官能，所谓五官百骸，各有所司，各司其政，辅助中枢。而辅助头脑最得力的官能，莫过于眼目的视力、耳朵的听觉以及全身的触觉所及的亲民之官。自古及今，无论是君主专制，还是自由民主，始终不外这一原理。

不过官能终有所限，目之所见，耳之所闻，触摸之所及，心之所思，都不是放之四海而皆准的经验之谈。曾子说："一心可以事百君，百心不可事一君。"子思说："百心不可以得一人，一心可以得百人。""君子以心导耳目，小人以耳目导心。"身居上位的领导，必须注重诚意、正心的自养，而戒慎于偏信耳目的不当。正统儒道大多反对"察察为明"，过分偏任法家或权术的制衡作用。

世间之事，有许多会被自己的耳目所欺骗，被自己的主观情感所蒙蔽。没有理性，眼睛是最坏的见证人。人们常说："眼见为实。"但有时候，眼睛也会欺骗我们，使我们作出错误的判断，让我们离事情的真相越来越远。

冯异是汉光武帝刘秀手下的一员战将，他不仅英勇善战，而且忠心耿耿，品德高尚。当刘秀转战河北时，屡遭困厄，一次行军在饶阳滹沱河一带，矢尽粮绝，饥寒交迫，是冯异送上仅有的豆粥麦饭，才使刘秀摆脱困境；首先建议刘秀称帝的也正是这位忠心耿耿的冯异。他治军有方，为人谦逊，每当诸位将领相聚，各自夸耀功劳时，他总是一人独避大树之下，因此人们称他为"大树将军"。冯异长期转战于河北、关中，甚得民心，

成为刘秀政权的西北屏障。这自然引起了同僚的妒忌，于是一些官员一再上书，请求调冯异回洛阳。此时，刘秀对冯异的确也不大放心，更何况"三人成虎"，光武帝唯恐冯异功高镇主，内心开始怀疑冯异的忠诚。

不过，光武帝毕竟是位明君，他经过深思熟虑之后，最终还是无视周围官员的诋毁，决定继续重用在西北地区举重若轻、缺之不得的冯异。为了解除冯异的顾虑，刘秀还把一个官僚告发的密信送给冯异。冯异上书自陈忠心，刘秀回书："将军之于我，从公义讲是君臣，从私恩上讲如父子，我怎会对你猜忌？你又何必担心呢？"

刘秀的举动没有让"众口铄金，积毁销骨"的历史悲剧再次上演，同时，又恩威并用，既可解释为对冯异深信不疑，又暗示了朝廷早有戒备。对于位高权重、执掌虎符的大臣，君王又怎能丝毫不疑？但刘秀没有让耳目左右自己的决策，实是深谙对下的权术。然而，许多在上的领导却不能像光武帝一样摆脱耳目的局限。

一位君王在御花园漫步，君王专属的花园本不该有闲杂人等在内，可是君王看见前面拦路跪着一个人。他似乎跪在那里很久了，侍卫却装作没有看见。君王问左右："那个人跪在那里干什么？唤他过来。"那人本来就匍匐在地，听到命令，两掌两膝爬了过来，连连叩头："小人受人陷害，求万岁爷救命。""你是干什么的？"君王问。"二十年来，小人一直给万岁爷赶车。""你抬起头来——咦？我从没见过你？"侍卫听到这话，露出凶恶面目，喝一声："你还不快滚！"那人慌忙逃奔。君王注视那人的背影，若有所思。他命令："回来！"君王对左右说："他的确是我的车夫，我看到他的背才想起来。"

古时马车御者在前，乘者在后，乘者抬眼只见御者的背。乘者既是国王，御者根本不可能回头看车内，是故君王只记得他的后背。

眼见不一定为实，对于领导艺术来讲，居上之人，应该摒却耳目的侵扰，不为自己的主观情感所左右，客观理性地筛选信息，才能避免以耳目导心。作为一个身居高位的领导者，不应只记得一个角度的"偏见"，不然便会犯下许多错误。不畏浮云遮望眼，只缘身在最高层，但愿为上者真正能够站得高，看得远。

如履薄冰的人生准则

古人说："圣人无死地，智者无困厄。"一个真正的圣人，遇到再怎么恶劣的状况，也不会走上绝路。南怀瑾先生肯定地说，一个真正有大智慧的人，根本不会受环境的困扰，反而可以从重重困难中解脱出来，凤凰涅槃，浴火重生。

老子在谈到修道之人时，用了几个比喻，"若冬涉川""若畏四邻"等。"豫兮若冬涉川"，一个真正悟道的人，做人做事绝不草率，凡事都先慎重考虑。从容因应万事，"无为而无不为"。表面看似没有什么作为，实际上，却是智慧高超，举手投足之间，早已考虑周详，运筹帷幄之中，决胜千里之外，正如苏轼在《念奴娇·赤壁怀古》中所写"谈笑间樯橹灰飞烟灭"。此外，平时待人接物，洞若观火，毫不含糊，这种修养的态度，便是"豫立而不劳"的形象。

"豫兮"应该"若冬涉川"。古人说："如临深渊，如履薄冰。"正是此意。做人处事，必须要小心谨慎、战战兢兢。一个有修为的人，必须时时怀着就像冬天从冰河上走那样的谨慎之心，稍有不慎，就会濒临险境。

庄子《南华经》中曾借用庖丁的嘴，讲出了自己修养的造诣境界和处世的方法原则，与老子的思想如出一辙。庖丁说："当我到了一般的杀牛匠那里去看时，看到杀牛匠的小心紧张与严谨的准备，自己便怵然为戒，顿生警觉，仿佛看到自己的榜样。"庖丁的技术那么高明，可是在看技术差的人杀牛时，并没有看不起别人。目空一切之人，总会掉以轻心，终归失败。庖丁说："我学了他们的样子，虽然自己技术很高明，但动刀慢慢地，很小心很仔细地下来，哗的一声，牛的四肢都解开了，牛身像泥巴一样散在地上。这个时候，我也累了，像一般杀牛匠把刀一丢，躺在地上也像一团泥巴一样。休息一阵，威风又来了，提刀而立，英姿四顾，站在高台上四面一看，觉得自己是个英雄，踌躇满志，把刀好好擦拭收好。"这就是人生，我们大家都有这个经验，一件事情做成功了，过后越想越觉得自己是英雄，在当时却备感痛苦艰难。

"犹兮若畏四邻"，"犹"是猴子之属的一种动物，和狐狸一样，它要出洞或下树之前，一定先把四面八方的动静，看得一清二楚，才敢有所行动。这个比喻借以说明，修道者必须思虑周详，慎谋能断，小心翼翼。社会纷繁复杂，人心难测，修道的人在人生的路程上，对于自己，对于外界，都要认识得清清楚楚，战战兢兢，如履薄冰。

至善禅师有一个弟子，法名灵台，颇有慧心，心思奇快。至善非常喜欢他，一直希望他继承衣钵，弘扬佛法，使禅门发扬光大。但是，也正因为灵台和尚领悟力奇高，也常常有参念天下之心。一个冬天，灵台看到大雪纷飞，大地一片寂寥，他心念驰动，要独自下山，云游四方，参学天下，于是去向至善禅师告辞，说了自己的想法。禅师问他："你要到什么地方去？""四海云游，处处是家。""好！你在此处参禅已近十年了，临走之际，我再向你说点儿佛法真意吧。

你收拾好了行李，再来找我吧。"灵台和尚回去收拾行李，不一会儿便等候在方丈室的门外。禅师招呼他道："你到我的前面来。"等灵台和尚走到禅师面前时，禅师说："天气严寒，途中善自珍重。"世间诸相，如同冬天的寒冷一样时时侵入肌肤，扰乱心灵，因此万事皆须小心谨慎。

"俨兮其若容"，表示一个修道的人，待人处世都很恭敬，随时随地绝不马虎。如《礼记》中所说："毋不敬，俨若思。"无论何时何地，皆抱着虔诚恭敬的态度，自尊自重，自我约束，慎独慎己，一切从自己开始，检点约束自己，时刻进行自我约束与自我管理，用自己审视的目光严苛地审查自己，做事先做人，正人先正己。此外，胸襟气度包罗万物，人格宽容博大，神态雍容庄重。这才是悟道者所当具有的生活态度与行为准则。

《论语》中曾提及，曾子病到手脚都不能动了，然后告诉学生，人生是如此困难，尤其是利害关头，一念之差，便会坠入深渊。一辈子做人都要"战战兢兢"，好像身处悬崖边缘，脚下是万丈深潭，切记"一失足成千古恨"。

儒道思想或许有别，但先古圣人却一再叮嘱我们要"战战兢兢"，人生就像是一场冰面上的表演，切不要只顾华丽取巧，而破冰坠落，要轻盈小心地行走在冰面之上，才能最终完美谢幕。

出世心境入世行

——听南怀瑾讲处事原则

一个人不怕没有地位，最怕自己没有什么东西站得起来，心中持有一个坚定的信念，不得志时就洁身自好修养个人品德，得志时就使天下都能达到一个美好的境界。抱一为天下式，兼济天下苍生，为了自己的理想而不断努力，才能心中无憾。

出世心境入世行

朱光潜先生曾用一句话评价弘一法师，即"以出世之精神，做入世之事业"，这句话其实是对老庄哲学的深刻理解。

老子说："我愚人之心也哉，沌沌兮。""愚"，并非真笨，而是故意表现出来的。"沌沌"，不是糊涂，而是如水汇流，随世而转，自己内心却清楚明了。南怀瑾先生认为一个修道有悟的人，可以不出差错地做到："俗人昭昭，我独昏昏，俗人察察，我独闷闷，澹兮其若海，漂兮若无止。"即众人熙熙攘攘、兴高采烈，如同去参加盛大的宴席，如同春天里登台眺望美景，而我却独自淡泊宁静，无动于衷；众人都有所剩余，而我却像什么也不足，只有一颗愚人的心；众人光辉自炫，唯独我迷迷糊糊；众人都严厉苛刻，唯独我淳厚宽宏；世人都精明灵巧有本领，唯独我愚昧而笨拙。

外表"和光同尘"，混混沌沌，而内心清明洒脱，遗世独立。不以聪明才智高人一等，以平凡庸陋、毫无出奇的姿态示人，行为虽是入世，但心境是出世的，对于个人利益不斤斤计较。胸襟如海，容纳百川，境界高远，仿佛清风徐吹，回荡于山谷中的天籁之音。用出世的心做入世的事，不是每个人都能做到的。

有一个有趣的故事，是这样的：

一个和尚因为耐不住佛家的寂寞就下山还俗去了。不到一个月，因为耐不得尘世的口舌，又上山了。不到一个月，又耐不住青灯古佛的孤寂再度离去。如此三番，寺中禅师对他说："你干脆不必信佛，脱去袈裟；也不必认真去做俗人，就在庙宇和尘世之间的凉亭那里设一个去处，卖茶如何？"于是这个还俗的和尚就讨了一个媳妇，支起一个茶亭。

俗人有俗人的生活目标，道人有道人的生命情调。以道家来讲，人生是没有目的的，即佛家所说"随缘而遇"以及儒家所说"随遇而安"。但是老子更进一步地说，随缘而遇还要"顽且鄙"，坚持个性，又不受任何限制。许多人都如同这个心绪矛盾之人，在入世与出世之间徘徊不决，干脆就在二者的中间做个半路之人吧。

那么，怎样才能算是出世之心呢？

唐朝的李泌一生中多次因各种原因离开朝廷这个权力中心。玄宗天宝年间，当时隐居南岳嵩山的李泌上书玄宗，议论时政，颇受重视，但遭到杨国忠的嫉恨，毁谤李泌以《感遇诗》讽喻朝政，李泌被送往蕲春郡安置，他索性"潜遁名山，以习隐自适"。自从肃宗灵武即位时起，李泌就一直在肃宗身边，为平叛出谋划策，虽未身担要职，却"权逾宰相"，招来了权臣崔圆、李辅国的猜忌。收复京师后，为了躲避随时都可能发生的灾祸，也由于叛乱消弭、大局已定，李泌便功成身退，进衡山修道。代宗刚一即位，又强行将李泌召至京师，任命他为翰林学士，使其破戒入俗，李泌顺其自然，当时的权相元载将其视作朝中潜在的威胁，寻找借口再次将李泌逐出。后来，元载被诛，李泌又被召回，却再一次受到重臣常衮的排斥，再次离京。建中年间，泾原兵变，身处危难的德宗又把李泌招至身边。

李泌屡蹶屡起、屹立不倒的原因，在于其恰当的处世方法和豁达的心态，其行入世，其心出世，所以社稷有难时，义不容辞，视为理所当然；国难平定后，全身而退，没有丝毫留恋。李泌已达到了顺应外物、无我无己的境界，又如儒家中所说，"用之则行，舍之则藏"，"行"则建功立业，"藏"则修身养性，出世入世都充实而平静。李泌所处的时代，战乱频仍，朝廷内外倾轧混乱，若要明哲保身，必须避免卷入争权夺利的斗争之中。心系社稷，远离权力，无视名利，谦退处世，顺其自然，乃李泌的处世要诀。

做人做事，都应如此，莫让心境局限在一个狭小的空间，心如大海，便可达

到出世的境界。身做入世事，心在尘缘外。唐朝李泌为世人演绎了一段出世心境入世行的处世佳话，他睿智的处世态度充分显现了一位政治家、宗教家的高超智慧。该仕则仕，该隐则隐，无为之为，无可无不可。

生命中不可言说的"道"

老子曰，"希言自然"。"希言"，佛曰"不可说"。南怀瑾先生说，人生的规律，逃不过一个法则，有生必有灭。人类愚不可及之处便在于，总希望什么事情都能永久地把握在自己的手里。"天地尚不能久，而况于人乎！"这是原则。原则归根究底，便是所"希言"的自然之道。南怀瑾先生一直告诫世人，不要企图将任何事都抓在手中。

天道不可说，所以屈原才向天提出疑问："请问：关于远古的开头，谁能够传授？那时天地未分，能根据什么来考究？那时混混沌沌，谁能够弄清？有什么在回旋浮动，如何可以分明？无底的黑暗生出光明，这样为的何故？阴阳二气，渗合而生，它们的来历又在何处？穹的天盖共有九层，是谁动手经营？这样一个工程何等伟大，谁是最初的工人？这天盖的伞把子，到底插在什么地方？绳子，究竟拴在何处，来扯着这个篷帐？八方有八根擎天柱，指的究竟是什么……"

天问，就是屈原对于客观世界一切不可解、不合理的现象的问难，正如郭沫若所说："是屈原把自己对于自然和历史的批判，采用问难的方式提出。"

有人笑言："算命之人命运都很坎坷，不是孤单一人无亲无故，便是身有残疾病魔侵扰。上天要么是怨你泄露天机惩罚你，要么怨你信口开河惩戒你。天机不可泄露，泄露绝非天机。"佛曰：不可说，不可说。得道升天，涅槃成佛，在上天的考试中，必有一道题是保密的。

芸芸众生，一切皆有道。春暖时节，花开正艳，生命的灿烂一览无余，但花开之后就有凋谢的那一天，就像生命必有终结之时一样。可是生命的灿烂平息之时，生命并不会停止，就像庄子所说的那样，"指穷于为薪，火传也，不知其尽也"，生命会继续生生不息地存在下去。正如白居易的一首诗所写的那样：离离原上草，一岁一枯荣。野火烧不尽，春风吹又生。

有个人搭船到英国，途中风暴来袭，全船的人惊慌失措，只有一个老太太非常平静地祷告，神情安详。等到风浪过去，大家脱离了险境，这人很好奇地问这位老太太："为什么风暴袭击之时你一点儿都不惶恐恐惧？"老太太回答："我有两个孩子，女儿已经离世，儿子住在伦敦。刚才风暴肆虐时，我想，如果我命终于此，我就去看我的女儿，如果我能留在人世，我就去看我的儿子，其实到哪里去都一样，又有什么可害怕的呢？"把命运交托上苍，充实而用心地过好生命中每一天，无论发生什么样的事情，都不会惧怕。

王国维曾说，古今之成大事业大学问者，必经过三重境界，"昨夜西风凋碧树，独上高楼，望尽天涯路"，此第一境也；"衣带渐宽终不悔，为伊消得人憔悴"，此第二境也；"众里寻他千百度，蓦然回首，那人却在灯火阑珊处"，此第三境也。当人们跳出了前两重境界，便会发现人生蓦然回首间的幸福，那种体悟便

是道的真谛。

道，只可意会，不可言传，就好比那一次的回眸，又像明了拈花一笑的迦叶尊者，只有听者懂，说者明，才心领神会。

道家之道：曲全、枉直、洼盈、敝新

"曲则全，枉则直，洼则盈，敝则新，少则得，多则惑。"弯曲便会周全，反过来弯曲便会伸直；低洼便会充盈，陈旧便会更新；少取便会获得，贪多便会迷惑。老子寥寥数语便将中华传统文化的精髓抓住了，即为人处世与自利利人之道——曲全、枉直、洼盈、敝新，这一点深为南怀瑾先生所推崇。

为人处世，必须善于"曲线救国"，只此一转，便可化腐朽为神奇。以言谈为例，善于言辞之人，讲话婉转而圆满，既可达到目的，又能彼此无事。不过善用曲线，也必须坚持直道而行的原则，不然会沦为奸猾。"枉则直"，歪的东西把它矫正过来，即为枉，直是人为的。矫枉过正，一件东西太弯了，稍加纠正一下即可，如果矫正太过，又弯到另一边去了。古语道："莫信直中直，须防仁不仁。"

曲直之间，运用之妙，存乎一心。两点之间最短的距离，不一定是直线，下面讲的就是一个曲线进言的历史故事。

春秋时期，鲁国人宓子贱是孔子的学生，他曾有一段在鲁国朝廷做官的经历，后来，鲁君派他去治理一个名叫亶父的地方。他受命时心中久久难以平静，担心到地方上做官，离国君甚远，容易遭到自己政治上的宿敌和官场小人的诽谤。众口铄金，积毁销骨，假如鲁君偏信谗言，自己的政治抱负岂不是会落空？因此，他在临行前想好了一个计策。

宓子贱向鲁君要了两名副官，以备日后施用计谋之用。他风尘仆仆地来到亶父，该地的大小官吏都前往拜见，宓子贱叫两个副官拿记事簿把参拜官员的名字登记下来，这两人遵命而行。当两个副官提笔书写来者姓名的时候，宓子贱却在一旁不断地用手去拉扯他们的胳膊肘儿，使两人写的字一塌糊涂，不成样子。等前来贺拜的人已经云集殿堂，宓子贱突然举起副官写得乱糟糟的名册，当众把他们狠狠地鄙薄、训斥了一顿。宓子贱故意滋事的做法使满堂官员感到莫名其妙、啼笑皆非。两个副官受了冤屈、侮辱，心里非常恼怒。事后，他们向宓子贱递交了辞呈。宓子贱不仅没有挽留他们，而且火上浇油地说："你们写不好字还不算大事，这次你们回去，一路上可要当心，如果你们走起路来也像写字一样不成体统，那就会出更大的乱子！"

两个副官回去以后，满腹怨恨地向鲁君汇报了宓子贱在亶父的所为。他们以为鲁君听了这些话会向宓子贱发难，从而可以解一解自己心头的积怨。然而这两人没有料想到鲁君竟然负疚地叹息道："这件事既不是你们的错，也不能怪罪宓子贱，他是故意做给我看的。过去他在朝廷为官的时候，经常发表一些有益于国家的政见，可是我左右的近臣往往设置人为的障碍，以阻挠其政治主张的实现。你们在亶父写字时，宓子贱有意掣肘的做法实际上是一种隐喻。他在提醒我今后执政时要警惕那些专权乱谏的臣属，不要因轻信他们而把国家的大事办糟了。若不是你们及时回来禀报，恐怕今后我还会犯更多类似的错误。"鲁君说罢，立即派其亲信去亶父。这个钦差大臣见了宓子贱以后，说道："鲁君让我转告你，从今以

后，亶父再不归他管辖。这里全权交给你。凡是有益于亶父发展的事，你可以自主决断。你每隔五年向鲁君通报一次就行了。"宓子贱在鲁君的开明许诺下，排除了强权干扰，在亶父实现了多年梦寐以求的政治抱负。

宓子贱没有直言进谏，而是用一个自编自演、一识即破的闹剧，让鲁君意识到了奸诈隐蔽的言行对志士仁人报国之志的危害，可谓用心良苦。

"曲则全，枉则直，洼则盈，敝则新，少则得，多则惑"，此所谓老庄哲学的基本原则。委屈反而可以保全，弯曲反而可以伸直，低下反而可以盈满，破旧反而可以更新，少了反而可以得到，多了反而变得疑惑。所以圣人守道，以作为天下的法则。不自我表现，反而更凸显；不自以为是，反而更显著；不自夸邀功，反而更有功；不自大自满，反而更长久。正因为不和人争，所以全天下没有人能和他争。一个人做人做事，无论大事小事，一定要把握住道家的精神——"曲全""枉直""洼盈""敝新"这几种人生的艺术，才能将自己生活、事业，处理得平安有序。

"夫唯不争，故天下莫能与之争，古之所谓曲则全者，岂虚言哉，诚全而归之。"如何"曲则全"？必须无争。如何无争？什么都不要。人之所以有祸害、有痛苦、有烦恼，就是因为想抓住点什么，既然一切都能舍弃，自然无争。

清初，常熟三峰寺诗僧檗庵为虞山钱湘灵老人撰一对联曰：名满天下不曾出户一步；言满天下不曾出口一字。不怒自威，不言自重，不名自名，不争乃争，这是一种高级的生命感悟，又是一种大智若愚的生活方式，是对道家文化的深层体验和悟解，与西方那种以张扬自我、表现自我为中心的文化主旨迥然有别。

"诚全而归之。"人生最伟大的作为，不必要求成功在我，无论道德修为，或是事业功名，都遵循"功成，名就，身退"的天之道，一切付之全归，就是"曲则全"的大道，即人生的最高艺术。"诚"字还表明绝对不能把"曲则全"当作手段，要把它当作道德，要真正诚诚恳恳地去做。若一味将"曲则全"作为权术手段，到头来将一事无成，两手空空。

随时随地存着济世救人的责任感
——听南怀瑾讲人生价值

老子所谓："及吾无身，又有何患。"人的生命价值，在于其身存。志在天下，建丰功伟业者，正是因为身有所存。现在正因为还有此身的存在，更应该戒慎恐惧，燕然自处而游心于物欲以外。不以一己私利而谋天下大众的大利，立大业于天下，才不负生命的价值。可惜为政者，大多只图眼前私利而困于个人权势的欲望中，以身轻天下的安危而不能自拔，由此而引出老子的奈何之叹！

老子对于人生价值的解答

老子说"故道人，天人，地人，王亦大"。在中国传统义化中，始终将"天""地""人"三者并排共列，此处的"王"便代表人。老子自问：人生的价值是什么？南怀瑾先生告诉我们，以中国文化思想的观点来作答，答案便是《周易·系辞传》中的一句话，"参赞天地之化育"。

传说老子骑青牛过函谷关，在函谷府衙为府尹留下洋洋五千言《道德经》时，一年逾百岁、鹤发童颜的老翁到府衙找他。老翁对老子略略施了个礼说："听说先生博学多才，老朽愿向您讨教个明白。"

老翁得意地说："我今年已经一百〇六岁了。说实在话，我从年少时直到现在，一直是游手好闲地轻松度日。与我同龄的人都纷纷作古，他们开垦百亩沃田却没有一席之地，修了万里长城而未享辚辚华盖，建了大量屋宇却落身于荒野郊外的孤坟。而我呢，虽一生不稼不穑，却还吃着五谷；虽没置过片砖只瓦，却仍然居住在避风挡雨的房舍中。先生，是不是我现在可以嘲笑他们忙忙碌碌劳作一生，只是给自己换来一个早逝呢？"

　　老子听了，微然一笑，吩咐府尹说："请找一块砖头和一块石头来。"老子将砖头和石头放在老翁面前说："如果只能择其一，仙翁您是要砖头还是愿取石头？"老翁得意地将砖头取来放在自己的面前说："我当然择取砖头。"老子抚须笑着问老翁："为什么呢？"老翁指着石头说："这石头没棱没角，取它何用？而砖头却用得着呢。"老子又招呼围观的众人问："大家要石头还是要砖头？"众人都纷纷说要砖而不取石。老子又回过头来问老翁："是石头寿命长呢，还是砖头寿命长？"老翁说："当然是石头了。"老子释然而笑说："石头寿命长人们却不择它，砖头寿命短，人们却择它，不过是有用和没用罢了。天地万物莫不如此。寿虽短，于人于天有益，天人皆择之，皆念之，短亦不短；寿虽长，于人于天无用，天人皆摒弃，倏忽忘之，长亦是短啊。"老翁顿然大惭。

"参赞天地之化育"，正是人道价值之所在。人生于天地之间，忽而数十年的生命，仿如过客，晃眼即逝，到底它的意义何在？佛学将天地称作婆娑世界，意为"堪忍"，人类生活其上，勉勉强强过得去。因为天地并不完备，缺陷丛生，但是人类可以通过合理运用自身的智慧与能力，创造一个圆满和谐的人生，弥补天地的缺憾。

有人说，如果人生是一种痛苦，那么，为了夕阳西下那动人心魄的美，我宁愿选择痛苦。究竟怎样才能找到人生的价值，怎样才能不让生命在"堪忍"中终了呢？下面这个故事或许可以帮你找到答案。

古时候，有一位老员外娶了四个妻子。第四个妻子最得员外的疼爱，他不管去哪儿都带着她。而她每天沐浴更衣、饮食起居，都要丈夫亲手照顾，她想吃什么、喜欢什么衣服，员外都肯买给她，对她真是百般呵护，非常宠爱。第三个妻子是众多人追求的对象，员外可是很辛苦地花了好大的力气，才打败众人得到她的。所以，员外每天都要去关心她，常常在她身边甜言蜜语，又造了漂亮的房子给她住。第二个妻子和员外可以说是最有话聊的了，每当员外有什么心事或困扰，他总是来找第二位妻子为他分忧解劳，互相安慰，只要和她在一块儿就觉得很满足。至于员外的第一个妻子，员外几乎忘了她似的，根本很少去看她。可是家中一切繁重的工作都由她处理，她身负各种责任烦恼，却得不到员外的注意和重视。

一天，员外必须离开故乡，到遥远的地方去。他对第四个妻子说："我现在有急事非离开不可，你跟我一块儿走吧？！"第四个妻子回答："我可不愿跟你去。"员外惊异万分，不解地问："我最疼爱你，对你言听计从，我们也没有分开过，怎么现在不愿陪我一块儿去呢？""不论你怎么说，我都不可能陪你去！"第四个妻子坚决地说。员外恨她的无情，就把第三个妻子叫来问道："那你能陪我一块儿去吗？"第三个妻子回答："连你最心爱的第四个妻子都不情愿陪你去，我为什么要陪你去？"员外只好把第二个妻子叫过来说："你总愿意陪我去吧？"第二个妻子说："嗯，你要离开我也很难过，但我也只能陪你到城外，之后的路你就自己走吧！"员外没想到第二个妻子也不愿陪他去，这才想起第一个妻子，把她叫来问一样的话。第一个妻子回答："不论你去哪里，不论苦乐或生死，我都不会离开你的身边。你去多远我都陪你去。"

这时员外才知道，真正可以和他永不分离的只有第一个妻子啊！员外要去的地方是死亡的世界。第四个妻子，是人的身体。人对自己的身体倍加珍惜，为满足这个身体的物质欲望所做的一切，不亚于员外体贴第四个妻子的情形；但死时你为之不惜一切的身体，却不会追随着你。第三个妻子，是人间的财富。不论你多么辛苦追求来的财富、储存起来的财宝，死时都不能带走一分一毫；死后会带走的反而是为追求财富造下的业力。第二个妻子，是亲朋好友。亲朋好友在人死后，会伤心一段时间，但是百年之后谁也不认识谁。第一个妻子，则是人的心灵。

心灵和我们形影相随，生死不离，但人们也最容易忽略它，反而全神贯注于物质和欲望，其实只有心灵才是永生永世与我们同在的。有人说不关注自己的心灵，无法得到真正的快乐和自由；有人说这个世界不适合清醒的思考者，还是把兴趣集中在物质上比较容易快乐……如果你是员外，你会选择疼爱谁呢？

莫以身轻失天下

老子说："重为轻根，静为躁君，是以君子，终日行不离辎重，虽有荣观，燕处超然。奈何万乘之主，而以身轻天下，轻则失根，躁则失君。"这句话的意思是，厚重是轻率的根本，静定是躁动的主宰。因此君子终日行走，不离开载装行李的车辆，虽然有美食胜景吸引着他，却能安然处之。为什么大国的君主，还要轻率躁动以治天下呢？轻率就会失去根本，急躁就会丧失主导。

"重为轻根"的"重"字，可以牵强作为重厚沉静的意义来解释，重是轻的根源，静是躁的主宰。"圣人终日行而不离辎重"，并非简单指在旅途之中一定要有所承重，而是要学习大地负重载物的精神。

大地负载，生生不已，终日运行不息而毫无怨言，也不向万物索取任何代价。生而为人，应效法大地，有为世人众生挑负起一切痛苦重担的心愿，不可一日失却这种负重致远的责任心。南怀瑾先生语重心长地说，这便是"圣人终日行而不离辎重"的本意。

有人说，世界上只有两种动物能到达金字塔顶。一种是老鹰，还有一种，就是蜗牛。鹰矫健、敏捷、锐利；蜗牛弱小、迟钝、笨拙。鹰残忍、凶狠，杀害同类从不迟疑；蜗牛善良、厚道，从不伤害任何生命。鹰有一对飞翔的翅膀，蜗牛背着一个厚重的壳。与鹰不同，蜗牛到达金字塔顶，主观上是靠它永不停息的执着精神，客观上则应归功于它厚厚的壳。蜗牛的壳，非常坚硬，它是蜗牛的保护器官。据说，有一次，一个人看见蜗牛顶着厚重的壳艰难爬行，就好心地替它把壳去掉，让它轻装上阵，结果，蜗牛很快就死了。正是这看上去又粗又笨、有些负重的壳，让小小的蜗牛得以万里长征，到达金字塔顶。有时，有所背负，反而能够走得更远。

志在圣贤的人们，始终要戒慎畏惧，随时随地存着济世救人的责任感。倘使能做到功在天下、万民载德，正如隋炀帝杨广所说的："谁知富贵迫人来。"自然荣光无限，"我本无心求富贵，道家老子的哲学，看透了"重为轻根，静为躁君"和"祸者福之所倚，福者祸之所伏"自然反复演变的法则，所以才提出"虽有荣观，燕处超然"的告诫。

虽然处在"荣观"之中，仍然恬淡虚无，不改本来的素朴；虽然燕然安处在荣华富贵之中，依然超然物外，不以功名富贵而累其心。能够到此境界，方为真正悟道之士，奈何世上少有人及，老子感叹："奈何万乘之主，而以身轻天下。"

有两个空布袋，都想要站起来，便一同去请教智者。智者对它们说，要想站起来，有两种方法，一种是得自己肚里有东西；另一种是让别人看上你，一手把你提起来。于是，一个空布袋选择了第一种方法，高高兴兴地往袋里装东西，等

袋里的东西快装满时，袋子稳稳当当地站了起来。另一个空布袋想，往袋里装东西，多辛苦，还不如等人把自己提起来，于是它舒舒服服地躺了下来，等着有人看上它。它等啊等啊，终于有一个人在它身边停了下来。那人弯了一下腰，用手把空布袋提起来。空布袋兴奋极了，心想，我终于可以轻轻松松地站起来了。那人见布袋里什么东西也没有，便一手把它扔了。

"轻则失根，躁则失君。"人们不知道修身涵养的重要，犯了不知自重的错误，不择手段，只图眼前攫取功利，不但轻易失去了天下，同时也戕杀了自己，触犯了"轻则失根，躁则失君"的大病。

老子所谓："及吾无身，又有何患。"人的生命价值，在于其身存。志在天下，建丰功伟业者，正是因为身有所存。现在正因为还有此身的存在，因此，应该戒慎恐惧，燕然自处而游心于物欲以外。不以一己私利而谋天下大众的大利，立大业于天下，才不负生命的价值。可惜为政者，大多只图眼前私利而困于个人权势的欲望中不能自拔，由此而引出老子的奈何之叹！

人生要耐得住寂寞

老子所说的"同于道者，道亦乐得之"，与孔子的"德不孤，必有邻"，道理相似。修道的人，自然会与修道的人在一起，因为志同道合。所以，真正为道德而努力，不要怕寂寞、怕凄凉，纵然不得之于一时，也得之于万古。南怀瑾先生笑言，做人做学问，也一定要耐得住寂寞才行啊！

无论做什么事，都不要做表面功夫，坚持自己的理想，不要被外在的事物所影响。因为，真正为道德做学问的人，要"富贵不能淫，贫贱不能移，威武不能屈"，节操不移，才能出世入世，志在利他。

从前，有位年轻的猎手，他枪法极准但总捕猎不到大雁，苦恼的他找到一位长者求教。长者把他领到一片大雁栖息的芦苇地，指着站得最高的一只大雁说："那只大雁是放哨的，我们管它叫雁奴。它只要一发现异常情况就会向雁群报警，所以接近雁群往往是很困难的。但我有办法，你现在故意惊动雁奴再潜伏不动。"年轻人照做了。雁奴发现年轻人后立即向同伴发出警告，正在栖息的雁群闻讯后纷纷出逃，但没发现什么，便又飞回原地。长者让年轻人如法炮制了好几回。终于，几乎所有的大雁都以为雁奴谎报军情，纷纷把不满发泄在雁奴身上，可怜的雁奴被啄得伤痕累累。"现在，你可以逼近雁群了。"长者提醒道。于是，年轻人

大摇大摆地走进了芦苇地，雁奴虽瞧在眼里但也懒得再管，年轻人举枪……

　　人类社会也常常会这样，忠诚的人被误解，被误解的人不能坚持到底。

　　说到志在利他的寂寞者，便想起了鲁迅先生笔下的"魏连殳"，一个最终没能坚持自我的孤独者，一个在孤独中悲哀死去的理想破灭者。曾经历过辛亥革命风暴，接受过五四新思潮洗礼的魏连殳原是一个正直、善良、不满现实的知识分子，在贫困的境遇里遍尝人间辛酸，饱尝世态炎凉。生活经历使他一度成为旧势力面前的叛逆者、旧习俗笼罩之下的异路人。看透了旧制度所特有的产物——虚伪、冷酷，所以"对人总是爱理不理的"，但他冰冷面容下仍未失去火热、善良之心——愿给失意者和小孩子以温暖。

　　魏连殳为社会所不容，不得不在被嘲笑、被咒骂、被排挤中打发时光，在冰冷凄苦的环境中忍受着被侮辱、被欺凌的精神苦刑，咀嚼着不可排遣的孤独、寂寞。当流言追逐他、失业打击他、数千年传统的灰色人生逼迫他走向绝境时，他终于向残酷的现实低头，他投进军阀怀抱乞求"实际"，躬行起"先前所憎恶、所反对的一切"。

实际上，他是在"胜利"的喧闹中独饮悲哀痛苦的冷酒，最终背负着不可愈合的内心创伤而悲惨死去。魏连殳是个失败的、迷失自我的寂寞者，无法在与现实的博弈中保全自己的理想与尊严，一时的妥协却换来了心灵的沉沦。

寺院中都有不可违背的清规戒律，即便如此，有些和尚还是会屡屡犯戒。这天，刚刚做完日常佛事，僧侣们正要走出禅房时，方丈守心法师扬手碰落了供台上的一个瓷瓶，摔了个粉碎。众弟子一下愣在那里，不知方丈的这一举动，是有意为之，还是无意所致。守心法师见学僧都以探询的眼光看着自己，便语气凝重地说："一抔泥土，不知经历了多少工序，经过了多长时间的煅烧，才超脱成珍贵的瓷瓶，被我们摆上了神圣的供桌，成为一件高贵圣洁的法器。如果保存好了，千百年都不会损坏，可以万世流传。可是，扬手之间，它就坠落于地，一文不值了。同理，一个人，尤其是敛德修行的僧人，取得了法号，悟出个境界，不是件易事！若不珍惜、不自律，堕落起来与瓷瓶无异！"僧侣都默默无语，有些人忽然有所顿悟，合掌跪地，深表忏悔。

戒律如此，本心也是如此，志在利他的寂寞者总是曲高和寡，高处不胜寒，要耐得住寂寞，耐得住别人的口舌，实是不易，一不小心，打碎的便不只是寂寞了。苏轼在《水调歌头》中有一句写道："我欲乘风归去，又恐琼楼玉宇，高处不胜寒。起舞弄清影，何似在人间？"屈原在所处的时代，也是"众人皆醉我独醒"，不过寂寞了一时，依然赢得了一世盛名，忠心高洁，世人皆知，可谓了无遗憾了。

第四篇

听南怀瑾大师讲《庄子》

鱼活水中不知有水，人活道中不知有道

——听南怀瑾讲道法自然

人心随着年龄、阅历的增长而越来越复杂，但生活其实十分简单。保持自然的生活方式，不因外在的影响而悲伤痛苦，便会懂得生命简单的快乐。人生当中，许多时候，我们并没有机会和时间进行抉择。人生的抉择是最困难的，也是最简单的，困难在于你总是把抉择当作抉择；简单在于你不必考虑抉择问题，只须遵循生命自然的方式。

相忘江湖的小鱼

相濡以沫，不如相忘于江湖。泉水干涸了，两条鱼为了生存，彼此用嘴里吐出的湿气来喂对方，苟延残喘，显得仁慈义气，但与其在死亡边缘才这样互相扶持，还不如大家安安定定地回到大海，悠游自在，互不照顾来得好。对于世俗之人来说，与其患难见真情，还不如根本无情，在安定的生活中因无此需要而各不相帮，无风无浪才好，至于那些无事生非，本已得享平淡恬静却仍不安分的人，便更相形见绌、不堪一提了。"相濡以沫"，或许令人感动；而"相忘于江湖"则是另一种更为坦荡、淡泊的境界。人为的仁爱毕竟是有限的，当人需要仁爱来相互救助时，这世界便已不好了，大自然的爱是无量的，所以人应相忘于自然，如同鱼相忘于江湖。

南怀瑾先生深入讲解，鱼离不开水，所以养鱼要特意挖个池塘放上水，才把鱼养得住。那么，道是"自本自根"的，但人找不到，怎么办？"无事而生定"，即你的心中，一天到晚要"无事"，心中无事，就是真正的定。

真正的定要做到"于事无心，于心无事"的境界，能入世做事情，但心中没有事，为俗事操劳忙碌，"喜怒哀乐发而皆中节"，但心中不留事，这样才是真做

到无事而生定。

　　孔子告诉子贡，有静定而得道，能够找回自己本有的道。因此做了一个结论，"鱼相忘乎江湖，人相忘乎道术"。孔子开始说，养鱼必须挖塘放水，让鱼在里面悠游自在，而修道必须要做到心中无事，才能生定。进一步来讲，如同鱼在水里面不知道有水，真得了道的人，也不觉得自己有道。

　　有一条鱼在很小的时候被捕上了岸，渔人看它太小，而且很美丽，便把它当成礼物送给了女儿。小女孩把它放在一个鱼缸里养了起来，每天它游来游去总会碰到鱼缸的内壁，心里便有一种不愉快的感觉。后来鱼越长越大，在鱼缸里转身都困难了，女孩便给它换了更大的鱼缸，它又可以游来游去了。可是每次碰到鱼缸的内壁，它畅快的心情便会黯淡下来，它有些讨厌这种原地转圈的生活了，索性静静地悬浮在水中，不游也不动，甚至连食物也不怎么吃了。女孩看它很可怜，便把它放回了大海。它在海中不停地游着，心中却一直快乐不起来。一天它遇见了另一条鱼，那条鱼问它："你看起来好像是闷闷不乐啊！"它叹了口气说："啊，这个鱼缸太大了，我怎么也游不到它的边！"

世上本无事，庸人自扰之。如果说相忘于江湖是一种"道"的境界，那么为自己找一个"边"，便是陷入了自己的心结中。

《红楼梦》中提到一个参禅的故事：当日南宗六祖惠能，初寻师至韶州，闻五祖弘忍在黄梅，他便充役火头僧。五祖欲求法嗣，令徒弟诸僧各出一偈。上座神秀说道："身是菩提树，心如明镜台，时时勤拂拭，莫使有尘埃。"彼时惠能在厨房碓米，听了这偈，说道："美则美矣，了则未了。"因自念一偈曰："菩提本非树，明镜亦非台，本来无一物，何处染尘埃？"五祖便将衣钵传他。于是惠能成了六祖，开创中国禅宗顿悟的禅风。参悟此意，才能真正做到不以物喜，不以己悲。

自然就是生命的方式

《庄子·内篇·养生主第三》中有一段公文轩与右师的对话。"公文轩见右师而惊曰：'是何人也？恶乎介也？天与，其人与？'曰：'天也，非人也。天之生是使独也，人之貌有与也。以是知其天也，非人也。'"公文轩见到右师大吃一惊，说："这人咋这样，怎么只有一只脚？是天生就这样的呢，还是后来人为造成的？"右师说："天生就这样，不是人为搞的，一出生上天就只给我一只脚，人的外貌正常情况都是对称成双，我则不是这样，由此可知是天生的，不是人为的。"右师在解释自己的残疾时说："这是天然的。"这里的"天"不是宗教里的什么东西，是指自然的意思。即不管是什么原因造成这个样子，它都是天命，都不能归之于人为。天然给我生命，要让我用一只脚活着，我就用一只脚活着。因此，南怀瑾先生强调，每个人都有天然的生命，每个人的身体形貌都是独立的，各有独自的精神。

"人之貌有与也"，这句话告诉我们一个深刻的道理，人的相貌是相对的，外形不能妨碍我们精神生命独立的人格，每个人要有自己生命的价值，人活着要顺其自然，不要受任何外界环境的影响。右师说："我懂了这个道理，因此我答复你：这是天命！一切都不是人为，是自然的。"

有时候，过于倚重外物与环境会让你充满烦恼，得不到快乐的往往不是别人，正是你自己。

　　一个人被烦恼缠身，于是四处寻找解脱烦恼的秘诀。有一天，这个人来到一个山脚下，看见在一片绿草丛中有一个牧童骑在牛背上，吹着横笛，逍遥自在。他走上前去问道："你看起来很快活，能教给我解脱烦恼的方法吗？"牧童说："骑在牛背上，笛子一吹，什么烦恼也没有了。"他试了试，却无济于事。于是，他又开始继续寻找。

　　不久，他来到一个山洞里，看见有一个老人独坐在洞中，面带满足的微笑。他深深鞠了一个躬，向老人说明来意。老人问道："这么说你是来寻求解脱的？"他说："是的！恳请不吝赐教。"老人笑着问："有谁捆住你了吗？""没有。""既然没有人捆住你，何谈解脱呢？"他蓦然醒悟。

我们又何尝不是像上面故事里的这个人一样四处寻找解脱的途径？殊不知，并没有谁捆住你的手脚，真正难以摆脱的是困于心中的那个瓶颈。打破心中的瓶颈，清除掉心中的垃圾，你就可以在属于自己的天空中自由翱翔。人之所以不快乐，就是因为活得不够单纯；其实，不要去刻意追求什么，不要向生命去索取什么，不要给自己设置障碍，其实，简单而自然，本身就是一种幸福。

周国平先生讲过这样一个故事。故事很简单，但如果深入思考，你会发现生活表象下面人生的真谛。

一个农民从洪水中救起了他的妻子，他的孩子却被淹死了。事后，人们议论纷纷。有人说他做得对，因为孩子可以再生一个，妻子却不能死而复生。有人说他做错了，因为妻子可以另娶一个，孩子却没法死而复生。

哲学家听说了这个故事，也感到疑惑不解，他就去问农民。农民告诉他，他救人时什么也没去想。洪水袭来，妻子在他身边，他抓起妻子就往山坡游。待返回时，孩子已被洪水冲走了。

自然是一种最睿智的生活方式，这个农民如果进行一番抉择的话，事情的结果会是怎样呢？洪水袭来，妻子和孩子被卷进旋涡，片刻之间就会失去性命，哪有时间进行抉择？

人心随着年龄、阅历的增长而越来越复杂，但生活其实十分简单。保持自然的生活方式，不因外在的影响而痛苦，便会懂得生命简单的快乐。人生当中，许多时候，我们并没有机会和时间进行抉择。人生的抉择是最困难的，也是最简单的，困难在于你总是把抉择当作抉择；简单在于你别去考虑抉择问题，遵循生命自然的方式。

特立独行的第五种人

《庄子·内篇·逍遥游第一》中说："且举世而誉之而不加劝，举世而非之而不加沮，定乎内外之分，辩乎荣辱之境。"南怀瑾先生说，庄子在这里提出了第五种人格：全世界的人都恭维他，他理都不理；全世界的人骂他、反对他，他也绝不改变自己的方向。这是一种很难达到的人格高度。"定乎内外之分"，"分"是分量。什么是我？什么是他？什么是物？什么是心？他对自己做人的道理看得很清楚。"辩乎荣辱之境"，他对于人世间什么叫作真正的光荣，什么叫作真正的耻辱，看得很清楚。自己遭到了耻辱，绝不因为现实社会的影响而有所改变。

　　为人处世，要想超然物外，必须具备特立独行的人格修养，不受任何时代、环境所影响，但很多人通常做不到这一点。

　　一群人到山上去游玩，其中一个人不小心掉进很深的坑洞里，他的右手和双脚都摔断了，只剩一只健全的左手。坑洞非常深，又很陡峭，地面上的人束手无策。幸好，坑洞的壁上长了一些草，那个人就用左手撑住洞壁，以嘴巴咬住草，慢慢地往上攀爬。地面上的人看不清洞里，只能大声为他加油。等到看清他身处险境，嘴巴咬着小草攀爬，忍不住议论起来。

　　"情况真糟，他的手脚都断了！"

　　"哎呀！他这样一定爬不上来了！"

　　"对呀！那些小草根本不可能撑住他的身体。"

　　"可惜！他如果摔下去死了，留下庞大的家产就无缘享用了。"

　　"他的老母亲和妻子可怎么办才好！"

　　落入坑洞的人实在忍无可忍了："你们都给我闭嘴！"就在他张口的一刹那，他再度落入坑洞。当他摔到洞底即将死去之前，他听到洞口的人异口同声地说："我就说嘛！用嘴爬坑洞，是绝对不可能成功的！"

　　人就是这样，太在意外在的评论与看法，总想在别人面前展示一个完美的自己，而不能容忍别人对自己的丝毫质疑，就像将自己置身于别人的话语圈里，而往往忽视了自己

的真实处境。看似特立独行，实则为外物所困。

丰子恺先生有这样一段文字："有一回我画一个人牵两只羊，画了两根绳子。有一位先生教我：'绳子只要画一根。牵了一只羊，后面的都会跟来。'我恍悟自己阅历太少，后来留心观察，看见果然如此：前头牵了一只羊，后面数十只羊都会跟去。就算走向屠宰场，也没有一只羊肯离群而另觅生路的。后来看见鸭也如此。赶鸭的人把数百只鸭放在河里，不需用绳子系住，群鸭自能互相追随，聚在一块。上岸的时候，赶鸭的人只要赶上一两只，其余的都会跟了上岸。即使在四通八达的港口，也没有一只鸭肯离群而走自己的路的。"

字画皆人生，疏淡之间，意趣横生，细细思量，的确有一条隐在尘世中的绳索，牵着在生活中迷乱的人们。我们每天急匆匆地跟在一件事的后面，追逐一些看不见的东西，实际是在奔赴一个别人成功过的目标，重复别人走过的路，在别人嚼剩的残渣中寻觅零星的营养。可惜漫漫人生征途，又能有几人特立独行地另辟蹊径？可悲可叹的是，有时甚至盲目到顽愚的地步，眼看跟着别人一步一步走向了人生的绝境，虽有警觉却仍坚持趋同主流，迷失自我。

希望每个人都能看清自己，看清这个世界，做特立独行的第五种人，不要泯然于众，碌碌一生。

抓住今天就好了，没有明天

——听南怀瑾讲专注当下

世界上有三种人：第一种人只会回忆过去，在回忆的过程中体验感伤；第二种人只会空想未来，在空想的过程中不务正事；只有第三种人将现实与理想完美结合，高瞻远瞩，脚踏实地。只有将昨天、今天、明天的事情都打理妥当，才能走好漫漫人生路。

成功就在当下的一刹那

昭文、师旷、惠子是历史上成就卓著的三位音乐大师，音乐的造诣炉火纯青，已达"知几"的至高境界。《庄子·内篇·齐物论第二》中谈到：二子之知几乎，皆其盛者也，故载之末年。南怀瑾先生对于"几"的解释是，当情感喷涌之时，如同天地风云变幻；当风云雷雨过后，宇宙万象一片清明，万物沉寂如同天地空灵。以小而言，"知几"如同音乐或艺术境界中的灵感；广而言之，"三子之知几乎，皆其盛者也，故载之末年"，是说这三位大师都是在其精神、身体、技能、艺术造诣达到最高境界的时候，牢牢把握住了成功，得以学有所成，万古流芳。南怀瑾先生风趣地说了一句题外话，如果这三位上古的音乐家等到年迈体弱、精神衰老之时才操琴习技，那么纵然有高度的理想，也无法表达了。关于林语堂先生就有过这么一段故事。

有一天，一位先生宴请美国著名作家赛珍珠女士，林语堂先生也在被请之列，于是他就请求主人把他的席次排在赛珍珠旁边。

席间，赛珍珠知道座上多中国作家，就说："各位何不以新作供美国出版界印行？本人愿为介绍。"座上人当时都以为这是一种普通敷衍说辞而已，未予注意；

221

独林博士当场一口答应，归而以两日之力，搜集其发表于中国之英文小品成一巨册，而送之赛珍珠，请为斧正。赛因此对林博士印象至佳，其后乃以全力助其成功。

　　据说，当日座上客中尚有吴经熊、温源宁、全增嘏等先生，以英文造诣言，均不下于林博士，故在事后，如果他们也像林博士那样认真，抓紧机会把自己的作品送给赛珍珠，那么今日成功的人未必就是林博士。

　　一个人能否成功，固然要靠天分，要靠努力，但善于创造时机，及时把握时机，不因循、不观望、不退缩、不犹豫，想到就做，有尝试的勇气，有实践的决心，所有的因素加起来才可以造就一个人的成功。所以，尽管说，有的人成功在于一个很偶然的机会，但认真想来，这偶然的机会能被发现，被抓住，并且被充分利用，却又绝不是偶然的。

　　机会是纷纭世事之中的许多复杂因子，在运行之间偶然凑成的一个有利于成功的空隙。这个空隙稍纵即逝，所以，要把握时机确实需要眼明手快地去"捕捉"，而不能坐在那里等待或因循拖延。徘徊观望是成功的大敌。许多人都因为对已经来到面前的机会没有信心，而在犹豫之间，把它轻轻放过了。

　　成功总是属于懂得积极寻找成功的人，每个人都有属于自己的传奇，它可能是事业上的成就，可能是圆满的家庭生活，可能是真诚的友谊，可能是一颗快乐满足的心。只有珍惜眼前这一刻，成功才有无限的可能。

　　许多人在谋划自己的人生时，往往因好高骛远而忽视了自己所拥有的，结果只落得个两手空空。在时机到来之时，牢牢把握住成功，珍惜并机智运用自己所拥有的，你便找到了人生的"金壶"。

　　做人与修道一样，要晓得"知几"，当自己鼎盛、登峰造极的时候，要把握自己生命的重点，成功就在那一刹那，一旦错过，悔之晚矣。在看下面这个故事时，跳出原有的解读角度，你会得到一些更深刻的启示。

　　一个年纪大的木匠就要退休了，他告诉老板，自己想要离开这个行当，和家人享受一下轻松自在的生活。老板实在舍不得这位木匠离去，希望他能够在离开前接最后一个活儿，再盖一栋具有个人风格的房子。由于盛情难却，木匠只好勉为其难地答应了，但是他并没有跟往常一样很认真地盖房子，一心只想着早早交差了事。原本要钉四颗钉子的地方，他随便钉三颗就算交差，甚至钉弯了也将就应付；建材有瑕疵、梁柱没有完全垂直、窗户没有做成标准的正方形、地板有一点倾斜等问题，他都不甚在意，很马虎但迅速地就把这间屋子盖好了。落成时，老板来了，顺便也检视一下房子，然后把大门的钥匙交给这个木匠说："这间房子就是我要送给你的退休礼物！"木匠大吃一惊。

　　不谈敬业，谈人生，你会从中想到什么？大部分的人一定认为："如果木匠早知道这间房子是给自己盖的，他一定会用最好的建材，用最精致的技术来把房子盖好。"

　　然而，真的会是如此吗？要知道，生活的重点不在于早知道结果，而在于当下做什么。很多人都知道如果自己现在不运动、不改正不良嗜好、不注重均衡饮食，三年后身体状况一定会严重透支，可是，他们还是不愿改变自己现在的饮食习惯及生活方式，还是纵容自己的身体恶化。所以，人生的重点不在于事先是否知道结果，而在于当下做了什么，人生的方向总在一刹那就会发生改变。

机遇被操纵于万事万物之间，身不由己。所谓"创造时机"，不过是在万千因子运行之间，努力加上自己的万分之一的力量，把"机会"的运行造成有利于自己的一刹那而已。

新生活从选定方向开始

孔子告诉颜回，你对自己的人生观都还没有确定，学问道德修养都还不够，哪里有资格直接去指点别人行为的得失啊！一个人没有自己的人生观，没有人生的方向，没有确定自己活着究竟要做一个什么样的人，究竟要做什么事，而跟着环境在转，这就犯了庄子所说的"所存于己者未定"（《庄子·内篇·人间世第四》）的毛病。一个人对于自己人生的方向都没有确定，那是人生最悲哀的事。

南怀瑾先生认为人生的方向，也即人生的哲学。人生自然有自我存在的价值，选择一个目标，也等于明确了人生的方向，这样才不至于迷失。

比塞尔是西撒哈拉沙漠中的一颗明珠，每年有数以万计的旅游者来到这里。可是在肯·莱文发现它之前，这里还是一个封闭而落后的地方。这儿的人没有一个走出过大漠，据说不是他们不愿离开这块贫瘠的土地，而是尝试过很多次都没有走出去。

肯·莱文当然不相信这种说法。他用手语向这儿的人问原因，结果每个人的回答都一样：从这儿无论向哪个方向走，最后还是转回到出发的地方。为了证实这种说法，他做了一次试验，从比塞尔村向北走，结果三天半就走了出来。

比塞尔人为什么走不出来呢？肯·莱文非常纳闷，最后他只得雇一个比塞尔人，让他带路，看看到底是怎么回事。他们带了半个月的水，牵了两峰骆驼，肯·莱文收起指南针等现代设备，只挂一根木棍跟在后面。

10天过去了，他们走了大约800英里的路程，第11天早晨，果然又回到了比塞尔。

这一次肯·莱文终于明白了，比塞尔人之所以走不出大漠，是因为他们根本就不认识北斗星。在一望无际的沙漠里，一个人如果凭着感觉往前走，他会走出许多大小不一的圆圈，最后的足迹十有八九是一把卷尺的形状。比塞尔村处在

　　浩瀚的沙漠中间，方圆上千公里没有一点儿参照物，若不认识北斗星又没有指南针，想走出沙漠，确实是不可能的。

　　肯·莱文在离开比塞尔时，带了一位叫阿古特尔的青年，就是上次和他合作的人。他告诉这位汉子，只要你白天休息，夜晚朝着北面那颗星走，就能走出沙漠。阿古特尔照着去做了，3天之后果然来到了大漠的边缘。阿古特尔因此成为比塞尔的开拓者，他的铜像被竖在小城的中央。铜像的底座上刻着一行字：新生活是从选定方向开始的。

成就辉煌的人生在很大程度上取决于人生的方向，个人的幸福生活也离不开方向的指引。确立人生的方向是人一生中最值得认真去做的事情。你不仅需要自我反省、向人请教"我是什么样的人"，还需要很清楚地知道"我究竟需要什么"，包括想成就什么样的事业、结交什么样的朋友、培养和保留什么样的兴趣爱好、过一种什么样的生活……这些选择是相对独立的，但却是在一个系统内的，彼此是呼应的，从而共同形成人生的方向。

闻名于世的摩西奶奶是美国弗吉尼亚州的一位农妇，76 岁时因关节炎放弃农活，这时她又给了自己一个新的人生方向，开始了她梦寐以求的绘画生涯。80 岁时，她到纽约举办画展，引起了意外的轰动。她活了 101 岁，一生留下绘画作品600 余幅，在生命的最后一年还画了 40 多幅。

不仅如此，摩西奶奶的行动也影响到了日本大作家渡边淳一。渡边淳一从小就喜欢文学，可是大学毕业后，他一直在一家医院工作，这让他感到很别扭。马上就 30 岁了，他不知该不该放弃那份令人讨厌却收入稳定的职业，以便从事自己喜欢的写作。于是他给耳闻已久的摩西奶奶写了一封信，希望得到她的指点。摩西奶奶很感兴趣，当即给他寄了一张明信片，她在上面写下这么一句话：做你喜欢做的事，哪怕你现在已经 80 岁了。

人生是一段旅程，方向很重要，每个人都可以掌握自己人生的方向。找到人生方向的人是最快乐的人，他们在每天的生活中体验、追求一种能令他们愉悦和满意的生活，他们的生活是与他们所向往的人生方向相一致的，对人生方向的追求使他们的生命更加有意义。

南怀瑾先生说，人生的方向也是人生的哲学。在追求自己的人生方向的过程中，应不断地作出总结，这并不是说你正处于一个人生的危急关头，不得不在你未来的目标和你的职业道路之间作出一个选择，而是从一开始就给自己选定人生的方向，这才是最关键的人生问题。

抓住眼前也就抓住了永远

在《庄子·内篇·逍遥游第一》中，庄子说："适莽苍者，三餐而反，腹犹果然；适百里者宿舂粮，适千里者，三月聚粮。之二虫又何知？小知不及大知，小年不及大年。"

到近郊的草木间去，一天在那里吃上三顿饭，回来了肚子还饱饱的；假如走一百里路呢？就不同了，得带一点干粮，说不定要两三天才能回来；如果走一千里路，那就要准备带两三个月的粮食了。南怀瑾先生进一步讲，看上去这是庄子在告诉我们出门旅行该怎么准备，实际上讲的却是人生的境界。前途远大的人，就要有远大的计划；眼光短浅，只看现实的人，恐怕只能抓住今天。我们应该做的不只是拥有今天，还应该抓住明天、后天，抓住永远。

如何抓住永远？只有让你的人生持续发展，为今后的旅程做好充分的准备，才能走得更远，而非永远停留在一点。

世界上有三种人：第一种人只会回忆过去，在回忆的过程中体验感伤；第二种人只会空想未来，在空想的过程中不务正事；只有第三种人将现实与理想完美结合，高瞻远瞩，脚踏实地。只有将昨天、今天、明天的事情都打理妥当，才能走好漫漫人生路。

"之二虫又何知？"这两个小动物又懂什么呢？它们的知识范围有限，正所谓，小知不及大知。如果一个人没有眼光气度，就会鼠目寸光，其前途成就也很有限。高瞻远瞩的人，才能成就千秋的事业，这便是智慧的大小有别。一个人寿命的长短，关键在于你能不能把握。有些人活了几十年就死了，不懂得如何把握，所以说"小年不及大年"。

有些人做事只图眼前利益，而不会为长远打算。眼前可以得到的利益总给人一种实实在在的感觉，短视的心理却常常使人们失去本应该能够得到的美好事物。也许人们认为自己的行为是更注重现实，而实际上是自己将未来的发展与成功的机遇白白浪费掉了。沉湎于过去和未来就会迷失现在的一切，甚至包括自身。

有一个人经常出差，经常买不到坐票。可是无论长途短途，无论车上多挤，他总能找到座位。

他的办法其实很简单，就是耐心地一节车厢一节车厢找过去。这个办法听上去似乎并不高明，但总是很管用。每次，他都做好了从第一节车厢走到最后一节车厢的准备，可是每次他都用不着走到最后就会发现空位。他说，这是因为像他这样锲而不舍找座位的乘客实在不多。经常是在他落座的车厢里尚余若干座位，而在其他车厢的过道和车厢接头处，居然人满为患。

他说，大多数乘客轻易就被一两节车厢拥挤的表面现象迷惑了，不大细想在数十次停靠之中，从火车十几个车门上上下下的流动中蕴藏着不少提供座位的

227

机遇；即使想到了，他们也没有那份寻找的耐心。眼前一方小小立足之地很容易让大多数人满足，为了一个座位背负着行囊挤来挤去有些人也觉得不值。他们还担心万一找不到座位，回头连个好好站着的地方也没有了。与生活中一些安于现状、不思进取、害怕失败的人永远只能滞留在没有成功的起点上一样，这些不愿主动找座位的乘客大多只能在上车时最初的落脚之处一直站到下车。

急功近利是人性的一面。许多人贪图小便宜，往往被眼前的小利益迷惑，殊不知在得到的同时却往往失去了更多。生活中，我们常常被眼前利益的绚烂外貌蒙住了双眼，宁愿一直低头享受那片刻的短暂欢愉，也不肯抬起头望望远方，去寻找更大的空间。只为眼前利益的人，受人性所限，只会陷入庸人自扰的无边烦恼；唯有立足长远的人，才能突破人性的瓶颈，活出智慧人生。

前途是一次有计划的旅行，只有做到执着而有远见，自信而把握关键，才能拥有一张人生之旅永远的坐票。

恨人、愤怒，就是心里的毒

——听南怀瑾讲不抱怨

　　人自从生下来的那一刹那起，就注定要回去。这中间的曲折磨难、顺畅欢乐便是人的命运。不要因为命运的怪诞就俯首听命于它，任凭它摆布。因为当我们年老回首往事的时候，就会发觉，命运有一半一开始就在我们自己手里。而我们一生的全部就在于：运用手中所拥有的去获取命运的另一半。然后，我们会明白，大多数生命的轨迹与奇迹都是可以自我掌控的。所以，不论世事如何艰难，我们都要记住：世路难行仍要行。

处理好人生三件事

　　其实，很多人活着都会觉得很委屈，因为心里都有股烦恼压抑其中，无法倾吐。"其耆欲深者，其天机浅。"南怀瑾先生慨叹，物质文明越发达，人在世间的知识越多，本事越大，欲望就越大，也越来越违反自然，离道越来越远。

　　人生总是如此，不如意事常八九，可与人言无二三。然而，愉悦也是一世，痛苦也是一生，何必为了现实中的种种，而影响安然自在的心境呢？世事没有一帆风顺，撑着不死，还是好好活着，表面看来没什么区别，其实质却大相径庭。

　　大热天，禅院里的花被晒萎了。"天哪，快浇点水吧！"小和尚喊着，接着去弄了点儿水来。"别急！"老和尚说，"现在太阳大，一冷一热，非死不可，等晚一点再浇。"傍晚，那盆花已经成了"霉干菜"的样子。"不早浇……"小和尚见状，咕咕哝哝地说，"一定已经干死了，怎么浇也活不了了。""浇吧！"老和尚指示。水浇下去，没多久，已经垂下去的花，居然全站了起来，而且生机盎然。

　　"天哪！"小和尚喊，"它们可真厉害，憋在那儿，撑着不死。"老和尚纠正：

"不是撑着不死，是好好活着。""这有什么不同呢？"小和尚低着头，十分不解。"当然不同。"老和尚拍拍小和尚，"我问你，我今年八十多了，我是撑着不死，还是好好活着？"晚课完了，老和尚把小和尚叫到面前问："怎么样？想通了吗？""没有。"小和尚还低着头。老和尚肃穆地说："一天到晚怕死的人，是撑着不死；每天都向前看的人，是好好活着。得一天寿命，就要好好过一天。那些活着的时候天天为了怕死而拜佛烧香，希望死后能成佛的，绝对成不了佛。"说到此，老和尚笑笑："他今生能好好过，都没好好过，老天何必给他死后更好的生活？"

生活已经摊开在你面前，是屈服地背道而行，还是坦然地积极行事，生活会告诉你不同的答案。有人说，人的一生之中只有三件事，一件是"自己的事"，一件是"别人的事"，一件是"老天爷的事"。

今天做什么，今天吃什么，开不开心，要不要助人，皆由自己决定；别人有了难题，他人故意刁难，对你的好心施以恶言，别人主导的事与自己无关；天气如何，狂风暴雨，山石崩塌，人力所不能及的事，只能是"谋事在人，成事在天"，过于烦恼，也是于事无补。人活得"屈服"，离道越来越远，只是因为，人总是忘了自己的事，爱管别人的事，担心老天的事。所以要轻松自在很简单：打理好"自己的事"，不去管"别人的事"，不操心"老天爷的事"。

做一个好人其实很容易，拥有一个幸福的人生其实也很简单："第一是不要拿自己的错误惩罚自己，第二是不要拿自己的错误惩罚别人，第三是不要拿别人的错误惩罚自己。"遵守这"人生幸福三诀"，生活就不会太累。

"不要拿自己的错误惩罚自己"，人非圣贤，孰能无过？如果一有过错，就终日沉陷在无尽的自责、哀怨、痛悔之中，那么其人生的境况就会像泰戈尔所说的那样："不仅失去了正午的太阳，而且将失去夜晚的群星。"人们都会为自己的过错而痛悔，但"不要拿自己的错误惩罚别人"，其实这并不是一种很容易达到的境界，它需要"胸藏万汇凭吞吐"的大器量。"不要拿别人的错误惩罚自己"，不让别人的做法决定自己的人生原则，为别人的错误埋单实在不是做人的"上算"。

生活是一件艺术品，每个人都有自己认为最美的一笔，每个人也都有认为不尽如人意的一笔，关键在于你怎样看待，有烦恼的人生才是最真实的，同样，认真对待纷扰的人生才是最舒坦的。

也把别人当成自己

"德厚信矼"是人很容易犯的毛病，受了教育有了知识，把道德的规范看得很严重，把自己以为是道德的东西固执地抓得很牢，却不知道自己以为的道德，其实是错误的。许多人的道德修养很好，方正刚强，觉得道德是不能碰的，却"未达人气"，对人生的气味、生命的气息一无所知，不通人情，不懂得做人的道理。

颜回是孔子的得意门生，"一箪食，一瓢饮，在陋巷。人不堪其忧，回也不改其乐"。南怀瑾先生勾勒了一幅恩师教学图，庄子借孔子的嘴说，你自己认为学问好，为人方正，倔强自信，其实是你不通人情世故。"名闻不争，未达人心"，你突然跑去以仁义道德教化卫灵公，勉强用"仁义绳墨之言"暴露他的缺点错误，不是让他难堪吗？

谨记"人微言轻"，自己没有知名度，很重要的话变得没有分量了，话说出去起不了什么作用，所以人情世故是需要知道的，庄子告诉我们为人处世的方法，只要不向坏的方向发展，你就能学会人生的艺术，即做人做事的方法。

为人处世是一门高深的艺术，大多数人终其一生也无法领悟。许多人，无论贫富、年龄、学历，都犯了"未达人气"的错误，一些伟人也不免于此。

闻一多先生在20世纪30年代到清华大学执教前，在与人交往方面就走过弯路，受过挫折。1925年5月，闻一多回国，暑假后就到北京就任北京艺术专科学校教务长。他开始时热情极高，全力以赴地工作。但由于他只有诗人的热情，没有行政工作者的练达，很快就遭到了中伤和诽谤。他于是"愤而南归"，连衣物、书籍都没有带走。1927年秋，"第四中山大学"成立时，聘他去担任外文系主任。但他还是不能适应环境，不久又离开了。他在一首诗里写道："我挂着一面豹皮的大鼓，我敲着它游遍了一个世界……我战着风涛，日暮归来，谁是我的家。"

1932年秋，闻一多应清华之聘，任中文系教授。这时他的思想感情十分痛苦。他在给朋友的信里说："我现在最痛苦的是发现了自己的缺陷，一种最根本的缺陷——不能适应环境……"1933年春，应届毕业年级请他为纪念册题词，他以《败》为题，信笔挥就了一篇文字。随后，总结过去"败"的经验教训和任教的需要，闻一多决心改走一条学者的道路，他把它叫作"向内走的道路"。他拟订了一个庞大的研究古典文学的计划，决心在这方面有一番作为和突破，他说："……向外发展的路既走不通，我就不能不转向内走。"于是，他在教学之余，便把自己关在书斋里进行他那庞大的计划，过起"隐士"的生活来。

在当时的环境下，闻一多改走一条"向内走的道路"，过与世隔绝的隐士生活，实是无奈之举。不谙世事，不通人情的确是一种"败"。不能融入环境，便要忍受寂寞，孤军奋战，生活在痛苦中。其实，不要偏执，一切看开，心胸放宽，包容万物，自然能够融入世间，游刃有余，要知道，有了"容"，才有"融"。

一位16岁的少年去拜访一位年长的智者。他问："我如何才能变成一个自己愉快、也能够给别人带来愉快的人呢？"智者笑着望着他说："孩子，在你这个年龄有这样的愿望，已经是很难得了。很多比你年长很多的人，从他们问的问题本身就可以看出，不管给他们多少解释，都不可能让他们明白真正重要的道理，就只好让他们那样了。"少年满怀虔诚地听着。

智者接着说:"我送给你四句话。第一句话是:把自己当成别人。你能说说这句话的含义吗?"少年回答说:"是不是说,在我感到痛苦忧伤的时候,就把自己当成是别人,这样痛苦就自然减轻了;当我欣喜若狂之时,把自己当成别人,那些狂喜也会变得平和中正一些?"智者微微点头,接着说:"第二句话,把别人当成自己。"少年沉思一会儿,说:"这样就可以真正同情别人的不幸,理解别人的需求,并且在别人需要的时候给予恰当的帮助?"智者两眼发光,继续说道:"第三句话,把别人当成别人。"少年说:"这句话的意思是不是说,要充分地尊重每个人的独立性,在任何情形下都不可侵犯他人的核心领地?"智者哈哈大笑:"很好,很好。孺子可教也!第四句话是,把自己当成自己。这句话理解起来太难了,留着你以后慢慢品味吧。"

少年说:"这句话的含义,我一时体会不出。但这四句话之间就有许多自相矛盾之处,我用什么才能把它们统一起来呢?"智者说:"很简单,用一生的时间。"少年沉默了很久,然后叩首告别。

后来少年变成了成年人,又变成了老人。再后来在他离开这个世界很久以后,人们都还时时提到他的名字。人们都说他是一位智者,因为他是一个愉快的人,而且也给每一个见到过他的人带来了愉快。

人生不是平坦大道,处世不能全凭自我。"径行窄处,留一步与人行;滋味浓时,减三分让人尝。"要知道,莫把真心空计较,唯有大德享百福。

最笨的人也是最聪明的人

《庄子·内篇·人间世第四》里面庄子有一句格言："故忿设无由，巧言偏辞。"一个人说话，对方听了为什么不高兴？本来人的心底都是很平静的，因为某一句话不对了，"忿设无由"，心里的愤怒就没有理由，没有来由地被挑动了。"巧言偏辞"，讲话偏激，引起了别人的愤怒，"偏"就是过分，过分的恭维不对，过分的批评也不对。智慧高的人不喜欢听"巧言"，所以一个人不要玩巧。南怀瑾先生最后总结，古今中外，天下最成功的人，就是老实人。聪明反被聪明误，最后成功的人，因为老实，就成功了。生活的本质其实很简单，看看下面的故事你就会明白。

《士兵突击》中的许三多和成才无疑给所有观众都留下了很深的印象。看似精明的成才兜里总是揣着3盒烟，如白铁军所说："你老乡不地道，揣了3盒烟，10块的红塔山是给排长、连长的，5块的红河是给班长、班副的，一块的春城是专门给我们这些战友的。哪个连没几个这样的兵，可七连，就这么一个。"而善良单纯的许三多却不懂这些人情世故。为了自己的前途，成才抛弃了处于困境的钢七连，抛弃了他的兄弟许三多，抛弃了他朝夕相伴的战友；为了得到进老A的机会，他抛弃了与他艰难走到临近比赛终点的两位战友。成才得到了士官职位，但同时也失去了自己的连队和战友，成为钢七连史上唯一的跳槽者；他赢得了比赛，如愿进入了老A，却被袁朗一眼看透，最终与老A无缘！相比之下，许三多的质朴、坦诚、认真、老实、善良，一次次感动着周围的人，一次次让人们对他刮目相看，一次次证明了"机会永远留给有准备的人"这句话。

无疑，《士兵突击》中的许三多就是老实人的典型形象。其实，许三多不是傻，他只是因为成长环境的关系，让人感觉慢半拍。他总是很安分，不急躁，不焦虑，不异想天开，耐得住寂寞，脚踏实地地做好每一件事。"明明是个强人，天生一副熊样"，这是高城对许三多的评价。

许三多的成功告诉我们一个道理，那就是：生命其实很简单，做人做事也是如此，自己的态度便是别人的态度，自己的回音便是生活的写照。一个人如果惯于投机取巧，生命同样会见招拆招戏耍于他；如果忠厚老实，生活也会诚恳待他。无论戏里戏外，这样的例子其实有很多。比如《阿甘正传》里的阿甘，也是老实人的一个典型代表。

他的人生其实很简单，听妈妈的话，老老实实做人，认认真真做事。阿甘的母亲说："人生就像巧克力，你永远不知道你会尝到什么味道；你和你身边的人一样，你和他们并没有什么不同；当你做一件事的时候，你就要尽力去做好它。"阿甘是个非常听话的孩子，这些话他都记住了，他说，笨人有笨人的作为。当珍妮叫他快跑的时候，他跌跌撞撞地跑了起来，跑散了他记忆中第一双神奇的鞋子，也发掘出了他的第一项潜质。他一直在跑，开始是逃跑，后来跑进了橄榄球队，再后来跑进了大学，跑得了学位，在越战战场上，他跑回了自己的性命，也跑回了荣誉和友情。

阿甘不聪明，但他永远知道如何让生命充满希望。所以他赢得了荣誉、财富和爱，这些聪明人可能永远不能兼得的东西。在他身上，我们看到了忠诚、守信、执着、友善这些人性中熠熠生辉的品质，看到了对生命的执着，对生活的希望，对信念的坚定。

抱朴守拙，天下最成功的人就是老实人，因为每个人，无论他聪明与否，他都同样喜欢老实人，正如坏人也喜欢好人一样，老天更偏爱"笨小孩"。

只要自己觉得满足就够了

——听南怀瑾讲知足

我们每一个人所拥有的财物，无论是有形的，还是无形的，没有一样是属于你自己的。那些东西不过是暂时寄托于你，有的让你暂时使用，有的让你暂时保管而已，到了最后，物归何主，都未可知。南怀瑾先生认为，智者则把这些财富统统视为身外之物。如果过分地索求，只会成为你人生的一种负担，而它带给你的只有痛苦和对幸福快乐的无从把握。

各有各的境界，各有各的自在

《庄子·内篇·逍遥游第一》中，庄子用拟人的手法，描绘了一个有趣的画面："蜩与学鸠笑之曰：'我决起而飞，抢榆枋而止，时则不至，而控于地而已矣。奚以之九万里而南为？'"其中"蜩"就是蝉，"学鸠"是一种小鸟，这是一鸟一虫的对话。一只小虫与一只小鸟，都没有看到过大鹏，因为大鹏一飞起来，它们看都看不见。不过它们听别人说了大鹏高飞的事，觉得十分好笑：那个大鹏鸟真是多事，何必飞那么远？像我，"决起而飞"，从这棵小树一下就飞到那丛草上去了。大鹏是"怒而飞"，小鸟小虫是"抢榆枋"，这之间何止天壤之别，这就是人生境界的不同，南怀瑾先生如是说。

小鸟小虫还自鸣得意，我跳得很远嘛，也很痛快，"时则不至"，时间不够，万一我飞不到，忽然掉下来，"而控于地而已矣"，也不过是掉在地上，也不会摔死。它们也觉得自己很了不起，所以取笑大鹏鸟的多余，飞到南极去干什么呀？人生境界关系个人的成就、品位与气度。人生境界有高有低，有狭有宽，有大有小，境界在哪里，人生就到哪里。

一位留学美国的中国学生曾和朋友谈起过自己看问题视野的变化，读来让人深思。

由于小学成绩优秀，他考上了县城的中学。他发现自己再不能像在小学时那样稳拿第一了，于是产生了怨恨：比自己好的同学原来都有自动铅笔、漂亮书包，自己却没有，上天真是不公平。不过经过几年的苦读，他成为县中学的第一了。而他又觉得：人与人之间还是不平等的，为什么自己没有好的文具呢？中学毕业后，他考上了京城一所大学，可好景不长，他的学习成绩连中等也保不住了。看到城里的同学优裕的物质条件，想想自己清贫艰苦的求学生涯，觉得上天的确不公平。五年后，他以优异的成绩留学海外，在面对一个更宽广的世界时，所有的嫉妒、自卑、怨恨忽然一扫而光了。

有人说人生就是一次次的选择，可是在不同的时期、不同的人生境界中我们的选择标准也会随之发生变化。自己选取的比较标准发生了变化，视野就不一样了，以前可能只看到自己身边的一人一草一木，当眼光变得长远、辽阔了以后，看到的就是大不同的更宽广的世界。

或许，境界不同也各有各的自在，但人生总是要由自己写就，自我满足与自鸣得意，换来的只能是生活的讥讽。

有一个美丽的故事：

一个偏僻遥远的山谷里，在一个高达数千尺的断崖的边上，不知何时，长出了一株小小的百合。百合刚诞生的时候，如同杂草，但它心里知道自己并不是一株野草。它的内心深处，有一个纯洁的念头："我是一株百合，不是一株野草。唯一能证明我是百合的方法，就是开出美丽的花朵。"有了这个念头，百合努力地吸收水分和阳光，深深地扎根，直直地挺着胸膛。终于在一个春天的清晨，百合的顶部结出第一个花苞。百合的心里很高兴，附近的杂草却很不屑，它们在私底下嘲笑着百合："这家伙明明是一株草，偏偏说自己是一株花，还真以为自己是一株花，我看它顶上结的不是花苞，而是头脑长瘤了。"它们讥讽百合："你不要做梦了，即使你真的会开花，在这荒郊野外，你的价值还不是跟我们一样？"

偶尔也有飞过的蜂蝶鸟雀，它们也会劝百合不用那么努力开花："在这断崖边上，纵然开出世界上最美的花，也不会有人来欣赏呀！"百合说："我要开花，是因为我知道自己有美丽的花；我要开花，是为了完成作为一株花的庄严使命；我要开花，是由于自己喜欢以花来证明自己的存在。不管有没有人欣赏，不管你们怎么看我，我都要开花！"在野草和蜂蝶的鄙夷下，百合努力地释放内心的能

量。终于有一天，它开花了，它那灵性的白和秀挺的风姿，成为断崖上最美丽的风景。这时候，野草与蜂蝶再也不敢嘲笑它了。

百合花一朵一朵地盛开着，花朵上每天都有晶莹的水珠，野草们以为那是昨夜的露水，只有百合自己知道，那是极深沉的欢喜所结的泪滴。年年春天，百合努力地开花、结籽。它的种子随着风，落在山谷、草原和悬崖边上，到处都开满洁白的百合。几十年后，远在百里外的人，从城市，从乡村，千里迢迢赶来欣赏百合开花，无数的人看到这从未见过的美，感动得落泪，触动内心那纯净温柔的一角。那里，被人称为"百合谷地"。

不管别人怎么欣赏，满山的百合花都谨记着第一株百合的教导："我们要全心全意默默地开花，以花来证明自己的存在。"人生境界大不同，即便你不能成为大鹏与百合，也不要沦为讥笑他人的虫草，有时别人的心志，你未必能了解。希望每个人都能找到属于自己的境界。

从今天起，做只容易满足的小鼹鼠

《庄子·内篇·逍遥游第一》中说到两只小动物的生活状态："鹪鹩巢于深林，不过一枝；偃鼠饮河，不过满腹。"小鸟生活在森林里，它只要求有一根树枝给它立足就很高兴了，觉得整个天地都是属于自己的，非常自由；口渴的田鼠去河边喝水，它只要求喝一点点水就满足了。南怀瑾先生说，小人物有小人物的境界，只要自己觉得满足就可以了，没有必要再去贪求其他多余的东西。知足者才常乐。

其实，我们每一个人所拥有的财物，无论是有形的，还是无形的，没有一样是属于你自己的。那些东西不过是暂时寄托于你，有的让你暂时使用，有的让你暂时保管而已，到了最后，物归何主，都未可知。南怀瑾先生认为，智者则把这些财富统统视为身外之物。如果过分地索求，只能成为你人生的一种负担，而它带给你的只有痛苦和对幸福快乐的无从把握。

皮克是地球上最快乐的流浪汉。

"我为什么不快乐呢？我每天都能讨到填饱肚子的食物，有时甚至还能讨到一截香肠；我每天还有这座破房子可以挡风遮雨；我不为其他的人做工。我为什么不快乐呢？"皮克这样回答那些羡慕他的人。

可是有一天，皮克脸上的快乐突然消失了，因为他捡到一袋金币，99块金币。

其实捡到金币的那个晚上，皮克是最快乐的了。"我可以不做叫花子了，我有了99块金币！99块，哈！我得再数数。"皮克怕这是一个梦，完全不敢睡觉。

第二天，皮克很晚也没有走出破房子，他要把这99块金币藏好，这真的需要费一番工夫。"我要是拥有100块金币就好了。我要有100块金币。"从来没有什么理想的皮克现在有了理想。他还需要一块金币。

晌午皮克才出去讨饭，不！他开始讨钱了，一分一分的。中午他很饿，但他只讨了一点儿剩饭。下午，他很早就"收工"了，他得用更多的时间守着他的金币。

"还差97分。"晚上他反复地数着他的金币，忘记了饥饿。一连几天，皮克都这样度过。这样过日子的皮克再也没有吃饱过，同时也再没有快乐过。

"皮克，你为什么不快乐了？"

"我是个叫花子，快乐个啥！"

皮克越来越忧郁，越来越苦闷，也越来越瘦弱了。终于有一天，皮克病倒了，可他仍只想着一件事：还差16分就100块金币了。

"皮克，你没有收到我的金币？"一个富商找到破庙里生命垂危的皮克。

"什么？"皮克惊问。

"皮克，你的快乐，是你的快乐救过我。3年前，我在一次买卖中赔尽了家产，但见到了快乐的你，我明白了身无分文的人也能快乐地生活。后来，我东山再起，赚了很多钱。那一次，我带着99块金币出来游玩，见到你，就把钱丢到了你要走的路上。可是你现在为什么还做叫花子呢？为什么不快乐呢？生了病为什么不拿钱去看病呢？"

"我想拥有100块金币。还差16分，就差16分。"

富商从腰里取出一块金币给他。皮克接过钱，把钱装进袋子里，然后又全部倒出来，很细心地数——他终于有100块金币了，还多了84分。皮克笑了，然后就昏倒了。

这时一个路人路过这里，见到昏倒的皮克，向富商问明了情况，便说："这下，完了！"

"怎么了？"

"人有了99块金币的时候，就会希望有100块金币。这是不可避免的贪欲，贪欲赶走了他的快乐。你要救他，就得向他索回那99块金币。现在，你满足了他的欲望，重病的他就失去了支撑下去的动力。你给他99块金币，你使世界上少了一个天使；你又给他一块金币，这就使世界上少了一个生命。"

富商试了试皮克的鼻子，皮克果然再也不会快乐了。

"人心不足蛇吞象"，它形象地表明了人的欲望是永远不会满足的，要想真正享受人生的乐趣，就需要一颗知足常乐的心。

知足是一种处事态度，常乐是一种幽幽释然的情怀。这种在平凡中渲染的人生底色所孕育的宁静与温馨，对于风雨兼程的我们来说是一个避风的港口。知足常乐，人生会多一份从容，多一些达观。

知足常乐，做一只容易满足的"鼹鼠"，幸福从今天开始。

一颗心，质朴如初

在《庄子》庖丁解牛的故事中，庖丁是道中高手，一把刀用了19年还像刚刚出炉的刀一样新，这也从另一个侧面道出了做人的道理。每一个刚走上社会的人都是满怀希望与抱负的，然而一些人遭受多次挫折，经历艰难困苦之后，一颗原本质朴的心变了：爽直的人变得吞吞吐吐，心灵歪曲了，抱负丧失了，最后变得窝囊了。

南怀瑾先生认为，社会与环境不足以影响人。每一个人要有独立的修养，不受外界环境影响，永远保持一颗光明磊落、纯洁质朴的心。这才是做人的最高修养。

著名作家沈从文可谓是一个没有学历而有学问的学者。他怀着梦想刚来到北京闯荡时，一边在北大做旁听生，一边阅读大量书籍，并与诸多大师结识，不断成长。后来，他带着一身泥土气闯入十里洋场的上海，时间不长，即以一手灵气飘逸的散文而震惊文坛。

1928 年，时年 26 岁的沈从文被当时任中国公学校长的胡适聘为该校讲师。

在此之前，沈从文以行云流水的文笔描写真实的情感，赢得了一大批读者，在文坛享有很高的声望。但他给大学生讲课却是头一回。为了讲好第一堂课，他进行了认真准备，精心编定了讲义。尽管如此，第一天走上讲台，他心里仍不免发虚。

面对台下满堂学子，沈从文竟整整呆了 10 分钟，一句话也说不出。后来开始讲课了，由于心情紧张，他只顾低着头念讲稿，事先设计在中间插讲的内容全都忘得一干二净。结果，原先准备的一堂课，10 分钟就讲完了。接下来的几十分钟怎么打发？他心慌意乱，冷汗顺着脊背直淌。这样的尴尬场面，他以前可从来没有经历过。

后来，沈从文没有天南地北地瞎扯来硬撑"面子"，而是老老实实拿起粉笔在黑板上写道："今天是我第一次上课，人很多，我害怕了！"于是，这老实可爱的坦言"害怕"，引起全堂一阵善意的笑声……

胡适深知沈从文的学识、潜力和为人，在听说这次讲课的经过后，不仅没有批评他，反而不失幽默地说："沈从文的第一次上课成功了！"后来，一位当时听过这堂课的学生在文章中写道，沈先生的坦率赤诚令人钦佩，这是有生以来听过的最有意义的一堂课。

此后，沈从文曾先后在西南联大师范学院和北大任教。正因为不是科班出身，所以他并没有墨守成规，而代之以别开生面的言传身教的文学教育，并获得了成功。而他那"成功"的第一课，则在学生之中不断流传，成为他率直人生的真实写照。

莎士比亚曾经说过，老老实实最能打动人心。一句"我害怕了"，袒露了一代文学巨匠的质朴内心，面对失败不敷衍，不做作，不逃避，能老实可爱地袒露内心，这样的人当然会得到别人的谅解。质朴是这个世界的原始本色，没有一点功利色彩。就像花儿的绽放，树枝的摇曳，风儿的低鸣，蟋蟀的轻唱。它们听凭内心的召唤，是本性使然，没有特别的理由。

生活在世事纷扰的世界里，尔虞我诈让我们多了一些虚伪，钩心斗角让我们多了一些狡诈，世态炎凉让我们多了一些冷漠。南怀瑾先生说，人之所以苍老是由于受一切外界环境和自己情绪变化的影响，而保持一颗质朴的心，则可以让生命永远保持健康，让生命永远保持青春，把自己归与自然，回归生活的原始本色。

一辈子忙忙碌碌，终身都在服役
——听南怀瑾讲挣脱困境

　　人，有的可以永远做自己生活的主人，而有的只配永远做自己生活的奴隶。你选择了什么样的人生道路，就会享有什么样的人生。无论你要选择什么、放弃什么，都要弄清楚这样做值不值得。

放下执着才能跨越障碍

　　《庄子·内篇·大宗师第六》中曾说："夫藏舟于壑，藏山于泽，谓之固矣。然而夜半有力者负之而走，昧者不知也。"南怀瑾先生解释说，这里的"藏"字，借用一个名称来讲，就是佛学中所说的执着，抓得很牢。一个人对于生命之中的一切，都想把握得很牢，其实生命永远都不会让你完全把握。所以要想将人生牢牢把握，就是这里所说的"藏舟于壑，藏山于泽"，把船藏在山谷里面，把山藏在海洋里面。如此隐藏，在普通人看来，的确十分牢固。

　　人们往往不知道，虽然我们认为藏得很好，但是有个大力士，半夜三更不知不觉地把山和船都背走了。南怀瑾先生认为，中国古籍中的"天圆地方"，是指地有方位，曾子就曾讲过地球是圆的，且一直在旋转，所谓"天道左旋，地道右旋"的观念，由来已久。这里庄子是说，一般人不懂得，以为自己坐在地球上很稳当，实际上地球一直在转动，仿佛山在夜里悄悄被人搬走。

　　有一条河流从遥远的高山上流下来，流过了很多个村庄与森林，最后它来到了一个沙漠。它想："我已经越过了重重的障碍，这次应该也可以越过这个沙漠吧？"当它决定越过这个沙漠的时候，却发现河水渐渐消失在泥沙之中，它试了一次又一次，总是徒劳无功，于是，它灰心了："也许这就是我的命运了，我永远

也到不了传说中那个浩瀚的大海了。"它颓废地自言自语。

　　这时候，四周响起了一阵低沉的声音："如果微风可以跨越沙漠，那么河流也可以。"原来这是沙漠发出的声音。小河流很不服气地回答说："那是因为微风可以飞过沙漠，可是我却不可以。""因为你坚持你原来的样子，所以你永远无法跨越这个沙漠。你必须让微风带着你飞过这个沙漠，到达你的目的地。你只要愿意放弃你现在的样子，让自己蒸发到微风中。"沙漠用它低沉的声音这样说。

　　小河从来不知道有这样的事情，"放弃我现在的样子，然后消失在微风中？不！不！"小河无法接受这样的事情，毕竟它从未有过这样的经验，叫它放弃自己现在的样子，那么不等于是自我毁灭了吗？"我怎么知道这是真的？"小河这么问。"微风可以把水汽包含在它之中，然后飘过沙漠，等到了适当的地点，它就把这些水汽释放出来，于是就变成了雨水。然后，这些雨水又会形成河流，继续向前进。"沙漠很有耐心地回答。

　　"那我还是原来的河流吗？"小河流问。"可以说是，也可以说不是。"沙漠回答，"不管你是一条河流或是看不见的水蒸气，你内在的本质从来没有改变。你之所以会坚持你是一条河流，因为你从来不知道自己内在的本质。"此时小河流的心中，隐隐约约地想起了自己在变成河流之前，似乎也是由微风带着自己，飞到内陆某座高山的半山腰，然后变成雨水落下，才变成今日的河流。于是，小河流终于鼓起勇气，投入微风张开的双臂，消失在微风之中，让微风带着它，奔向它生命中某个阶段的归宿。

人生不可能完全被掌控，正所谓"谋事在人，成事在天"，生命中总有些难以预料的事情，有时无须太过执着，正如感情，感情是一捧细沙，握得越紧，越容易流失。自以为一切尽在掌握中，一切藏得严严实实，其实却十分不牢靠。

生命历程往往也像河流一样，想要跨越生命中的障碍，达到某种程度的突破，有时必须放下"执着"。

"三不"的智慧境界

《庄子·内篇·大宗师第六》中，庄子提出，人得了道就是真人，真人有真智慧。南怀瑾先生讲道，庄子提及了三点，将我们带入一个真实的神话境界，将人的生命价值说得十分清楚。什么叫真人？"不逆寡"，即顺其自然，一切不贪求，摆脱常人贪多的通病。"不雄成"，走出自大的机械心理，得道的人不觉得自己了不起，一切的成功都是自然，看淡成败得失。"不谟士"，"谟"就是谋，打主意。所有人都是在打主意，想办法赚钱，想办法找门路，想办法学道，都在那里打主意，都是做生意的思想，都是"自己欺骗自己"。

依南怀瑾先生所说，这三点是人生心理状况最严重的地方，做到了真人，即摆脱这三个问题。人会打主意，真人不打主意；人会觉得自己了不起，真人不觉得自己有多了不起；人会贪多勿得，不好的地方不住，钱少了不干，或者你看不起我，我就生气，真人则不会这样。听听下面一个人与智者的对话，你会有更深的感悟。

一个人问智者人生的最高境界是什么，智者说："无损于人。"当他第二次问智者人生的最高境界是什么时，智者说："无求于人。"当他第三次问智者人生的最高境界是什么时，智者说："无愧于人。"此人疑惑不解："为什么你三次的回答不一样？"智者回答："你三次来问我时的情况不一样。第一次来时，你身上还有许多魔障，贪多逆寡，一不留神就会做出损害他人的事情，所以你得先保证自己是一个好人，即使不能有益于人，至少也不要有损于人；第二次来的时候，你还不能自食其力，凡事经常求助于他人，一心为自己盘算，这不仅会制造他人的负担，也会给你造成心理压力，不当社会的包袱还不够，你还得想想，自己是不是社会的祸害；第三次来时，你已经丰衣足食，而且可以帮助别人了，但自大自得会使你对成败得失耿耿于怀，面对他人的急难，如果袖手旁观，你会受到良心的谴责，所以第三次我说最高境界是无愧于人。"

此人有些不满："你回答的全是人生最低境界，可我问的是人生最高境界。"智者说："没有最低境界哪有最高境界？为什么关心最高境界的人这样多，关心最低境界的人又是这样少？"智者的反问，让他哑口无言。

　　有位老人说，人生其实很简单，就跟吃饭一样，把吃饭的问题搞明白了，也就把所有的问题都搞明白了。聪明者为自己吃饭，愚昧者为别人吃饭；聪明者把吃饭当吃饭，愚昧者把吃饭当表演；聪明者吃饭既不点得太多，也不点得太少，他知道适可而止，能吃多少就点多少，他能估计自己的肚子；愚昧者则贪多求全、拼命点菜，什么菜贵点什么，什么菜怪点什么，等菜端上来时又忙着给别人夹菜，自己却刚吃几口就放下了，他们要么就是高估了自己的胃口，要么就是为了给别人做个"吃相文雅"的姿态；聪明者付账时心安理得，只掏自己的一份；愚昧者结账时心惊肉跳，明明账单上的数字让他心里割肉般疼痛，却还装出面不改色心不跳的英雄气概，宛然他是大家的衣食父母；聪明者只为吃饭而来，没有别的动机，他既不想讨好谁，也不会得罪谁；愚昧者却思虑重重，既想拼酒量，又想交朋友，还想拉业务，他本来想获得众人的艳羡，最后却南辕北辙、弄巧成拙。吃饭本是一种享受，但是到了他这里，却成为一种酷刑。

　　吃饭跟人生何其相似！人生在世，光怪陆离的东西实在太多，谁也无法说出哪些是好的，哪些是不好的，哪些值得追求，哪些不值得追求，哪种模式算是成功，哪种模式算是失败，唯一能说明白的也许只有三点：第一，自己的事情自己承担，不要麻烦任何人为你代劳，也不要抢着为任何人代劳；第二，要多照顾自己的情绪，少顾忌他人的眼色，太多顾忌别人，把自己弄得像演员，实在是一件出力不讨好的事情；第三，凡事最好量需而行、量力而行，不要定太高的目标。就像吃饭，你有多大胃口、多少钱，就点多少菜，千万不要贪多求全。

　　人生的道理，说复杂就复杂，说简单也简单，摆脱贪念，正视自我，不自欺欺人，不斤斤计较，踏踏实实做事，规规矩矩做人。

抛下入世心的包袱

　　一个真正有道德的人，在物质的世界当中，"乘物以游心"，抱着一种超然物外、游戏人间的心理看待人生，即"以出世的心做入世的事"。南怀瑾先生进一步讲解，游戏人间不是玩世不恭，而是让自己的心境轻松，守住做人的本分，从俗事中解脱，不被物质所累。

　　生而为人，便应遵循人生的价值，为了国家为了天下，乃至宗教所说的为了救人救世，明知道这条命要赔进去，也是十分坦然的，是"托不得已"的命之所在，义之所在。"以养中"这个"中"，即内心的道，自己修的道。诚心修道，掌握了为人处世的原则，就是真正的有道之士。"以出世之精神，做入世之事业"，这是朱光潜先生对弘一法师的评价，也是对庄子这段话的最佳诠释。

　　生活中，人们总是牵挂得太多，太在意得失，所以情绪起伏很大。被负面情绪牵着鼻子走的人，不可能活出洒脱的境界。爱默生曾解释过什么是成功："笑口常开；赢得智者的尊重和孩子的热爱；获得评论家真诚的赞赏，并容忍假朋友的出卖；欣赏美的事物，发掘别人的优点；留给世界一些美好，无论是一位健康的孩子，一个小园地或一个获得改善的社会现状都可以；知道至少一人因你的存在而过得更快乐自在，这就是成功。"以出世的心做入世的事，不让世俗功利蒙蔽你的心灵，淡然面对得失，坦然接受成败，才能超脱物我，找到生命的真谛。

　　有个匪徒跟踪一个珠宝商人来到了大山里，一路上他总是没有机会下手。到了大山里，四周没有一个人，匪徒终于找到了下手的好机会，他拦住了珠宝商人

的去路。面对劫匪，商人第一个反应就是立即逃跑。于是，一个拼命逃亡，另一个穷追不舍。走投无路的商人钻进了一个山洞里，匪徒也跟了进去。在山洞里，匪徒抓住了商人，不但抢了他的珠宝，连商人准备在夜间照明用的火把也抢去了。那个匪徒还算没有丧心病狂，他只图财没有害命。

之后，两个人各自寻找山洞的出口。山洞里黑极了，没有一丝光亮。匪徒庆幸自己把商人的火把抢来了，要不然到死也走不出这个纵横交错的山洞。他将火把点燃，借着火把的亮光在洞中行走。火把为他的行走带来了方便，他能看清脚下的石块，能看清周围的石壁，因而他不会碰壁，不会被石块绊倒。但是他始终没有走出这个山洞，最后饿死在里面。

商人失去了火把，心想着自己将要永远留在这个山洞里了，但是他又不甘心。没有了照明，他就在黑暗中摸索着前进，头不时碰在坚硬的石壁上，身体不时被石块绊倒，跌得鼻青脸肿。但是，过了一段时间，他看到从远处传来一丝光亮，那正是山洞的出口。正是因为他置身于一片黑暗之中，所以能看见那一抹细微的光亮。他便迎着那缕微光摸索爬行，最终逃离了山洞。

在黑暗中摸索的人最终走出了黑暗，有火把照明的人却永远留在了黑暗的山洞中，这并不奇怪，世间有很多事情都遵循这样的道理。我们总想得到什么，而不愿失去，却总是忘记，有时失去会让我们得到更多想得到的东西，包括生命。

有时候，人们就像那个匪徒，为了心中的妄念，做出违背自我的事情，因为手中拥有的东西比别人多，最终反而陷入人生的困境。以出世之精神，做入世之事业，以恬淡的心境面对万事万物，反而能够"无心插柳柳成荫"。

生命的形态和价值不受外界的影响
——听南怀瑾讲规矩与方圆

外圆内方，并非老于世故、老谋深算者的处世哲学。圆，是为了减少阻力，是方法；方，是立世之本，是实质。船头不是方形而是尖形或圆形是为了劈波斩浪，更快地驶向彼岸。人生也像大海，处处有风浪，时时有阻力。是与所有的阻力正面较量，拼个你死我活，还是积极地排除万难，去争取最后的胜利？生活这样告诉我们：事事计较、处处摩擦者，哪怕壮志凌云、聪明绝顶，也往往落得壮志未酬泪满襟的结果。

方圆之道，深浅有度

颜阖要去做太子的师父，蘧伯玉告诉他做大事业的人应有的修养。你外表给人的印象要亲近，可是你的内心要外圆内方。内心要和平，自己要调和，不能随便。要想改变一个人很难，你外表跟着他，心里却不能随之改变。南怀瑾先生说，内方，外圆，人们都很难做到，即便做到了也要关注一个更重要的原则：不能深入，恰到好处。"和不欲出"，自己内在心地要光明磊落，保持端正和平，但外表不能显露。

外圆内方，并非老于世故、老谋深算者的处世哲学。圆，是为了减少阻力，是方法；方，是立世之本，是实质。船头不是方形而是尖形或圆形的是为了劈波斩浪，更快地驶向彼岸。人生也像大海，处处有风浪，时时有阻力。是与所有的阻力正面较量，拼个你死我活，还是积极地排除万难，去争取最后的胜利？生活这样告诉我们：事事计较、处处摩擦者，哪怕壮志凌云、聪明绝顶，也往往落得壮志未酬泪满襟的结果。

老子的理想道德是自然，是天地，天圆地方；孔子的理想道德是中庸，是适度，是不偏不倚。外圆内方、深浅有度是一门微妙的、高超的处世艺术，使人们在正义和生活的天平上保持着微妙的平衡。

蘧伯玉告诉颜阖的为官之道，不由让人想起许多历史人物，如南怀瑾先生一直推崇的冯道。他曾事四姓、相六帝，在时事变乱的八十余年中，始终不倒，令人称奇。首先，此人品格行为炉火纯青，无懈可击，清廉、严肃、淳厚、宽宏；其次，深谙方圆处世之道，深浅有度，中正平和，大智若愚。冯道有诗云："莫为危时便怆神，前程往往有期因。须知海岳归明主，未必乾坤陷吉人。道德几时曾去世，舟车何处不通津。但教方寸无诸恶，狼虎丛中也立身。"

修道的功夫，修到不表现出来的程度，内在方直而外面曲成，慢慢地彼此向形而上道走，慢慢升华，这样就是所谓为人处世的"外圆内方"，外面圆融，内在方直。真正的"方圆"之人是大智慧与大容忍的结合体，有勇猛斗士的威力，有沉静蕴慧的平和。真正的"方圆"之人能对大喜悦与大悲哀泰然不惊。真正的"方圆"之人，行动时干练、迅速，不为感情所左右；退避时，能审时度势、全身而退，而且能抓住最佳机会东山再起。真正的"方圆"之人，没有失败，只有沉默，是面对挫折与逆境积蓄力量的沉默。

古语道："处治世宜方，处乱世宜圆，处叔季之世当方圆并用；待善人宜宽，待恶人宜严，待庸众之人当宽严互存。"处在太平盛世，待人接物应严正刚直，处天下纷争的乱世，待人接物应随机应变、圆滑老练，处在国家行将衰亡的末世，待人接物要方圆并济、交相使用；对待善良的人，态度应当宽厚，对待邪恶的人，态度应当严厉，对待一般平民百姓，态度应当宽厚和严厉并用。

黄炎培先生有几句深刻的座右铭："理必求真，事必求是；言必守信，行必踏实；事闲勿荒，事繁勿慌；有言必信，无欲则刚；如若春风，肃若秋霜；取象于钱，外圆内方。"方圆之道，深浅有度，恰如其分是为人处世的最高境界，过于锋芒毕露往往为世俗所不容，过于委曲求全又被视为软弱，只有外圆内方、刚柔相济，才能在纷繁复杂的人际关系中周旋有术，游刃有余。

人生在世，运用好"方圆"之理，必能无往不胜，所向披靡；无论是趋进，还是退止，都能泰然自若，不为世人的眼光和评论所左右。

坚守"戒"与"慎"的正身之法

庄子在《庄子·内篇·人间世第四》中讲了一段话："善哉问乎！戒之，慎之，正汝身也哉！"这里以为官之道讲解处世之法。当颜阖提及为人臣之道，问到如何与太子处事，蘧伯玉语重心长地告诫了他一番。

蘧伯玉是卫国的老臣，清楚太子的秉性，他说颜阖你问得好，这个任务太难了，你必须要"戒之，慎之"。随时要警诫自己，随时要谨慎讲话处事。处处要言行"戒之，慎之"，看似简单的人生处事，但大多数人都做不到。一辈子做人做事，最难。你自己要站得正，"正汝身"，尤其在颜阖所处的这么一个复杂的政治环境里，要做一个正人君子，还要把事情做好，非常难。

为人处世，既要"戒"，又须"慎"，关键在于内心的修为。南怀瑾先生提到过明末一位读书人的一句话："世界上任何一个人，活了一辈子只做了三件事，不是自欺，就是欺人，再不然被别人欺。"人生在世，如果真的能够跳出这三件事，也就跳出了三界外。

有一个地方长官去拜访白隐禅师，问到佛门常说的地狱与极乐究竟是真实的还是一种理想，并希望禅师能带他参观到真实的地狱与极乐。白隐禅师立即用所能想象出的最恶毒的话辱骂他，这位长官十分惊讶。刚开始时基于礼貌的关系，长官没有回嘴。最后实在忍不住了，就随手拿起一根木棍，并大喝："你算什么禅师？简直是个狂妄无礼的家伙！"说着拿木棍就往禅师身上打去，白隐跑到大殿

木柱后，对着面露凶相，从后追赶而来的长官说："你不是要我带你参观地狱吗？你看！这就是地狱！"恢复自我的长官，觉察到自己的失态，急忙跪地道歉，请禅师原谅他的鲁莽。白隐禅师道："你看，这就是极乐！"

时时警戒，处处谨慎，居正不倒，方能成为正人君子。有人曾说过："诸葛一生唯谨慎，吕端大事不糊涂。"的确，诸葛亮谨慎的个性使他成为中国历史上非常少有的能完身完名的托孤权臣，避过了历代无数带兵重臣身败名裂的结局，但从另一个方面来说，他恰恰又犯了"慎"与"戒"的错误。由于国力不强，战争应该"谨慎"发动，要选准时机，平时多积蓄实力，以备待机而发，而诸葛亮则反其道而行之，在发动战争上缺乏谨慎，虽然有些是不得已的防卫战，但大多都是其主动兴起的北伐，六出祁山无功而返，劳师动众大减了国力，最后落得病死五丈原的结局。诸葛亮一生谨慎，但"谨慎"仍有不到之处，在不该谨慎的战术上裹足不前延误战机，在应该谨慎的战略上又有些急功近利，或许是为了不辜负白帝城托孤的一片赤诚吧，名心情结，不易跳脱。总之，戒与慎，是一个很难做到的人生课题，而戒慎不及，又何谈修身？

提到正身做人，想到了雕砚。砚石最初都是工匠从溪流里涉水挑选而来，石块呈灰色，运回后首先需要暴晒，因为许多石头在溪流中十分精致，但却有难以察觉的裂痕，只有经过不断的日晒雨淋才能显现。未经打磨的石头，表面粗糙，不容易看出色彩和纹理，只有在切磨打光之后，才能完全而持久地呈现。雕砚最重要的一步就是修底，因为底不平，上面不着力，就没有办法雕好，无论多么细致的花纹与藻饰，都要从最基础的地方开始。

做人也是如此，无论表面怎么拙陋，经过琢磨，都会呈现出美丽的纹理。从生活中历练，正如同在雕砚时磨砺，外表敦厚内心耿介的君子，经过心志与肌肤的劳苦之后，方能承担大任。修底与磨砺都是正身的过程，戒与慎则是正身的方法。

真正的大用看似无用

南怀瑾先生幽默地讲解过"神木"的故事，也让我们心有所悟，受益匪浅。若不是看似无用，那树木怎能活上千百年，成为参天的古木呢？这难道不是最大的"用"吗？与此类似的，还有另一个生灵。

大象不断地被人类猎杀，但人类并没有运走大象庞大的身躯，而是仅仅锯走了象牙。大象们为了生存，终日东躲西藏，时时提高警惕，但还是难逃厄运，它们一只接一只地倒在了人类的枪口下。但奇怪的是，有一头公象从未受到人类的威胁，它从容地到处转悠，有时还能到人类居住的村庄附近吃玉米，而且人类见了它，甚至还和它打招呼，表现得很友善。其他大象对此极为不解。"你有什么秘密吗？人类为什么从不伤害你，却总是把枪口对准我们呢？"大象族长问它。"你看我与你们有什么不同吗？"那只公象问族长和其他同类。"你……你……的牙？"大象族长惊讶得说不出话来。"是的，我没有牙齿。从很早以前起，我每天做的第一件事就是磨自己的牙，而正是因为没有牙齿，人类枪杀我就没有任何价值，所以我能从容、平安地生活。"

我们不得不赞叹那头公象的智慧。象牙是公象吸引配偶的绝佳工具，哪头象的牙粗壮、美丽，它就会更加受青睐，公象们都以自己的象牙为荣。然而，正是这代表着荣誉的象牙，却因受到人类的觊觎而为公象引来了杀身之祸。此时，磨掉象牙，收敛自己的锋芒，才是保护自己的最好方法。

人又何尝不是如此呢？看似无用，有时却是大材，老子曾说："良贾深藏若虚，君子盛德容貌若愚。"

有一位纪先生，以训练斗鸡而闻名于世。齐王听说这个人以后，重金聘他到宫中训鸡。纪先生才养了十天鸡，齐王就不耐烦地问："养好了没有？"纪先生答道："还没好，现在这些鸡还很骄傲，自大得不得了。"过了十天，齐王又来

问，纪先生回答说："还不行，一看到人影晃动，就惊动起来。"又过了十天，齐王又来了，当然还是关心他的斗鸡，纪先生说："不成，它们还是目光犀利，盛气凌人。"十天后，齐王已经不抱希望了，但还是来看他的斗鸡。不料这回纪先生却说："差不多可以了，它们虽然有时候会啼叫，可是不会惊慌了，看上去好像木头做的鸡，精神上完全准备好了。其他鸡都不敢来挑战，只能落荒而逃。"原来，呆若木鸡不是真呆，只是看着呆，而实际上已经成了英勇善战的斗鸡了。活蹦乱跳、骄态毕露的鸡，不是最厉害的。目光凝聚、纹丝不动、呆似木头的鸡，才是斗鸡中的高手。

　　人的各种表现就像这斗鸡的各个阶段，将能力表露在外面是人的天性。但貌似强悍、威风凛凛的人并不是最有能力的，真正有本领的人懂得保护自己的实力，不会轻易将才艺外露，做到韬光养晦才是聪明人之所为。"大智若愚"，从某种意义上讲，是有智谋的人保护自己的一种处世计谋。过于聪明的人，常是上司猜忌的对象。因为任何有所图谋的人，都有可能从事情刚开始筹划时便被识破。一旦发现有人独具慧眼，那么为了保全自己的一切，必会千方百计，不择手段地加以掩盖，散布流言，捏造罪名，甚至谋杀。历史上古今中外，这样的事多得不胜枚举。所以一些真正有智慧的人，一般都采取"守拙"的方法保护自己。

　　真正的大用看似无用，实则抱愚藏拙，能包容一切人的长处，而自己以"无用"的面目示人，比如高祖刘邦、三国时的刘备、梁山聚义的宋江，无用之人揽有识之士，天下英雄尽入我囊中，皆是深谙此道。

没有永远存在的，也没有永远毁坏的
——听南怀瑾讲福祸相依

　　太多的财富反而成了追求快乐的最大累赘，当我们觉得拥有太少而拼命争取的时候，恰恰是应该抛弃一切欲念的时候。放下了对欲望的追求，快乐便自然而然地来了。得道者的心就像一面镜子，对于外物是来者即照，去者不留，能够反映外物而又不因此损心劳神。只有这样的人才能做到胜物而不伤己。

生命给谁的都不会太多

　　《庄子·内篇·人间世第四》中说："福轻乎羽，莫之知载；祸重乎地，莫之知避。"南怀瑾先生认为，如果人一生都要求幸福，那是不可能的事情，因为幸福就像轻飘飘的羽毛一样难以把握，而艰难痛苦就像脚下的大地一样始终不离左右，所以人一生都是身在祸福之中。明白了这点，你就能以平和的心态来看待身边的得失。

　　有一位著名的女高音歌唱家，仅30多岁就已经誉满全球，而且家庭美满，令人欣羡。

　　一次她到邻国开独唱音乐会，入场券早就被抢购一空，当晚的演出也受到极为热烈的欢迎。演出结束之后，歌唱家和丈夫、儿子从剧场里走出来的时候，一下子被早已等在那里的观众团团围住。人们七嘴八舌地与歌唱家攀谈着，其中不乏赞美和羡慕之词。

　　有的人恭维歌唱家年纪尚轻就开始走红并进入了国家级的歌剧院；有的人恭维歌唱家有个腰缠万贯的某大公司老板做丈夫，膝下又有个活泼可爱、脸上总带着微笑的小男孩……在人们议论的时候，歌唱家只是在听，并没有表示什么。等

　　人们把话说完以后，她才缓缓地说："我首先要谢谢大家对我和我的家人的赞美，我希望在这些方面能够和你们共享快乐。但是，你们看到的只是一个方面，还有另外的一个方面没有看到。那就是你们夸奖的活泼可爱、脸上总带着微笑的这个小男孩，他是一个不会说话的哑巴，而且，他还有一个姐姐，是需要长年关在装有铁窗房间里的精神分裂症患者。"

　　歌唱家的一席话使人们震惊得说不出话来，你看看我，我看看你，似乎很难接受这样的事实。这时，歌唱家又心平气和地对人们说："这一切说明什么呢？恐怕只能说明一个道理：那就是命运给谁的都不会太多。"

　　就像这位歌唱家说的，命运给谁的都不会太多。生活中我们常常抱怨命运的不公，其实想想是不是很多时候我们都是在拿自己的不幸比较别人的幸运呢？

　　每个人都会有自己的欢乐和痛苦，命运之手在这一点上是很公平的。每个人都有自己所拥有的，也会有相应的失去。南怀瑾先生说，在慨叹不幸时，多想想自己所拥有的，其实每一样都是最宝贵的。

　　有一个阿拉伯富翁，在一次大生意中亏光了所有的钱，并且欠下了债，他卖掉房子、汽车，还清债务。

此刻，他孤独一人，无儿无女，穷困潦倒，唯有一只心爱的猎狗和一本书与他相依为命，相依相随。在一个大雪纷飞的夜晚，他来到一座荒僻的村庄，找到一个避风的茅棚。他看到里面有一盏油灯，于是用身上仅存的一根火柴点燃了油灯，拿出书来准备阅读。但是一阵风忽然把灯吹熄了，四周立刻漆黑一片。这位孤独的老人陷入了黑暗之中，对人生感到痛彻绝望，甚至想到了结束自己的生命。但是，立在身边的猎狗给了他一丝慰藉，他无奈地叹了一口气后沉沉睡去。

第二天醒来，他忽然发现心爱的猎狗被人杀死在门外。抚摸着这只相依为命的猎狗，他决定要结束自己的生命。于是，他最后扫视了一眼周围的一切。

这时，他发现整个村庄都沉浸在一片可怕的寂静之中。啊，太可怕了，尸体，到处是尸体，一片狼藉。显然，这个村庄昨夜遭到了匪徒的洗劫，整个村庄一个活口也没留下来。

看到这可怕的场面，老人不由心念急转，啊！我是这里唯一幸存的人，我一定要坚强地活下去。此时，一轮红日冉冉升起，照得四周一片光亮，老人欣慰地想，我是这个村子里唯一的幸存者，我没有理由不珍惜自己。虽然我失去了心爱的猎狗，但是，我得到了生命，这才是人生最宝贵的。

人生总有得意和失意的时候，一时的得意并不代表永久的得意；然而，在一时失意的情况下，如果你不能调整心态，被失意的心情紧紧地困住了，无法摆脱，那么你就很难再能有得意之时。人的一生都在祸福中，因此，面临失意或悲伤时，我们要学会以一种平和的心态去看待身边的祸福，做自己的主人，不为外界所左右。

世人的不吉利正是上天的大吉利

《庄子·内篇·人间世第四》讲了一段话："故解之以牛之白颡者，与豚之亢鼻者，与人有痔病者，不可以适河。此皆巫祝以知之矣，所以为不祥也。此乃神人之所以为大祥也。"意思是，古人祈祷神灵消除灾害，总不把白色额头的牛、高鼻折额的猪以及患有痔漏疾病的人沉入河中做祭奠。这些情况巫师全都了解，认为他们都是很不吉祥的。不过这正是"神人"所认为的世上最大的吉祥。

这是一段庄子式的滑稽幽默，但却把人生之道看得十分透彻。庄子引用古人的迷信来说明一般人认为不吉利的东西，但"神人"却认为这种"不吉利"反而有益无害。比如说，一匹头上有白毛的马没人敢骑，白马反而因此免去了一辈子的奴役；一头鼻子高高翘起的猪不会被杀掉做祭祀，才会好好地活到老。所以，世人认为不吉利的，在上天看来却是大吉大利。南怀瑾先生说，任何事情都有它的两面性，关键是看你如何从不利的一面当中看到有利的那一面。

从前有一个国王，除了打猎以外，最喜欢与宰相微服私访。宰相除了处理国务以外，就是陪着国王下乡巡视，他最常挂在嘴边的一句话就是"一切都是最好的安排"。

有一次，国王兴高采烈地到大草原打猎，他射伤了一只花豹。国王一时失去戒心，居然在随从尚未赶到时，就下马检视花豹。谁想到，花豹突然跳起来，将国王的小手指咬掉小半截。

回宫以后，国王越想越不痛快，就找宰相来饮酒解愁。宰相知道了这事后，一边举酒敬国王，一边微笑着说："大王啊！少了一小块肉总比少了一条命来得好吧！想开一点，一切都是最好的安排！"

国王听了很是生气："你真是大胆！你真的认为一切都是最好的安排吗？"

"是的，大王，一切都是最好的安排。"

国王说："如果我把你关进监狱，难道这也是最好的安排？"

宰相微笑说："如果是这样，我也深信这是最好的安排。"

国王大手一挥，两名侍卫就架着宰相走出去了。

过了一个月，国王养好伤，又找了一个近臣出游了。谁知路上碰到一群野蛮人，他们把国王抓住用来祭神。就在最后关键时刻，大祭司发现国王的左手小指头少了小半截，他忍痛下令说："把这个废物赶走，另外再找一个！"因为祭神要用"完美"的祭品，大祭司就把陪伴国王一起出游的近臣抓来代替。脱困的国王欣喜若狂，飞奔回宫，立刻叫人将宰相释放了，在御花园设宴，为自己保住一命，也为宰相重获自由而庆祝。

国王向宰相敬酒说："宰相，你说的真是一点儿也不错，如果不是被花豹咬一口，今天连命都没了。可我不明白，你被关进监狱一个月，难道也是最好的安排吗？"

宰相慢慢地说："大王您想想看，如果我不是在监狱里，那么陪伴您微服私巡的人，不是我还会有谁呢？等到蛮人发现国王不适合拿来祭祀时，谁会被丢进大锅中烹煮呢？不是我还有谁呢？所以，我要为大王将我关进监狱而向您敬酒，您也救了我一命啊！"

宰相是一个明智的人，他能从事物的不利中看到有利的一面，并始终认为一切都是最好的安排，这无疑是一种积极的人生态度。南怀瑾先生认为，正是因为有些人不能正确地看待自己的利与不利，没有正确认清自己的价值，没有好好地活在这个世界上，才会自己给自己找麻烦。人生中难免会遭遇一些利害得失，学会辩证地看待事物的两面性，就会少一些挫折感，你的人生才能轻松愉快。

物来而应，物去不留

南怀瑾先生认为《庄子·内篇·应帝王第七》中所言的"不将不迎，应而不藏"是道的最高境界。他说，得道的人身处世间，对于外物既不欢迎，也不拒绝，"物来而应，物去不留"，因此能保持一颗平静的心。由此可知，一个人如果背负太多的东西，只会让自己疲惫不堪，只有适当地放下，才能得到真正的快乐。

有一个富翁背着许多金银财宝，到远处去寻找快乐。他走过了千山万水，却始终未能寻找到快乐，于是他沮丧地坐在山道旁。一个农夫背着一大捆柴草从山上走下来，富翁说："我是个令人美慕的富翁。请问，为何我没有快乐呢？"

农夫放下沉甸甸的柴草，舒心地揩着汗水："快乐很简单，放下就是快乐！"富翁顿时开悟：自己背负着那么重的珠宝，老怕别人抢，怕被别人暗算，整天忧心忡忡，快乐从何而来？于是，富翁将珠宝、钱财接济穷人，专做善事，慈悲为怀。善行滋润了他的心灵，他也尝到了快乐的味道。

太多的财富反而成了追求快乐的最大累赘，当我们觉得拥有的太少而拼命争取的时候，恰恰是应该抛弃一切欲念的时候。放下了对欲望的追求，快乐就自然而然地来了。得道者的心就像一面镜子，对于外物是来者即照，去者不留，能够反映外物而又不因此损心劳神。南怀瑾先生觉得只有这样的人才能做到胜物而不伤己。

一个小镇的老街上住着一位老铁匠，他以卖铁器为生。每天早上，老铁匠把铁器往门口一放然后就在竹椅上躺着，微闭着眼，听收音机，身旁还放着一把紫砂壶。老铁匠从不大声吆喝以及与别人讨价还价，每天的收入正够他喝茶和吃饭。他老了，已不再需要多余的东西，因此他非常满足。

一天，一个文物商人从老街上经过，偶然间看到老铁匠身旁的那把紫砂壶：古朴雅致，紫黑如墨，有清代制壶名家戴振公的风格。商人惊喜不已，因为戴振公在世界上有捏泥成金的美名。据说他的作品现在仅存三件，有两件分别收藏在两个著名的博物馆中，还有一件下落不明。

商人想以20万元的价格买下它，老铁匠先是一惊后又拒绝了，因为这把壶是他爷爷留下的，他们祖孙三代打铁时都喝这把壶里的水。

商人走后，老铁匠第一次失眠了：这把壶他用了近60年，并且一直以为它是一把普普通通的壶，现在竟有人要以20万元的价钱买下它。特别让他不能容忍的是，当人们知道他有一把价值连城的茶壶后，开始向他借钱，天天找上门来，更有甚者晚上也敲他的门。他的生活被彻底打乱了，他不知该怎样处置这把壶。

第三天，当那位商人带着20万现金登门的时候，老铁匠再也坐不住了。他拿起一把斧头，还没等大家反应过来，已经把紫砂壶砸了。

要想保持一颗平静的心，就要学会"物来而应，物去不留"，适当放下是一种洒脱，是参透万物后的一种平和。当某一件东西带给你的只有无尽的烦恼和忧愁，各种各样的负担如山一般压在你的心上不能自由呼吸时，那么最明智的办法就是舍弃它。

人生下来的时候本来就是赤条条的，每多一样东西都是上天的赐予和偏得，如果真的能这样想，那么失去又算什么？人世间哪里有真正的失去呢？那些本来就不属于自己的，来来去去莫不如了无牵挂，那么快乐自然会回到你的身边。

过分的话不能说，好坏都不能加一点
——听南怀瑾讲说话之道

　　杜绝闲言闲语，学会像外交官一样说话行事，是做人的明智选择，该说的就说，不该说的说出口了，只会把事情越弄越糟。南怀瑾先生说，如果说过分的话，做过分的事，结果倒霉的只能是自己。平常做人就是如此。只有时时意识到这个问题，改变自己的做事方式，才能真正做好事情。

舌头最软却伤人最深

　　《庄子·内篇·人间世第四》中讲了庄子借孔子的口论述的一段人生哲理。故法言曰："传其常情，无传其溢言，则几乎全。"

　　孔子说，外交官传达两方面意见的时候，传其原意，过分的话不能传，也不能添油加醋，做到了这一步，才能够保全自己。做翻译官也是如此。

　　南怀瑾先生认为，这是讲外交官的修养，做外交的哲学，也是告诉我们做人的道理，应该怎么做，不应该怎么做。因此，管好自己的舌头，学会说话处世很重要。

　　尽管舌头没有骨头，但也应该特别小心它的厉害。因为话一旦说出口，就像射出的箭，再也不能收回了。有一个拉比让他的仆人去市场上买些好东西，买些不好的东西。仆人两次带回来的都是舌头。拉比十分不解，仆人告诉了他其中的缘由：舌头是善恶之源，当它好的时候，没有比它再好的了；当它坏的时候，没有比它更坏的了。由此，我们可以看出说话好坏对做事的影响。

　　愚者常常暴露出自己的愚昧，贤者却总是隐藏自己的智慧。因为善于倾听的人，易表露智慧；而喜欢表现自我、喋喋不休的人，通常都不够明智。基于此，请记住这么一句忠言："假如你想活得更幸福、更快乐的话，就应该从鼻子里充分

吸进新鲜空气，而始终关闭你的嘴巴。"

"闭上你的嘴"，在不伤害别人的同时也修炼了自己。圣菲利普是16世纪深受爱戴的罗马牧师，富人和穷人都追随着他，贵族和平民也都喜欢他，这一切都是因为他处世的智慧。

有一次，一个年轻的女孩来到圣菲利普面前倾诉自己的苦恼。圣菲利普明白了女孩的缺点，其实她心地倒不坏，只是她常常说三道四，喜欢说些无聊的闲话。这些闲话传出去后就会给别人造成许多伤害。

圣菲利普说："你不应该谈论他人的缺点，我知道你也为此苦恼，现在我命令你要为此赎罪。你到市场上买一只母鸡，走出城镇后，沿路拔下鸡毛并四处散布。你要一刻不停地拔，直到拔完为止。你做完之后就回到这里来告诉我。"

女孩觉得这是非常奇怪的赎罪方式，但为了消除自己的烦恼，她没有任何异议。她买了鸡，走出城镇，并遵照吩咐拔下鸡毛。然后她回去找圣菲利普，告诉他自己按照他说的做了。

圣菲利普说："你已完成了赎罪的第一部分，现在要进行第二部分。你必须回到你来的路上，捡起所有的鸡毛。"

女孩为难地说："这怎么可能呢？在这个时候，风已经把它们吹得到处都是了。也许我可以捡回一些，但是我不可能捡回所有的鸡毛。"

"没错，我的孩子。那些你脱口而出的愚蠢话语不也是如此吗？你不也常常从口中吐出一些愚蠢的谣言吗？然后它们不也是散落路途，口耳相传到各处吗？你有可能跟在它们后面，在你想收回的时候就收回吗？"

女孩说："不能，神父。"

"那么，当你想说别人的闲话时，请闭上你的嘴，不要让这些邪恶的羽毛散落路旁。"

背后议论别人是做人做事最忌讳的一个方面。当你在别人背后说闲话时，就暴露了你自己的人格特质——你的好批评及你喜欢在人背后说闲话。如此，别人也会从你的闲话中由此及彼联想到自己，他们会因此认为你是一个品质低劣、说三道四的小人。对方会认为，如果你现在说别人的闲话，说不定哪一天你也会在其他人面前说自己的闲话。因此，那个听你闲话的人，会提防你，小看你，甚至在心里鄙视你。这样，你就会得不偿失，甚至会为今后留下祸根。

杜绝闲言闲语，学会像外交官一样说话行事，是做人的明智选择，该说的就说，不该说的说出口了，只会把事情越弄越糟。南怀瑾先生说，如果说过分的话，做过分的事，结果倒霉的就是自己。只有时时意识到这个问题，改变自己的做事方式，才能真正做好事情。

人生必须规避的两个错误

"无迁令，无劝成。"《庄子·内篇·人间世第四》里面这句话说的是做人做事的道理，也是人生必须规避的两个错误。何谓"无迁令"，南怀瑾先生举了身边的小事来说明这个道理，比如说，他让人帮他拿一本书，这只是区区小事，举手之劳而已，结果对方却吩咐第三者去做：某某人，老师让你帮他拿一本书。推脱责任，推托一切，就叫"迁令"，这是不负责任的做法，做人要做到"不迁令"，就是不要推托一切，该自己去做的就去完成，不能让别人代劳。

"无劝成"，南怀瑾先生认为是指不要勉强别人的成功，对别人过度地要求，虽然本意是好的，但是往往适得其反，达不到预期的效果，误人不浅。特别是对于一个人的成长来说，"无劝成"是一面人生的镜子，是一个值得思考的问题。

父亲问儿子："你长大以后希望自己当什么呢？"六岁的儿子看着餐桌上香喷

喷的甜点，眨巴着眼睛对父亲说："我想当一个世界上最棒的糕点师！"父亲被逗乐了，却没有把儿子的话放在心里。

时光过得飞快，当年的儿子变成了一个英俊少年。高中毕业的时候，他收到了许多名牌大学的报考材料。身为大富翁的父亲以为儿子一定很高兴，没想到儿子却坚定地摇摇头说："我想考烹饪学院，以后当一名很棒很棒的糕点师。"看着孩子一脸的认真，父亲只是平静地拍了拍他的肩头说："那就好好地努力吧！"于是，儿子满怀信心地报考了几所优秀的烹饪学校。可是从所有的学校传来的都是坏消息，他的成绩考得不理想，简直就是糟糕极了。他不肯相信自己真的如专业老师所说的那样"没有一点儿烹饪的资质"。几天以后，儿子重新报考父亲推荐给他的名牌大学，并顺利地通过了。几年以后，儿子以优异的成绩从大学毕业，然后进了父亲的公司工作。他不仅很快熟悉了业务，而且干得比父亲更加出色。

一个周末的晚上，家里的用人都回家了。父亲想到厨房里弄一点儿热咖啡，可是他却发现厨房里亮着灯，还传出轻微的响声。他有些紧张地走过去，却意外地见到了儿子正在厨房里摆弄着什么。儿子动作熟练地将奶油、巧克力、香草精、新鲜鸡蛋分类化开、混合，又将雪白的面粉和苏打粉一起均匀搅拌，然后倒入模具放进电烤箱。他神情专注，仿佛在创作一件艺术品。

"嗨，你在干什么？"父亲好奇地问，他从不知道儿子还会这么一手。儿子回头看了一眼父亲，说："爸爸，明天是您的生日，我在给您做一块大的生日蛋糕。"过了一会儿，儿子从烤箱里拿出烘焙好的蛋糕。糕体散发着香味，看上去松软可爱。儿子捧着蛋糕，恭恭敬敬地来到父亲的面前鞠了一躬，脸上满是期待的神情。父亲的眼睛湿润了，他接过蛋糕，认真地问儿子："这

些年以来，你一直过得并不快乐，是不是？"儿子愣了一下，低着头不敢看父亲的眼睛："可我一直干得很出色。"

父亲没有说话，咬了一口蛋糕，细细地咀嚼着，很久才说："我一直为自己拥有一个出色的儿子自豪，但是吃了你亲手做的蛋糕，我才发现，原来拥有一个快乐的儿子更加重要。"接着，父亲带着儿子到书房，他从保险柜里拿出当年儿子考烹饪学院的成绩单，上面全部是"优"——当年就是父亲用金钱买了一份假成绩单，瞒住了这件事情的真相。

父母是孩子一生的"主管"，他们望子成龙心切，总喜欢把自己的想法强加在孩子的身上，为他设计出一堆堆关于未来的宏伟蓝图，可从来没有想过这是不是孩子所需要的，是不是孩子的兴趣所在。其实，只要父母用一种平等相处的眼光来看待孩子，给他一个自由选择的空间，使他顺其自然地发展，才是最伟大的成功。

南怀瑾先生说，自己当主管不能"劝成"，成就好的事情，不是一时做得到的。如果弄错的话，想改已经来不及了，也是很困难的。所以说话做事都需要慎重地考虑。

用沉默代替争辩的智慧

《庄子·内篇·齐物论第二》中说："夫大道不称，大辩不言，大仁不仁，大廉不嗛，大勇不忮。道昭而不道，言辩而不及，仁常而不成，廉清而不信，勇忮而不成。"这句话的意思是指，至高无上的真理是不必称扬的，最了不起的辩说是不必言说的，最具仁爱的人是不必向人表示仁爱的，最廉洁方正的人是不必表示谦让的，最勇敢的人是从不伤害他人的。真理完全表露于外那就不算是真理，逞言肆辩总有表达不到的地方，仁爱之心经常流露反而成就不了仁爱，廉洁到清白的极点反而不太真实，勇敢到随处伤人也就不能成为真正勇敢的人。

南怀瑾先生认为，只要具备这五个方面就是得了做人的道。真理不必称扬，做人不必标榜。真正有修养的人，即使在面对诽谤时也是极具君子风度的。所谓浊者自浊、清者自清，遇谤不辩，诽谤最终会在事实面前不攻自破的。

有位修行很深的禅师叫白隐，在他所住的寺庙旁，有一对夫妇开了一家食品店，家里有一个漂亮的女儿。某天，无意间，夫妇俩发现尚未出嫁的女儿竟然怀孕了。这种见不得人的事使她的父母震怒异常！在父母的一再逼问下，她终于吞吞吞吐吐地说出"白隐"两字。

　　她的父母怒不可遏地去找白隐理论，但这位大师不置可否，只若无其事地答道："就是这样吗？"孩子生下来后，就被送给白隐，此时，他的名誉虽已扫地，但他并不以为然，只是非常细心地照顾孩子——他向邻居乞求婴儿所需的奶水和其他用品，虽不免横遭白眼，或是冷嘲热讽，他总是处之泰然，仿佛他是受托抚养别人的孩子一样。

　　事隔一年后，这位没有结婚的妈妈，终于不忍心再欺瞒下去了，她老老实实

地向父母吐露实情：孩子的生父是住在同一幢楼里的一位青年。

她的父母立即将她带到白隐那里，向他道歉，请他原谅，并将孩子带回。

白隐仍然是淡然如水，他只是在交回孩子的时候，轻声说道："就是这样吗？"

白隐为给邻居女儿以生存的机会和空间，代人受过，牺牲了为自己洗刷清白的机会，受到人们的冷嘲热讽，但是他始终处之泰然，只有平平淡淡的一句话："就是这样吗？"

在现实生活中，口舌之交是人际沟通中最重要的一种方式。在这个沟通过程中，言来言去，自难免失真之语。诽谤就是失真言语中的一种攻击性恶意伤害行为了。俗语云：明枪易躲，暗箭难防。也许，在很多时候，诽谤与流言并非我们能够去制止的，甚至是有人群的地方就有流言。但我们对待流言的态度则显得尤为重要，正如美国总统林肯所说："如果证明我是对的，那么人家怎么说我都无关紧要；如果证明我是错的，那么即使花十倍的力气来说我是对的，也没有什么用。"这与白隐法师对待诽谤的态度——遇谤不辩，如出一辙。

当诽谤已经发生，一味地争辩往往会适得其反，不是越辩越黑便是欲盖弥彰。还是鲁迅先生说得好：沉默是金。的确，对付诽谤最好的方法便是保持沉默，让清者自清而浊者自浊，这才是明智的选择。

《新唐书》中有一则武则天与狄仁杰的故事：

武则天称帝后，任命狄仁杰为宰相。有一天，武则天问狄仁杰："你以前任职于汝南，有极佳的表现，也深受百姓欢迎。但却有一些人总是诽谤诬陷你，你想知道详情吗？"狄仁杰立即告罪道："陛下如认为那些诽谤诬陷是我的过失，我当恭听改之；若陛下认为并非我的过失，那是臣之大幸。至于到底是谁在诽谤诬陷，如何诽谤，我都不想知道。"武则天闻之大喜，推崇狄仁杰为仁师长者。

做人难，难在如何面对诽谤诬陷。俗话说：流言止于智者。真正有智慧的人是不会被流言中伤的。因为他们懂得用沉默来对待那些毫无意义的流言诽谤。鲁迅先生曾经说过："沉默是最好的反抗。这种无言的回敬可使对方自知理屈，自觉无趣，获得比强词辩解更佳的效果。"在20世纪三四十年代，巴金先生曾受到无聊小报和社会小人的谣言攻击。巴金先生说："我唯一的态度，就是不理！"

用沉默来应对诽谤，让浊者自浊、清者自清。在现实生活中，拥有"不辩"的胸襟，就不会与他人针尖对麦芒，睚眦必报；拥有"不辩"的情操，宽恕永远多于怨恨。

高度的智慧，用起来极简单
——听南怀瑾讲为学境界

学校和老师应该像先古圣贤一样用问题来回答问题，在这一个个的设问中，向孩子们灌输一种人道的价值观，引导幼小纯洁的心灵去关注人类的命运，让孩子们学会思考解决重大问题的方法。这些问题在课堂上或是自然界可能都没有标准答案，有些答案可能需要人们用一生去寻索，这恐怕也是庄子希望后人去思考的。

学问的最高境界

学问的最高境界是什么？无所不知，还是一无所知？《庄子·内篇·齐物论第二》中说："故知止其所不知，至矣。"

南怀瑾先生进一步指出，这里的"故知"指的是一般的知识智慧。"道"也有一个最高的标准，即"止其所不知"，到了最高处便是不知，无念之境，无道可道，方为最高。

南怀瑾先生提到了南北朝时的一位高僧鸠摩罗什的弟子僧肇，僧肇在一篇文章《般若无知论》中说，智慧到最高处，没有智慧可谈，才是真正的智慧。庄子所谓的道的智慧也在于此。

人有所精，物有所专，本不是坏事，然而有时一个人的某一专长到达一个最高境界，反而会挡住其他知识。孔子在《论语》中也说自己一无所知，什么都不会，因此能够样样会，无所不知有时又是一无所知。南怀瑾先生以禅宗经常标榜的珠子走盘为例解释，滚珠没有一个方向，没有一个固定，它一无所知，因此无所不知。知识到达最高处即为"无知"，始终宁静，没有主观，没有先入为主，就是学问最高的境界。

希腊著名哲学家苏格拉底也是一位"无知"的智者，他做人处世与孔子异曲同工，他说："你们把我看成有学问的人，真是笑话！我什么都不懂。"他曾经作过一个生动的比喻，他画了两个圆圈，一大一小。他对他的学生们说，大圆好比是他，小圆好比是某个学生，圆的面积代表知识，圆的周长代表与未知领域的接触，两圆之外的空白都是他们的无知面。圆的面积越大，相应的周长也越长，这就表明知识越丰富的人，他所不知道的东西就越多。苏格拉底一再宣称自己"毫无智慧"，同时又津津乐道于这样一个神谕，即当他向神殿提出"有什么人比我更贤明"时，得到的回答是"没有一个人比你更贤明"。

如果将哲学看作一个人，他正是这样一位大师。从其广阔的理论视野和博大的智慧胸襟的角度看，哲学真的无所不知，从平淡无奇的日常生活到波澜壮阔的历史革命，从千年前的奇思妙想到当今的智能科学，无一不为哲学所关注。然而，从事物的具体性和特殊性的角度看，哲学又是一无所知的，它无法告诉你几千年前的世界是怎样的，也不能告诉你机械是怎样运作的，甚至不能具体地告诉你心脏是如何活动的，相对于科学，哲学又是一无所知的。

蒲鹤年先生的一篇文章中谈及，"大实若虚"与"大伪似真"，谈论了丁肇中先生的"无知"与一位"万能科学大师"的"无所不知"。世界著名美籍华裔物理学家丁肇中先生，四十岁便获得了诺贝尔物理学奖。了解他的人都知道：在接受采访或提问时，无论是本学科问题还是外学科问题，也无论提问者是业内人士还是业外人士，丁肇中最常给出的回答是三个字——不知道。他曾解释："不知道的事情绝对不要去主观推断，而最尖端的科学很难靠判断来确定是怎么回事。"

曾有则有趣的寓言：

一位自命不凡的人为了难倒一位年长的智者，绞尽脑汁，收集了历史、地理、哲学、物理等各个领域的未解之谜，将所有难题摆在老人面前，让这位众人口中的智慧大师以一句话将所有问题回答出来，老人笑了笑，用一句话说出了他的答案——我全都不知道。

这位自命不凡之人其实还是未能难住这位"无知"的智者。庄子讲的"无知"，是俗语说的"一瓶水不响，半瓶水咣当"，真正的学问到了最高处便是"无知"。学问充实了以后，自己却感觉到空洞无知，这才是有学问的真正境界。无所不知而又一无所知，正所谓"绝顶聪明绝顶痴"。

问号就是最好的答案

庄子在《庄子·内篇·逍遥游第一》中提出了三个问题："天之苍苍，其正色邪？其远而无所至极邪？其视下也，亦若是则已矣。"仰头看天，当天气晴朗，万里无云之时，天空颜色微青，庄子问，那就是天的颜色吗？假如"苍苍之色"就叫天，那夜里的黑色叫不叫天？清晨淡白的点点曙光，是不是天？宇宙是无限大吗？远得没有办法再远吗？是远得无边无际吗？当站在高空，所谓上方世界的人站在上面，看我们下方的世界，也是这样的吗？所谓立场不同，观点自然两样。

南怀瑾先生一再强调，读《庄子》这本书要注意，问号的反面还有很多的内容。庄子提出问题来，自己却不说一个确定的答案。后世认为中国的禅宗完全受了庄子的影响，其教育方法就是永远不给你答案。南怀瑾先生讲解，庄子不批判任何人，却又把所有的境界都推翻否定。对于庄子这种以问答问的教育方式，我们不得不感叹，几千年前的圣贤原来早就找到了教育的真谛。

德国的小学教科书说打败拿破仑完全是德国人的力量；英国的小学教科书

说打败拿破仑是英国人的力量。罗素主张把这两种小学教科书放到一块儿让孩子念。有人就担心，说你这样让孩子信什么呢？罗素说，你教的学生他不信了，你的教育就成功了。

滴水藏慧，暂且不论庄子"天亦非天"的哲学思想，由南怀瑾先生的"以问答问"不由得想到了教育的方式。

教育系本科班的学生要毕业了，离校前夕，教授给同学们讲了一个看似与专业无关的案例：

国外一家出版公司要出一本超级畅销书，为了让这本书一炮打响，他们请来策划专家出谋划策。专家出了这样一个主意：出一本书，书的名字就叫《你也能写一本书》。这本书除了封面扉页之外，里面既不印字，也不印图，全是白纸。购书者只要把自己想写的书写在上面，然后寄回公司，公司将会派专人认真审阅，并从中选出几部最佳作品出版。

此举一出，举国轰动。几十万册"书"很快销售一空，为公司赢得了丰厚的利润。

记者采访专家为什么会有这样出奇制胜的创意，专家微笑着说："只有不把书当书卖才能卖得比书更好。"

"不把书当书卖，那你把书当什么卖呢？"

"我把它当本子卖。"

案例讲完，教授让大家各抒己见。绝大多数同学赞叹策划专家超凡脱俗的想象力，他出奇制胜的怪招令人叹为观止！

只有一个大学生说出了自己的理解："我觉得这是一则关于教育的寓言：教师只有放下僵化的书本，让学生充分发挥想象力和创造力，让学生自己去写，而不是强行灌输，才能调动学生的积极性，才能担负起教书育人的神圣使命！"

用问号不断启发，而不是直接告诉你答案，因为有很多事情不是一个标准答案就可以解决的。一位美国老师一次在学生的作业后面写下了这样一段话："我安排本次作业的初衷是让孩子们开阔眼界，活跃思维，而读他们作业的结果，往往是我进入了我希望孩子们进入的境界。"

或许，这个话题离庄子有些遥远，但是我们应该懂得的是，学校和老师应该像先古圣贤一样用问题来回答问题，在这一个个的设问之中，向孩子灌输一种人道的价值观，引导幼小纯洁的心灵去关注人类的命运，让孩子们学会思考重大问题的方法。这些问题在课堂上或是自然界可能都没有标准答案，有些答案，可能需要人们用一生去寻索，这恐怕也是庄子希望后人去思考的。

专注于心的为学原则

《庄子·内篇》中说："唯其好之也，以异于彼；其好之也，欲以明之。彼非所明而明之，故以坚白之昧终。而其子又以文之纶终，终身无成。""夫道不欲杂，杂则多，多则扰，扰则忧，忧而不救。"

人生中的大原则，一言概之：专注于心，有始有终。南怀瑾先生解释说，昭文、师旷、惠子这三位历史上的音乐巨匠，其音乐造诣已达到入道的境界，正所谓"此曲只应天上有，人间哪得几回闻"。音乐成就的登峰造极源于其个人所"好"，任何学问，任何东西，"知之者，不如好之者"，专注于心，必有所成。"唯其好之也，以异于彼"，"彼"就是外面一切其他的东西。专心致志，其他一切都不在话下，"两耳不闻窗外事"，即人的成功之路。"其好之也，欲以明之"，留名万世的学有专长之人，都是由于其对某一领域有所偏好，专注于心，穷根究底，终于"守得云开见月明"，学有所成。

"夫道不欲杂"，这里提及的"道"不是形而上的道，而是人生的大原则。生于天地，立于人世，不管做哪一行，无论做任何事，都要精神专一，有始有终。南怀瑾先生提及，修行之人想得自在，修成正果，须一门深入，方法毋杂。方法多了，智慧不及，不能融会贯通，反而一无所成。

相传一位得道高僧来到一座无名荒山，山间茅屋中闪烁着金光，高僧料定此间必有高人，遂前往一探究竟。原来，茅屋中有一位老人，正在虔诚礼佛，老人目不识丁，从未研读佛经，只是专注地念着大明咒："唵嘛呢叭咪吽。"高僧深为老人的修为所动，只是他发现老人将六字真言中的两个字念错了，他指点了老人正确的梵音读法后便离开了，想老人日后的修为定能更上一层楼。然而，当一年后，他再次来到山中，发现老人仍在屋中念咒，但金光已不再。高僧疑惑万分，与老人攀谈得知，老人以往念咒专心致志，心无旁骛，而得高僧指点后总是过于关注其中两字的读法，不由心绪烦乱。

做人做事的道理也是一样。"杂则多"，欲望多了，懂得多了，有时便会流于表面，不专一，不深入，博而不专；"杂则多，多则扰"，考虑的太多，困扰了自己，也困扰了他人；"扰则忧，忧而不救"，思想复杂了，烦恼太多了，痛苦太大了，连自己都救不了，又何况他人？正所谓："一屋不扫，何以扫天下？"

　　博而不专，三心二意，是人们的通病。《荀子·劝学》《礼记·劝学》以及东汉蔡邕《劝学篇》中都提到了一种小动物——"多才多艺"而又样样"稀松平常"的鼫鼠。

　　"鼫鼠五能不能成一技。五技者，能飞不能上屋，能缘不能穷木，能泅不能渡渎，能走不能绝人，能藏不能覆身是也。"能飞却飞不过屋顶，能攀而攀不上树梢，能游而游不过小水沟，能跑而赶不上人走，能藏而不能"覆身"。这就是五技而穷的鼫鼠的悲哀。

　　专注于心是做人做事的大原则，博而不专，杂而不精，必会制约人生的发展。

　　世界上有座"人人都是语言学家的城市"，然而，就是这座每位市民至少都会 3 种语言的城市，却从来没有出现过一个大文豪。

　　这个以语言见长的国家即卢森堡，它处于欧洲"十字路口"，夹在德、法、比三国当中，人口仅 40 万，其中外籍人口占到 26%。其首都卢森堡市，有 8 万人，是欧洲金融中心和钢铁基地之一，外国人占的比例更高。由于对国外经济的依赖性，在卢森堡，每人精通 3 种语言是未出娘胎就注定的。

　　当婴儿牙牙学语时，母亲首先教其说本国的卢森堡方言，这是国人日常交谈的口语；进入幼儿园后开始学德语和法语，因为二者是官方语言，而德语更是教学宣教的语言，不懂德语就不能跟着神父念圣经唱圣诗；小学同时用德、法两种语言授课；中学修第三门外语，如英语、拉丁语等，因为国内没有大学，要深造必须出国留学。

　　在卢森堡，约定俗成的是，报纸用德文出版，杂志用德、法文出版，学术杂志只有法文。广播用德、法语，电视用法语。招牌、菜名、各种票证、车票、单据也是法文。议会辩论语言只许用法语、卢森堡语两种语言。法庭审讯犯人使用卢森堡语，宣判用法语，判决书用德文打印……走进一户人家，你会看到父亲在读德文报，儿子在念法文书，女儿在唱英文歌，母亲在用卢森堡语唠叨。

　　对于外国人高度赞美的语言水平，卢森堡人却不以为然，他们埋怨为了谋职和生存，将大半精力都消耗在三四种语言的学习运用上，满脑子的单词、音符。虽然他们懂得的语言多，但能够真正精通的太少。透视卢森堡，该国之所以难以诞生一个文学巨匠，并非是其文化底蕴的匮乏，而是因为各种泛滥的语言阻碍其走进文学殿堂的纵深处。

　　掌控人生大原则，专注于心，用心做好一件事，才会最接近成功。

刚刚生下来就是死亡的开始
——听南怀瑾讲看破生死

生死是最根本的大问题，所以哲学家常常会思索死亡的问题。所谓"千古艰难唯一死"，如果这一点能够看透的话，人生还会有什么困难呢？老子也曾说："民不畏死，奈何以死惧之？"如果老百姓不怕死亡，那么你就算用死亡来吓唬他也没有用。

南怀瑾先生说，生与死是人生旅途中的一个大转折，生死齐一，齐一生死，有着看透生死的勇气，就等于把人生中的生死问题彻底解决了。

生有生的自在，死有死的去处

《庄子·内篇·齐物论第二》有一段话讨论生与死的问题："丽之姬，艾封人之子也。晋国之始得之也，涕泣沾襟。及其至于王所，与王同筐床，食刍豢，而后悔其泣也。予恶乎知夫死者不悔其始之蕲生乎！"庄子引用了"丽姬出嫁"的故事：丽姬原本是一个民女，因为皇宫选宫女，她被选中，最后成了皇后，享尽人生荣华富贵。她在回想当初被选中时，在家里哭得一塌糊涂的悲惨情形，现在看来当初是多么的荒唐、愚蠢、无知。

同样的道理，在生死问题上也是如此，因为人心怀死亡的恐惧而在临死前拼命哭泣，结果死了以后到阴间反而觉得很舒服，到那时才知道临死时的哭泣与挣扎都是多余的。

生死就是最根本的大问题，所以哲学家常常会思索死亡的问题。所谓"千古艰难唯一死"，如果这一点能够看透的话，人生还会有什么困难呢？老子也曾说过："民不畏死，奈何以死惧之？"如果老百姓不怕死亡，那么你就算用死亡来吓唬他也没有用。

南怀瑾先生说，生与死是人生旅途中的一个大转折，生死齐一，齐一生死，有着看透生死的勇气，就等于把人生中的生死问题彻底解决了。

相传六祖惠能禅师弥留之际，众弟子痛哭，依依不舍，大家都将他视为再生父母。六祖气若游丝地说："你们不用伤心难过，我另有去处。"

"另有去处"这四个字，发人深省。惠能把死当作换了一段新的旅程，这想法不但豁达、开朗，而且把生命在时间空间的价值继续延伸，远远胜过有些人，这些人虽然活着，却只有华美装饰的躯壳，而无真我的风采！

禅宗有关超越生死的看法，很值得今天还看不透人生、想不通生活或贪生怕死的人参考借鉴。禅宗重来去自在，生死也有如来去。有生必有死，有得必有失，生死是人生必经的旅程，不要把死看作是终结，也可以同惠能一样，走向"另一个去处"。参透这一玄机，我们就不必天天再为生老病死而恐惧不安，或对于家庭、亲朋甚至世间的虚华富贵有所舍不得，至少可以活得开心一点、快乐一些。

人来到世上是偶然的，走向死亡却是必然的。人生除了生与死能引起几声欢呼、几阵哭泣外，健康活在世上的人很少会想到死亡。因而生活中常可见到一些人，成则轻狂骄妄、得意忘形，败则一蹶不振、沮丧绝望，对得失锱铢必较，对成败患得患失，对诱惑欲壑难填，无论大事小事，整天烦恼、忧愁、痛苦、懊丧，甚至去猜忌、争斗、相互陷害。不识人生之轻重、不辨生命之真谛，真可谓一叶障目，不识泰山！

感慨生命的短暂，不是学曹孟德"譬如朝露，去日苦多"的叹息，也不是拾苏东坡"人生如梦"的无奈，更不是看破红尘的消极颓唐。而是想，人生苦短，生命易逝，今天能健康、自在、安乐地活着，我们就没有什么理由不去珍重生命、热爱生活、好好活着，过好生命中的每一天。

科尔和马克一起去医院看病，他们都是鼻子不舒服。在等待化验结果期间，

科尔说如果是癌，立即去旅行，马克也如此表示。

结果出来了，科尔得的是鼻癌，马克长的是鼻息肉，科尔留下了一张告别人生的计划表便离开了医院，马克却住了下来，科尔的计划是：去一趟埃及和希腊，以金字塔为背影拍一张照片，在希腊参观一下苏格拉底雕像；读完莎士比亚的所有作品……

他在这生命的清单后面这样写道："我的一生有很多梦想，有的实现了，有的由于种种原因，没有实现。现在我的时间不多了，为了不留遗憾地离开这个世界，我打算用生命的最后几年去实现剩下的愿望。"科尔辞掉了公司的职务，去了埃及和希腊。现在科尔正在实现他出一本书的夙愿。

有一天，马克在报上看到科尔写的一篇有关生命的散文，于是打电话去问科尔的病情。科尔说："我真的无法想象，要不是这场病，我的生命该有多么的糟糕。是它提醒了我，去做自己想做的事，去实现自己想去实现的梦想。现在我才体味到什么是真正的生命和人生。你生活得也挺好吧？"

马克没有回答，他早把自己亲口说的去埃及和希腊的事放在脑后去了。

在这个世界上，每个人最后都不可避免地走向生命的尽头，有的人走得快，有的人走得慢。而走得快的人，看透了生死，反而活出了精彩的人生。而走得慢的人，总是想着自己还有足够的时间去实现自己的人生目标，一拖再拖，直到最后仍然没有完成，碌碌无为地度过了平庸的一生。这不能不说是生命的一种悲哀。

人，倘若能时常想起死亡，想到每天都有那么多人死去，而自己能健康地活着，一定会感到生命的可贵和生活的可爱，再难处理的事也会变得轻松，人自然而然就会豁达、超脱起来。人只有面对死亡，想到死亡，才能真正冷静理智、大彻大悟、超越自我。因此，当你得意或失意的时候，请站在生命的制高点上，叩问生死，思考人生。有了看透生死的勇气，才能顺应自然、重生乐生，选择超越自我的人生观，能够创造超越自我的人生价值。

易朽的是生命，永存的是对生的激情

《庄子·内篇·大宗师第六》中有一段话："夫大块载我以形，劳我以生，佚我以老，息我以死。故善吾生者，乃所以善吾死也。"

这是庄子参透生死问题后所讲的道。天地造化赋予人一个生命的形体，让人劳碌度过一生，到了生命的最后才让人休息，而死亡就是最后的安顿，这就是对人一生的描述。善待自己生的人，也一定会善待自己的死。

南怀瑾先生说，生死是人生的一个大学问。一个真正善其生的人，能够主宰自己的生命，所以才能够善其死。

她是一个年轻的护士，大部分时间都是在病房里度过的，病人床头的花开花谢让她深刻地感受到生命的脆弱。有时候，她甚至觉得病人床头大朵绽放的花仿佛浑然不知死亡的存在，冰冷的花蕊就像一只只嘲弄的眼睛。因此，她一点儿也不喜欢花。

一天，病房里一个新来的男孩送给她一盆花，她竟然没有拒绝。也许是为了他的稚气、孩子一般的笑容，也许是怕伤害对方的心。从他搬进来的第一天起，她就知道他再没有机会离开这间病房了。

那次，他趁她不注意的时候偷偷地溜到外面去玩，回来的时候正好碰见了她。他像一个做错事的孩子站在她面前，低着头一声不吭。到了傍晚，她的桌上多了一盆三色堇，紫、黄、红，斑斓交错，像蝴蝶展翅，又像一张顽皮的鬼脸，旁边还附上一张小条子："想知道你不高兴的样子像什么吗？"她忍俊不禁。第二天她就收到了他送的一盆太阳花，小小圆圆的红花，每一朵都是一个灿烂的微笑："想知道你笑的样子像什么吗？"

后来，他带她到附近的小花店闲逛，她这才惊奇地知道，世上居然有这么多种花，玫瑰深红，康乃馨粉黄，马蹄莲幼弱婉转，郁金香艳异咄咄，栀子香得动人魂，而七里香更是摄人心魄。她也惊奇于他谈起花时燃烧的眼睛，仿佛在那里面燃烧着生命的光芒。

他问："你爱花吗？"

"花是无情的，不懂得生命的可贵。"

他微笑着告诉她："懂得

花的人，才会明白花的可敬。"

一个烈日炎炎的中午。她远远看见他在住院部的花园里呆立着，她刚要喊一声，他听到了脚步，急切回身，食指掩唇："嘘——"

那是一株矮矮的灌木，缀满红色灯笼的小花，此时每一朵花囊都在爆裂，无数花籽四周飞溅，仿佛一场密集的流星雨。他们默默地站着，见证了一种生命最辉煌的历程。

第二天，他送给她一个花盆，盆里只有满满的黑土。他微笑着说："我把昨天捡回来的花籽种在盆里了，一个月后就会开花。"

三天后，深夜，他床头的急救铃声突然响起。她第一时间冲到病人的身边，在家属的眼泪中，她知道一切都已经太晚了。在生命的最后时刻，他奇异地始终保持清醒，对身边的每个人露出了一个灿烂的笑容。

她并没有哭，每天给那盆光秃秃的土浇水。后来，她到外地出差一个星期，回来后，发现那盆花不见了。同屋的女伴看见里面什么都没有种，就把它扔到窗外了。

又过了一段时间，她打开桌前久闭的窗，整个人惊呆了——

窗户下，一个摔成两半的花盆里长出了一株瘦瘦的嫩苗，青翠欲滴，还有一个羞涩的花苞，好像一盏燃起的生命之灯。这时，她忽然懂得了生命的真谛。

每件事物都有其开始、延续和死亡，这些都是被包括在自然界要实现的目标之内的。人生就好比这样一个过程：一只球被人掷起，而后又开始下坠，最后落在地上；或者像一个水泡，它逐渐凝结起来，突然被伸到水面的树枝触碰了一下，转瞬间便完全破碎。生命也是这样一个从出生、成长到衰老、死亡的过程，这个过程的每个阶段，都有其存在的道理。所有人都会走向同一个归宿，那就是死亡。

易朽的是生命，似那转瞬即谢的花朵；然而永存的，是对生的激情。每朵勇敢开放的花，都是一个面对死亡的灿烂微笑。死是生的结束，也是另一个生的开始。人生如白驹过隙，生命如惊鸿一瞥，一个人看透了生死的意义，看清了生命的价值，生如夏花，善其生者自然能善其死。

桶底脱落与大梦先觉

锦样年华水样过，轮蹄风雨暗消磨。仓皇一枕黄粱梦，都付人间春梦婆。"梦饮酒者，旦而哭泣"出自《庄子·内篇·齐物论第二》，古人梦到喝酒，不一定是高兴的事，白天可能触霉头。古语常言："梦死得生。"梦到坏的，往往白天遭遇好事，即梦大多与现实相反。"梦哭泣者，旦而田猎。"有人梦到痛苦的事，白天可能有人请你去打猎。"方其梦也，不知其梦也"，做梦时绝对不知道自己在做梦，"觉而后知其梦也"，醒来才知在做梦。

南怀瑾先生讲解庄子的话，人生就是一场大梦，醒时做白日梦，睡时做黑夜梦，现象不同，本质一样，夜里的梦是白天梦里的梦，如此而已。什么时候才真正不做梦呢？必须得道，只有"大觉而后知此其大梦"，大彻大悟大清醒以后，便会顿悟人生不过是一场"大梦"。《三国演义》中诸葛亮诗云："大梦谁先觉？平生我自知。草堂春睡足，窗外日迟迟。"这便是道家的思想境界。

"愚者"常自以为是，窃喜自己的清醒，其实像牧童放牛一样，被人牵着鼻子走。这句话是在告诫世人，本来天地间无主宰，没有人能够牵你，可你自己却被它限制了，自己不做自己生命的掌控者，不懂人生，实在是顽固不化。人生不过一场梦，空留慨叹在人间。中国古代流传了许多"恍然如梦"的故事，读来让人回味悠长。

相传，唐代有个姓淳于名棼的人，嗜酒任性，不拘小节。一天适逢他生日，他在门前大槐树下摆宴和朋友饮酒作乐，喝得烂醉，被友人扶到廊下小睡，迷迷糊糊仿佛有两个紫衣使者请他上车，马车朝大槐树下一个树洞驰去。但见洞中晴天丽日，别有洞天。车行数十里，行人不绝于途，景色繁华，前方朱门悬着金匾，上书"大槐安国"，有丞相出门相迎，告称国君愿将公主许配给他，招他为驸马。淳于棼十分惶恐，不觉已成婚礼，与金枝公主结亲，并被委任"南柯郡太守"。淳于棼到任后勤政爱民，把南柯郡治理得井井有条，前后二十年，上获君王器重，下得百姓拥戴。这时他已有五子二女，官位显赫，家庭美满，万分得意。

不料檀萝国突然入侵，淳于棼率兵拒敌，屡战屡败，公主又不幸病故，淳于棼连遭不测，失去国君宠信，后来他辞去太守职务，扶柩回京，心中悒悒寡欢。后来，君王准他回故里探亲，仍由两名紫衣使者送行。车出洞穴，家乡山川依旧。淳于棼返回家中，只见自己身子睡在廊下，不由吓了一跳，惊醒过来，眼前仆人正在打扫院子，两位友人在一旁洗脚，落日余晖还留在墙上，而梦中经历好像已经整整过了一辈子。淳于棼把梦境告诉众人，大家感到十分惊奇，一齐寻到大槐树下，果然掘出个很大的蚂蚁洞，旁有孔道通向南枝，另有小蚁穴一个。梦中"南柯郡""槐安国"，其实原来如此！

故事恐怕大家都听过，但读来仍别有意味，真正参透梦境、参透人生之人又能有几个？说到"大梦谁先觉"，又想到了禅宗中著名的"桶底脱落"的故事。

某日，清了禅师在厨房看到一位弟子在倒水，忽然水桶的底掉了，整桶水全洒了。众人见状说："好可惜啊！水全洒了！"可是，禅师却说："桶底脱落是件好事啊！各位为什么烦恼呢？扶持旧桶，桶底呼脱，桶底无水，水中无月。"

想想，桶底都掉了，桶中还有什么呢！什么都没有，而且东西再也装不进去，岂不是很好。"桶底脱落"是顿悟的境界，人生恍然如梦，"大梦先觉"也是醒悟的表现，一樽还酹江月。

第五篇

听南怀瑾大师讲禅

放下放到无可放处

—— 听南怀瑾讲放下

　　南怀瑾先生说，古人有一句话：牡丹虽好，还须绿叶扶持。学佛修道，打坐念佛，一念万缘放下，蛮好！但是，如果你不修一切善行的话，没有这个福报，你想放下也放不了！有的人说，现在退休了，年纪大了，我准备明天开始修行。结果，明天家里又有事了，或者自己又感冒了，所以，你不要认为放下容易。放下、清净，要大福德和大福报的啊！

执着是一种妄念

　　无常，这是佛教对于世间万事万物的基本认识。佛陀告诫世人说，一个人要学习超然物外，不要执着于万事万物，因为尘世间万事万物均是无常。不要执着，不代表不让生活中任何感情和经验穿越心扉。事实恰恰相反，我们要让所有情绪、体验、经验穿透心房，只有真实去接受、体会和认清这些经验，才能让它离开，不再执着。

　　南怀瑾先生说，禅宗祖师说过一句话："如虫御木，偶尔成文。"意思是说，有一只蛀虫咬树的皮，忽然咬的形状构成了花纹，使人觉得好像是鬼神在这棵树上画了一个符咒。其实那都是偶然撞到的，偶尔成文似锦云。这就说明一切圣贤说法，以及佛的说法都是对机说法，这些都是偶尔成文，过后一切不留。既然世间的一切都是偶尔成文的，还有什么好执着的呢？

　　赵州禅师是禅宗史上有名的大师，他对执着也有很精彩的解释。

　　众僧请赵州和尚住持观音院。一天，从谂上堂说法："比如明珠握在手里，黑来显黑，白来显白。我老僧把一根草当作佛的丈六金身来使，把佛的丈六金身当

作一根草来用。菩提就是烦恼，烦恼就是菩提。"有僧问："不知菩提是哪一家的烦恼？"从谂答："菩提和一切人的烦恼分不开。"又问："怎样才能避免？"从谂："避免它干什么？"

又有一次，一个女尼问赵州和尚："佛门最秘密的意旨是什么？"赵州就用手掐了她一下，说："就是这个。"女尼道："没想到你心中还有这个。"赵州说："不！是你心中还有这个！"

赵州禅师的话语给我们以足够的启示。人为什么放不下，就因为他们还有执着，有执着的人就不会绝对自在。

南怀瑾先生告诉我们，其实生活中的很多人都被现象骗了，人生永远都有明天，何必总是看过去呢？明天不断地来，真正的虚空是没有穷尽的，它也没有分断昨天、今天、明天，也没有分断过去、现在、未来，永远是这么一个虚空。天黑又天亮，昨天、今天、明天是现象的变化，与这个虚空本身没有关系。天亮了把黑暗盖住，黑暗真的被光亮盖住了吗？天黑了又把光明盖住，互相轮替，黑暗光明，光明黑暗，在变化中不增不减；所以一切的用是虚妄不实的，而虚空之体却是不增不减的；所以生活中的我们，一定不要被变化不实的现象所骗。执着于变幻无常的时间的一切，就是一种虚妄。

其实，这就是所谓"色即是空"，不执着了，就会享受当下，坦然接受一切，离逍遥的境界也就不远了。

放下很难，难得放下

在这个世界上，很多人都明白放下的道理。但是，世间的人代代如流水，却没有几个人能够真正逍遥自在，这是为什么？原因就在于，很多人都明白放下的道理，都想做到放下，但说起来容易，做起来却很难。

南怀瑾先生说：人为什么有烦恼？为什么有痛苦？因为自己妄执。所以中国禅宗说到所有的佛法，只有一句话："放下。"但是，人就是那么可怜，偏偏就放不下！听了禅宗的放下，天天坐在那里，放下！放下！如此又多了一个妄执——"放下"。

在唐代，有一位著名的禅僧布袋和尚。一天，有一位僧人想看看布袋和尚有何修为，问道："什么是佛祖西来意？"布袋和尚放下口袋，叉手站在那儿，一句话也没说。僧人又问："只这样，没别的了吗？"布袋和尚又布袋上肩，拔腿便走。那僧人看对方是个疯和尚，也就起身离去了。哪知刚走几步，却觉背上有人抚摸，僧人回头一看，正是布袋和尚。布袋和尚伸手对他说："给我一枚钱吧！"

布袋和尚放下口袋，是在警示我们要放下，随即又布袋上肩，是在教我们拿起。其实哪里有什么放下与拿起呢？只不过有时我们需要放下，有时需要拿起，而我们该拿起时拿不起，该放下时放不下。放下时不执着于放下，自在；拿起时不执着于拿起，也自在。不论是拿起与放下，都不要太执着，那才真自在。

老和尚携小和尚游方，途遇一条河，见一女子正想过河，却又不敢过。老和尚便主动背该女子蹚过了河，然后放下女子，与小和尚继续赶路。小和尚不禁一路嘀咕：师父怎么了？竟敢背一女子过河？一路走，一路想，最后终于忍不住了，说："师父，你犯戒了，怎么背了女人？"老和尚叹道："我早已放下，你却

还放不下！放不下，出不来，看不透，都是执拗，心病啊。"

小和尚是心中放不下女子，所以才会一路嘀咕啊！

放下正是一门人生必修的选择艺术课。没有果断地放下，就没有辉煌的选择。与其苦苦挣扎，拼得头破血流，不如潇洒地挥手，勇敢地选择放弃。歌德说："生命的全部奥秘就在于为了生存而放弃生存。"

黄叶放弃树干，是为了期待春天的葱茏；蜡烛放弃完美的躯体，才能拥有一世的光明；心情放弃凡俗的喧嚣，才能拥有一片宁静。

放下！放下！不是口说放下就能放下，"说时似悟，对境生迷"，习气也不是说改就能改的，"江山易改，习性难除"，希望世人莫因一时之冲动，贻笑他人。

有位中年人，觉得自己的日子过得非常沉重，生活的压力太大，想要寻求解脱的方法，因此去向一位禅师求教。

禅师给了他一个篓子要他背在肩上，指着前方一条坎坷的道路说："每当你向前走一步，就弯下腰来捡一颗石子放在篓子中，然后看看会有什么感受。"

中年人照着禅师的指示去做，他背上的篓子装满了石头后，禅师问他一路走来有什么感受。

他回答说："感到越来越沉重。"

禅师说："每个人来到这个世界上时，都背负着一个空篓子。我们每往前走一步就会从这个世界上捡一样东西，因此才会有越来越累的感慨。"

中年人又问："那有什么方法可以减轻人生的重负呢？"

禅师反问他："你是否愿意将名声、财富、家庭、事业、朋友拿出来舍弃呢？"

那人默然，不能回答。

中年人向往解脱，但禅师告诉他解脱的方法时，他就默然了，由此可见，放下有多难。

南怀瑾先生说，古人有一句话：牡丹虽好，还须绿叶扶持。学佛修道，打坐念佛，一念万缘放下，蛮好！但是，如果你不修一切善行的话，没有这个福报，你想放下也放不了！有的人说，现在退休了，年纪大了，我准备从明天开始修行。结果，明天家里又有事了，或者自己又感冒了，所以，你不要认为放下容易。

世间的事情往往如此，明知道那样做是好的，可自己偏偏做不到。就像很多人都知道放下的道理，但是又有几个人能真正做到呢？如果你想获得解脱，就不要夸夸其谈了，少说多做，切切实实地去实行，才能获得明明白白的好处。

上岸何须回头

南怀瑾先生说，佛法常常告诫世人，苦海无边，回头是岸。那么岸在哪里呢？其实你要上岸何须回头啊！现在就是岸，一切当下放下，岸就在这里。南怀瑾先生的意思是说，如果一个人能够放下，那么在你放下的那一刹那，你就能看到苦海的岸，根本不用回头去找，因此，一个人必须学会放下，放下是一切的根本。

为了说明这个道理，南怀瑾先生特意讲了这样一则故事：

禅宗有个公案，有一个龙湖普闻禅师，普闻是他的名字，他是唐朝僖宗太子，看破了红尘，出了家到石霜庆诸禅师那里问佛法。他说："师父啊，你告诉我一个简单的方法，怎么能够悟道？"师父说："好啊！"他就立刻跪了下来："师父啊，你赶快告诉我。"师父用手指了一下庙前面的山："那叫案山。依看风水的说法，前面有个很好的案山，风水就对了；像坐在办公椅子上，前面桌子很好，就是案山好。他这个庙，前面有个案山非常好。案山也有许多种，有的案山像笔架，是笔架山，这个家里一定出文人的；有些像箱子一样，一定会发财的。"石霜禅师说："等前面案山点头的时候，再向你讲。"他听了这一句话当时开悟了。换句话说，你等前面那个山点头了，我会告诉你佛法，这是什么意思？"才说点头头已点，案山自有点头时。"说一声回头是岸，不必回头，岸就在这里，等你回头已经不是岸了。

其实就是这样，只要你在一转念之间明了，岸就会呈现在你的面前，又何须回头呢？

有一位女施主，家境非常富裕，不论其财富、地位、能力、权力及漂亮的外表，都没有人能够比得上，她却郁郁寡欢，连个谈心的人也没有。于是她就去请教无德禅师，如何才能具有魅力，赢得别人的喜欢。

无德禅师告诉她："你能随时随地和各种人合作，并具有和佛一样的慈悲胸怀，讲些禅话，听些禅音，做些禅事，用些禅心，那你就能成为有魅力的人。"

女施主听后，问道："禅话怎么讲呢？"

无德禅师道："禅话，就是说欢喜的话，说真实的话，说谦虚的话，说利人的话。"

女施主又问道："禅音怎么听呢？"

无德禅师道："禅音就是化一切声音为微妙的声音，把辱骂的声音转为慈悲的声音，把毁谤声、哭声、闹声、粗声、丑声转为称赞声，那就是禅音了。"

女施主再问道："禅事怎么做呢？"

无德禅师："禅事就是布施的事、慈善的事、服务的事、合乎佛法的事。"

女施主更进一步问道："禅心是什么呢？"

无德禅师道："禅心就是你我一如的心、圣凡一致的心、包容一切的心、普利一切的心。"

女施主听后，一改从前的骄横，在人前不再夸耀自己的财富，不再自恃自我的美丽，对人总谦恭有礼，对眷属体恤关怀，不久就被夸为"最具魅力的施主"了！

这位女施主在听过禅师的劝导之后，心念一转，魅力就在她的身上呈现出来了。她就成功地走向了幸福的彼岸。

南怀瑾先生说，有些禅师说：放下屠刀，立地成佛。就有同学问南怀瑾先生，南怀瑾先生认为这句话没有错。可是不是你啊！你们连刀子都不敢拿，拿起来怕割破了手。拿屠刀的人是玩真的，真有杀人的本事，大魔王的本事，是一个大坏蛋，但他一念向善，放下屠刀，当然立地成佛！你们手里连刀子都没有，放下什么啊！所以，不要钻到禅师所讲的字眼中不放，从一个更高的层次上去理解这个问题，就会明白，其实，任何时候，你要想上岸，只要你的念一转，岸就在你的面前了，根本无须回头。

放开手，悬崖深谷得重生

唐朝元和年间，白居易出任杭州太守。一次，他去拜见道林禅师。他见道林住在一棵古松树上，便说："禅师的住处很危险啊！"禅师说："太守更加危险！"

白居易笑笑，自信地说："弟子镇守一方江山，有什么危险？"

禅师道："尘世俗务如薪火煎熬，处心积虑，烦恼不休，这难道不危险吗？"白居易闻言反思，心有所悟。

白居易说禅师住处危险，是浅层的认识；禅师说太守更危险，是深层的觉悟。

道林禅师放下火燎般的世间俗务，居住在树上，过的是闲云野鹤、世外高人的生活，他直白的一句就直入位居高官、权势在手的白乐天的心，让他警醒慎行。

对尘世名利色的贪恋就是悬崖绝壁，我们若能及时领悟悬崖撒手的禅意，让放下不仅仅停留在佛家的主张上，而是成为我们的生活方式。

有个后生从家里出来要到一座禅院去，在路上他看到了一件十分有趣的事情，他想去考考禅院里的老禅师。

来到禅院之后，后生与老禅师一边品茶，一边闲谈，他冷不防问了一句："什么是团团转？"老禅师立即答道："皆因绳未断。"

后生听到老禅师这样的回答，顿时目瞪口呆。

老禅师见状，问："什么使你这样惊讶呢？"

"不，老师父，我惊讶的是，你怎么知道的呢？"后生说，"今天在我来禅院的路上，看到一头牛被绳子穿了鼻子，拴在树上，这头牛想离开这棵树，到草地上去吃草，谁知它转过来转过去都不得脱身。我以为师父没有看见，肯定答不出来，哪知师父出口就答对了。"

老禅师微笑着说："你问的是事，我答的是理，你问的是牛被绳缚而不得解脱，我答的是心被俗务纠缠而不得超脱，一理通百事啊！"

想想我们自己，其实也是被一条无形的绳子牵着，像老牛一样围着树干在团团转，总解脱不了。"放下"是非常不容易做到的，世上的人有了功名，就对功名放不下；有了金钱，就对金钱放不下；有了爱情，就对爱情放不下；有了事业，就对事业放不下。

对活在忙碌紧张、名利缠绕的当代社会的我们而言，肩上的重担，心上的压力，使我们生活得艰苦难耐。必要的时候，佛陀指示的"放下"，不失为一条跨越悬崖，朝清朗的幸福天宇飞翔的途径！

一池荷叶衣无数，满地松花食有余

—— 听南怀瑾讲福报

南怀瑾先生说，世间的福报是有穷尽的，每个人的光荣都是一下子，就像一只手电筒，每个人那个电筒都要亮一下，可是希望一辈子发亮是不可能的。世间的福报是不实在的，福德无实啊！所以，佛说，世间的福德再多，也不过弹指之间就过去了。

人生真正的福报是什么呢？还是清福最难。那么，一个人如何才能享到这种清福呢？发上乘心大乘心，由担当如来家业发起，这一个大心发起，就有真正的福报。

世界上什么最值钱

世界上最有价值的东西是什么？黄金、珠宝、美玉，还是其他什么东西？其实，这些东西都很值钱，但是这样就能够说它们很有价值吗？显然不是。

南怀瑾先生说："世界上最值钱的东西也最不值钱，最值钱的东西没有价钱，智慧是绝对无价的；但是智慧也一毛钱都不值，这就是佛常说的众生颠倒。"

佛曾经说，一切众生从无始来，种种颠倒。南怀瑾先生开玩笑说，人本来就颠倒了。人的两只眼睛都长在前面，后面什么都看不见，所以走路会被车子撞倒，假如眼睛一只长在前面，一只长在后面，就不会有那么多车祸了。眉毛长在手指头上的话，早晨起来当牙刷用，多方便。鼻子倒过来，吃完饭，把筷子往鼻子一插；下雨打伞也方便，往鼻子上一插，不用手撑着。嘴巴假如长在头顶上，吃饭往头上一倒，免得浪费时间。口袋里的钞票脏得要命，又不能当饭吃，却要数了又数，然后还要放在保险箱里。人不吃它就会死的米、麦，却摆在那里没有人理，你说众生颠倒不颠倒？黄金、钻石能做什么用？却珍惜得不得了，贵得要命，结果，还惹来杀身之祸，颠倒不颠倒？说什么打是情，骂是爱，颠倒！人世间没有一样不颠倒，众生颠倒，知见不正，样样颠倒。不颠倒，就成佛了。佛是什么？中国禅宗祖师说佛是无事的凡人，没有事的平凡人，哪个人能够做得到？都是无事生非，都在颠倒之中。

有这样一则禅宗故事：

三个愁容满面的信徒请教无德禅师，如何才能使自己活得快乐？

无德禅师："你们活着是为了什么？"

信徒甲："我不愿意死，所以我活着。"

信徒乙："我盼望老年时儿孙满堂，会比今天好，所以我活着。"

信徒丙："我的一家老小靠我养活，我不能死，所以我活着。"

无德禅师："你们当然都不会快乐。你们活着，只是由于恐惧死亡，由于等待年老，由于不得已的责任，却不是由于理想、责任。人没有理想和责任，怎么可能快乐呢？"

三位信徒齐声道："禅师，具体地说，我们到底要怎么生活才能快乐？"

无德禅师："你们认为有什么才会快乐？"

甲信徒："我认为，有金钱就会快乐。"

乙信徒："我认为，有爱情就会快乐。"

丙信徒："我认为，有名誉就会快乐。"

无德禅师听后，不以为然地告诫信徒："你们这样永远不会快乐。当你们有了金钱、爱情、名誉以后，烦恼、忧虑仍然会跟在你们后面。"

三位信徒无可奈何："那怎么办？"

无德禅师："改变你们的观念。金钱要布施才快乐，爱情要奉献才快乐，名誉要用来服务大众，你们才会快乐。"

故事中的三个信徒为什么不快乐，就在于他们的追求，他们追求的东西无非名、利、欲，又怎么能够快乐呢？这恰恰是众生智慧颠倒的根源。

如何才能不颠倒呢？明代大诗僧苍雪大师有首诗：南台静坐一炉香，终日凝然万虑亡，不是息心除妄想，只缘无事可思量。只有去除各种各样的妄想，摆脱名、利、欲等的束缚，才能消除心中的万虑。这才不颠倒！这才有资格参禅。

何必太执着于"我"

金圣叹批《西厢记》序言中写道："自古迄今，几万万年月皆如水逝、云卷、风驰、电掣，无不尽去，而至于今年今月而皆有我。此皆有之我，又未尝不水逝、云卷、风驰、电掣而疾去也。"依金圣叹所说，这个"我"在人类历史长河中何其渺小，何其不起眼。一个人一辈子不停地执着于这个渺小的肉体的我，岂不是太可悲了吗？

南怀瑾先生认为，人生修道，证道，为什么不能成佛？因为首先身见去不掉，总觉得有"我"，有这个身体，因而把身体看得很牢。

禅宗教人直接认识"我"是什么。南怀瑾先生解释说，什么是"我"？佛经上说，人的身体乃是幻躯，由"四大"，即地、水、火、风四种因缘假合而成，在这假合的身体上妄有六根，六根是指眼、耳、鼻、舌、身、意，意是意识思想。六根和四大，内外凑合而成此身——这部机器。

南怀瑾先生说，一般人总是妄认六尘缘影为自心相。什么是六尘缘影呢？外面的光，眼睛看得见的东西。声，耳朵听得见的声音。香，鼻子闻得到的气味。味，舌头尝得到的味道。触，身体感受得到的感觉。法，意识想到的思维。四大所合成的肉体则有六根，眼、耳、鼻、舌、身、意六种机能。外界的六尘，六种物理现象，与肉体的六根相互作用，产生了影像，谓之六尘缘影。例如，照片、电影、电视都是缘影，都是假象，可是，这些缘影很厉害，都会引起我们的喜怒哀乐。看到它们痛苦，我们也痛苦；看到它们高兴，我们也高兴。明明知道是假的，还是要受它影响。

想想我们的思想，都在六尘缘影中颠倒。比如很多人看电影，看到最后就被电影中的人物事件感动得流泪，虽然明知那是假的，可还是感动得当场掉眼泪。为什么呢？就是因为被六尘缘影所欺骗。人生的一切事物都是六尘缘影，昨天所发生的事情能留得住吗？能再把它摆在眼前吗？不能，这些都过去了，都是六尘缘影。可是，所有的人都经常回忆昨天的事，有时气愤得不得了，有时难过得不得了，有时欢喜得不得了。南怀瑾先生说，一切众生都在六尘缘影里玩，把六尘缘影当作自己的心。

一个人如果想摆脱各种烦恼的困扰，就必须摆脱"自我"，不执着于我。

庞居士有个女儿叫灵照，要入灭的那天，他对灵照说："你去看看日头，到了正午就来告诉我。"灵照出去一会儿，回来说："现在是正午，可是太阳有缺蚀。"

庞居士出去观看的时候，灵照就在父亲的座位上，合掌坐化。庞居士回来一

看，笑着说："我这女儿机锋真伶俐呀！"于是就延期七天坐化。在这期间，州官前来看他，他就对州官说："愿你将存在看成空幻，切莫把虚无当作真实，住留世间，当好自为之，因为一切都像影子和回声一样。"随后，他枕着州官的腿膝亡化了。

　　庞居士的女儿坐化，他并不感到悲伤，因为他并没有执着于女儿的肉身，因为他知道那是虚幻的，不值得执着的。他对州官说的话也足以惊醒还在执着于"我"的所有人。

人生的这个"我"，这个肉体和由肉体而产生的六尘，其实只是一种偶然的存在，并不是实有的，都将随岁月而老去、而消失。一个人生活的短短几十年和整个宇宙形成的时间相比，简直渺小到微不足道，又有什么值得执着呢？俗话说，酒肉穿肠过，佛祖心中留。一个人如果能够明白执着于"我"的虚妄，便能够体验到灵魂的升腾，并最终获得幸福的人生。

什么是真正的大福报

佛经说，世间一切皆无实，如梦、如幻，亦如电，不管贫富、苦乐，到头来一切皆是空幻。因此，世间的福德并无实。如果执着于空幻，就是执着于一场空。

南怀瑾先生说，世间的福报是有穷尽的，每个人的光荣都是一下子，就像一只手电筒，每个人的电筒都要亮一下，可是希望一辈子发亮是不可能的。世间的福报是不实在的，福德无实啊！所以，佛说，世间的福德再多，也不过弹指之间就过去了。

南北朝梁朝普通年间，达摩被笃信佛教的梁武帝迎到金陵（今南京）。

梁武帝问："什么是佛圣第一义？"

达摩答："空空寂寂，并无佛圣。"

武帝义问："和我应对的是谁？"

达摩答："不知道。"

梁武帝又说道："我自从登上帝位以来，度人为僧，建造寺院，抄写佛经，雕画佛像，我有什么功德吗？"大师答："没有功德。"

梁武帝不高兴地说："为什么没有功德？"

达摩大师答道："这只是生死轮回场里的小功果，按俗世看法是积善行德，但在佛义看来，这并不是真实的，就如同形体的影子一样。"

梁武帝问："那么什么才是真正的功德呢？"

大师道："清净智慧，达到妙圆境地，一身自然空寂。这样的功德，不是在俗世能求得的。"

梁武帝不能领会达摩的话，变了脸色，沉默不语。

达摩心知梁武帝不能理解禅机，便离开金陵，渡江北上了。

南怀瑾先生说："倒却刹竿回首望，繁华散尽梦如烟。"梁武帝一生造了几百座庙，武则天一生又造了几百座庙，如今都没有了。因此，这些世事繁华像梦一样，像烟一样，很快就会消散，无影无踪。

人世间这一切的福报，甚至当皇帝的大福报，都是繁华散尽梦如烟，一切繁华，一会儿就散了；散了以后，你说留一点影像好不好？一切是梦，连梦都没有，梦都像烟一样过去了。所以，佛说真正得一个大福报，得到什么？大福报是你证到了空性，悟道而成佛，这才是大福报、大成就。

烦恼即是菩提

——听南怀瑾讲烦恼无根

一个人要使自己的生命多一些快乐，少一些烦恼，必须学会随遇而安。

南怀瑾先生说，不管学不学佛，一个人想做到随时安然是非常困难的。有一句俗语"随遇而安"，安与住一样，但人不能做到随遇而安，因为人不满足于自己、不满足现实，永远不满足，永远在追求莫名其妙的东西。

生活本不需要完美

人为什么想修禅，从某种意义上讲，那是因为人渴望自身的圆满。人人都渴望圆满，圆满是这个世间众生的梦。

南怀瑾先生说，在这个有缺陷的世界上，没有一个人的人生是圆满的，假使圆满他就早死掉了，因为佛称的婆娑世界，是一个缺陷的世界，所以要保留一点缺陷才好。曾国藩到晚年，也很了解这个道理，他把自己的书房叫作求缺斋，一切太满足了是很可怕的，希望求到一点缺陷。

因此在这个有缺陷的世界上，有福报的人没有智慧，有智慧的人没有福报。书读得好的，多半是福报差一点；命运好一点的人，多半在知识上少一点，有了这一面就少掉那一面。要想什么都归了你，那只有成佛才行。

佛说，不圆满的人生才是完美的人生。

国王有五个女儿，这五位美丽的公主是国王的骄傲。她们那乌黑亮丽的长发远近皆知，所以国王送给她们每人一百个漂亮的发夹。

有一天早上，大公主醒来，一如既往地用发夹整理她的秀发，却发现少了一个发夹，于是她偷偷地到了二公主的房里，拿走了一个发夹。

二公主发现少了一个发夹，便到三公主房里拿走一个发夹；三公主发现少了一个发夹，偷偷地拿走四公主的一个发夹；四公主如法炮制拿走了五公主的发夹；于是，五公主的发夹只剩下九十九个。

第二天，邻国英俊的王子忽然来到皇宫，他对国王说："昨天我养的百灵鸟叼回了一个发夹，我想这一定是属于公主们的，而这也真是一种奇妙的缘分，不晓得是哪位公主掉了发夹？"

公主们听到了这件事，都在心里想：是我掉的，是我掉的。可是头上明明完整地别着一百个发夹，所以都懊恼不已，却说不出。只有五公主走出来说："我掉了一个发夹。"

少了一个发夹的五公主披散着一头漂亮的长发，王子不由得看呆了，决定和五公主一起过幸福快乐的日子。

很多时候，人生并不总是因为拥有全部而感到幸福，相反却因此而失去了美丽，人生就像那九十九个发夹，虽然不够完美，但却异常精彩，人生也正是因为这许多的缺憾而使得未来有了无限的转机和可能性。

的确，生命就像是一首高低起伏的乐章，高低错落才会显得生动而鲜活，所谓"如不如意，只在一念间"，人生的真相便是"不如意之事十有八九"。人生的不圆满是需要我们去面对和承认的事实，但另一方面，我们也可以换一个角度来对此进行分析，其实人生的缺陷和不圆满也是一种美，太过一帆风顺、太过于完美，反而会令我们感到腻味，以至于心生厌倦而不再珍惜。

何止人生？世界上根本就没有绝对完美的事物，完美的本身就意味着缺憾。其实，完美总包含某种不安，以及少许使我们振奋的缺憾。没有缺憾，生活就会变得单调乏味。亚历山大大帝因为没有可征服的土地而痛哭；喜欢玩牌者若是只赢不输就会失去打牌的兴趣。正如西方谚语所说："你要永远快乐，只有向痛苦里去找。"你要想完美，也只有向缺憾中去寻找。最辉煌的人生，也有阴影陪衬。我们的人生剧本不可能完美，但是可以完整。当你感到了缺憾，你就体验到了人生五味，你便拥有了完整的人生——从缺憾中领略完美的人生。

在这个世界上，每个人都有自己的缺憾。只有有缺憾的人生，才是真正的人生。

法国诗人博纳富瓦说得好："生活中无完美，也不需要完美。"南怀瑾先生说，其实人生来不是有罪，而是有缺憾，不完美，不圆满，也就是说人生来就有业，有善业、恶业，以及不善不恶的无记业，但这个业不是罪，而是一股牵着你跑的力量。

正因为人的不圆满，才会促使人向上追求，渴望自身的圆满。不圆满，从某种意义上说，正是一个人灵魂飞升的动力所在。因此，正视并珍惜你的不圆满，努力向上，才是真正健康的心态。

随时随地，随遇而安

一个人要使自己的生命多一些快乐，少一些烦恼，必须学会随遇而安。南怀瑾先生说，不管学不学佛，一个人想做到随时安然是非常困难的。有一句俗语"随遇而安"，安与住一样，但人不能做到随遇而安，因为人不满足于自己、不满足现实，永远不满足，永远在追求莫名其妙的东西。理由可以讲很多，追求事业，甚至于有些同学说人生是为了追求人生的价值，学哲学的人说为了追求真理。你说真理卖多少钱一斤？他却讲不出来价钱。真理也是个空洞的名词，你说人生有什么价值？这个都是人为的借口，所以说在人生过程中，"随遇而安"是很难的。

顺其自然是佛法，恢复本原亦是佛法。世间万物皆有其自身的规律之所在，水在流淌的时候是不会去选择道路的；树在风中摇摆时是自由自在的，它们都懂得顺其自然的道理。因此，揠苗助长固不可取，逆流而上也是一种愚蠢。

再美好的事物，其结果都是一样的——或好或坏，或高或低，或美或丑，或大或小，感觉上没有什么太大的差别。不同的则是追求它们的过程，在过程中享受奋斗的惬意，那才是幸福快乐的，而这个过程便是境遇，一种无法抵抗的客观事实，你只能顺其自然。

无德禅师一直在四处行脚漂泊，一天经过佛光禅师那里，于是便去拜访他。

佛光禅师惋惜地说："你是一位很有名的禅者，为什么那么辛苦地四处奔波，不找一个地方隐居起来呢？"无德禅师无可奈何地答道："我也想隐居，可是我拿不定主意，请问究竟哪里才是我的隐居之处呢？"

佛光禅师不客气地指出："你虽然是一位很好的长老禅师，可是却连隐居之处都不知道？！"

无德禅师开玩笑说："我骑了三十年马，不料今天竟被驴子摔下来。"

意思是说我三十年来见过不少大风大浪，今天却被你难住了。于是无德禅师就在佛光禅师这里住了下来。

一天，有一个学僧问道："我想离开佛教义学，可以吗？请禅师帮我抉择一下。"

无德禅师告诉他道："如果是那样的人，当然可以了。"

学僧刚要礼拜，无德禅师却拦住他说："你问得很好，问得很好。"

学僧道："我本想请教禅师，可是我还没有……"

无德禅师打断道："我今天不回答。"

学僧执着地问："干净得一尘不染时又怎么办呢？"

无德禅师答道："我这个地方不留那种客人。"

学僧再问："禅师，什么是您特别的家风？"

无德禅师说："我不告诉你。"

学僧不满地责问道："您为什么不告诉我呢？"

无德禅师斩钉截铁地答道："这就是我的家风。"

学僧更加不满了，讥讽道："您的家风就是没有一句话吗？"

无德禅师无奈地随口说道："打坐！"

学僧顶撞道："街上的乞丐不都在坐着吗？"

无德禅师拿出一枚铜钱给学僧。

学僧终于省悟。

无德禅师再见佛光禅师，郑重其事地说道："我

现在已找到隐居的地方，那就是当行脚的时候行脚，当隐居的时候隐居！"

无德禅师能够当行脚时行脚，当隐居时隐居，正是随遇而安的生动体现。

有弟子问洞山良价："寒暑到来时，如何回避？"
洞山回答："可以到没有寒暑的地方。"
弟子又问："哪里是没有寒暑的地方？"
洞山回答："寒时化为寒凉，热时化为酷暑。真可谓：安禅不必须山水，灭却心头火自凉。"

随不是跟随，而是顺其自然，不怨怒，不躁进，不过度，不强求；随不是随便，是把握机遇，不悲观，不刻板，不慌乱，不忘形。顺其自然并不是消极地去等待，而是顺其自然去听从命运的安排，更确切地说，顺其自然是寻求生命的平衡。其实，很多时候，顺其自然是一种境界。

无所得也就无所失

真正的人生福报是什么？南怀瑾先生认为，清静无为。心中既无烦恼也无悲，无得也无失，没有光荣也没有耻辱，正反两种都没有，永远是非常平静的，这个是所谓上界的福报——清福。

南怀瑾先生说，清福每个人都有，我们每个人都有清闲的时候，一天到晚无事，闲在家里，有些人却不自在。自己会掉眼泪，好像被社会上的人忘掉了，又怕被人家看不起！没有一个人递一张名片来看我，没有人发个请帖来，也没有人打个电话问候！于是自己觉得好悲哀……他有清福却不会享！学佛的人要先能明了这一点。世界上一切人的心理佛都知道；一切人都把不实在的东西当成实在的，真的清净来了，他也不会去享受。学佛证到了空性，自性的清净无为，大智慧的成就，才算是真福报。真福报那么难求吗？非常容易！可是人到了有这个福报的时候，反而不要了，这都是自找烦恼。

赵州和尚问新来的僧人："你来过这里吗？"
僧人答："来过！"
赵州和尚便对他说："吃茶去！"
又问另一个僧人："你来过这里吗？"

僧人答:"没有。"

赵州和尚也对他说:"吃茶去!"

在一旁的院主奇怪地问:"怎么来过的叫他去吃茶,没有来过的也叫他去吃茶呢?"

赵州和尚就叫:"院主!"院主答应了一声。

赵州和尚就对他说:"走,吃茶去!"

不要想太多,人生如果能够达到佛境界,就是无可无不可的快乐无忧的境界了,"吃茶去"的境界多么亲切自然。

一个人学佛的目的就在于内心的清静,如果一个人反而认为清静是一种难耐的寂寞,那这个人永远也学不成佛。暇满之身就是健康有闲,可是世界上的人有清闲不肯享受,有好身体,他要去消耗掉,而且真到了清闲暇满,他自己反而悲哀起来。这就是佛所说的智慧的众生颠倒吧。

唐朝时,有一位懒瓒禅师隐居在湖南南岳衡山的一个山洞中,他曾写下一首诗,表达他的心境:"世事悠悠,不如山岳,卧藤萝下,块石枕头;不朝天子,岂羡王侯?生死无虑,更复何忧?"

这首诗传到唐德宗的耳中,德宗心想,这首诗写得如此洒脱,作者一定也是一位洒脱飘逸的人物吧?应该见一见!于是就派大臣去迎请禅师。

大臣拿着圣旨东寻西问,总算找到了禅师所住的岩洞,正好瞧见禅师在洞中生火做饭。大臣便在洞口大声呼叫道:"圣旨到,赶快跪下接旨!"洞中的懒瓒禅师,却装聋作哑地毫不理睬。

大臣探头一瞧,只见禅师以牛粪生火,炉上烧的是地瓜,火愈烧愈炽,整个洞中烟雾弥漫,熏得禅师鼻涕纵横,眼泪直流,大臣忍不住说:"和尚,看你脏的!你的鼻涕流下来了,赶紧擦一擦吧!"

懒瓒禅师头也不回地答道:"我才没工夫为俗人擦鼻涕呢!"

懒瓒禅师边说边夹起炙热的地瓜往嘴里送,并连声赞道:"好吃,好吃!"

大臣凑近一看,惊得目瞪口呆,懒瓒禅师吃的东西哪是地瓜呀,分明是像地瓜一样的石头!懒瓒禅师顺手捡了两块递给大臣,并说:"请趁热吃吧!世界都是由心生的,所有东西都来源于知识。贫富贵贱,生熟软硬,你在心里把它看作一样不就行了吗?"

大臣看不惯禅师这些奇异的举动,也听不懂那些深奥的佛法,不敢回答,只好赶回朝廷,添油加醋地把禅师的古怪和肮脏禀告皇帝。德宗听后并不生气,反

而赞叹地说道："我们国内能有这样的禅师，真是我们大家的福气啊！"

　　什么是佛？快乐无忧就是佛，即使他的条件再艰苦，在他的眼中也没有任何值得哀叹的。快乐无忧是因为物质条件的丰厚吗？显然不是，一个人的心中充满了快乐，那么忧愁、痛苦就永远不会出现在他的身上。

言下顿悟

—— 听南怀瑾讲顿悟之道

在世人的眼中，禅的境界是很高的境界，可望而不可即，很玄妙。其实，古往今来的禅师反复强调，禅的境界就在人间，在每个人的身上。一个人，只要能够保持自己的本色，发挥自己的天然个性，就是禅的境界。

南怀瑾先生说，作诗、弄文，固然无关禅道，但如果从天性上自然流露，也正与弹指之事相同，何妨起用。能文的便文，能武的便武，各守本分也。

找回遗忘的灵性

雪窦禅师曾写过这样一首诗："一兔横身当古路，苍鹰一见便生擒，可怜猎犬无灵性，只向枯桩境里寻。"意思是说一只兔子横躺在一条路上，老鹰在空中看到了，便冲下来把兔子叼走了。可怜的猎犬无灵性，跑过来闻了半天，只好向枯树根的空洞里拼命找。

南怀瑾先生说，雪窦禅师是禅宗的大师，骂世上这一班学禅宗的人，参公案啊，参话头啊，都像这个猎犬一样，只向枯桩境里寻。如果是有大智慧的人，则会像那个老鹰一样，空中一亮，就把兔子叼上去了，这个境界就空了。后面的猎狗勤快得拼命跑，转啊转啊，跑啊跑啊，就在那里找这个境界，找一个空！

因此，一个学禅的人，一定不要误入歧途，钻故纸堆，而应该充分调动自己的灵性，让自己的生命在当下的生活中鲜活起来。通过改正错误、不掺杂念地行善积德、修身养性。

一个遗失了生命的灵性的人，是无药可救的人，因此，修禅从某种意义上说就是要找一个人作为人时所需要的灵性。

朱慈目居士对佛光禅师说："禅师！我念佛拜佛已经二十多年了，最近在持佛号时，好像不太一样。"

佛光禅师问："有什么不一样呢？"

朱慈目说："我过去在持佛号时，心中一直有佛性，就算口中不念，而心中仍然觉得佛声绵绵不绝，就是不想持，但那声音仍像泉源会自动流露出来。"

佛光禅师说："这其实很好啊，表示你学禅已经到了找到自我真心的境界了啊。"

朱慈目说："谢谢禅师的赞叹，但我现在不行了，我现在很苦恼，因为我的真心不见了。"

佛光禅师疑惑地问："真心怎么会不见呢？"

朱慈目说："因为我与佛相应的心没有了，心中佛声绵绵不断的静念没有了，再也找不回来了。禅师，我为此很苦恼，请您告诉我，我到哪里去找我的真心呢？"

佛光禅师说："寻找你的真心，你应该知道，真心并不在任何地方，你的真心就在你自己的身中。"

朱慈目说："我为什么不知道呢？"

佛光禅师说："因为你一念不觉和妄心打交道，真心就离你而去了。"

朱慈目听后，豁然开朗。

真心没有了，这就好像失落了自己，找不到自家的家门。人为什么会有各种各样的迷惑呢？原因就在于虚妄遮蔽了真心。

南怀瑾先生说，每一位佛都在放光，何以众生看不见呢？因为被自己的业力盖住了，所以看不见佛光。等你定慧到了，只要一定，自身光明随时都可以跟佛的光明相接。你们打起坐来，不管开眼也好，闭眼也好，黑漆一团，对不对？一团乌烟瘴气，这就证明地狱在你面前。因为你内心污染得厉害，自己的光明被遮盖住了，佛光想灌都灌不进来。念佛念了半天，没有愿力，只有一肚子的怨，怎

么能见到光明呢？因此，一个人一定不要被社会污染得太严重，保持内心的纯洁，保持自我的灵性，才能获得一个幸福的人生。

珍惜你的自性

每个人都有自性，也就是自己的本心。南怀瑾先生说，真正的这个自性是不生不灭的，这个自性是空性，空性必须要无我才能达到。当你修证到一个无我的境界，就得到一个智慧，就是唯识中所讲的平等性智。无我就无人，无人就无他，无众生相，无烦恼，无一切，等等。一切皆空，即无众生之相。

有一次，石屋禅师和一个偶遇的青年男子结伴同行，天黑了，那个男子邀请禅师去他家过夜，对禅师说道："天色已晚，不如在我家过夜，明日一早再行赶路？"禅师向他道谢，与他一同来到了他家。半夜的时候，禅师听见有人蹑手蹑脚地来到了他的屋子里，禅师大喝一声："谁？"那人被吓得跪在地上，禅师揭去他脸上蒙着的黑布一看，原来是白天和他同行的青年男子。

"怎么是你？哦，我知道了，原来你留我过夜是为了钱财！我一个和尚能

有多少钱！你要干就去干大买卖！"那男子说道："原来是同道中人！你能教我怎么干大买卖吗？"他的态度是那么恳切、那么虔诚。禅师看他这样，慢腾腾地说道："可惜呀！你放着终生享用不尽的东西不去学，却来做这样的小买卖。这种终生享用不尽的东西，你想要吗？""这种终生享用不尽的东西在哪里？"禅师突然紧紧抓住男子的衣襟，厉声喝道："它就在你的怀里，你却不知道，身怀宝藏却自甘堕落，枉费了父母给你的身子！"真是一语惊醒梦中人啊！那个男子从此改邪归正，拜石屋禅师为师，后来成为一名著名的禅僧。

每个人在他的生命之中，总会失去一些东西，但是那个始终伴随你的，就是你的自性。而现实中，我们大多数人却常常终日忙碌地追寻那些原本不属于我们，并且也终将会离开我们的东西，却忘了最宝贵的东西其实就在我们的怀里——它就是自性。

所以，生活中的我们不应该忘记自性的存在，而应该好好保存自性，充分发挥自性的作用，这样才能拥有一个完美的人生。

个性天然自能悟道

在世人的眼中，禅的境界是很高的境界，可望而不可即，很玄妙。其实，古往今来的禅师反复强调，禅的境界就在人间，在每个人的身上。一个人，只要能够保持自己的本色，发挥自己的天然个性，就是禅的境界。

南怀瑾先生说，作诗、弄文，固然无关禅道，但如果从天性上自然流露，也正与弹指之事相同，何妨起用。能文的便文，能武的便武，各守本分也。

唐代时，有参学禅法的僧人不远千里，来到河北赵州观音院（今柏林禅寺）。早饭后，他来到赵州禅师身前，向他请教："禅师，我刚刚开始寺院生活，请您指导我什么是禅？"赵州问："你吃粥了吗？"

僧人答："吃粥了。"

赵州说："那就洗钵去吧！"

在赵州禅师的话语之中，这位僧人有所省悟。赵州的"洗钵去"，指示参禅者要用心体会禅法的奥妙之处，必须不离日常生活。这些日常的喝茶吃饭，与禅宗的精神没有丝毫的背离。法眼文益禅师上堂说法，给大家讲了一个故事：

从前有一个老头和一个小孩生活在一起，奇怪的是，这个老头从来不教孩子各种礼仪和做人的道理，只是让他自然而然健康地成长。

有一天，一个云游四方的僧人，在老头的家中借宿，见孩子什么也不懂，于是教了他很多礼仪。

孩子很聪明，一学就会了。晚上，孩子见老者从外面回来，于是恭敬地走上前去问安。老者十分惊讶，就问孩子："是谁教给你这些东西？"孩子如实回答："是今天来的那个和尚教我的。"

老者马上找到和尚，责备地说："和尚你四处云游，修的是什么心性啊？这孩子被我捡来养了两三年，幸好保持了他一片天然可爱的本心，谁知道一下子就被你破坏了！拿起你的行李快出去吧，我家不欢迎你！"

当时已经是傍晚了，还下着淅沥的小雨，但是生气的老者还是将和尚赶走了。

是啊，小孩秉持天然个性成长，和尚却用俗礼污染，和尚不冤。有人请教大龙禅师："有形的东西一定会消失，世上有永恒不变的真理吗？"大龙禅师回答："山花开似锦，涧水湛如蓝。"多么美妙的一幅山水画啊！"山花开似锦"指山上开的花呀，美得像锦缎似的，转眼即会凋谢，但仍不停地绽开。"涧水湛如蓝"指溪流深处的水呀，映衬着蓝天的景色，溪面却静止不变。

这一对句，隐喻着世界本身就是美的，稍不经意，就将流逝消失。生命的意义在于生的过程。在我们这个物质世界，有一个时间之箭，任何东西都受它的强烈影响。花开的本身，注定要凋落，山花却不因要凋谢，而不蓬勃开放；清清的涧水不因其流动，而不映衬蓝天。时间之箭是单向的，我们这些有生命之物，都要把握住现在、今朝。

守住自己的本来面目，让自己的个性在岁月中自然流露，无论为文、为诗、为画，都是一种天然情趣，都会有一种生命独特的美丽。

像盖房子一样，先打好基础
—— 听南怀瑾讲磨砺

成佛很困难吗？当然，那需要几十年甚至一生的艰苦修行。但是，成佛的道理却不难，南怀瑾先生说，修行成佛的道理其实很简单，就一句话："诸恶莫作，众善奉行。"

南怀瑾先生说，我们学佛的根本是什么？一切宗教都是一样的，都是：诸恶莫作，众善奉行，这是第一个起步。如果不修一切的善法，光想求开悟，那就是青蛙跳井——不懂（扑通）！那不是悟了，那只能是聪明反被聪明误。

要修行，先做人

在讲解禅宗经典《金刚经》时，南怀瑾先生语重心长地告诫学生："青年同学注意！先学做人，能把儒家四书五经等做人之理通达了、成功了，学佛一定成功。像盖房子一样，先把基础打好。人都没有做好，你要学佛，你成了佛，我成什么？要注意啊！要先学做人，人成了，就是成佛。佛法告诉你的就是这个道理。"

佛学并没有什么另起炉灶的玄虚。这就是说，凡是学佛学禅的人，首先要建立一个明确的人生观。一个学佛的人，首先要在心中建立这样的观念：人这一生，来到这个世界，就是来偿还欠债，报答所有与自己有关之人的冤缘的。因为我们赤手空拳、赤条条地来到这个世界上，本来就一无所有。长大成人，吃的、穿的、所有的一切，都是众生、国家、父母、师友们给予的恩惠。所以佛经上主张，人只有负别人，别人并无负其之处。因此，个人要尽"我"之所有，尽自己之所能，贡献给世上的人们，以报答他们的恩惠，还清自己多生累劫自有生命以来的旧债，甚至不惜牺牲自己而为世为人、济世利物。大乘佛学所说首重布施的

要点，也即由此而出发。

有一天黎明，佛陀进城。

在路上，佛陀看见一名男子，向着东方、南方、西方、北方、上方顶礼膜拜。于是佛陀问他："你为什么这样做呢？"

那名男子说："我这是在做善生，每天向各方膜拜，是家族传下来的习惯。据说这样做，就会得到幸福。"

佛陀说："我也有六种敬礼的方法。"

那个人奇怪地问："你的方法是什么呢？"

佛陀慈祥地对他说："获得幸福的六种敬礼方法是：第一，孝顺父母：做儿女的要孝顺，令父母高兴、欣慰；第二，尊重师长：做学生的要敬重师长，接受教导；第三，爱护妻子：妻子是个好助手，夫妻之间要互相敬重；第四，善待朋友：对待朋友要诚实、互敬；第五，尊敬僧众：对待僧人要布施、恭敬；第六，友好地对待仆人：对待仆人要宽容，不要让他们过度疲倦。如果能够按照这六种方法来对待生活，你的家庭就会和谐圆满，人生就会快乐无忧。否则，只是礼拜六方，又有什么用处？"

那个人听了佛陀的教诲，心中十分高兴。从此，按照佛陀的教诲行事，心中的幸福感与日俱增。

佛陀告诉那人"获得幸福"的方法有什么神奇玄妙可言吗？显然没有。但是，试问人间众生谁能完完全全地照做呢？如果每个人都能够照着实行，相信每个人都会获得幸福。

南怀瑾先生说，世法与佛法是同样的道理，因此，出家的人要懂世法，世法懂了，佛法就通了。所有真正的禅宗，并不是只以梅花明月，洁身自好便为究竟。后世学禅的人，只重理悟而不重行持，早已大错特错。

先学做人，再学做佛。这是世间不变的道理，也是南怀瑾先生对佛法的独到见解，一个人如果真的能够照此修行，不但可以使自己获得幸福，而且还能够造福社会，成为社会的有用之人。

老老实实做事，规规矩矩做人

南怀瑾先生说，怎么样平实地去做事呢？《金刚经》开始就告诉我们，怎么样叫修行？不要忘记了开头，第一品穿衣、吃饭、洗脚、睡觉，就是规规矩矩做人，老老实实做事，诸恶莫作，众善奉行，都说完了。佛陀先做一个榜样给你看，他自己穿上衣服、化缘、吃饭，吃完了，洗了泥巴脚，敷座而坐。也没有一个学生把他位置铺好，是他自己来安置，把位置拍拍平，然后自己上去坐。

修禅并非让你另起炉灶，故弄玄虚，而是要从身边的每件小事做起，老老实实做事，规规矩矩做人。一个人如果真的能将人做好了，那就离佛的境界不远了。

东汉时代，有个青年叫陈蕃，他志存高远，喜好读书，但生活却很懒散。一天，陈蕃的父亲出远门去了。一位名叫薛勤的人来拜访陈蕃的父亲，正巧他父亲外出不在，薛勤便一边和陈蕃寒暄，一边随意地走进陈蕃的书房。

薛勤一进书房，吓了一大跳。屋子里不仅肮脏，空气也污浊。杂物、蜘蛛网、灰尘、垃圾到处都是。薛勤看了后，对陈蕃说："年轻人，你为什么不打扫书房呢？"

没想到陈蕃却满不在乎地回答："大丈夫活在世上，要干的是轰轰烈烈的大事业，要扫除的是天下一切不平的事情，哪里会花心思去清扫小小的屋子呢？"陈蕃说得理直气壮，有些得意的神情。

听着陈蕃理直气壮的回答，薛勤心里暗想：此人年少而有大志，但连小事都不愿意做，怎么干大事呢？于是，薛勤对陈蕃说："你连一间小小的屋子都不打扫干净，又怎么去扫天下呢？"

"一屋不扫何以扫天下"！能把一件简单的事情做好，本身就不简单；能把每一件平凡的事情做好，就是不平凡。一个人是否能够成功，最关键的在于你是否心甘情愿地从小事做起，而不是空怀壮志凌云。大凡成功者都会深有体会，成功是需要水滴石穿的精神的，而绝不是一蹴而就的，千条大河归大海，各种小事都能结出硕果，其实，只要你努力地做好每一件小事，就胜过一手遮天的青云直上。

的确，一片菜叶能值多少钱？但我们若对万事万物都抱以金钱的多少来加以计量，那么，我们便永远都不会懂得去珍惜。要知道，哪怕只是一片小小的菜叶，那也是自然界的馈赠，难道我们就不应该去珍惜它吗？

有一位名叫光藏的青年，一心想成为佛像雕刻家，所以特地去拜访东云禅师，希望禅师能指点一些与佛像有关的常识，以便使自己的雕刻技艺更上一层楼。

东云禅师见了他以后，没有说什么，只是让他替自己到井边汲桶水。过了一会儿，东云禅师突然冲着光藏开口大骂，并要赶他出门。

这时已近黄昏，其他弟子很同情光藏，就请求师父留光藏在寺中住一宿，让他明天再走。

三更时分，光藏被叫醒去见东云禅师。禅师温和地对光藏说："你也许不知道白天我为什么骂你。我现在告诉你，佛像是被人膜拜的，雕刻的人需要有虔诚的心，才能雕刻出庄严的佛像。白天我看你汲水的时候，水溢出了桶外，虽然溢出的只是几滴水，但那都是福德因缘所赐予的，而你却毫不在乎。像你这样不知惜福、轻易浪费的人，又怎能雕刻出传神的佛像呢？"

光藏对禅师的训示颇为感动，歉敬不已。在一番反省之后，光藏决定做一名佛门弟子。若干年后，光藏终于成为雕刻技艺独树一帜的一代宗师。

如何才能提升自己的雕刻技术？禅师说："你要有一丝不苟的禅心才行，这其实正是做人的根本，一个人只有先将人做好了，才能讲修禅。"佛其实是"人"的升华，如果，生活中的你还在幻想成佛，那就赶快行动，好好地做一个人吧！

磨砺之道，说出容易做到难

成佛很困难吗？当然，那需要几十年甚至一生的艰苦修行。但是，成佛的道理却不难，南怀瑾先生说，修行成佛的道理其实很简单，就一句话："诸恶莫作，众善奉行。"

那么，要怎么样才能成道呢？要依循行为上的善行成就，福德成就，自然可以成道。所以学佛只有两件要事，一个是智慧资粮，一个是福德资粮。譬如我们现在研究《金刚经》，以及所有的佛经，都是在找智慧，就是储备智慧的资粮。诸恶莫作，众善奉行，是找福德的资粮，智慧不够不能成道，虽有智慧，福报不够也不能成道。

说到这个道理，历史上曾有这样一则故事：

唐代诗人白居易喜欢佛法，有一次，他听说鸟巢禅师的修行相当高，于是专程到鸟巢禅师的住处去请教。

白居易问鸟巢禅师："佛法的大意是什么？"

鸟巢禅师答："诸恶莫作，众善奉行。"

白居易鼻孔里哼了一声，说："这个，三岁的小孩也知道这样说。"

鸟巢禅师说："虽然三岁的小孩也说得出，但八十的老翁都未必能做到。"

白居易心中服膺，便施礼退下了。

白居易听到禅师的答案，不以为然，认为佛法就这么简单吗？但禅师的回答却是发人深省的，这么简单的道理有几个人能够真正奉行呢？如果某人真能奉行，那他就真的离成佛不远了。

南怀瑾先生说，我们学佛的根本是什么？一切宗教都是一样的，都是：诸恶莫作，众善奉行。这是第一个起步。如果不修一切的善法，光想求开悟，那就是青蛙跳井——不懂（扑通）！那不是悟了，而是自误，聪明反被聪明误。

因此，一个人要想成佛就要修一切善法，诸恶莫作，众善奉行，非有善法的成就不可。不是看几本佛书，谈谈禅，说说公案，盘个腿，打个坐就可以成佛。造了一辈子的孽，跑到庙里去盘个腿，吃两天素，就要得菩提，那绝对是妄想。

所以，真正想要参禅的人，一定要从身边的小事做起，勿以善小而不为，勿以恶小而为之。

在最平凡中建立非凡境界

——听南怀瑾讲体悟

翠竹黄花皆藏般若，世间一切法皆是佛法。一个无心的人视而不见，只能看到平淡无奇的一切，而一个有心人却能够空出心来，在平淡中窥见奇趣，从中汲取深刻的智慧。

天大地大，气象万千，多观察世间万物，多留意身边的翠竹黄花，多体悟一切风云变幻，只要你有心，你就有可能从中体悟到妙不可言的佛法禅机。

有心体悟便处处是禅

南怀瑾先生恳切地告诉我们，成佛的智慧，不需要向外寻求，它并不离开世间的一切。世间法就是佛法，任何学问、任何事情，都是佛法。

一切世间的学问、智慧、思想，一切世间的事，都可以使你悟到般若在哪里，到处都是。在看花中就能悟到了，在风景中也能成佛。

的确，一切现成，就看你怎么拣拾了。南怀瑾先生在此向我们揭示了一个最朴实的道理，那就是在自然天地之间，有无处不在的禅机妙意。一粒沙尘中包含一方世界，一朵野花中蕴藏一个天堂。

生命中缺少的不是风景，而是一双发现美丽风景的眼睛。道理是如此平常，关键是我们有没有像孩童一般的单纯心灵来体悟。真谛本就是为朴素的心敞开的。

有一位学僧请示慧忠国师道："古德云：'青青翠竹，尽是法身；郁郁黄花，无非般若。'不信的人认为是邪说，有信仰的人认为不可思议，不知信与不信哪个正确呢？"

慧忠国师从容答道："这是文殊菩萨的境界，并不是凡夫俗子所能接受的。"

学僧闻后，仍不明白，再问道："到底是信者正确，还是不信者正确？"

慧忠国师答道："信者为俗谛，不信者为真谛。"

学僧大惊道："不信者讥为邪见，禅师怎可说为真谛？"

慧忠国师总结道："不信者自不信，真谛自真谛。正因为是真谛，凡夫俗子才会斥之为邪见。"

妙哉！真谛，在相信者赞为确实正见，在不信者斥为歪理邪说，这一正一反的针锋相对，就在信与不信之间。不信者与真谛是彼此隔绝的。此中正道出生活处处都有佛法的真理，而真理往往是遭忽视，容易被遗忘的。现反其言曰：相信者的信是真谛，不信者的疑是俗谛。

怎样才能认识清楚这无处不在的真谛呢？南怀瑾先生给我们指示了一条道路，就是去身见，去世间之见，把所有时空的观念、身心的观念统统放下，在最平常的状态中，静静等待真谛之光的启示。只要你摒弃了根深蒂固的不平常心，自然水退山显、豁然开朗。

抛开自己在尘世沾染的不平常心，又谈何容易？我们麻木地将不平常当作平常已经很久了，站在大自然的面前，我们激昂地呐喊：青青翠竹，绝无法身；郁郁黄花，更非般若。这样的理直气壮，这样的道貌岸然，其实是无知昏昧，可惜可怜。究其根底，是身在福中不知福，行走在真谛的花丛中，却视而不见，嗅而不闻。不是吗？花香花色在眼前，错失美妙真可怜！

南怀瑾先生讲述的下面这则关于黄庭坚悟道的禅宗公案，能很好地阐释这一点：

江西诗派的开创者黄庭坚又名黄山谷，是北宋与苏东坡齐名的另一位大诗人，即"苏门四学士"之一。

他跟晦堂禅师学禅。虽然他的学问很好，但是跟着师父学了三年还没有悟道。

有一天，他问晦堂禅师："有什么方便法门告诉我一点儿好不好？"

晦堂禅师说："你读过《论语》没有？"

黄山谷说："当然读过啦！"

师父说："《论语》上有两句话：'二三子，以我为隐乎？吾无隐乎尔。'意思是说：你们这几个学生，以为我隐瞒你们吗？我没有保留什么秘密啊！早就传给你们了。"

黄山谷这一下脸红了，又变绿了，告诉师父实在不懂！

老和尚一拂袖就出去了。黄山谷哑口无言，心中闷得很苦，只好继续跟在师父后边走。这个晦堂禅师自顾自地走，没有回头看他，晓得他会跟来的。

走到山上，秋天桂花开，花香馥郁，如酒醉人，师父就回头问黄山谷："你闻到桂花香了吗？"

黄山谷先被师父说晕了，师父在前面大模大样地走，不理他，他跟在后面，就像小学生挨了老师处罚一样，心里又发闷，这一下，老师又问他闻没闻到桂花香味，他当然把鼻子翘起，闻了闻，然后说："我闻到了。"

他师父接着讲："二三子，我无隐乎尔！"

师父的意思是说：你看！就像你能够闻到桂花的味道，你也能够在当下这个片刻就闻到佛性，就在月桂树里面，就在这个山中的小径上，就在小鸟里面，就在太阳里面；它就在我里面，就在你里面。你是在说什么钥匙线索？你是在说什么秘密？我并没有保留任何东西不让你知道啊。

经师父这一点破，黄山谷即刻悟道了。

黄山谷是幸运的，因为他有一颗诗心和一双慧眼。真理往往为开放的心灵打开。大千世界，佛法充盈其中，禅意无处不在，一个人只有用自己的心去感悟，用自己的眼睛细细地观察，才能真正体悟到佛禅的境界。

翠竹黄花皆藏般若，世间一切法皆是佛法。一个无心的人视而不见，只能看到平淡无奇的一切，而一个有心人却能够空出心来，在平淡中窥见奇趣，从中汲取深刻的智慧。天大地大，气象万千，多观察世间万物，多留意身边的翠竹黄花，多体悟一切风云变幻，只要你有心，你就有可能从中体悟到妙不可言的佛法禅机。

一切伟大皆蕴于平凡之中

南怀瑾先生说，一个真正了不起的人，自己心中是没有伟大这个观念的。他认为度一切众生，教化一切众生，都是人应该做的事情而已，做完了就过去了，心中不留。南怀瑾先生接着举了个例子说，在《法华经》上，佛说他说的法，等于指黄叶为黄金，为止儿啼而已。什么意思呢？假设一个小孩哭了，该怎么办呢？为了使他不哭，顺手捡了一片黄叶来逗他，说，这个好玩啊，这个是金子！只要把小孩哄住了，不管它是鸡毛也好，树叶也好，只要小孩不哭就行了。佛告诉我们，他讲的佛法，也就是这个样子，指黄叶为黄金，为止儿啼而已！其实任何法都是黄叶，都是为止儿啼而已。如果一念停了，黄叶就不要了。

一个人在领教佛法的时候要保持谦逊、低调的姿态，这是学佛的本色和必需，因为释迦牟尼佛本身就是谦逊的最佳榜样。一个真正成佛的人并不会到处宣称自己成佛，只有那些尚未成佛的人才会四处宣扬自己。通晓佛法的高人，知道佛法就这么一点点，"原来佛法无多子"，就是用指黄叶为黄金，为止儿啼，仅此而已。

真正的佛恰恰没有一脸佛气，他就是最平凡正常的一位。佛法如大海，深邃无边，默默迎纳百川。每个人都是一条污浊的河流，只要你谦卑得视自己如同尘土，你就可以成佛，归向大海。因为平凡是佛，众生本平凡，故皆可成佛。

有个人为南阳慧忠国师做了二十年侍者，慧忠国师看他一直任劳任怨，忠心耿耿，所以想要对他有所报答，帮助他早日开悟。

有一天，慧忠国师像往常一样喊道："侍者！"

侍者听到国师叫他，以为慧忠国师有什么事要他帮忙，于是立刻回答道："国师！要我做什么事吗？"

国师听到他这样的回答，感到无可奈何，说道："没什么事要你做的！"

过了一会儿，国师又喊道："侍者！"侍者又是和第一次一样的回答。

慧忠国师又回答他道："没什么事要你做！"

这样反复了几次以后，国师喊道："佛祖！佛祖！"

侍者听到慧忠国师这样喊，感到非常不解，于是问道："国师！您在叫谁呀？"

国师看他愚笨，万般无奈地启示他道："我叫的就是您呀！"

侍者仍然不明白地说道："国师，我不是佛祖，而是您的侍者呀！您糊涂了吗？"

慧忠国师看他如此不可教化，便说道："不是我不想提拔你，实在是你太辜负我了呀！"

侍者回答道："国师！不管到什么时候，我永远都不会辜负您，我永远是您最忠实的侍者，任何时候都不会改变！"

慧忠的目光暗了下去。有的人为什么只会应声、被动？进退都跟着别人走，就不会想到自己的存在！难道他不能感觉自己的心魂，接触自己真正的生命吗？

慧忠国师道："还说不辜负我，事实上你已经辜负我了，我的良苦用心你完全不明白。你只承认自己是侍者，而不承认自己是佛祖，佛祖与众生其实并没有区别。众生之所以为众生，就是因为众生不承认自己是佛祖。实在是太遗憾了！"

每个生命都是如此平凡，但你若把自己降到最低的位置，你就成了大海，释迦牟尼佛就是这样的大海。慧忠国师一片苦心，可惜他的侍者却不明白，真是可惜。

释迦牟尼佛其实就是一个最平凡同时也最伟大的人，也就是南怀瑾先生说的平常就是真道，最平凡的时候是最高的，真正的真理是在最平凡之间；真正仙佛的境界，是在最平常的事物上。所以真正的人道完成，也就是出世、圣人之道的完成。

一条小鱼向大鱼问道："我常听人说起海的事情，可什么是海呢？"

大鱼回答："你的周围就是海啊！"

"可是我怎么看不到？"

"海在你里面，也在你外面，你生于海，也终归于海。海包围着你就像你自己的身体。"大鱼淡淡地说。

小鱼缺少的就是单纯体验真理无所不在的平常心。没有看到自己一呼一吸之间，都在这最谦卑又最广阔的海洋里。

庄子曰："鱼相忘乎江湖，人相忘乎道术。"同样，人活在禅的海洋之中，却不知道禅究竟为何物，总是想跳出海面来，到别处去苦苦寻觅。

　　什么是禅道？或者，什么是真理？真理不是故纸堆里圣人的玄言妙语，也非泥塑木制的菩萨神像，它活泼生动、新鲜闪亮，如绚丽的秋日阳光，如清晨初网出水的鱼。在自然世界，在心灵深处，我们能真切感受到它，但它无行迹可循，没有固定模式。像万里阳光，空朗不挂一片云；如清净之水，清溪见底看入"空无"。但这道又确确实实存在，真叫人难以捉摸！游鱼发现不了这无处不在的海水，只因被自己迷惑，视而不见，其实我们何尝不是如此？怜悯鱼儿之前，我们应该先怜悯自己。

　　因为大海在最低处，而我们只是高高地站在岸上，眺望大海。那叶小舟就搁在港口，莫惧风浪，别再犹豫，更别返身逃回深山丛林，其实很容易就能下海起航，海上的风波才是最为安稳的。

真正的圣人就是你自己

　　南怀瑾先生说，解脱是靠自己，不是靠他力。帮助了千千万万人，心中没有一念认为是自己的功劳。

　　生活中，很多人都对帮助自己的人，以及各种圣人、救世主感激涕零，但是他们可能很少想到要感激自己，这是尚未觉悟的表现。

1947年，美孚石油公司董事长贝里奇到开普敦巡视工作。在卫生间里，他看到一位黑人小伙子正跪在地上擦洗黑污的水渍，并且每擦一下，就虔诚地叩一下头。贝里奇感到很奇怪，问他为什么要这样做，黑人小伙子答道："我在感谢一位圣人。"

贝里奇好奇地问他："为什么要感谢那位圣人？"小伙子说："是他帮助我找到了这份工作，让我终于有了饭吃。"贝里奇笑了，说："我也曾经遇到过一位圣人，他使我成了美孚石油公司的董事长，你想见见他吗？"小伙子说："我是个孤儿，从小靠锡克教会养大，我一直都想报答养育过我的人。这位圣人如果能让我吃饱之后，还有余钱，我很愿意去拜访他。"

贝里奇说："你一定知道，南非有一座有名的山，叫大温特胡克山。据我所知，那上面住着一位圣人，他能给人指点迷津，凡是遇到他的人都会有很好的发展前途。20年前，我到南非时登上过那座山，正巧遇上他，并得到他的指点。如果你愿意去拜访他，我可以向你的经理说情，准你一个月的假。"

这位小伙子是个虔诚的锡克教徒，很相信神的帮助，他谢过贝里奇后就上路了。30天的时间里，他一路披荆斩棘，风餐露宿，终于登上了白雪皑皑的大温特胡克山。然而，他在山顶徘徊了一整天，除了自己，没有遇到任何人。

黑人小伙子很失望地回来了。他见到贝里奇后说的第一句话是："董事长先生，一路上我处处留意，但直到山顶，我发现，除我之外，根本没有什么圣人。"贝里奇说："你说得很对，除你之外，根本没有什么圣人。因为，你就是自己的圣人。"

20年后，这位黑人小伙子成为美孚石油公司开普敦分公司的总经理，他的名字叫贾姆讷。在一次世界经济论坛峰会上，他以美孚石油公司代表的名义参加了大会。在面对众多记者的提问时，关于自己传奇的一生，他说了这么一句话："发现自己的那一天，就是人生成功的开始。能创造奇迹的人，只有自己。"

"发现自己"这句话说得多么透彻，佛家讲的"学佛在自心"也是同样的意思，无论人处在什么样的境况下，凭借自己的力量取得成功，都是毋庸置疑的真理。下面的小故事也说明了这样的道理。

一天，一个农民的驴子掉进了枯井里。那可怜的驴子在井里凄惨地叫了好几个钟头，农民在井口急得团团转，就是没办法把它救出来。最后，他断然认定：驴子已经老了，这口枯井也该填起来了，不值得花太大的精力去救驴子。

农民把所有的邻居都请来帮忙填井。大家抓起铁锹，开始往井里填土。驴子很快就意识到发生了什么事，起初，它只是在井里恐慌地大声哀鸣。不一会儿，令大家不解的是，它居然安静了下来。几锹土过后，大家终于忍不住朝井下看，眼前的情景让他们惊呆了。每一铲砸到驴子背上的土，它都做了出人意料的处理：迅速地把土抖落下来，然后狠狠地用脚踩紧。就这样，没过多久，驴子竟把自己升到了井口。它纵身跳了上来，快步跑开了。在场的每个人都惊诧不已。

在现实世界，有很多人因为各种各样的原因，在一口注定要给他带来苦难的井里挣扎，最终被埋葬了，实际上，机会就像那一锹锹的土，有人就抓住了它，经过一番努力，求得了新生，而大多数人却在那里等待死亡。

生命的战场不是没有同盟，只是这些盟友只能做我们精神上的"啦啦队"，给你加油，让你自信，而一切赛程还要靠你自己的力量去完成，不能完全依赖别人。许多从艰苦的环境中奋斗出来的人，他们并不比我们拥有更多的天赋，而他们之所以能取得成功，完全是因为他们能够战胜自己、坚强独立。即使我们最终没能到达彼岸，但只要我们努力了，用自己的力量征服痛苦，渡过难关，也能体会到一种快乐。

为后世的众生作修持的道场

——听南怀瑾讲般若

南怀瑾先生讲到般若境界时说，境界就是境界，只能加注解，很难翻译。有许多外国同学研究如何翻译"境界"两个字，我说假使翻译成外文的话，勉勉强强可翻译成现象，但是那仍属于自然界的观念。

譬如唐朝有句诗："千江有水千江月，万里无云万里天。"禅师们常在讲悟道或者般若的部分时引用这两句话。天上的月亮只有一个，照到地上的千万条江河，每条河里都有一个月亮的影子，就是千江有水千江月。万里的晴空，如果没有一点云的话，整个的天空，处处都是无际的晴天，所以万里无云万里天。这是一个很好的境界，许许多多的学禅者都是因为这种境界而悟道的。

以出世的精神来做入世的事业

曾有一位学人这么说："学佛，就是以出世的精神来做入世的事业。"这句话点到了禅宗的实处。禅宗的出家人，发愿学佛并非为了隐遁山林。一切有成就的大师成佛后的愿行，则纯为利益众生而出发，再不涉及个人的私利。由是可知，出家人，绝非意志消沉、行为悲观的避世者，更非饱食终日、无所事事的寄生虫。而是克制自我、舍己为人、志愿深广宏大、行为光明磊落的救世者。至于学佛，成佛，更非消极或与社会脱节的落伍行为，而是积极展开觉世惕民的工作，准备担当人间苦难的勇敢行为。

在太平寺中，弘一法师见到了前来拜访的老友穆藕初。叙旧之后，两人的话题自然而然地谈到佛法上来。穆藕初对于佛教并无多少了解，不过他在一些哲学、文化类的书籍中见过一些批评佛教的观点，对于佛教总觉得是一种导人出离世间，逃避家国社会责任的宗教，当此国家衰微，正需国民奋发图强之际，佛教于世又有何益呢？

弘一法师解释说，佛法并不离于世间，佛教的本旨只是要洞悉宇宙人生的本来面目，教人求真求智，以断除生命中的愚痴与烦恼，修学佛法也并不一定都要离尘出家，在家之人同样可以用佛法来指导人生，利益世间。就大乘佛教来说，其菩萨道精神，更是充分体现着济物利人的人世悲怀，凡有志于修学佛法者，皆需发大菩提心，立四宏愿，所谓"众生无边誓欲度，烦恼无尽誓愿断，法门无量誓愿学，佛道无上誓愿成"，以此自励精进，无量世中，怀此宏大心愿，永不退失，只要是济世利人之事，都可摄入佛道之中，佛教哪里会是消极避世的宗教呢？

弘一法师也是一位真正做到了用"出世"的心做"入世"的事的人，在他出家之后，他一方面静心研究佛法著书立说，另一方面则以不断游历来进行佛法的交流和弘扬。尤其是在抗战期间，曾经留

学日本的他更是站在了抗日这一边。他甚至在生命的弥留之际还写下了"悲欣交集"四个字，一面庆幸自己的解脱，一面悲悯人生的苦恼。

一般来说，人总是想得到，而不想付出。但实际上，世界上没有这么简单的事情。一个人，永远只想着得到，而不想付出，那这个人永远都不能获得解脱。只有那些心中装着众生的人，才能真正融入众生，达到至高的境界，成就解脱的人生。

南怀瑾先生说，佛的出家弟子们，离开妻儿、父母、家庭，这种出家众叫作大比丘众。人们把佛教经典中的出家众，归类到小乘的范围，他们离开人世间的一切，专心于自己的修行，也就是放弃一切而成就自己的道，叫作小乘罗汉的境界。这在中文叫作自了汉，只管自己了了，其他一切不管。禅宗则称之为担板汉，挑一个板子走路，只看到这一面，看不见另一面。也就是说，把空的一面、清净的一面，抓得牢牢的，至于烦恼痛苦的一面，他拿块板子把它隔着，反正他不看。

菩萨们的塑像都是俗家的装扮，如大慈大悲观世音、大智文殊菩萨、大行普贤菩萨以及其他一些菩萨，都是以家人的装束出现，除了大愿地藏王菩萨。出家人是绝对不准穿华丽衣服的，绝对不准化妆的，可是你看菩萨们，个个都是化妆的啊！又戴耳环，又挂项链，又戴戒指，又擦口红，又抹粉的。这是为什么呢？就是说他是入世的，外形虽是入世的，心却是出世的，所以菩萨境界谓之大乘。罗汉境界住空，不敢入世，一切不敢碰，眼不见心不烦，只管自己。

以出世的精神来做入世的事业，这是大乘佛教区别于小乘佛教的根本所在，也是禅宗的特质所在。而它给予人们现世的启示也是无比宏大的，一个人若能以出世心从事入世的事业，必定能勇猛精进，而少生烦恼。而这，才是修禅的大境界。

般若境界就是心境

南怀瑾先生讲到般若境界时说，境界就是境界，只能加注解，很难翻译。有许多外国同学研究如何翻译"境界"两个字，南怀瑾先生认为假使翻译成外文的话，勉勉强强可翻译成现象，但是那仍属于自然界的观念。

譬如唐朝有句诗："千江有水千江月，万里无云万里天。"禅师们常在讲悟道，或者般若的部分时引用这两句话。天上的月亮只有一个，照到地上的千万条江河，每条河里都有一个月亮的影子，就是千江有水千江月。万里的晴空，如果没有一点云的话，整个的天空，处处都是无际的晴天，所以万里无云万里天。这是一个很好的境界，许许多多的学禅者都是因为这种境界而悟道的。

唐代朗州刺史李翱非常向往药山惟俨禅师的德行，一天他亲自去参谒，巧遇禅师正在山边树下看经，虽知太守来，但仍无起迎之意，侍者在旁提示，他仍然专注于经卷上。

李太守看到禅师这种不理睬的态度，忍不住怒声斥道："见面不如闻名！"说完便拂袖欲去，惟俨禅师至此，才冷冷说道："太守何得贵耳贱目？"

短短一句话，李太守为之所动，乃转身拱手致歉，并问道："如何是道？"

惟俨禅师以手指上下说："会吗？"

太守摇了摇头说不会。惟俨："云在青天水在瓶！"

太守听了，欣然作礼，随述偈曰："练得身形似鹤形，千株松下两函经；我来问道无余说，云在青天水在瓶。"

惟俨禅师形象地给太守点出了修道见道的境界，"云在青天水在瓶"，这是很自然的，天上的云在飘，水在瓶子里，摆在桌上，一个那么高远，一个那么浅近，这就是境界。

有一个和尚住茅棚的时候，就写了一副很好的对联："万里青天开笑口，三间白屋竖拳头。"像弥勒菩萨一样，哈哈大笑，就是我们喜欢塑的一个咧嘴笑、大肚子的和尚，悟了道，什么都空掉，什么都喜欢。三间白屋就是三间空空洞洞的白屋，自己在那里海阔天空。

南怀瑾先生指出了我们常有的几种人生境界，他说我们的人生随时有境界，痛苦的时候想到那些痛苦，痛苦还没有来的时候，脑海中又随时出现痛苦的威胁，这是苦恼的境界。高兴的时候，又越想越得意。尤其年纪大的人，不大喜欢想未来，因为前面的路程太远了，没有力气走了，专门回头想少年时代的事。有时候自己坐在那里想起来，还摇头笑一下，回味那个境界。这些都属于境界，所以境界可以意会，不可以言传。

这些境界都是由我们的心境在最里面操控着，有一句广为流传的广告词说：心有多大，舞台就有多大。的确，世界大舞台，舞台小人生。我们心的修持达到了哪种境界，我们的人生境界就相应地开朗到哪一种程度。

南怀瑾先生在讲到《金刚经》第十品《庄严净土分》时说，世界上一切知识的范围，宗教哲学的境界，都是依一般人自己的心灵造成的。随众生心量的大小，你那个天堂，你那个佛土，也有大小。应你所知的范围，量的大小，决定佛国的大小。

可见心境是没有界的，你的心灵就是一个小宇宙。真悟道的人，智慧开发是无穷尽的，佛学的名词叫作无师智，也叫作自然智。自己本有的智慧仓库打开了，不是老师传授给你的，是你自己固有的智慧爆发了，天上地下，无所不知。这样的境界非身临其境者不能体会。

悟来悟去悟了个空

南怀瑾先生讲到眷属般若时说，眷属般若跟着悟道的智慧而来，佛学名词叫行愿，用我们现在的观念来说，是属于行为方面的。也就是说，自然发起道德行为，一个人自然就成为至善的人。所谓眷属就是亲戚、朋友、家人等。

南怀瑾先生又问，般若的眷属又是什么呢？我们都知道佛学讲的六度，就是布施、持戒、忍辱、精进、禅定、般若。一个修持的人，如何布施，如何守戒，如何忍辱，如何做到禅定的修证功夫，然后才能大彻大悟而成佛。所以在般若的前面，就有这五个相关的眷属，也就是五个行愿，称为眷属般若。

般若所包含的内容很多，很难用适当的字词去翻译，所以只能音译。般若的内容，包含了悟道之愿，换句话说，这个修道的道愿，本身就具备了这么多的内容。可见，愿心才是般若的源头。

正如南怀瑾先生所说，一个人如何能成佛，必须要以愿心为第一动因，如果没有依照佛法修持，没有发这个愿心，一切都是"梦幻空花"，毫无用处。即使花一辈子的时间去修禅，到头来也是竹篮打水一场空。

智德禅师在院子里种了一株菊花。转眼三年过去了，这年秋天，院子里长满了菊花，香味随风飘到了山下的乡村。

到禅院来的信徒们都对菊花赞不绝口："好美的花儿呀！"

有一天，有人开口，想向智德禅师要几株菊花种到自家的院子里，智德禅师答应了，他亲自动手挑了几株开得最盛、枝叶最粗的，挖出根须送给那人。

消息传开了，前来要花的人络绎不绝，接踵而至。智德禅师也一一满足了他们的要求。不久，禅院中的菊花就都被送出去了。

弟子们看到满园的凄凉，忍不住说："真可惜，这里本来应该是满院飘香的呀！"

智德禅师微笑着说："可是，你们想想，这样不是更好吗？因为三年之后，就会是满村菊香四溢了！"

"满村菊香。"弟子们听师父这么一说，脸上的笑容立刻就像盛开的菊花一样灿烂起来。

智德禅师说："我们应该把美好的事物与别人一起分享，让每个人都感受到这种幸福，即使自己一无所有了，心里也会充满幸福，因为这时我们拥有的幸福才是真正的幸福。"

智德禅师的行为虽然令弟子们不解，但是他却满心喜悦，这正是一个真正的修佛者所拥有的胸怀。一个人只有拥有这样的行者胸怀，看到众生的血肉相连、息息相关，才能在修行的道路上日日精进。

发愿心，然后自然而然落实到行动上。即使悟到空无的真理，也更会效法佛陀，时刻以天下苍生为念，知其不可为而为之，实在是一种行者的大勇禅风。

大疑大悟，小疑小悟

——听南怀瑾讲开悟

南怀瑾先生说，禅宗强调一个"疑"字，就是起"疑情"。"疑"字从哪儿提起呢？从一个"不明白"上提起：不明白自己的本性，不明白讲话的是谁，不明白念佛的是谁，不明白自己的本来面目，不明白我是谁……关于起疑情，祖师们留下了很多的公案，公案虽然很多，但究竟只有一个，就是一个"不明白"。这个"不明白"不是简单的"不明白一句话"。当你在这个不明白上认真地疑起来，来回地参究。一次想不明白，就多想几次，还可以去问别人，这样你才能不断地进步，才有可能最终修成正果。

起疑才能有悟

南怀瑾先生说，中国佛法中的禅宗要你起疑情，有疑才有悟，何况一切众生本来就在怀疑中。没有成佛以前处处是问题，生从哪里来？死向何处去？佛法说有前生，你见过？死后灵魂究竟存不存在？谁能证实？这些都是问题。禅宗的方法之一就是挑起你的疑情，你说你有痛苦，那么，痛苦从哪里来？因为有我，你又是什么东西？肉体？肉体不是你。真正的我是心，心在哪里？如此一步一步追问下去，大疑就是大悟，小疑就是小悟。

现在很多人都说自己喜好学禅，当问他有没有问题呢？一点问题都没有，不疑就不悟，这样还学什么禅呢？因此，学禅需要起疑，有疑才会去找答案，才会有所进步。

有一个小和尚心中有疑问，始终找不到答案，于是决定去问老和尚。

小和尚问老和尚："僧人皈依佛门，四大皆空，讲究一种虚静。那么，我们来世上一遭，究竟为了什么？究竟还有什么属于我们呢？"

"为了自己的心啊。"老和尚开导小和尚说，"属于我们的太多太多了，自由的身心、超脱的意念，以及蓝天白云、这山那水。"老和尚看小和尚一脸困惑的样子，又补充说，"当一个人四大皆空时，这世间的一切就都是他的了。见山是山、见水是水，梦游四海、思度五岳，我们还有什么不可以企及呢？"

小和尚说："那尘世间的人们不也拥有这些东西吗？"

老和尚说："不！有钱的人，心中只拥有钱；有宅第的人，心中只惦记宅第；有权势的人，心中只关注权势……他们拥有某项事物的同时，也就失去了这项事物之外的所有事物。"

这时，太阳落下山腰，月亮从东方升起。山岚炊烟拂拂袅袅。小和尚望着山水云月，终于舒心地笑了。

这个小和尚敢疑敢问，所以才会有最后"舒心笑了"的结果。因此，一个学禅的人，必须学会起疑。

南怀瑾先生说，禅宗强调一个"疑"字，就是起"疑情"。"疑"字从哪儿提起呢？从一个"不明白"上提起：不明白自己的本性，不明白讲话的是谁，不明白念佛的是谁，不明白自己的本来面目，不明白我是谁……关于起疑情，祖师们留下了很多的公案，公案虽然很多，但究竟只有一个，就是一个"不明白"。这个"不明白"不是简单的"不明白一句话"。当你在这个不明白上认真地疑起来，并且来回地参究。一次想不明白，就多想几次，还可以去问别人，这样你才能不断地进步，才有可能最终修成正果。

无所住处生其心

南怀瑾先生讲解《金刚经》时说，大乘佛法，如何才能安住？无所住即是住。拿禅宗来讲，住即不住，不住即住。无所住，即是住。所以人生修养到这个境界，就是所谓如来，心如明镜，此心打扫得干干净净，没有主观，没有成见，物来则应。事情一来，这个镜子就反映出来，今天喜怒哀乐来，就有喜怒哀乐，过去不留，一切事情过去了就不留。

无所住即是住，就是先要否定一切，然后从一切否定、一切为空中生发出来的才是禅的境界。

有这样一则禅宗故事：

道光禅师有一次问大珠慧海禅师道："禅师！您平常用功，是用何心修道？"

大珠："老僧无心可用，无道可修。"

道光："既然无心可用，无道可修，为什么每天要聚众劝人参禅修道？"

大珠："老僧我上无片瓦，下无立锥之地，哪有什么地方可以聚众？"

道光："事实上你每天聚众论道，难道这不是说法度众？"

大珠："请你不要冤枉我，我连话都不会说，如何论道？我连一个人也没有看到，你怎可说我度众呢？"

道光："禅师，您这可打妄语了。"

大珠："老僧连舌头都没有，如何妄语？"

道光："难道尘世间，有情世间，你和我的存在，还有参禅说法的事实，都是假的吗？"

大珠："都是真的！"

道光："既是真的，你为什么都要否定呢？"

大珠："假的，要否定；真的，也要否定！"道光终于言下大悟。

说到真理，有时要从肯定上去认识，"但有时也可从否定上去认识。如《般若心经》云：色即是空，空即是色，受想行识，亦复如是。"这就是从肯定中认识人生和世间的。《般若心经》又云："无眼耳鼻舌身意，无色声香味触法。"这就是从否定中认识人生和世间的。大珠慧海禅师否定一切明句文身，不是妄语，因为否定一切，才是肯定一切。

道明在五祖弘忍禅师那里参禅，十分刻苦，但是一直无法了悟。

有一天，他听说弘忍禅师秘密地把衣钵托付给了惠能，很不服气，马上带了几十个和尚追赶惠能。道明跑得很快，追到大庾岭，他已经远远地把和尚们甩在后面而接近惠能了。

惠能见道明已经追上了自己，索性把装衣钵的包袱扔在地上，说道："这衣钵是继承者的信物，哪可以力夺？你要，你就拿去吧！"

道明喜不自胜，走过去就拿，奇怪！小小的包袱居然比石头还重，道明使出了吃奶的力气也无济于事。据说，这是有护法使者在暗中保护。

道明累出了一身冷汗，也吓出了一身冷汗，战战兢兢地说道："我，我……我不是来抢衣钵的，而是来求佛法的，请您指教一二。"

惠能微笑着说道："佛家讲不思善，不思恶。现在你想的是什么呢？哪个是你的本来面目？"

道明羞愧交加，恨不得找个地洞钻进去，他不断地施礼道歉，硬着头皮问道："佛法还有没有秘密的意旨呢？"

惠能答道："我现在说给你听了，也不叫'秘密'了。你好好反省自己吧，秘密意旨就在你自己身上。"

道明豁然开朗，称谢道："我跟随黄梅禅师多年，未能入道。今天蒙你指点，终于明白了佛法'如人饮水，冷暖自知'的道理，你就是我的师父。"

惠能谦虚地说道："明白就好，好好保持吧。我们都是黄梅禅师的学生啊。"

惠能又指点道明以后定居袁州蒙山，道明感激地施礼回去了。

他到山岭下告诉别的和尚："我看了，这条路没有惠能的影子。我们到别的地方找吧。"众和尚都信以为真，惠能终于安全离开了。

后来，道明果真定居于袁州蒙山，讲道布经，颇有成就。他的弟子们都被要求越过岭南去参拜惠能。

不思善，不思恶，超越是非观念时，人的本来面目就出现。这正是六祖的不二法门。

南怀瑾先生说，《金刚经》讲过去心不可得，现在心不可得，未来心不可得，你还安个什么啊？所以说，虚空无著为谁安。哪里去安心呢？此心不需要安，处处都是莲花世界，处处都可以安心。在平实中间，处处都是净土，处处都是安心的自宅，因为处处是虚空，无著无住。六祖惠能听路人念《金刚经》"应无所住处生其心"走上皈依佛门的道路，并最终成佛。这句话在今后的岁月中就成为禅宗的经典。每一个学佛者都应该毫不犹豫地依此修行，便终能修成正果，获得人生的解脱。

不可执着任何心念、习气

南怀瑾先生说，要参禅的人，就要离一切相，"应生无所住心"，要随时观察自己，观心，要使此心无所住。如果心心念念住在某一种东西上，或住在某一种习气上，始终不能解脱，已经是走入魔道了。因此，一个想要参禅的人，必须学会不要执着，不要将自己的心执着于任何观念和习气上。

百丈和尚每次说法的时候，都有一位老人常跟随大众听法，众人离开，老人亦离开。老人忽然有一天没有离开，百丈禅师于是问："面前站立的又是什么人？"

老人云："我不是人啊。在过去迦叶佛时代，我曾住持此山，因有位云游僧人问：'大修行的人还会落入因果吗？'我回答说：'不落因果。'就因为回答错了，我被罚变成为狐狸身而轮回五百世。现在请和尚代转一语，为我脱离野狐身。"于是问："大修行的人还落因果吗？"百丈禅师："不昧因果。"

老人于言下大悟，作礼说："我已脱离野狐身了，住在山后，请按和尚礼仪葬我。"

百丈真的在后山洞穴中，找到野狐的尸体，便依礼火葬。

这就是著名的"野狐禅"的故事，那只狐狸为什么被罚轮回五百世呢？就是因为它执着于因果，所以不得解脱。所以，不可执着于任何心念、习气，把一切都放开，心如明镜，物来则应，物去则灭，不将不迎，这才是修禅的正路。你还在执着之中吗？那种执着还需要你去打破。

第六篇

听南怀瑾大师讲佛

真正的佛法即非佛法

——听南怀瑾讲佛的本质

南怀瑾先生说，什么叫作佛法？悟道，悟到没有一个东西。这里说的没有一个东西不是断见，没有就是没有。换句话说，成了佛的人告诉你，他是现在的佛，你尽管打他，这个是妖怪，不是佛。佛无法可得，住在无相中。因为，真是大成就的人，绝对的谦和，谦和到非常平实，什么都没有。真正的佛不认为自己是佛，真正的圣人不认为自己是圣人，所以真正的佛法即非佛法。

佛祖是怎样炼成的

南怀瑾先生说，"绝后再苏"，就是说要大"死"一番，下一番功夫，大"死"一番再醒过来。所谓大彻大悟，不是嘴巴上讲理论，不能骗人。假使骗人骗自己说悟了，今天悟了明天仍靠不住，那不是解脱的究竟，所以必须要切实下一番功夫。

"绝后再苏"，用在佛祖释迦牟尼的信仰历程上或许最合适。我们且来看看释迦牟尼佛是怎样大彻大悟的。

公元前 6 世纪，在喜马拉雅山山麓和恒河之间有一个小国，国王叫作净饭王。

有一天，正在宫中的净饭王接到皇后宫中送来的喜报，皇后为他生了一个王子。这位王子就是佛教的创始人乔达摩·悉达多。

悉达多的母亲在生他之后的第七天就死了，他是由姨母抚养长大的。悉达多从小就特别聪明，无论什么事情一学就会，而且对任何事情都愿意问一个为什么，非要得出答案不可。

净饭王非常喜欢小王子，希望有一天小王子能成为一个统一天下的大王。但是老国王总为这个小王子担心，因为小王子总愿意思考一些在老国王看来十分荒唐的事情。比如他问，同样是人，为什么有的人是婆罗门，有的人却是首陀罗？而且，婆罗门的子子孙孙都是婆罗门，首陀罗的子子孙孙永远是首陀罗，这又是为什么？老国王回答不出来，只好说这是上天安排的，但悉达多说，他不相信，又说他要找到一个让人人都平等的办法。

悉达多十九岁的时候，同表妹结了婚，家庭生活也十分美满。有一天，悉达多出城游玩，看见一位老人拄着木棍，艰难地移动着脚步，走出不远又看见一个病人倒卧在污泥中，又遇到一群鸟啄食一具尸体。他问一个过路人，这是怎么回事，过路人说："真是少见多怪，这种事经常发生，又不是第一次。"回宫后，他一直在思考这个问题，十分烦闷和苦恼。

他在想：难道人的一生就不能免除生、老、病、死的痛苦吗？又有一天，悉达多看见一个人穿着破烂的衣服，捧着一个瓦钵，表现出一副悠然自得、富足快乐的样子。王子问随从这是什么人，随从说："这是出家修道的人。"悉达多赶忙向修道者行礼，并问他为什么会这么快乐。修道者对他说："世事无常，只有出家人可以得到解脱。"

回宫后，王子又在想那个修道者的话，很激动，并产生了出家的念头。第二天早晨，他的妻子为他生下一个儿子。消息传出后，全城都在庆祝净饭王得了孙子，悉达多有了儿子。但悉达多在思考了一夜之后，决定出家修道。他悄悄走过妻子的房间，看见她怀抱着儿子，想走进去看上一眼。但是，他终于停住了脚步，叹息说："要修道是多难啊！"终于，他下定决心，抛开妻儿，毅然离开了家。

第二天，悉达多走出了国境，在一条河边拔剑剃掉自己的头发，做了一个修道

者。不见了儿子，老国王急得要命，派了几个人出去寻找，终于在森林里找到了悉达多，但他坚决不肯回家。此后，悉达多四处周游寻访有名的学者学习哲学，又跟随苦行僧学道。

当时印度流行所谓"苦行"，就是要用各种自找苦吃的办法来求道，比如不吃不睡。悉达多也曾经用过这种修行法，结果弄得精神和体力几乎衰竭，仍然一无所得。后来他意识到，只有身体强壮，才能找到真理。于是，他开始注意锻炼身体和意志。

一天，他来到一条小河边，想洗个澡，把出家后六年来积在身上的污垢统统洗净。河边放牛的小姑娘看到悉达多身心交瘁的样子，很是担心，便给他喝了许多牛奶。悉达多终于恢复了元气。

在他35岁那年，他终于想通了解脱人间痛苦的道理，创立了佛教。后来，悉达多就到各地去传教，招收信徒，希望大家相信他说的一切，并且照着去做。佛教就这样产生了。作为佛教的创人，悉达多被他的弟子尊称为释迦牟尼，意思是释迦族的圣人。

从释迦牟尼的修道过程中，我们可以看出，他吃了不少苦，为了修成正果，利益众生，他简直是九死一生。

正如南怀瑾先生说的，先要经过悬崖撒手，悬崖撒手是什么都丢光，不但人世间的一切都丢掉，连佛法也丢掉。一个人在高空撒手跳下来，什么都没有，一切都丢得干干净净，然后才能见到法身。

般若 + 波罗蜜 = ？

南怀瑾先生在《金刚经说什么》一书的前言《超越宗教的大智慧》中说，在所有的佛经以及后世菩萨高僧大德们的著作中，《金刚经》在学术的分类上，归入般若部，所以叫作《金刚般若波罗蜜经》。什么叫般若呢？大致上说，大智慧就叫作般若。

那波罗蜜又是什么呢？是菠萝榨出来的甜甜的蜜吗？非也。是借谐音联想到的热带水果，又因佛禅的故乡印度次大陆在热带的缘故。

南怀瑾先生接着讲解，所谓"波罗蜜"，一般的翻译就是到彼岸，有些最后加一个多字，成为般若波罗蜜"多"。这个"多"字是尾音，用现在的音来念，就是摩诃般若波罗蜜多，拿古代的梵音念，就是摩诃般若波罗蜜"达"。"多"就是"达"的音。

　　般若这个智慧包含五种，就是所谓的五般若，第一种是实相般若，第二种是境界般若，第三种是文字般若，第四种是方便般若，第五种是眷属般若。五种的内涵就是金刚般若。只有乘这五样金刚般若香木编合而成的舟，才能渡到波罗蜜。

　　唐代禅师马祖道一，俗姓马，四川省成都什邡人。在佛教僧侣中，以俗姓称祖的，可能只有他了。

　　马祖道一十二岁出家当了和尚，二十六岁时在衡山传法院结庵而住，常习坐禅。当时南岳怀让禅师住持般若寺，得知马祖道一每天坐禅，是一个有造就的人，准备前往传法院问马祖道一。

　　一天，怀让对马祖说："你是学坐禅，还是学坐佛？如果学坐禅，禅并不在于坐卧的形式。如果是学坐佛，由于佛性无所不在，佛并没有固定的形相。在绝对的禅宗大法上，对于变化不定的事物不应该有执着的取舍，你如果学坐佛，就是扼杀了佛，如果你执着于坐相，就是背道而行。所以，坐禅不可能悟道成佛。"

马祖道一闻听，真如醍醐灌顶，豁然开悟。

马祖道一恭敬地向南岳怀让禅师行了一个大礼，然后问道："如何用心，才能达到绝对的最高境界？"

南岳怀让禅师答道："你学明心见性的禅法，如同播撒种子，而我教你的禅法要旨，好比天降甘露，只要条件关系两者契合，就可以了悟绝对本体。"

马祖道一又问道："绝对本体既不是物质，又不是形相，那怎么才能悟道呢？"

南岳怀让禅师答道："明心见性同不执着于物相都一样可以悟道。心性包含一切种子，遇甘露即可萌发，既无固定的形相，也没有成功与失败的分别。"

马祖道一跟随南岳怀让禅师参学有十年之久，后来去江西做方丈。怀让禅师去世后，马祖道一继承了他的衣钵。在怀让的六位入室弟子当中，只有他得到了心传。

在南怀瑾先生独特的眼光里，所谓般若智慧不是普通的智慧，是指能够了解道、悟道、修证、了脱生死、超凡入圣的智慧。这不是普通的聪明，而是属于道体上根本的智慧。所谓根本的智慧，也是一个名称，拿现在观念来讲，就是超越一般聪明与普通的智慧，而了解到形而上生命的本源、本性。可见般若比智慧还智慧啊！

这不是用思想得到的，而是身心两方面整个投入求证到的智慧。这个智慧才是般若。所以，"智慧"两个字，不能代表般若的整个含义。而"般若＋波罗蜜＝？"的答案也就可以不言而明了。

救尽天下苍生，心中不留一念

南怀瑾先生说，中国文化讲大公无私，无我相、无人相，无众生相、无寿者相；救尽天下苍生，心中不留一念，这样才是大公无私，才是菩萨，否则，即非菩萨。

禅宗所讲的布施主要有三种，第一种财施是外物的，像金钱财物等布施，这叫外布施。第二种法施是精神的，如知识的传授、智慧的启发、教育家精神生命的奉献等，都是精神的布施，这种属于内布施。第三种是无畏布施，如救苦救难等。不管是哪一种布施，施者应该抱持无施的心态，用一种希望他人能够得到益处的心情来贡献，那就是宗教家的精神了。必须要做到施者无此念，无人相，无众生相，无寿者相。受者也空，施事也空。看到人家可怜应该同情，但是同情就是同情，布施了就没有事了。做完了以后，"事如春梦了无痕"，无施者，无受者，也无施事，这才是佛法布施的道理。

所以南怀瑾先生说，佛在这个世界上，以师道当人天的师表，教化一切众生，救度一切众生，度完了，他说：再见，不来了。

佛就是这样，用他无私的慈悲救助世人，心中却不留一念。

佛经中有一个故事：

远古时，有一座大森林忽然发生大火，大量树木被烧着，不少动物家园被毁，四散逃窜。

林中有一只雉鸟，挺身而出，它拼尽自己微薄之力欲熄灭这场大火。它飞向远处的河，跳入水中，把自己的羽毛湿透了，再飞入森林救火。

如此往返，飞来飞去，不以为苦。但毕竟杯水车薪，于事无补，但它还是坚持这样做，竭力想扑灭大火。

这时，天帝见它这么不辞劳苦，便问道："你这样做是为了什么？"

雉鸟答道："我只想能救了这场大火，好让森林中的动物都能得到安身之处而已！森林是动物赖以为生的家园。我虽然身体小，但还是有力量的，尽管这力量很微弱，但还算是一分之力。既然还有力量，为什么不尽力扑救呢？"

天帝于是又问："你的力量这么微弱，肯定是扑不灭这场大火的，那你打算干到什么时候？"

雉鸟答道："我一直这样飞来飞去，取水救火，一直到我飞不动了，死了，才会停止。"

雉鸟就是这样的一只带着"傻劲"的鸟，它对其他生命的爱已经远远胜过了对自身的爱。它用它那仅有的一颗菩提心拯救着其他生命，而故事所彰显出来的善良足以让我们感动。

总之，禅的真正精神，不是只图意境上的独自清闲享受，而是注重行为的施舍，不企望有什么图报的。其实儒家精神的济世情怀和佛家的慈悲从某种程度上讲是相同的。杜甫"安得广厦千万间，大庇天下寒士俱欢颜，风雨不动安如山"的心愿，和佛教的精神完全吻合。所谓"救尽天下苍生，心中不留一念"，这才是真正的佛境界，除此以外，皆是虚妄。

一切众生皆是佛
——听南怀瑾讲佛与众生

佛教中的"佛"并非"禅"而是人，并且佛陀当初在证悟真理时，第一句宣言就说："一切众生皆有佛性！"众生由于因果业报的千差万别，在智愚美丑、贫富贵贱上有所不同，但论及全众生的本体自性，并无二致。这就好比三兽渡河，足有深浅，但水无深浅；三鸟飞空，迹有远近，但空无远近。因此，任何人都不必妄自菲薄，也不要把神仙看得太虚幻，只要你想，你也能修成佛法。

南怀瑾先生说，在人类这个生命的小宇宙里，所有生物的生命现象，人都具备了，只是大家没有回转来分析自己罢了。人可以成仙、成佛、成鬼、成神；人也是可以变化的，一切就看你自己的智慧了。因此，只要你个人是向上的，你就有可能提升自己的生命境界。

平凡是佛

在很多人的心目中，佛是高不可攀的，他们住在西天极乐世界中，不食人间烟火，人们很难看到他们，他们从来不屑于住在人间……其实，这种想法是相当错误的，这样的佛也绝不是禅宗所要修成的佛。

南怀瑾先生在讲解《金刚经》时说：这本经中记载的佛，同我们一样，照样要吃饭，照样要化缘，照样光着脚走路，脚底心照样踩到泥巴，所以回来还是一样要洗脚，还是要吃饭，还是要打坐，就是那么平常。平常就是道，最平凡的时候是最高的，真正的真理是在最平凡之间；真正仙佛的境界，是在最平常的事物上。

南怀瑾先生进一步认为，真正的人道完成，就是出世、圣人之道的完成。

《指月录》中记载了这样一则故事：

释迦牟尼一日在静坐时，看到一头猪从面前走过，于是他就问："刚才从我面前过去的是个什么？"

于是有人回答说："佛具备一切智慧，难道连猪都不认识吗？"

释迦牟尼说："那也要问过之后才知道啊。"

释迦牟尼佛那么伟大，也没有目空一切，何况其他人呢？其实他和我们平凡的人一样，也有知道的，也有不知道的，不知道就虚心去问，总要问过以后才能知道，修佛也是一样，从最平凡处开始，修行成了正果也就知道了。

百丈怀海禅师是禅宗史上著名的大德，是马祖道一门下的得意弟子。

百丈怀海禅师对禅宗的又一个巨大贡献就是订立了天下闻名的禅门清规《百丈清规》，他总是亲自实践，带头劳动，年老了也不停止在外劳作。据说百丈怀海禅师94岁时，还与弟子们一起劳动。有一次，弟子们把他的农具悄悄藏起来了，想让他休息，百丈却说："我没有什么德行，怎么敢让别人养着我呢？"所以，当天他没有参加劳动，也没有吃饭。百丈怀海就这样告诫他的弟子们要"一日不作，一日不食"，这句话成为千古传颂的佳句名言。

百丈怀海禅师并不因自己有德行而不劳作，相反，他还"一日不作，一日不食"。很多人认为成佛的人就飞到西天之上，不食人间烟火了，其实不然，真正的佛是平凡的，和常人没有什么不同。

因此，南怀瑾先生反复强调，我们学佛学道，千万要丢掉那些神奇、不平凡的观念。能到达人生最平凡之处，你便可以学佛了，也知道佛了。换句话说，你可以知道凡所有相，皆是虚妄，不但佛不可以得，人世间一切相也不着了。

所以，真正的佛法是超越一切宗教、哲学，一切形式之上的。也就是佛说的，真正的智慧成就，即非般若波罗蜜；智慧到了极点，没有智慧的境界，那才是真智慧。这也等于老子说的，大智若愚；智慧真到了极点，就是最平淡的人。世界上最高明的人，往往就是最平凡的人，平凡就是伟大。

心、佛、众生无差别

南怀瑾先生说，在《金刚经》中，佛告诉我们，所谓凡夫者，本来是个假名，并没有什么真正的凡夫，只是假名叫作凡夫而已。换句话说，一切众生都是佛，只是众生找不到自己的本性；找到了就不是凡夫。个个是佛，众生平等。所

以后世禅宗经典，心、佛、众生，三无差别。心即是佛，悟道了，此心即是佛；没有悟道，佛也是凡夫。

有这样一个故事：

小和尚满怀疑惑地去见师父："师父，您说好人坏人都可以度，问题是坏人已经失去了人的本质，如何算是人呢？既不是人，就不应该度化他。"

师父没有立刻回答，只是拿起笔在纸上写了个"我"，但字是反写的，如同印章上的文字左右颠倒。

"这是什么？"师父问。

"这是个字。"小和尚说，"但是写反了！"

"什么字呢？"

"'我'字！"

"写反了的'我'字算不算字？"师父追问。

"不算！"

"既然不算，你为什么说它是个'我'字？"

"算！"小和尚立刻改口。

"既算是个字，你为什么说它反了呢？"

小和尚怔住了，不知怎样回答。

"正字是字，反字也是字，你说它是'我'字，又认得出那是反字，主要是因为你心里认得真正的'我'字；相反的，如果你原不识字，就算我写反了，你也无法分辨，只怕当人告诉你那是个'我'字之后，遇到正写的'我'字，你倒要说是写反了。"师父说，"同样的道理，好人是人，坏人也是人，最重要在于你须识得人的本性，于是当你遇到恶人的时候，仍然一眼便能见到他的'本质'，并唤出他的'本真'；本真既明，便不难度化了。"

师父的意思再明白不过，在这个世界上，佛与众生没有任何差别，每个人都是佛。每个佛也都是最平凡的人，一个人只要体悟到般若的智慧，就和佛了无差别了，因此，如果要去度人，当然也要度坏人，如果这世上都是好人，还需要你度什么呢？

南泉普愿离开马祖后，栖止于池阳南泉山，一住三十年。有一天，南泉上堂来说："我自小就养了一头水牯牛，想向河东放牧，可它要吃别人的水草；想向西边放牧，也要吃别人的水草。所以不如将就着，在这儿吃点儿草吧，却又总找不到。"

一次，南泉在山上干活，有一个和尚过来问："到南泉那儿去的路怎么走？"南泉举起他的镰刀说："我这把镰刀是花了三十块钱买的。"和尚说："我不问你镰刀，我问你到南泉那儿去的路怎么走？"南泉说："这镰刀我用得正快！"

南泉普愿要谢世了。有位弟子问："师父百年以后到哪里去？"南泉普愿说："到山下做一头水牯牛去。"那弟子说："我也跟师父你去，行吧？"南泉说："你要跟我来，就一定要衔上一根草。"

南泉普愿把自己比作一头水牛，并不以做水牛为耻，这也体现了佛家承认众生的平等性。心、佛、众生是没有差别的，每个人生来就是佛，只是很多人沉沦于俗世，不能自拔，迷失了自己的本性，误认为佛和人不同。

佛与我们没有两样

中国古代禅宗大师们在教导门徒时，始终强调的一点是佛就在平凡的人间，而并不是脱离这个世界的虚无缥缈的神仙。在讲解《金刚经》时，南怀瑾先生说，你如果说，佛的眼睛看这个世界是空的，请问是谁说的？佛看到恒河里的沙子就是沙子，看到这个世界，水泥就是水泥，墙壁就是墙壁，同我们一样，并没有两样。

真正的佛法平常就是道。

过去有一位年轻和尚，一心求道，希望有日成佛。但是，多年苦修参禅，似乎没有进步。

有一天，他打听到深山中有一破旧古寺，住持老和尚修炼圆通，是得道高僧。于是，年轻和尚打点行装，跋山涉水，千辛万苦来到老和尚面前。两人打起了机锋。

年轻和尚："请问老和尚，你得道之前，做什么？"

老和尚："砍柴担水做饭。"

年轻和尚："那得道之后又做什么？"

老和尚："还是砍柴担水做饭。"

年轻和尚于是哂笑："那何谓得道？"

老和尚："我得道之前，砍柴时惦念着挑水，挑水时惦念着做饭，做饭时又想着砍柴；得道之后，砍柴即砍柴，担水即担水，做饭即做饭。这就是得道。"

老和尚的一句得道即"砍柴即砍柴，担水即担水、做饭即做饭"道破了禅机。的确，认认真真地去干好手中的每一件事情便是得道。认真对于我们每一个平凡的人来说都是一种生活姿态，一种对生命历程完完全全地负起责任来的生活姿态，一种对生命的每一瞬间注入所有激情的生活姿态。

一位学僧看到禅宗里有这样一则名言：在修禅之前，山是山，水是水；在修炼禅宗之时，山不是山，水不是水；修成之后，山仍是山，水仍是水。

"这是什么意思呢？弟子不明白。"迷惑不解的学僧去问禅宗大师。

大师解释说："最先的状态和最后的状态是相似的，只是在过程中截然不同。最初，我们看到山是山，最后看到山还是山。但在这当中，山不再是山，水不再是水，为什么呢？"

弟子摇头，表示不知道。

禅师继续说："因为一切都被你的思维、意识搅乱了，混淆了，好像阴云密布、云雾缭绕，遮住了事物的本来面目。但是这种混淆只存在于当中的过程。在沉睡中，一切都是其本原；在三昧中，一切又恢复其本原。正是世界、思想、自我的认识使简单的事物复杂化了，它正是不幸的根源。"

弟子明白了老师的解释，唉声叹气地说："哎，这么说起来，凡夫俗子和修禅的开悟者也没有什么区别啊！"

"说得对，"大师答道，"实在并没有什么区别，只不过开悟者离地六寸。"

真的佛，法身之体，悟了道，证得法身之体，无所从来，亦无所去，不来也不去，不生也不死，不坐也不卧。你说那是个什么境界？其实，那是个非常平凡的境界。什么境界？就是你现在这个样子。你现在这个样子，不坐也不卧，不来也不去，现身就是佛，既没有动坏念头，也没有生好念头，此心平平静静，不起分别，当下就在如来的境界里！不要把佛的境界假想得那么高远，其实是非常平凡的。南怀瑾先生说，如果我们拿《金刚经》的这一段，用中国儒家《中庸》这一本书来讲，就是："极高明而道中庸。""天命之谓性。率性之谓道。修道之谓教。道也者，不可须臾离也，可离非道也。"

道是怎么样的呢？极高明而道中庸，最平常，不来也不去，就在这儿。一个真正成佛的人，就在人间最平常的去处，这才是禅宗的真谛，这才是佛的真谛。

在色生香味触法六尘中打转

——听南怀瑾讲随缘

真生命是不畏惧死亡的，死亡不是寂灭，而是进入另一轮生命的开始。龚定庵有诗云：落红不是无情物，化作春泥更护花。

生命就是一颗种子，若不掉在地里死了，就不能结出新的籽粒来。本无生死可了，又做什么了生入死的徒劳呢？生死只是一个悬隔，就云水随缘，由他去吧。

云水随缘，生死由他

南怀瑾先生讲《金刚经》第六品时说，"知万象一毛轻"。宇宙万有在庄子的观念中是"天地一指；万物一马"，整个天地就是这一指，整个宇宙万有也就是这一指，就是这么一点；万象万物就是这么一马，整个的宇宙万有像一匹马一样，有马头，有马尾，有马毛，所以说宇宙万有轻如鸿毛。

生命本无所谓重或轻，重于泰山，轻于鸿毛，只是相对而论。举重若轻、举轻若重，我们才能逍遥自在、随心而安。

后唐保福禅师将要辞世圆寂时，向大众说道："我近来气力不继，大概世缘时限快到了。"门徒弟子们听后，纷纷说"师父法体仍很健康"，"弟子们仍需师父指导"，"要求师父常住世间为众生说法"，种种请求不一。

其中有一位弟子问道："时限若已到时，禅师是去好，还是留住好？"保福禅师表情非常安详，用非常亲切的口吻反问道："你说是怎么样才好呢？"这个弟子毫不考虑地答道："生也好，死也好，一切随缘任他去好了。"禅师哈哈一笑说道："我心里要讲的话，不知什么时候都被你偷听去了。"言讫跏趺圆寂。

南怀瑾先生说:"学佛的人都想了生死,怎么样是真正的了生死呢? 我告诉诸位一句话:本无生死之可了,那才能够了生死。"

弟子问神山僧密禅师:"请师父谈一谈生死之事。"

僧密禅师说:"你什么时候死过?"

弟子说:"我不曾死过,也不会,请师父明示。"

僧密禅师说:"你既不曾死过,又不会,那么,只有亲自死一回方能知道死是怎么一回事。"

既不曾死过,又不会死,硬要谈"死",必是信口开河、胡言乱语,故而僧密禅师要弟子亲自死一回,便可知道死的奥妙了。而真正死了的人,还如何说得出关于死的奥秘?

所以,世界上至今恐怕也没有真正关于死的体验可言,如果说有,一定是欺人之谈,绝不可信。

僧密禅师真是看透生死,有点儿视死如归的大无畏境界。而且,将死亡作为幽看客一默的绝好素材,不亦快哉!

玄沙禅师在路上遇见雪峰禅师,雪峰禅师问道:"有一个远道而来的僧人,昨天不幸去世了,我心里感到几分悲哀。这让我想起前几天有人问我的问题。"

玄沙问道:"什么问题?"

雪峰禅师说道:"他问我,人死后怎么样了?"

玄沙问道:"你怎么回答的?"

雪峰禅师说道:"我对他说:'人死亡后,如冰归水。'"

玄沙转过身,望着黝黯的夜空,说道:"哦,这样说有一定的道理,可是我不这么认为,但你的回答给了我很大的启示。"

雪峰问道:"那你会怎么回答呢?"

玄沙低头合十,说道:"人死亡后,如水归水。"

雪峰听完,万分敬佩。

第二天,有个和尚问玄沙道:"我的真正生命是什么?"

玄沙冷漠地答道:"你要你真正的生命做什么?"

真生命是不畏惧死亡的,死亡不是寂灭,而是进入另一轮生命的开始。君不闻,龚定庵有诗云:落红不是无情物,化作春泥更护花。

　　生命就是一颗种子，若不掉在地里死了，就不能结出新的籽粒来。本无生死可了，又做什么了生入死的徒劳呢？生死只是一个悬隔，就云水随缘，由他去吧。

心有清泉，沙子也成水

　　《望梅止渴》的故事已经为人们所熟知，望梅之所以能止渴是因为人们心中的梅起到了鼓舞和激励的作用，让人们仿佛充电般蓄满力量，一定能吃到梅的信念让人们忘记了内心的焦渴。

　　事实上，让人们止渴的不是现实中的梅，而是想象中的梅和渴望止渴的自我。佛家讲求"自度"，意在表明：任何外在的人和事都不能帮你，除非你内心里充满了必胜的信念，你就是拯救自己的佛。就像南怀瑾先生说的，成佛没有定法，随便修哪一样，自己想办法。

　　下面这则故事也说明了这个道理：

一片茫茫无垠的沙漠上，尘缘法师带领着几位弟子在那里负重跋涉。阳光很强烈，干燥的风沙漫天飞舞，而口渴如焚的尘缘法师和弟子们早已经没有了水。

水是尘缘法师他们穿越沙漠的信心和源泉，甚至是苦苦搜寻的求生目标。

这时候，尘缘法师从腰间拿出一只水壶，说："这里还有一壶水。但穿越沙漠前，谁也不能喝。"

那水壶从随行的和尚们手里依次传递开来，沉沉的。一种充满生机的幸福和喜悦在每个弟子近乎绝望的脸上弥漫开来。

终于，这帮人一步步挣脱了死亡线，顽强地穿越了茫茫沙漠。他们喜极而泣的时候，突然想到了那壶给了他们精神和信念支撑的水。

于是，尘缘法师拧开壶盖，流出的却是满满的一壶沙。

在沙漠里，干枯的沙子有时候可以被看成是清冽的水，只要你的心里驻扎着拥有清泉的信念。许多人之所以难以取得成功，并不是因为能力不够，而是内心深处没有坚定的信念。世界上许多困难的事情都是由那些信念坚定的人完成的，因此，遇到挫折时，你要有一颗百折不挠的心，拥有必定成功的信念，那么，你离成功的彼岸就不远了。

一个极度渴望成功的年轻人却在他短短的人生旅途中接二连三地受到打击和挫折，他处于崩溃的边缘，几乎要绝望了。苦闷的他仍然心有不甘，在彷徨和迷茫中，他决定去请教一位智者。见到智者后，他很恭敬地问："我一心想有所成就，可总是失败，遇到挫折。请问，到底怎样才能取得成功呢？"

智者笑笑，转身拿出一件东西递给年轻人，他吃惊地发现智者给他的竟然是一颗花生。年轻人困惑地望着智者，智者问道："你有没有觉得它有什么特别之处呢？"年轻人仔细地观察了一番，仍然没有发现它和别的花生有什么差别。"请你用力捏捏它。"智者接着说。年轻人伸出手用力一捏，花生壳被他捏碎了，只有红色的花生仁留在手中。"请你再搓搓它，看看会发生什么事。"智者又说，脸上带着微笑。

年轻人虽然不解，但还是照着智者的话做了，他轻轻地一搓，花生红色的皮也脱落了，只留下白白的果实。年轻人看着手中的花生，不知智者是何用意。"再用手捏捏它。"智者又说。年轻人用力一捏，他发觉自己的手指根本无法将它捏碎。"用手搓搓看。"智者说。年轻人又照做了，当然，什么也没搓下来。

"虽屡遭挫折，却有一颗坚强、百折不挠的心，这就是成功的一大秘诀！"智者说。

年轻人忽然顿悟，遭遇几次挫折就崩溃、绝望了，这样脆弱的心灵又怎么能够成功呢？从智者家里出来，他又挺起了胸膛，心中充满了力量。

一个人身处顺境固然好，它可以让你毫不费力地到达自己理想的彼岸，但如果一个人处于逆境之中该怎么办呢？只要秉持着信念继续前进，一定能到达阳光地带。正如大多数成功者所坚信的那样："我知道我不是境遇的牺牲者，而是它们的主人。"

人生的沉浮，对于一个人来说，正是磨炼。因此，浮在上面的，不必骄傲；沉在底下的，更不用悲观。只要保持谦虚的态度，积极进取，向前迈进，你的人生就没有败局。

修个常笑口再修弥勒心

佛法在哪里？在佛经中吗？其实不然，世间法皆是佛法。南怀瑾先生说，真正的佛法，对于世间一切，都是恭敬的，这是佛的精神，他没有看不起人。学佛的人第一个胸襟要大。所以要学弥勒佛，学常开笑口、放大度量的菩萨，就是肚子要大一点，包容万象，什么都是好的，都是对的；一切法皆是佛法，先学他胸襟大，面对任何人都是慈悲的笑容，这个就是佛法。

有好多天，慧海和尚独坐寺内，郁闷不语。

师父看出其中玄机，并不言语，微笑着和弟子走出寺门。

门外则一片大好的春光。放眼望去，天地之间有清新的空气、半绿的草芽、斜飞的小鸟、清澈的小河……慧海和尚深深地吸了一口气，偷窥师父，师父正在安详地打坐于半山坡上。

慧海有些纳闷，不知师父葫芦里卖的什么药。

过了一个上午，师父才起身，还是不说一句话，打个手势，把慧海领回寺内。

刚入寺门，师父突然跨前一步，轻掩两扇木门，把慧海关在寺外。

慧海不明白师父的意思，独自坐于门前，纳闷不语，很快天色就暗了下来，雾气笼罩了四周的山冈、树林、小溪，连鸟语、水声也变得不明朗起来。

这时师父在寺内朗声叫慧海的名字。

慧海进去后师父问："外边怎么样？"

"全黑了。"

"还有什么吗？"

"什么也没有了。"

"不，"师父说，"外边的清风、绿野、花草、小溪……一切都在。"

慧海顿悟，明白了师父的苦心。

慧海只明白无，却不明白"无"中的有。其实，只有明白"无"中的有，才能够明白，佛法无处不在。

在佛家来看，真如本性自然显现，也就达到最后成佛的境界。"烦恼即菩提，凡夫即佛。"真正达到觉悟后的境界是什么呢？禅宗语录有言："悟得来，担柴挑水，皆是妙道。""禅便如这老牛，渴来喝水，饥来吃草。"

南怀瑾先生说，真正到达了佛的境界是包容万象，也否定了万象，也建立了万象，这是佛的境界。世间一切都不是具体的佛法，但是世间的一切都包含了佛法，这正是佛的境界，一个想要学佛的人，必须首先学会体察万物，因为佛法就蕴含其中。

成佛没有定法，解脱不靠他力

—— 听南怀瑾讲度己

南怀瑾先生说，佛就是这样，他没有办法帮你成佛，要自性自度，他没有办法替你修行。修要自己修，修成功自度了，是你自修自度，自性自度。所以佛说的是老实话，他说没有一个众生是需要我度的！我也不能度呀！必须他自己有信心，自修自度，自性自度。

如果你还在等着佛度你，就赶快改变自己的想法吧，因为在这个世界上如果你不自度，没有一个人能够度你。

佛也不能度你

南怀瑾先生说，佛就是这样，他没有办法帮你成佛，要自性自度，他没有办法替你修行。修要自己修，修成功自度了，是你自修自度，自性自度。所以佛说的是老实话，他说没有一个众生是需要我度的！我也不能度呀！必须他自己有信心，自修自度，自性自度。

云门对上堂的众人说法："我说一句话，教你们直下承当，早已经是把屎拉在你头上。即使拈一毫而顿悟山河大地，也不过是剜肉作疮。别去抓捞那些空洞的东西，要在自己脚下寻找，不作丝毫的理会，也不带丝毫的迟疑。大丈夫做事应当独自承当，不可受人欺慢。"

他又说："你们不要只知道吃别人的口水，记住一大堆废话，担着无数老掉牙的古董到处行脚，而且不管驴唇马嘴，四处夸耀自己什么都懂。就是你能从早说到晚又怎么样？死后阎王面前他可不会听你说。你们都是舍离父母、师长而出家，踏破草鞋，千里迢迢，在外面经冬历夏的人。你们要小心，不要因为图人一粒米而失掉半年粮。"

云门的话的意思其实就是一个人只有自己来承当自己，才能真正走上解脱之路。

很多人认为学佛太辛苦，不是有佛、观音菩萨等那么多神仙慈悲为怀，普度众生吗？那就等着他们来度自己吧。这种想法其实大错特错。南怀瑾先生说，没有一种方法可使一切众生皆入涅槃中，因为自性自度，佛也不能度你。神仙与佛，不过是自度的过来人；一切明师只是把整个经验告诉你。人毕竟要自度，一切众生皆要自度。

天上下着大雨，一个信佛的人在屋檐下等待天晴，远远地看到一位禅师正撑伞走过，于是喊道："禅师，普度一下众生，把我送回家吧！"

禅师也远远地回答："我在雨里，你在檐下；檐下无雨，你不用我度。"

这人立刻走出屋檐，站在雨中，说道："我也在雨中，该度我了吧？"

禅师走到他面前，说道："我们都在雨中，我不被淋湿，因为有伞；你被淋湿，因为无伞。所以不是我度你，而是伞度我，对吧？"

这人觉得很有道理，点了点头。

禅师接着说："所以，你要被度，不必找我，应该自己去找伞。"

说完，他便扔下这个人独自走了。

佛的话，一点都没有错。每一句话说出来似乎都难解，其实道理却很简单，人人都要自求解脱，自性自度，自我得救，谁都救不了你。

如果你还在等着佛度你，就赶快改变自己的想法吧，因为在这个世界上你不自度，没有一个人能够度你。

释放自己的心才是真正的解脱

南怀瑾先生说过，真正的佛法教我们一件事，八万四千法门只教我们一件事，就是如何做到自己真正无我，那就成功了。

如何做到真正无我？在佛家看来，首先就是要释放自己的心。人生在世有太多的东西放不下，有了功名，就对功名放不下；有了金钱，就对金钱放不下；有了爱情，就对爱情放不下；有了事业，就对事业放不下……这些重担和压力，让很多人感到生活很艰难。

《金刚经》中谈到"无所往而生其心"，"无所往"就是空，就是要忘掉一切不合理的成见，低落的情绪和对善恶、爱憎的执着，才能"生其心"，这里的"心"，就是清心，就是宽容，就是解脱。因此，在佛教中，放下世间的一切俗念，人便能得以解脱，得以享受心灵的自由和愉悦。

过去有一个人出门办事，跋山涉水，非常辛苦。有一次经过险峻的悬崖，一不小心掉下深谷去。此人眼看生命危在旦夕，双手在空中攀抓，刚好抓住崖壁上枯树的老枝，总算保住了性命。但是人悬荡在半空中，上下不得，正在进退维谷、不知如何是好的时候，忽然看到慈悲的佛陀站立在悬崖上慈祥地看着自己，此人如见救星般，急忙求佛陀说："佛陀！求求您慈悲，救我吧！"

"我救你可以，但是你要听我的话，我才有办法救你上来。"佛陀慈祥地说。

"佛陀！到了这种地步，我怎敢不听你的话呢？随你说什么，我全都听你的。"

"好吧！那么请你把攀住树枝的手放下！"

此人一听，心想，把手一放，势必掉入万丈深坑，跌得粉身碎骨，哪里还保得住性命？因此更加抓紧树枝不放，佛陀看到此人执迷不悟，只好离去。

我们想明心见性，就要遵循佛陀的指示，把手放下来。在悬崖的地方，把手放下来才能得救，否则拼命执着，又怎能救你脱离险境呢？

人生在世，有太多的放不下。如果我们都像佛陀指示的那样能够放下，便不失为一条幸福解脱之道。而禅的宗旨，就是要我们对一切既要提得起，更要放得下。

在佛看来，世间之事都是有因缘的，然而现代人因工作繁忙，生活紧张，对事的看法，总是立于主观的地位思考，从不认为有"因缘果报"。而什么是感恩的心，对人而言，也一样是不懂。人们总认为，世上的一切都是为他一个人而设、而存在，因此行为是恶狠狠的，眼睛长在头顶上。不只是对别人如此，甚至对至亲的父母也是这样。

有一个妇人，丈夫早亡，她教书赚钱抚养小儿，不但抚养儿子长大成人，而且还送他到国外留学。儿子完成学业后，留在国外上班、赚钱、买房子，也在国外娶妻生子，建立美满家庭和成就辉煌的事业。

妇人得知儿子的成就，心中暗自窃喜，盘算着退休后，带着退休金前往美国与儿子一家人团圆。每天早晨可以到公园散步，也可以在家享受晚年、享受含饴弄孙之乐。

就在距离退休不到三个月的时候，她写了一封信给她的儿子，告诉他过些时候她就要飞往美国和他们一家团聚。

一想到养儿防老，想到亲戚朋友羡慕的眼光，又算算自己很快就要到美国养老，不觉心中喜悦阵阵。于是，她一面等待儿子的回音，一面把产业、事务逐一处理。

在她退休的前夕，她接到儿子从美国寄来的一封回信。信一打

开，有一张支票掉落下来。她捡起来一看，是一张三万美元的支票。她觉得很奇怪，儿子从来不寄钱给她，而且自己就要到美国去了，怎么还寄支票来？莫非是要给她买机票用的？她心中一阵喜悦，赶紧去读信。只见信上写道："妈妈！我们经过讨论决定不欢迎你来美国同住。如果你认为对我有养育之恩，以市价计算，为两万多美元，现在我添了些，寄上一张三万美元的支票给你，希望你以后不要再写信来。"

母亲读完信，老泪纵横，只觉得一生守寡，从此老年凄凉，如风中残烛，情何以堪！

痛定思痛的她，忽然想通了。退休后，想到无事一身轻，于是为自己规划了一趟环游世界之旅。在旅行中，她见到大地之美，看到各国不同的民情，于是她又寄了一封信给她的儿子。信上写道："你要我别再写信给你，那么这封信就当作是以前所写的信的补充文字好了。我收到了你寄来的支票，用这张支票上的钱规划了一次成功的世界之旅。在旅行中，我忽然觉悟。我非常感谢你，感谢你让我懂得放宽自己的胸襟，让我看到天地之大、大自然之美。"

人要能看破人与人之间聚散的因缘，才能让自己在缘散时保持一份潇洒。寡妇若执于儿子不孝，不能看开此段即将消逝的母子因缘，必然心中怒不可遏，一旦怒气难消，必因怒气攻心而生病，病到后来死了，也只在当时留下一段人间不平事。几年后烟消云散，谁还会去凭吊这段往事，早已在世人的善变下消失记忆。如此，这段往事又有什么意义可言？

心灵的自主和快乐是生活的磐石，它是思考醒悟的结晶，它源于佛家的"无所往而生其心"。人生中本来就有许多的忧愁烦恼，如果自己一直惴惴于心，就会将自己累垮。只有善于把强加于身的负担放下来，才能找到真正的快乐，从而真正地做到"宠辱不惊，看庭前花开花落；去留无意，望天空云卷云舒"。

化苦为乐，方为大乐

圆满的人生并不是一辈子没有吃过苦、没有失过恋，而是经历过、体验过、面对过那苦的滋味，超越那苦的感觉。

南怀瑾先生说，好事跟痛苦是一体的两面而已，一个是手背，一个是手心。假使说，好事他能够真正丢开的话，痛苦也一样可以丢开，所以痛苦也是一个很好的测验。

苦为乐、乐为苦，苦与乐的感受全在于一心。达摩面壁，凡人皆称其为苦修。有谁知道达摩祖师在静修中心归空灵、慧及宇宙，体肤之苦尽皆化为心灵的极乐，并无半点苦楚可言。佛说：离苦得乐，苦与乐乃是生命的盛宴。佛还说：涅槃寂静。活在世间的众生，总是感慨苦多于乐，要离苦才能得乐。因此，佛学是离苦得乐的哲学。只有深刻体验苦，才能透彻体会乐！

有这样一个关于"苦"的古老的故事：

有一群弟子要出去朝圣。师父拿出一个苦瓜，对弟子们说："随身带着这个苦瓜，记得把它浸泡在每一条你们经过的圣河，并且把它带进你们所朝拜的圣殿，放在圣桌上供养，并朝拜它。"

弟子们朝圣走过许多圣河圣殿，并依照师父的话去做。回来以后，他们把苦瓜交给师父，师父叫他们把苦瓜煮熟，当作晚餐。晚餐的时候，师父吃了一口，然后语重心长地说："奇怪呀！泡过这么多圣水，进过这么多圣殿，这苦瓜竟然没有变甜。"弟子听了，好几位立刻开悟了。

苦瓜的本质是苦的，不会因圣水圣殿而改变；人生是苦的，修行是苦的，由情爱产生的生命本质也是苦的，这一点即使是圣

人也不可能改变，何况是凡夫俗子！但是世间许多有非凡成就的人并不害怕困苦，他们往往以自己的智慧和心胸化苦为乐，让自己的人生变得更从容、更成功。世界文豪巴尔扎克就是一个善于以苦为乐的人。

巴尔扎克是法国现实主义作家的代表。他一生共完成了90部长篇小说，平均每天工作12小时以上。每天深夜12点时，仆人就会叫醒他，他穿上白色修道服，立刻奋笔疾书。一般他会连续写五六个钟头，直到累到极点才会离桌休息。

巴尔扎克是举世公认的观察和剖析人性的高手，但在现实生活里，他却不太精明。在年轻时，他曾经商失败，欠下了6万法郎的债务。等他成名后，尽管收入不菲，但由于奢侈浪费，最后弄得入不敷出。在他入不敷出的日子里，还发生了一桩趣事。

有一天晚上巴尔扎克醒来，发觉有个小偷正在翻他的抽屉，他不禁哈哈大笑。小偷问道："你笑什么？"

巴尔扎克说："真好笑，我在白天翻了好久，一分钱也找不到，你在黑夜里又能找到什么呢？"

小偷自讨没趣，转身就要走。巴尔扎克笑着说："请你顺手把门关好。"

小偷说："你家徒四壁，关门干什么啊？"

巴尔扎克幽默地说："它不是用来防盗，而是用来挡风的。"

巴尔扎克曾自诩要超过拿破仑，"他的剑做不到的，我的笔能完成"。他的确做到了，虽然他只活了50岁，却留下许多伟大的作品，为全人类提供了巨大的精神财富。

在平常人的眼中，出家人的生活很清苦，但对于真正的出家人而言，他们并不会认为苦，而是把苦当成乐，并且从中获得真正的快乐。其实，获得快乐的真正方法并不是逃避痛苦，而是化苦为乐。

苦与乐并非是相互对立的，而是和谐统一的，相辅相成、相互转化的。正如哈密瓜比蜜还要甜，人们吃在嘴里乐在心上；辛辣的巴豆非常难吃。然而，种瓜的老人却告诉我们：哈密瓜在下秧前，先要在地底下埋上半两巴豆，瓜秧才能茁壮成长，结出蜜一样的果实来。

对于人生来说，悲苦从来都是无法逃避的。多苦少乐是人生的必然。因此，我们要懂得幽默的智慧，享受苦中作乐的那份智者坦然，以及化苦为乐的那份佛家超然。

思想的根本障道：贪嗔痴慢疑

——听南怀瑾讲破障

不论是哪一种愚痴，都会进入一条情感与理智上的死胡同，将自己捆绑在了一个固定的念头之上，绳索的活扣就攥在自己的手里，却还一味地向外寻找解脱的方法，由此便不能打开智慧的活水源头。

醒觉并非刻意追求而能得到的，它和人的思维习惯，内心的清净程度相关。我们的心像是一个小小的宇宙，却并非如天地宇宙一样苍茫而无法填满。只要真正寻找到了与自己的人生价值相契合的点，就能够摆脱愚痴，于清醒之时寻到自己生命的意义。

贪欲：一剂穿肠毒药

在谈到人生的贪欲时，南怀瑾先生说，什么是贪？贪名、贪利、贪感情、放不下，贪这个世界上的一切，都属于贪。

南怀瑾先生特地举了一个佛门里的有趣例子来说明：

有一位法师一辈子做好事、做功德、盖庙、讲经说法，自己虽没有打坐、修行，可是他功德很大。年纪大了，面临死亡，就常常看到两个小鬼来捉他，那两个鬼在阎王那里拿了拘票，准备拘走法师。

法师说：我们商量一下好不好？我出家一辈子，只做了功德，没有修持，你给我七天假，七天打坐修成功了，先度你们两个，再度阎王。

那两个小鬼被他说动了，就答应了。这个法师以他平常的德行，一上座就万念放下了，庙也不修了，什么都不干了，三天以后，无我相，无人相，无众生相，什么都没有，就是一片光明。

这两个小鬼第七天来了，看见一片光明却找不到法师了。完了，上当了！这两个小鬼说：大法师你总要慈悲呀！说话要有信用，你说要度我们两个，不然我们回到地狱去要坐牢啊！

法师大定了，没有听见，也不管。两个小鬼就商量，怎么办呢？只见这个光里还有一丝黑影。有办法了！这个法师还有一点不了道，还有一点乌的，那是不了之处。

因为这位法师功德大，皇帝封他为国师，送给他一个紫金钵盂和金缕袈裟。这个法师什么都无所谓，但很喜欢这个紫金钵盂，连打坐也端在手上，万缘放下，只有钵盂还拿着。

两个小鬼看出来了，他什么都没有了，只这一点贪还在。于是两个小鬼就变成老鼠，去咬这个钵盂，咔啦咔啦一咬，和尚动念了，一动念，光没有了，就现出身来，他俩立刻把法师拘住。

法师很奇怪自己没有得道，小鬼就说明经过。法师听了，把紫金钵咔啦往地上一摔，好了！我跟你们一起见阎王去吧！这么一下子，两个小鬼也开悟了。

由此可见，除贪之难。贪婪的人每天都生活在殚精竭虑、费尽心机的算计中，更有甚者可能会不择手段、走极端。而贪婪的人在这个过程中是无法知道贪婪的结果的，因为贪欲早已迷惑了他的心，遮住了他的眼，他不知道自己该在什么时候停下来，就像一只转磨的驴，只顾一个劲儿地走。

中国有句古话：知足常乐。做人一定要知道满足，不可贪得无厌。人的贪欲如海水，越喝越渴，越渴越喝。欲望过多，不加节制，便成了贪婪。为什么贪得无厌？生活本来就太辛苦，烦恼、焦虑、忧伤、痛苦，如果整日计较这些，只会苦上加苦，如同一个疯狂旋转的陀螺。

贪婪并非遗传所致，它是个人在后天环境中受病态文化的影响，形成自私、攫取、不满足的价值观而出现的不正常行为。贪婪没有满足的时候，得到的越多，胃口就越大。不控制好贪欲，终会导致欲火焚身。

从前，有一对兄弟，他们自幼失去了父母，相依为命，家境十分贫寒。他们俩终日以打柴为生，生活十分辛苦。即便这样，兄弟俩从来没有抱怨过，他们起早贪黑，一天到晚忙得不亦乐乎。而且，哥哥照顾弟弟，弟弟心疼哥哥，生活虽然艰苦点，但过得还算舒心。

观世音菩萨得知了他们二人的情况，为他们的亲情所感动，决心下界去帮他们一把。清晨时分，菩萨来到了兄弟俩的梦中，对他们说："远方有一座太阳山，山上撒满了金光灿灿的金子，你们可以前去拾取。不过路途非常艰险，你们可要小心！并且，太阳山温度很高，你们一定要在太阳出来之前下山，否则，就会被烧死在上边。"说完，菩萨就不见了。

兄弟二人从睡梦中醒来，非常兴奋。他们商量了一下，便起程去了太阳山。一路上，他们不但遇到了毒蛇猛兽、豺狼虎豹，而且天空中狂风大作、电闪雷鸣。兄弟俩咬紧牙关，团结一致，最终战胜了各种艰难险阻，历经千辛万苦，终于来到了太阳山。兄弟俩一看，漫山遍野都是黄金，金光灿灿的，照得人睁不开眼。弟弟一脸的兴奋，望着这些黄金不住地笑，而哥哥却很平静。

哥哥从山上捡了一块黄金，装在口袋里，下山去了。弟弟捡了一块又一块，就是不肯罢手。不一会儿整个袋子都装满了，弟弟还是不肯住手。此时，太阳快出来了，可是弟弟仍在不停地捡。一会儿，太阳真的出来了，山上的温度也渐渐升高。这时，弟弟才慌了神，急忙背着黄金往回跑，无奈金子太重，压得他步履蹒跚，根本就跑不快。太阳越升越高，弟弟终于倒了下去，被烧死在了太阳山上。

哥哥回家后，用捡到的那块金子当本钱，做起了生意，后来成了远近闻名的大富翁。可弟弟却永远留在了太阳山。

哥哥因为不贪而享受到了恩赐，弟弟因贪得无厌而命丧黄泉，"贪"的危害可见一斑。世人皆知贪婪的危害，却没有几个人能根除它。

佛说"贪、嗔、痴"为人生"三毒"，是为众生业障的根本。妒忌、残害等心理，都是随三毒而来的无名烦恼。在这三毒之中，"贪"为第一毒。

贪婪妨碍一个人未来的广阔生活，使他短视、气度狭小。因此，一个人要想有一颗纯朴宁静的心灵，首先就要驱除贪的念头。

贪婪并不仅仅是贪图名利财富，贪婪的人被欲望牵引，欲望无边，贪婪无边。贪婪的人，是欲望的奴隶，他们在欲望的驱使下忙忙碌碌，而不知所终。贪婪的人，常怀有私心，一心算计、斤斤计较，却最终一无所获。

对于一个不知足的人来说，天下没有一把椅子是舒服的。贪欲就如同一团熊熊烈火，柴放得越多，烧得越旺，而火烧得越旺，人就越有添柴的冲动。于是，人便奔来奔去、忙里忙外，难有停息的时候。

贪欲是魔鬼免费赠送的一剂穿肠毒药，谁能免疫？饮鸩不能止渴，快快从这乌烟瘴气的泥潭中脱身吧。修习佛法也许是赖以逃脱的绳子，佛的般若大智慧能助你摈弃"贪"的念头，因为"贪"正是产生人生痛苦的最大根源。

只有祛除贪欲，怀抱善良、慈悲、包容、仁爱，无争执、无仇恨，人间才能充满和谐与正义。

嗔如刃，比刮骨钢刀更锋利

南怀瑾先生提醒我们预防第二毒时说，嗔心嗔念，大家以为自己没有，脾气大，当然是嗔念，恨人、杀人、怨天尤人，都是嗔，是非分明也是嗔。或者你说什么都不会生气，就是爱干净，看到不干净受不了，也是嗔，一念的嗔就是厌恶。

如果说贪欲是一剂穿肠毒药，那么嗔怒就是一把刮骨钢刀，而且比刮骨钢刀的刃更为锋利。

有一位学僧请教禅师："我脾气暴躁、气短心急，以前参禅时师父曾经屡次批评我，我也知道这是出家人的大忌，很想改掉它。但这是一个人天生的毛病，已成为习气，根本无法控制，所以始终没有办法纠正。请问禅师，您有什么办法帮我改正这个毛病吗？"

禅师非常认真地回答道："好，把你心急的习气拿出来，我一定能够帮你改正。"

学僧不禁失笑，说："现在我没有事情，不会心急，有时候遇到事情它就会自然跑出来。"

禅师微微一笑，说："你看，你的心急有时候存在，有时候不存在，这哪里是习性？更不是天性了。它本来没有，是你因事情而生，因境而发的。"

大多数人也许会像故事中的学僧那样，认为自己"脾气暴躁、气短心急"的品性是父母所生，是不可能改变的遗传。事实上是他自己无法控制自己。

其实正如禅师所说，那样的品性根本不是来源于父母，而是源于自身后天的习性，是一种外在侵入的毒素，因此，绝不是不可改变的，而是需要我们一点一滴地好好清除。这就需要我们拥有像关云长刮骨疗伤那样的大勇气和超乎寻常的毅力。

一个人如果能够每时每刻都用一颗宽容、豁达的心去面对世间的人与事，那么这个人的生活中就会除却很多烦恼，就能够时时拥有一颗宁静的心灵。

嗔怒的锋刃对我们有什么益处吗？它既伤害了别人，同时也伤害了自己。嗔，这把双刃剑，剑锋所向，最终归结在我们自己身上。

有一个妇人脾气十分古怪，经常为一些无足轻重的小事生气。她也很清楚自己的脾气不好，但她就是控制不了自己。

朋友对她说："附近有一位得道高僧，你为什么不去向他诉说心事，请他为你指点迷津呢？"于是她就抱着试一试的态度去找那位高僧。

她找到了高僧，向他诉说心事，言语态度十分恳切，渴望从高僧那里得到启示。高僧一言不发地听她阐述，等她说完了，就把她领到一座禅房中，然后锁上房门，无声而去。

妇人本想从高僧那里听到一些开导的话，没想到高僧一句话也没有说，只是把她关在这个又黑又冷的屋子里。她气得跳脚大骂，但是无论她怎么骂，高僧就是不理会她。妇人实在忍受不了，便开始哀求，但高僧还是无动于衷，任由她在那里说个不停。

过了很久，房间里终于没有声音了，高僧在门外问："还生气吗？"

妇人说："我只生自己的气，我怎么会听信别人的话，到你这里来！"

高僧听完，说道："你连自己都不肯原谅，怎么会原谅别人呢？"于是转身而去。

过了一会儿，高僧又问："还生气吗？"

妇人说："不生气了。"

"为什么不生气了呢？"

"我生气有什么用呢？只能被你关在这个又黑又冷的屋子里。"

高僧说："你这样其实更可怕，因为你把你的气都压在了一起，一旦爆发，会比以前更加强烈。"说完又转身离去了。

等到第三次高僧问她的时候，妇人说："我不生气了，因为你不值得我为你生气。"

"你生气的根还在，你还没有从气的旋涡中摆脱出来！"高僧说道。

又过了很长时间，妇人主动问道："高僧，你能告诉我气是什么吗？"

高僧还是不说话，只是看似无意地将手中的茶水倒在地上，妇女终于顿悟：原来，自己不气，哪里来的气？心里透明了，了无一物，何气之有？

释迦牟尼指示弟子们应该说柔软语、真实语、慈悲语、爱语，不可说恶语，因为恶语不仅伤害别人，更伤害自己。

佛陀的教导真是对症下药。俗话说："生气是拿别人的过错来惩罚自己。"对别人宽容一些，其实就是对自己宽容，一个不懂得宽容别人的人，最终将伤害到自己。

嗔剑就挂在每个人心间，出鞘不出鞘，其运用之妙，存乎一心。人贵在了解，彼此沟通，增进了解，知道人都有弱点和局限，便可化解嗔怒。

一个懂得欣赏别人的优点，能一眼看出别人优点的人，不容易犯嗔怒的毛病。相反，老是挑剔强求别人的人，处处看不惯别人，自然容易犯嗔怒之罪。

痴愚即是无明

谈到"痴"，南怀瑾先生说，大家都痴，痴痴呆呆，每一个人都痴。有个一起学佛的好朋友，南怀瑾先生对他说，你也差不多了，儿女都出国得博士了也都结婚了。这位朋友对太太说，将来生了孙子你又去忙了。她说不会啊，那个时候一定完全跟南怀瑾先生学佛。结果，两老在家里没有事，就把外孙从美国接过来玩玩。照样痴起来。

这还算是普通的，痴心有很多种，《红楼梦》里林黛玉葬花确实是痴到了极点。同样出自《红楼梦》的一句话"解铃还须系铃人"也有一段经典的故事：

在金陵有一位法灯禅师，他性情洒脱，为人豪放不羁，不受世俗的一丝羁绊。其他人有时候不满于他的无所事事，因此总是对他心有成见，然而法眼禅师却非常器重他。

有一天，法眼禅师问了众人一个问题："你们之中有谁能够把系在老虎脖子上的铜铃解下来呢？"

众人面面相觑，谁也没有吱声。法灯禅师坐在角落里，眼睛眯着，俨然一副已经睡去的样子。旁边的僧人不满地推了推他，他睁开眼睛，看到法眼禅师正面带微笑地看着自己，便开口说道："我们怎么能解下来呢？谁系上去的谁才能解下来啊！"

法眼禅师点头称赞他回答得妙，并在事后对众人说："心铃也是自己系上去的，也只有自己解得开，法灯早就已经解下了自己的心铃，而你们的却还挂在那里，所以你们不能小看他。"

在法眼禅师眼中，法灯就是"心魔"这头猛虎的系铃人和解铃人，其余嘲笑他的弟子只给自己系上了铃，却不知只有自己才能还自己自由。生死烦恼都是自作自受，也要自证自悟，别人不能为你消业。"解铃还须系铃人"，自己的烦恼只有自己能够消除，自己的愚痴只有自己能够觉醒。

禅宗中认为，众生因无始以来所具之无明，以致心性愚昧，迷于事理。痴者就是缘于无法明了事理的实相而"痴",《俱舍论》中说:"痴者,所谓愚痴,即是无明。"因为"不明",所以往往会陷入两种困境,一种急于从中解脱,因而会产生对"我"或者"法"的过分执迷,另一种则陷入消极的顺应,醉生梦死般地面对每天的生活。

愚痴是一种自我的迷失,或是因为过度执迷而在寻寻觅觅中模糊了真正的自己,或是由于过于悲观而放弃了对自己的认识与了解。不论是哪一种愚痴,他们都是进入了一条情感与理智上的死胡同,将自己捆绑在了一个固定的念头之上,绳索的活扣就攥在自己的手里,却还一味地向外寻找解脱的方法,由此便不能打开智慧的活水源头。

醒觉并非刻意追求而能得到的,它和人的思维习惯,内心的清净程度相关。我们的心像是一个小小的宇宙,却并非如天地宇宙一样苍茫而无法填满。只要真正寻找到了与自己的人生价值相契合的点,就能够摆脱愚痴,于清醒之时寻到自己生命的意义。

有位禅师为了测试他的三个弟子哪一个最聪明,就给了他们三人每人十文钱,让他们想办法用十文钱买来能装满一个巨大房间的东西。

第一位弟子反复思考了很久之后，心想："什么才是市场上体积最大、价格最低的东西呢？"最后他跑到市场上，买了很多棉花。但棉花买回来以后，只将这间房装了一半多一点。

第二位弟子与第一位弟子的思路非常相近，他也在反复寻找市面上体积最大、价钱最便宜的货物。最终他挑选了最便宜的稻草，但十文钱的稻草也只能将房间填满三分之二。

轮到最后一位弟子了，前两位弟子和禅师都等着看他的答案。只见他手上什么东西也没有拿就回来了。前两位师兄弟感到非常奇怪，禅师却在暗暗点头。这位弟子请禅师和另外两位弟子走进房间，然后将窗户和房门紧紧地关上。整个房间顿时伸手不见五指，漆黑一片了。

这个时候，这个弟子从怀里取出他花一文钱买来的一支蜡烛。他用火柴点燃了蜡烛，顿时，漆黑的房间里亮起昏黄的烛光。这片烛光虽然微弱，但是将房间的每一个角落都照到了。第三位弟子仅用一文钱就成功地装满了整个房间。

我们的心就如同故事中这间巨大的禅房，心若愚痴，即使很小也无法用十文钱填满，而一旦清明，一文钱的烛光就可以填充到房中的每一个角落。醒觉的一念间，就如烛光照亮禅房的瞬间，所有的黑暗和污浊都被一扫而光，只剩下满目佛光摇曳，光明与温暖早已等待有缘人很久了。

忍到无所忍，自然而清净

——听南怀瑾讲忍辱

生活中，我们每一个普通的人很少遇到勾践那样的大"辱"，然而小"辱"却时有发生，我们应该如何去做呢？人生在世，总得有点追求。无论身处多深的苦难中，只要找到生存的意义，找到可以为之奋斗的目标，树立自己的理想，再大的困难也无法将你击倒。

忍辱不是做缩头乌龟

世界是不圆满的，不圆满就会有不如意，不如意就会有辱。在佛家看来，一切不如意就是辱，一切痛苦就是辱。谁都有辱，除了释迦牟尼。

南怀瑾先生说，所谓忍辱，包括了人世间一切的痛苦，一切的烦恼，忍到没有忍的观念，没有忍的心理，忍到无所忍，这才是忍辱到达波罗蜜的程度。社会在发展，科技在进步，生活水平在提高，但唯独人类的辱和古代一样，没有变化。现代人并没有因物质的丰富而减少痛苦，相反，焦虑和苦闷反而与日俱增！

那么，受辱的后果是什么？是嗔心！嗔是一切逆境上发生的憎恚心，为恶业的根本。当一个人的嗔恨心来的时候，他的无明怒火就把自己烧得不行，坐立不安了，此时此刻说出来的话或做出来的事情，都会伤害到别人。忍辱就是对治嗔恨心的。《金刚经》说一切法行成于忍，无忍辱则布施持戒均不能成就，可见忍辱的重要性了。大德高僧们认为"忍耐"与六度的"忍辱"是不同的，忍辱是没有"人相""我相的"，忍耐则是君子报仇，十年不晚。

其实忍耐也未尝不可。既然不能轻易地忍辱，就把辱拿回去，慢慢研究研究，看看这个辱是什么东西。很多时候，在你想研究的时候，你根本就找不到辱了。忍辱是比忍耐更深的层次，在下面的故事中有深刻的体现。

有个青年脾气很暴躁，经常和别人打架，大家都不喜欢他。

有一天，这个青年无意中游荡到大德寺，碰巧听到一位禅师在说法。他听完后发誓痛改前非，于是对禅师说："师父，我以后再也不跟人家打架了，免得人见人烦，就算是别人朝我脸上吐口水，我也只是忍耐地擦去，默默地承受！"

禅师听了青年的话，笑着说："哎，何必呢？就让口水自己干了吧，何必擦掉呢？"

青年听后，有些惊讶，于是问禅师："那怎么可能呢？为什么要这样忍受呢？"

禅师说："这没有什么能不能忍受的，你就把它当作蚊虫之类的停在脸上，不值得与它打架，虽然被吐了口水，但并不是什么侮辱，就微笑地接受吧！"

青年又问："如果对方不是吐口水，而是用拳头打过来，那可怎么办呢？"

禅师回答："这不一样吗！不要太在意！这只不过一拳而已。"

青年听了，认为禅师实在是岂有此理，终于忍耐不住，忽然举起拳头，向禅师的头上打去，并问："师父，现在怎么办？"

　　禅师非常关切地说："我的头硬得像石头，并没有什么感觉，但是你的手大概打痛了吧？"

　　青年愣在那里，实在无话可说，火气消了，心有大悟。

　　禅师告诉青年的是"忍辱"，并身体力行，青年由此也会有所醒悟吧。禅师是心中无一辱，青年的心头火伤不到他半根毫毛。这就叫离相忍辱。

　　《金刚经》让我们忍辱时要离四相："须菩提。忍辱波罗蜜。如来说非忍辱波罗蜜。是名忍辱波罗蜜。"指示说，要"无我相。无人相。无众生相。无寿者相"。是故"菩萨应离一切相"。这就是说：忍辱也是多余的，根本就没有辱，你忍的是什么？行菩萨道，就要觉悟、平等、慈悲。受辱生嗔，斤斤计较，哪有什么慈悲可言？

　　但说归说，现实中一旦遇到挫折和打击，人们还是嗔念顿起，怒火中烧，这个时候，想想佛祖的忍辱告诫吧。忍辱不是叫你做缩头乌龟，而是要学习乌龟的精神。忍辱不一定能成佛，但忍辱一定能消解你许多的烦恼。

把辱骂当作大声的喝彩

　　南怀瑾先生说，忍辱不是完全讲侮辱，一切的痛苦能够忍的都是辱。只要已经树立起远大的理想，就要坚持不懈、不畏艰难地坚持下去。辱骂也罢，羞辱也罢，权当作为你喝彩加油的精神食粮，拿来当饭吞下。无论从表面看起来你的行为多么不合常理，无论众人看你的眼光多么怪异，无论别人对你的评价多么低俗，都要昂头挺胸，勇敢地走下去。套用一句佛家的话，就是："难忍能忍，难行能行。"

　　月船禅师就是这样一位"为了理想把侮辱当饭吃"的人。

　　月船禅师不仅是一位有名的禅师，而且是一位绘画高手。他的画气势磅礴，但却贵得出奇，并且他还有一个习惯，就是要先收钱再作画。

　　有一天，一个女子请月船禅师作画，月船禅师问："你能付多少酬劳？"女子回答："你要多少就付多少，但要在我家当众作画。"

　　月船禅师答应跟着前去，原来那女子家中正在宴请宾客。月船禅师当众作画之后，拿了酬劳正想离开。那女子却对客人说道："这位画家只知道要钱，画得虽好，但其中却透着金钱的污秽，这种画是不值得挂在客厅里的，它只能用来装饰我的一条裙子。"说着便将自己的一条裙子取来，当众要月船禅师在上面作画。

月船禅师仍不动声色地问道："你出多少钱？"女子答道："随便你要。"月船禅师又要了一个高价，然后平心静气地在那女子裙子上作起画来，作完之后又若无其事地离开。

别人听说此事后非常纳闷，月船禅师衣食无忧，为什么如此看重金钱？只要给钱，好像受任何侮辱都无所谓，真是不可思议。原来，月船禅师所居之地常发生灾荒，而富人不肯出钱赈灾，因此他准备建造一座粮仓，以备不时之需。

同时，月船禅师之所以这样，也是想完成师父的遗愿——建造一座寺院，但他又不愿一味等待他人的布施，只好以作画筹集资金。此愿望完成之后，他便退隐山林，不再作画。

故事中的月船禅师，明确地知道自己是为什么而作画，知道自己的行为对别人的意义，因而，即使那个请他作画的女子当众侮辱他，他依然不为所动，只是坚持着自己的理想。也许这是因为月船禅师的修养极好，能够容忍他人对自己的侮辱；也许是因为他认为自己的行为有意义，因而不在意别人的侮辱，一心一意为了实现理想。

事实上，为了实现理想，最能忍的要数春秋时的越王勾践。为了复国报仇，他以曾经的帝王之躯，屈膝为奴。

周敬王二十七年（公元前493年），越国被吴国打败，吴王夫差同意了越国的求和。但提出要越王勾践夫妻去吴国做人质。为了生存，更为了日后的复国大计，勾践遵照夫差的要求，前往吴国当人质。

到了吴国以后，勾践住低矮的石屋，吃糠皮和野菜，穿着连身体都遮不住的粗布衣裳，每天像奴隶一样，勤勤恳恳地打柴、洗衣、养猪，且毫无怨言。

一天，勾践听说夫差生病了，就向太宰伯嚭请求探望。伯嚭奏请夫差，获得准许后，带着勾践来到了夫差的病榻前。勾践一见到夫差，就赶紧伏地而跪，说："听说大王病了，我心中万分着急，特意奏请前来探望。大王对我恩宠有加，我略懂一些医术，可以为大王诊断病情，希望能得到大王的允许，也可借此表我的效忠之心。"这时，正赶上夫差如厕。勾践等人都退到屋外，再次回到屋内时，勾践拿起夫差的粪便，放进嘴里仔细品味。品尝后，勾践伏地称贺："大王的病就要痊愈了。我刚才尝出大王的粪便是苦味，这预示您的病情要好转了。"

夫差很感动，当即表示：病好后便送勾践回国。

就这样，勾践以惊人的毅力和忍劲，忍耐了三年的屈辱折磨，尝尽了亡国之君的种种辛酸，终于得以返回故国。回去后，更是励精图治，以忍耐实现了复国

强国的理想。

　　生活中，我们每一个普通的人很少遇到勾践那样的大"辱"，然而小"辱"却时有发生，我们应该如何去做呢？人生在世，总得有点追求。无论身处多深的苦难中，只要找到生存的意义，找到可以为之奋斗的目标，树立自己的理想，那么，再大的困难也无法将你击倒。

暴力使人畏惧，忍辱使人心服

　　世间什么力量最大？忍辱的力量最大。拳头刀枪，使人畏惧，但不能服人，唯有忍辱才能感化强者。诸葛亮七擒孟获，廉颇向蔺相如负荆请罪，此皆忍辱所化也。南怀瑾先生讲到忍辱的时候说，我们要想学佛，要想修行成就，"忍"是最难做到的，就像打坐修证，为什么定不住啊？两条腿痛，你就忍不住了，这个忍就是忍辱里的一忍啊！

佛陀说："若不能忍受侮辱、恶骂、毁谤、讥评，如饮甘露者，不能名为有力大人。"在人际交往中，竞争不能阻止竞争，仇恨不能平息仇恨，以怨报怨只能使事情进一步激化，导致更大的仇怨。反之，忍之、耐之，以不争息争，以德报怨，使人不能与之争，使人无法与之恨，就能很好地缓解人际关系的紧张和矛盾，进而使问题得以顺利解决。

人生究竟应该以德报怨，以怨报怨，还是以直报怨呢？在佛的观念看来，应该以德报怨。唐代的娄师德就是以德报怨的典型代表。

娄师德的弟弟要出任官员，临行前来向哥哥问询为人处世之道。娄师德问他："如果有人骂你，并且往你的脸上吐口水，你打算怎么对他呢？"

他的弟弟大概以为自己的修为很好，非常自信地说："无论他怎么骂我，我都不还口。他吐口水我也不骂他，我把口水抹掉就是了。"

娄师德一听，觉得弟弟的涵养还没有那么高，于是告诉他："别人往你的脸上吐口水就是对你有怨恨，他是借口水来泄愤。如果你把口水给抹掉了，那么他泄愤的目的就没有达到，你不但不能抹去，还应该把你的另外半边脸伸过去。"

这正是"以德报怨"的观念：你对我坏，我还是对你好，你打了我的左脸，我就把右脸也凑过去，直到最终感化你。电影《肖申克的救赎》中有一句非常经典的台词："强者自救，圣人救人。"不要把自己当作一个圣人来看待，指望自己能够拯救别人的灵魂，这样做的结果多半是徒劳无益的，何不将时间用在更有价值的事情上呢？

有一位修行的禅师住在山中茅屋，散步归来，眼见自己的茅屋遭到小偷光顾，找不到任何财物的小偷要离开时在门口遇见了禅师。原来，禅师怕惊动了小偷，一直站在门口等待，且早把自己的外衣脱掉拿在手中。

小偷遇见禅师，正感到惊愕之时，禅师说："你走老远的山路来探望我，总不能让你空手而归呀！夜深了，带上这件衣服走吧！"

说着，就把衣服披在了小偷身上，小偷不知所措，低着头溜走了。

禅师看着小偷的背影消失在山林之中，不禁感慨地说："可怜的人！但愿我能送一轮明月给他，照亮他下山的路。"

第二天，禅师在温暖阳光的抚摸下睁开眼睛。看到他披在小偷身上的外衣被整齐地叠好，放在门口，禅师高兴地说："我终于送了他一轮明月！"

禅师送了小偷一轮明月，这轮明月照进了小偷黑暗的心房。有人开玩笑地说："以德报德是正常现象；以怨报怨是平常现象；以怨报德是反常现象；以德报怨是超常现象。"以怨报怨，最终得到的是怨气的平方；以德报怨，除非真的到达一定境界，否则只会让你心中不知不觉存积更多的怨。

释迦牟尼佛说："以恨对恨，恨永远存在；以爱对恨，恨自然消失。"是的，只有宽容才能化解世间的仇恨，所以冤冤相报何时了，只有宽容才能成为慰藉心灵的良药。成功学家戴尔·卡耐基也不主张对人以牙还牙，他说："要真正憎恨对方的简单方法只有一个，即发挥对方的长处。"憎恶对方，恨不得剥他的皮，吃他的肉，而其结果则只能是使自己焦头烂额，心力交瘁。卡耐基的"憎恶"是另一种形式的"宽容"，憎恶别人不是咬牙切齿，而是把对方的长处化为自己强壮身体的钙质。

入道之门就是如何使心定

——听南怀瑾讲定心

世人心中之所以有诸多痛苦和烦恼，都是因为自己的心不净，如果不能去除淫心、贪心、怒心，人就会陷在尘世的各种诱惑、迷惘中不能自拔，从而难以享受到生命中最本真的快乐。如果心灵是污浊的，人的道路就会坎坷不平；如果心灵是清净的，人的道路就会宽广平坦。

物无净秽，心有净秽

一位居士说：心与佛土，非为二事，因山河大地，尽是心中一点微尘。更应知此心非指身中之心脏，乃指无形之心性。此心性自多劫以来，为一切烦恼，密密染污，所以不净，故有种种之污秽现相。如水腐孑孓生，木腐菌霉生，水木不腐，方是好水好木，自无孑孓菌霉，心断烦恼，便是净心，自无污秽现相。

确实如此，人心就是一副有色眼镜，心是什么颜色，眼中看到的东西就是什么颜色。物体本身都只是大千世界中的自然存在，因为人的心不净，所以才会对外在事物作出所谓净与秽的评断。

南怀瑾先生说，学佛做功夫的人，我们在做功夫学佛，好像就在这色、声、香、味、触、法六样里面滚，就在这六根六尘之中打转。"不应住色生心"，一切境界，一切现象都不是，那是我们后天的，心理上、生理上、精神上的幻化。

如果在一个人的心里，看待各种事物时还有净秽的分别，那么此人必定没有真正的觉悟。

文道是个云水僧，因久仰慧薰禅师的道风，故跋山涉水不远千里来到禅师居住的洞窟前，说道："末学文道，素仰禅师的高风，专程来亲近、随侍，请和尚慈悲开示！"

因时已晚，慧薰禅师就说："日暮了，就此一宿吧！"

第二天，文道醒来时，慧薰禅师早已起身，并已将粥煮好了，用餐时，洞中并没有多余的碗可给文道用餐，慧薰禅师就随手在洞外拿了一个骷髅头，盛粥给文道。文道踌躇得不知是否要接时，慧薰禅师说："你无道心，非真正为法而来，你以净秽和憎爱的妄情处事，如何能得道呢？"

善恶、是非、得失、净秽，这是从分别心所认识的世界，真正的道，不思善、不思恶、不在净、不在秽，文道的憎爱之念，拒受之情，当然要被慧薰禅师斥为无道心了。其实，对于俗世中的人来说，净心并不玄妙，它实际上就是生命的一种积极、快乐、简单的状态。

舍卫国有一个做清洁工作的妇人，天天打扫街道，十分勤劳。她的衣服很肮脏，市民都讨厌她，见到她，总是掩着鼻子走过。佛陀叫她来听佛法，鼓励她精进，城内的人不赞成，跑来责问道："佛陀啊！你常说清洁的话，教人做清净的事，为什么要和肮脏的女人谈话呢？难道你不觉得讨厌吗？"佛陀严肃地看了他

一眼，回答说："这妇人保持城市清洁，对社会贡献极大，而且她谦卑、勤劳，做事负责，为什么讨厌她呢？"这时，那妇人洗过澡，换了衣服，容光焕发，出来和大家见面。佛陀继续说："你们外表虽然清洁，但是骄傲、无礼，心灵污秽。要知道：她外表的肮脏容易洗净，你们内心的肮脏才难以改善呀！"城内的人知道错了，再也不敢讥笑别人。

就像只有心灵美才能成为真正的美人一样，只有心灵的洁净才算是真正的洁净。杨绛先生有一篇散文叫作《洗澡》，文中的内容很特别，这里说的洗澡不是沐浴，而是给心灵洗澡，也就是净化和荡涤身心，与佛家所讲的净心有异曲同工之处。

生活在现代文明之中的人，心灵都被蒙上了一层厚厚的物质的尘垢，洗去心灵的尘垢，就能够以一种轻松快乐的心态去直面现实的人生。只要注重加强自身的心灵建设，持续不断地净化心灵，才能够得到单纯而简约的幸福。

正心诚意，敬钟如佛

如果人的心不诚，那么即使学佛一万年，也无法领会其中的奥妙。所以，学佛法，首先要正心。心正了，思想不再扭曲；身正了，行为不再偏颇；身心都正了，语言不再苦涩，人就不会有偏离正道的危险。

就像南怀瑾先生说的，要学佛的人，离一切相，"应生无所住心"，要随时观察自己，观心，要使此心无所住。如果心心念念住在某一种东西上，或住在某一种习气上，始终不能解脱，就是走火入魔了。

正心的人眼里只看到一种事物，看山时，山是佛祖，看水时，水是佛祖，看钟时，钟亦是佛祖。普通人如果也能达到这种境界，做事就会更容易成功。

钟是佛教丛林寺院里的号令，清晨的钟声是先急后缓，警醒大众，长夜已过，勿再沉睡。而夜晚的钟声是先缓后急，提醒大众觉昏衢，疏昏昧！故丛林的一天作息，是始于钟声，止于钟声的。

一天，奕尚禅师从禅定中起来时，刚好听到阵阵悠扬的钟声，禅师特别专注地竖起心耳聆听，待钟声一停，忍不住召唤侍者，询问道："早晨司钟的人是谁？"

侍者回答道："是一个新来参学的沙弥。"

于是，奕尚禅师就让侍者将这沙弥叫来，问道："你今天早晨是以什么样的心情在司钟呢？"

沙弥不知禅师为什么要这么问他，他回答道："没有什么特别的心情！只为打

钟而打钟而已。"

奕尚禅师道："不见得吧？你在打钟时，心里一定念着些什么，因为我今天听到的钟声，是非常高贵响亮的声音，那是正心诚意的人，才会发出的声音。"

沙弥想了又想，然后说道："禅师，其实也没有刻意念着，只是我尚未出家参学时，家师时常告诫我，打钟的时候应该要想到钟即是佛，必须要虔诚、斋戒，敬钟如佛，用入定的禅心和礼拜之心来司钟。"

奕尚禅师听了非常满意，再三地提醒道："你不要忘记往后处理事务时，都要保有今天早上司钟的禅心。"

这位沙弥从童年起就养成了恭谨的习惯，不但司钟时如此，做任何事，动任何念，一直记着奕尚禅师的开示，保持司钟的禅心，他就是后来的森田悟由禅师。

奕尚禅师不但识人，而且还从钟声里听出了一个人的品德，这也是因为自己是有禅心的人。谚云："有志没志，就看烧火扫地。"森田沙弥虽小，但连司钟时都晓得敬钟如佛的禅心，可见其长大之后成为禅师是一种必然。

现代人大多都很聪明，并尤其爱玩小聪明，他们大都视虔诚为痴傻或缺心眼儿。因此，看不起老实人，把老实人视为低能；他们更期望以最小的投入去攫取最大的利润，而不具有倾注一切心血、集中全部精神的虔敬心。这种心态本身就是不正不敬的，无论修佛还是求成，都难以实现目标。

而虔诚的人，却能凭借虔敬带来的韧性和智慧，创造数不清的辉煌，这对于那些崇尚机巧的所谓"聪明人"，真是一种有力的嘲讽。

心清则路广

人的心灵变化是无限的，从肮脏的心灵产生出肮脏的世界，从纯洁的心灵中产生出清净的世界，这正是"心净则佛土净"的含义。

南怀瑾先生也说过，无烦恼，无妄想，就是信心清净，自然达到清净的境界；立刻可以见到形而上的本性，即生实相。

佛陀所创造的世界，是脱离了烦恼的清净世界，所以他解脱了一切烦恼。因而，学佛在自心，成佛在净心。佛教的一切法门，主要是使人明白自心，佛教的一切修行方法，主要是使人清净自心。

释迦牟尼到了一个叫逝多林的地方，他看见地上不是很干净，于是立即自己拿起扫帚，准备清扫。这时，佛祖的弟子舍利子大目犍和大迦叶阿难陀等都闻讯赶了过来，看到佛祖亲自扫地，于是大家都纷纷效仿佛祖，一起扫地。扫完后，佛祖和众弟子便一起来到了食堂，坐了下来。这时，佛祖说道："其实，扫地至少有五种好处，一是可以让自己的心更加清净，二是可以让他人的心更加清净，三是可以方便大家，四是可以让劳动成为一种习惯，五是培养一种美好的品德。"

对于普通人来说，扫地是一件枯燥劳累之事，但对有心人来说，扫地也是一种修行的方式。

一座县城里，有一位老和尚，每天天蒙蒙亮的时候，就开始扫地，从寺院扫到寺外，从大街扫到城外，一直扫出离城十几里。天天如此，月月如此，年年如此。小城里的年轻人，从小就看见这个老和尚在扫地。那些做了爷爷的，从小也看见这个老和尚在扫地。老和尚虽然很老很老了，就像一株古老的松树，不见其再抽枝发芽，可也不见其衰老。

有一天，老和尚坐在蒲团上，安然圆寂了，可小城里的人谁也不知道他活了多少岁。过了若干年，一位长者路过城外的一座小桥，见桥石上镌着字，字迹大都磨损，老者仔细辨认，才知道石上镌着的正是那位老和尚的传记。根据老和尚遗留的度牒记载推算，他享年一百三十七岁。

也许那些物欲太盛的人会讥笑这位老和尚除了扫地，扫地，还是扫地，生活太平淡、太清苦、太寂寞、太没劲。其实这位老和尚就是在这与世无争的生活中，给小城扫出了一片净土，为自己扫出了心中的清净，扫出了一百三十七岁高寿，扫出了一生的平淡美。

世人心中之所以有诸多痛苦和烦恼，都是因为自己的心不净，如果不能去除淫心、贪心、怒心，就会陷在尘世的各种诱惑、迷惘中不能自拔，从而难以享受到生命中最本真的快乐和幸福。如果心灵是污浊的，人的道路就会坎坷不平；如果心灵是清净的，人的道路就会宽广平坦。

深解义趣，才是真正的佛法
——听南怀瑾讲清净

人类在任何时代都需要一颗清净的心。

清净心，即无垢无染、无贪无嗔、无痴无恼、无怨无忧、无系无缚的空灵自在、湛寂明澈、圆融无住的纯净妙心。也就是离烦恼之迷惘，即般若之明净，止暗昧之沉沦，登菩提之逍遥。有了清净心，则失意事来能治之以忍，快心事来能视之以淡，荣宠事来能置之以让，怨恨事来能安之以忍，烦乱事来能处之以静，忧悲事来能平之以稳……

真心蒙尘，最难认清的就是自己

真正的佛法就是要求人能把握自己的心，别让自己的心那么散乱，人心一旦散乱了，活着就会觉得辛苦。

人们想要净心的时候，往往习惯于用理性去控制，但这样做的结果可能适得其反。告诉自己："不能动心，不能动心。"这个时候心已经在动了。提示自己："心不能随境转。"这个时候心已经转了。真正的净心不是特意去控制它，也不是刻意去把握它。什么时候都知道自己的心，心自然而然就不动了。心不动了，人就不会为外界的诱惑所动，从而净化自身。

关于心动，世人大多知道六祖惠能的"风动、幡动、心动"的故事，这里有一则两个禅师之间的新鲜小故事：

仰山禅师有一次请示洪恩禅师道："为什么吾人不能很快地认识自己？"

洪恩禅师回答道："我给你说个譬喻，如一室有六窗，室内有一猕猴，蹦跳不停，另有五只猕猴从东西南北窗边追逐猩猩。猩猩回应，如是六窗，俱唤俱应。

六只猕猴，六只猩猩，实在很不容易很快认出哪一个是自己。"

仰山禅师听后，知道洪恩禅师是说吾人内在的六识（眼、耳、鼻、舌、身、意）和追逐外境的六尘（色、声、香、味、触、法），鼓噪繁动，彼此纠缠不息，如空中金星蜉蝣不停，如此怎能很快认识哪一个是真的自己？因此便起而礼谢道："适蒙和尚以譬喻开示，无不了知，但如果内在的猕猴睡觉，外境的猩猩欲与它相见，且又如何？"

洪恩禅师便下绳床，拉着仰山禅师，手舞足蹈似的说道："好比在田地里，防止鸟雀偷吃禾苗的果实，竖一个稻草假人，所谓'犹如木人看花鸟，何妨万物假围绕'？"

仰山终于言下契入。

"走自己的路，让别人说去吧！"自己的路自己走，与人何干？谁能代替你走路吗？谁能代替你做决定吗？答案当然是否定的。自己的人生要自己做主，自己的命运需要自己主宰。人，要依据自己的心，作出自己的判断，不能总被外界的境遇所左右。生活中，有很多人的心情都容易受到外界的影响，更有甚者，将对自己的认识和评价建立在他人的态度之上，更是本末倒置。

阿瑟刚当上军官时，心里很高兴。每当行军时，阿瑟总是喜欢走在队伍的后面。

一次在行军过程中，他的敌人取笑他说："你们看，阿瑟哪儿像一个军官，倒像一个放牧的。"

阿瑟听后，便走在了队伍的中间，他的敌人又讥讽说："你们看，阿瑟哪儿像个军官，简直是一个十足的胆小鬼，躲到队伍中间去了。"

阿瑟听后，又走到了队伍的最前面，他的敌人又说："你们瞧，阿瑟带兵打仗还没打过一个胜仗，他就高傲地走在队伍的最前边，真不害臊！"

阿瑟听后，心想：如果什么事都得听别人的话，自己连走路都不会了。从那以后，他想怎么走就怎么走了。

为什么人最难认清自己？主要是因为真心蒙尘。就像一面镜子，被灰尘遮盖，就不能清晰地映照出物体的形貌。真心不显，妄心就会成为人的主人，时时刻刻攀缘外境，心猿意马，不肯休息。人体如一村庄，此村庄中主人已被幽囚，为另外六个强盗土匪（六识）占有，他常在此兴风作浪，追逐六尘，让人不得安宁。

心不动才能真正认清自己，遇到顺境不动，遇到逆境也不动，不受任何外在的影响。现代人的状况大多相反，遇到顺境的时候高兴得不得了，遇到逆境的时候痛苦得不得了，这就带来许多痛苦。

其实，我们遇到的任何外境都一样，如果我们能够了解这一点，就不会被六尘所诱惑，亦不会被六识所蒙蔽。

心清净了才能充实

人类在任何时代都需要一颗清净的心。清净心，即无垢无染、无贪无嗔、无痴无恼、无怨无忧、无系无缚的空灵自在、湛寂明澈、圆融无住的纯净妙心。也就是离烦恼之迷惘，即般若之明净，止暗昧之沉沦，登菩提之逍遥。有了清净心，则失意事来能治之以忍，快心事来能视之以淡，荣宠事来能置之以让，怨恨事来能安之以忍，烦乱事来能处之以静，忧悲事来能平之以稳……

如能清除妄心，回归真心，则学佛之人必修成正果；世俗之人，也能除去烦恼，自在逍遥。清净心能够提高人生境界，有一则关于佛陀的故事就向我们讲述了这个道理。

佛陀带领阿难及众多弟子周游列国时，一日，朝着一座城市前进。而那城主早已耳闻佛陀的事迹，并担心佛陀到城里后，所有的人民都皈依了佛陀，将来自己就无法受人敬重了，想到这里，城主心里不免担忧，于是下令："若有人敢供养佛陀的话，就要交五百钱税金。"

佛陀进城后，就带着阿难去托钵，城里的居民因担心交沉重的税金而不敢出来供养佛陀。当佛陀托着空钵要出城时，一位老用人正端着一碗腐烂的食物出门，准备将之丢弃，然而，当她看到佛陀庄严的姿态、大放光明的金身及眉宇间散发的慈悲与安详时，心里非常感动。但是，待她仔细一瞧，却发现佛陀的钵里空无一物。此时，老用人心想："如此相好庄严的人，吃的一定不是一般的食物。而他现在却委身在此托钵行化，这正是他的大慈悲啊！"

顿时，这位老用人生起了景仰的清净心，想要供养佛陀一些美味佳肴。但她因一贫如洗而无法如愿，心中既难过又惭愧，只好告诉佛说："我实在很想设斋供养您，但是，我却什么也没有，仅有的只剩手上这碗粗糙的食物，若佛陀您不嫌弃，就请收下吧！"佛陀看出了她的虔敬以及供养的那份清净心，就毫不犹豫地收下了她供养的食物。

就在此刻，佛陀微笑着，并放出五色光芒，照遍大地，不久，再从眉间收回这道光芒。佛陀是已经开悟的圣者，其一言一行皆有深刻的含义，是不会无故而笑、无故而说的，而佛陀方才的举动令阿难不解。于是，他便恭敬地请示佛陀，是何因缘而微笑呢？

佛陀问阿难："你可看见刚才老用人满怀信心布施的情形？"

阿难回答："看见了！"

佛陀接着说："这位老用人因为刚才的布施，往后的十五劫中，她将会到天上享福，不堕入恶道中。之后，她会投生为男子，并且出家修行，成为辟支佛，证到无上涅槃，受大快乐。"

这时，有个人看到这样的情形，就对佛陀说："你虽贵为婆罗门，是净饭王的太子，却在得到布施后，撒了一个大谎。用这样不净的食物布施，竟可得到如此的果报，怎么可能呢？"待此人语毕，佛陀伸出他又长又宽的舌头，覆盖过脸直到发际。接着就问："如果你看过经典的话，有这样舌头的人，你想他会说谎吗？"这个人回答："根据经典记载，舌头可以盖过鼻子的人，所说的话就不会有错。何况是能长到发际，则此人的话，绝对无所怀疑。但是，我仍然无法理解，就凭这么一点儿布施，为何能获得如此大的果报？"

佛陀接着问："你可看过世间有什么稀有罕见的情形？"那人答："有啊！我曾经在路上亲眼看见一棵大树，居然能遮蔽住五百辆车队，那树荫大得简直没有尽处。这可说是稀有难得的吧！"佛陀说："这棵树的种子有多大呢？"那人回答："大概就只有一般种子的三分之一大而已。"佛陀即说："谁会相信你说的话呢？那样宽大的树木，竟然是由如此微小的种子所孕育出来的。"那人紧张地反驳说："是真的呀！我没有撒谎骗人，因为那是我亲眼所见的。"

佛陀告诉这个人："刚才的情形不也是这样吗？那位充满信心布施的老用人，最后得到大福报，这和你遇到的情形不是一样吗？即使树的种子如此微小，却有极大的果报。更何况，如来已证到最圆满的果位，福田是如此丰盈，这样的事不

是不可能的。"这个人听了当下豁然开朗，赶紧顶礼佛陀，忏悔自己的愚痴过失。佛陀欢喜地接受此人的忏悔，并慈悲地为他开示法要，由于一心听法的缘故，此人即证得初果罗汉。证果的他欢喜地举起双手，向大家呼喊道："各位，甘露的门大开了。为何大家不赶快出来啊？"

城里的居民纷纷缴纳了五百钱税金后，蜂拥至佛陀前，表示欢迎与供养，并异口同声地说："若能得到甘露，那五百钱又算得了什么！"

当所有的居民全都出来供养佛陀后，那道命令显然也就无效了。后来，城主也忏悔自己的过失，便和大众一起皈依佛陀，都获得了清净的心。

清净之心就是一粒小小的种子，虽然外表看起来微不足道，但其中却蕴含着最伟大的力量，凭借这种力量，人能够实现非常大的提升。

在紧张忙碌的日子里，拿出许多小小的空闲为自己净心，片刻的净心会带来片刻的安宁，无数个片刻积累起来，人就获得了一份悠然自得的心情，整个身心也能达到和谐的状态，从片刻安宁到身心和谐，这又何尝不是一粒种子长成参天大树的过程？

读罢佛陀的故事，也许你还不能对佛法有深刻的体会，但是当你重新走入社会时，就会忽然发现，自己的心已清净了许多，周围的一切也已明澈了许多，生活已充实了许多。

"无明"何故乱我心

在佛的眼中，世界上并没有真实存在的痛苦和烦恼，只因为人们的愚昧遮蔽了真理和智慧的光芒，所以才有了种种烦恼的现象。佛家将尘世中的种种痛苦和烦恼称为"无明"，这个无明，由人们内心中的欲望所生发，并使人长久地处于一种不自在的状态。

就像南怀瑾先生在讲《金刚经》的时候说的，实际上，明，无可明处；见，无可见处，所以叫作我见、人见、众生见、寿者见。

日常生活中，如果他人要我们欢喜，说几句好话，我们就感到欢喜；要我们烦恼，说几句坏话，我们就立刻大怒。这样我们就被别人所控制、所掌握，从而失去了自主权。不能自主的人生是非常悲哀的！

对于内心不够清净的人，无明具有巨大的力量。

佛陀有一次在说法时，有一个女子就坐在佛陀身旁入定，文殊菩萨就问佛陀道："佛陀！这个女子为什么能在您身旁就座，且入于三昧？而有智能第一之誉的我，为什么却不能呢？"

佛陀回答道："你把她从定中引出，自己去问她。"

于是，文殊菩萨就绕此女子三圈，并鸣指一下，但此女子都无动于衷，文殊甚至把她托至梵天，尽其神力，都不能使这个女子出定。

佛陀便道："现在，就算有百千万个文殊，也没有办法使这个女子出定。如果一定要她出定，在下方世界过四十二恒沙国土，有位罔明菩萨可以做得到。"

不久，罔明菩萨从地涌出，向佛陀作礼后，便至此女子前，鸣指一下，此女子马上就出定了。

罔明就是无明了。禅定，不为外境所动，虽文殊般若智能，亦不为所动，但无明烦恼的力量不可小看，当无明扰乱身心时，"一念嗔心起，百万障门开"，不可不慎。

佛经中所讲的"定力"就是人们常说的"恒心"，要成就大事，就必须先磨炼人的心灵，在心理上禁得起周围环境及人与事的磨炼，做到不动摇、不散乱、不烦恼，便可保护心念，为成功打下良好的基础。

佛家有一个概念叫作"我执"，这个"我执"是净心的最大障碍之一。所谓"我执"，简而言之，就是人性对"自我"的盲目执着，更简单地说，就是人的私心和私欲。破除"我执"，能够获得解脱。很多人提升道德修养或学佛，满足于在道理上明白私欲或我执的荒谬，其实这远远不够。我执作为人性的根本缺陷，深深潜藏于知见、情绪、实践等各个方面。

人们只有真正做到在实践上破除我执，才能获得自由和解脱。佛陀经常借助人间的普通生活开示弟子，讲授佛法，下面故事中佛陀借牛的蒙昧讲到了人的蒙昧，进而阐述了"我执"的含义。

佛陀在罗阅只国的竹林精舍时，有一天接受居士的祈请，偕同弟子至城中开示说法。结束后，在出城返回精舍的途中，正好遇见一人赶着牛群回城。牛个个肥壮，一路上跳跃奔逐，彼此还不时以牛角互相抵触。佛陀见到此景，有感而发，说了一首偈子：

譬人操杖

行牧食牛

老死犹然

亦养命去

千百非一

族性男女

贮聚财产

无不衰丧

生者日夜

命自攻削

寿之消尽

如荧穿水

回到竹林精舍，待佛陀洗足毕，就座后，阿难即稽首请示："世尊，您在回途中所说的偈语，弟子未能完全了解其中的义理，祈请世尊慈悲开示！"佛陀告诉阿难："回来的路上，你是否见到那位牧牛人赶着牛回城？"阿难回答："是的。"佛陀接着说："这群牛的主人是屠户之家，原本养了上千头牛，为了让牛健壮肥美，屠户雇人天天牧放这群牛到牧草丰美的地方吃草，逐日挑选最肥壮的牛，宰杀赚钱。就这样一天天过去，这群牛已经被宰杀超过了半数，然而，这群糊涂的牛却浑然不知，依旧每天开心地吃草玩乐，或与同伴争斗。我因为感伤它们如此的不明了，所以才会说此偈语。"

接着，佛陀又对大众开示："不仅仅这群牛如此，世人也是一样，不晓得无常的道理，执着地认为有一个实有不变的'我'存在，每天只知贪图五欲之乐，更为了永不满足的欲求彼此伤害。当无常来临之际，又无能力超越，徒然掉入轮回的深渊，生生世世无法出离。所以，世人又与这群牛有何差别呢！"

的确，人类自诩为万物灵长，但有的时候，人对于宇宙中大智慧的认知，并不比牛高明多少，这也是人的一种悲哀。

无法破除"我执"的人，总是感到凡是"我"想的理所当然是对的，凡是"我"要的理所当然要得到，"我"理所当然高于一切、优于一切。这样，不可避免地产生偏执、征服欲、痛苦、贪婪、怨恨。人心成了炼狱，人间成了地狱，佛所说的各种痛苦和罪恶就全都出现了。

实际上，"我"怎么可能优于一切、高于一切？众生平等，如果不能以平等之心对待别人，别人也不能以平等之心对待自己。以恶对恶，以自私对自私，开始了自私与恶的恶性循环，人因此而难逃苦海。只有破除我执，建立正确的自我观和世界观，才有可能摆脱此种状况。

及时随时种下福田

——听南怀瑾讲布施

我们总会在现实生活中遇到一些困难，遇到一些自己解决不了的事情，这时候，如果我们能得到别人及时的帮助，我们将会永远铭记在心。濒临饿死时送一只萝卜和富贵时送一座金山，就人的内心感受来说是完全不一样的，我们要做的，不是在别人富有时送他一座金山，而是在他落难时送他一杯水、一碗面、一盆火。

布施就是种福田

"种福田"，简而言之就是把幸福的种子播种在福田中。幸福的种子是什么？福田又是什么？幸福的种子就是"布施"，福田就是佛、法、僧"三宝"。我们将布施的福德种子，种在三宝福田中，生生世世，必定福报随身。因为布施是众善之门，六度之首，一切功德福报，皆从布施中来。所以佛在《大般若经》中告诉我们："菩萨摩诃萨，欲证无上菩提，一切行中，应先行布施。"

我们用尊重恭敬的心，布施供养佛、僧及一切圣人，是在功德福田种福。用孝顺报恩的心，布施供养父母、师长，是在报恩福田种福。用悲悯同情的心，布施病人，救济贫苦大众，协助残障人士，是在贫穷福田种福。无论是在敬田、恩田或悲田种福，都应该用慈悲心、喜舍心、平等心、尊敬心而行布施。

业乃诸事起因之一，并且显示出所做与所受之间的关联。

佛住世时，印度有一对老夫妇，生活十分穷苦，只靠一小块田地聊以糊口。一天，他们感觉到自己越来越老，离死越来越近，应该利用为人的宝贵机会，在去世之前做一件积大福德和增长觉慧的事。他们商量如何做最为妥当。碰巧舍利弗（佛陀最有智慧的弟子之一）就住在附近。于是他们决定邀请舍利弗尊者到他们的家中接受午餐供养，然后在舍利弗面前祈祷，以得其加持。

于是，这对老夫妇做好准备，请来舍利弗，以午餐供养，陈述所愿，并且得到舍利弗的加持。事后一切如常，只是当稻米成熟，他们也像别人一样去收割时，却发现他们那一小块稻田所产的根本不是稻米，而是纯金。

不久，人人都在谈论金稻田，这件奇闻很快就传到信佛的著名印度国王阿闪世耳中。他自言自语地说："这完全不应该。我是国王，我应该是那块地的主人。"于是他立刻命令大臣没收老夫妇的土地，而将另一块同样大小的稻田赐给他们。阿闪世王的使者奉旨前往，找到了老夫妇，叫他们搬到另一块土地上去居住。但是这样一来，没收的金谷又变成稻米了，而在老夫妇移居的那块新地上的稻米却又变成了黄金。获悉此情，国王说："去，再照样做一次，把金米没收。"

这样连续做了七次，每次当使者没收了老夫妇的地，而把另一块给他们时，都发生了同样的事情：国王得米，老夫妇获金。

七次过后，人们特别想知道这件奇怪事情的缘由。于是他们去见佛，把情形描绘一番，佛听后，为他们解释了老夫妇今生做功德与其今生得果报之间的业缘。

南怀瑾先生说，佛再三地告诉须菩提，佛法大乘菩萨道的精神，就是为利益一切众生而有所作为，一切的作为都是处处牺牲自我，成就他人。

六度万行，"布施"为首。布施如同在田地播种，因缘和合时，就会开花结果。然而，发心布施要有智慧，若能以清净心供养三宝，如同在沃土播种，果实必定丰硕肥厚。三宝是度脱众生舍离老病死海之坚牢船，以清净心、恭敬心、欢喜心供养三宝，令正法久住，必能为自己及大众开创光明的未来。供养财富不仅是种福田，更重要的是断除贪心的修炼。物质财富的供养，不在质量和数量，而重在无私的诚意。

舍身饲虎，布施源自大悲悯

《大智度论》云："大慈，与一切众生乐；大悲，拔一切众生苦。"佛典中慈悲助人、护生救苦的事例，比比皆是。

佛教主张悲悯众生，提倡布恩施惠。诸法之本性，既不应有人我之分别，亦不应有物我之分别。世人之逐欲，求名为利，自寻无尽之烦恼，实为自我清净本性之迷失。俗话说："生不带来，死不带去。"这对于每个人来讲，是一条颠扑不破的真理。试问，世上有哪一个人不是赤条条地来，又赤条条地去的？

佛教是以布施心去转化贪欲心的，佛教认为人世充满痛苦，但佛教并不否定人们创造的物质财富，以及人们必要的物质生活。它只是要人们不要执迷于物相，沉溺于物欲。人类创造的财富，归根结底是属于全社会的，对于个人来说终究是身外之物，不仅不可执着贪求，反而更应发心施舍，还之于社会大众。

就像南怀瑾先生说的，应如是布施，应万缘放下，利益他人的身心。

布施的定义是以无吝啬或不舍得的心施舍，其关键在于布施的心，而非布施的物。即以慈悲心施福利而与人之义。以己财事分散与他，称为布；惙己惠人，称为施。小乘布施之目的，在于破除个人吝啬与贪心，以免除来世之贫困，大乘则与大慈大悲之教义联结，用于超度众生。

很久以前，在南瞻部洲有一个大国，叫摩诃罗檀囊，统率着五千多个小国家。国王有三个王子——摩诃富那宁、摩诃提婆和摩诃萨青。在三个王子中，小王子摩诃萨青天生具有一副慈悲心肠。有一天，国王和王妃带着王子，率领群臣出外游玩。国王久居深宫，很少远行，游玩了一会儿便觉得有些疲劳，就找了个地方休息。而三位王子如同出笼的小鸟，快活地穿梭在丛林之间。忽然，他们发现了一窝老虎。一只雌虎正给两只小虎喂奶，雌虎面黄肌瘦，虎仔活泼可爱，而雌虎为了充饥似乎正要吞食小虎。

小王子见此情景，就问两位哥哥："哥哥！你们看那只雌虎瘦得皮包骨头，快要饿死了，但他仍然给爱子喂奶。依我看，雌虎在饥饿的逼迫下，一定会把虎仔吃掉的。"

两个哥哥也同意弟弟的看法，说："如果雌虎饿死了，小虎没有奶吃也同样会饿死的。"小王子难过地说："那么，怎样才能让雌虎不吃掉虎仔呢？"

"依我看，除非有新鲜的肉和温热的血，否则它一定会吃掉虎仔。"两位哥哥说。小王子听后进一步追问哥哥："那你们说，如果有人把自己的血和肉施给那只饿虎，这只饿虎还有活下去的希望吗？"

哥哥肯定地说："当然能够活下去了。但如果谁把身体施给了饿虎，这个人却是不能复活的！"

兄弟三人你一言我一语地议论着，而小王子的内心却有一番考虑，他打算牺牲自己，救活母虎与虎仔。小王子决心已定，陪着两位哥哥走了片刻，向两位哥哥说："哥哥，你们先走一步，我有一点儿事情要办，随后就来。"

说完他独自走入小径，回到刚才那只饿虎停留的地方。他走到饿虎面前，毫不犹豫地将身体投向虎口，不料，饿虎只朝他望了一眼，却闭着嘴巴不吃他。看到饿虎的神情，小王子若有所思：他早已下定决心舍身供养，为了实现自己的心愿，小王子干脆找来一截尖锐的木头，往自己身上猛戳，使鲜血汩汩流淌而出。一直咬着嘴唇的饿虎看到鲜血，立刻恢复了精神，吐出鲜红的舌头，开始舔食王子的鲜血。饿虎喝足了血，又继续吃王子的肉体。

先行几步的哥哥，迟迟不见弟弟跟来，十分担心，忍不住走回来搜寻，他们边找边喊："摩诃萨青弟弟！"然而除了风声，四周没有一点儿回音。两位王子忽然想起刚才弟弟提出的问题，于是两人不寒而栗。他们急忙跑回雌虎停留的地方一看，天哪，可怜的弟弟已经被饿虎吃得精光，只剩下一架带血的白骨散落在一旁。

饿虎吃完小王子的肉身，一不小心竟从悬崖上跌下，晕了过去。待它醒来后，回想起刚才的事，又跑回白骨旁不停地徘徊，十分难过。

再说国王休息时王妃也不知不觉睡着了。她做了一个梦，梦见三只鸽子在丛林里游玩，忽然飞来一只大老鹰，抓住最小的鸽子吃掉了，她忍不住惨叫一声，立刻惊醒过来。王妃立即对国王说："大王！我刚才做了一个不吉祥的梦。俗语说，鸽子即是王子，我梦见三只鸽子中，最小的那只被老鹰捉来吃掉了，以至于惊醒。是不是小王子摩诃萨青有什么意外呢？"

国王听到王妃的话，也觉得心惊肉跳，赶紧令随从分头寻找王子们的行踪。不久，两位王子哭着回来了。国王见两位王子这样，就知道事情不妙，着急地问:"你们的弟弟呢,他怎么没有回来?"

两位王子呜咽悲泣,上气不接下气,一面流泪,一面回答:"弟弟被饿虎吃掉了。"居然不幸被言中了,国王和王妃顿时晕倒在地。片刻,国王和王妃才缓缓醒来,由两位王子在前面引导,率领随从,直奔小王子摩诃萨青惨死的地方。但见地上只剩下尸骨的残骸。王妃和国王抱头大哭。两位王子和百官随从也都痛哭流涕,一片凄惨。

其实,舍身饲虎的摩诃萨青王子,死后投身到兜率天上。当时,他还有些疑惑,不知自己有什么功德,竟然能投身到优美的天界。他对眼前的善果感到疑惑,于是运用天眼察遍地狱、饿鬼、畜生、修罗和人间等各个世界,才发现自己前生施舍的残骸散落在一座山林里,而父母、兄弟正围靠在尸首旁边,痛不欲生。摩诃萨青王子心想:"这样过度的悲伤下去有可能会令父母丧失生命,不能让他们这样下去,我要下去劝导他们。"

摩诃萨青王子即刻离开天界,立在空中,向父母亲百般规劝和训谕。国王和王妃听到空中的声音,仰天央求:"刚刚规劝我们的是哪位神明呀?"

"我是摩诃萨青,不久前施身给了饿虎。由于这种功德,现在才能投生在兜率天上。父王啊!有生就有死,这是人世的常情。凡是为非作歹的人,都会下地狱,凡有善行的人,都会居于天界。你为什么还沉陷于忧愁与烦恼之中,而不能够觉悟呢?为何空自悲叹,不去修持各种善事呢?"

国王和王妃当下仍无法明白王子讲的道理，继续问："因为你心怀慈悲，怜悯万物，即使将自身施与饿虎，也毫无懊悔之心。可我们身为你的父母，一想到你惨死的情状，就为之心痛。这种苦恼与哀叹，不是用语言所能说明的。纵使你持守大悲之愿，可为什么要让我们这样苦恼呢？"

王子为报答父母的恩情，竭力开导父母。经过王子的一番说法与教化，国王夫妇才逐渐醒悟。国王吩咐家臣赶造七重宝函安放小王子的遗骨，并建造佛塔安置其中。摩诃萨青王子看到父母从悲伤的低谷中走了出来，才安心地返回兜率天宫。

佛陀为了众生而甘愿以身饲虎，这样的行为让人赞叹、顶礼。现实中，我们这些凡夫俗子也许很难有此大善行，但是如果我们能心生善念，对周围的一切有一种同情和悲悯之心，在别人需要的时候勇于伸出我们的援助之手，在佛家看来，就是一种布施和功德。

其实，在日常生活中，念念为别人，不为自己，就是布施，就是供养。所以有些人天天都在修布施波罗蜜，天天都在行菩萨道，只是不懂得，不知道而已。如果能存这样的心：我今天努力地工作，是布施这个公司、是供养社会大众，加薪与升迁非我所求，那是在行菩萨道。以菩萨的施舍心做工作，永远不疲不厌，会愈做愈快乐。假使事情是自己不愿做又不得不去做的，就会疲倦、会讨厌。反之，欢喜、高兴做的事情，会愈做愈有精神。

去除贪婪心，方得真布施

布施是抵制贪念的第一利器，是一个人充满慈悲心的具体表现。更是一个人有智慧和有责任心的表现。因为一个没有智慧和责任心的人不会想到他人需要自己的帮助，不会想到自己应该去帮助别人。布施有物质上的赠给，有知识上的教授，有道义上的支持，有心理上的安慰，还有给予他人的理解。

佛教提倡布施时特别强调一点：在一个人行布施时，布施者应不存有贪求福报的心，对所布施的人不加分别，不着重于所施的东西。布施不但是给予他人，也是给自己一个体验只有通过帮助别人才能得到快乐的机会，布施使人与人之间的关系更加紧密，使人间充满温暖。

有一则关于佛陀住世时代一个乞妇的故事：

她是当时印度最穷的乞丐之一，因为她不但生活穷苦，甚至连心灵也很贫乏。她贪求很多东西，但她愈发觉得自己贫困不堪。有一天，她听说佛陀被须达多长者（孤独）请去。须达多长者很富有，并且乐善好施，因此她决定也跟着去，因为她知道佛陀一定会将剩下的食物分给她。

她参加了供佛斋僧的典礼，然后坐在那里，一直等到佛陀看见她。佛陀转向她，问："你想要什么吗？"佛陀当然心知肚明，这么问只不过是要让她承认并亲口说出来罢了。于是，她回答："我要食物，我要你将剩下的食物给我！"佛陀说："可以，不过你必须先说'不要'；我给你的时候，你一定要拒绝。"佛陀将食物递给她时，她发现说"不要"非常困难，这时候她才明白，原来自己一生都没有说过"不要"！不论谁给她任何东西，她一向都说："好，我要！"因此，她觉得说"不要"太困难了，这两个字对她而言是完全陌生的。费了九牛二虎之力，她终于说出了"不要"二字，佛陀于是将食物给她。如此一来，她对自己内心的想有、想要、想抓取、想占有的欲望恍然大悟。

南怀瑾先生说他也经常劝诫年轻人，要先求自度，自修好了，再来度人。他也经常感叹，自己本欲度众生，反被众生度。私心是一个人的致命弱点。如果一个人私心太重，任贪婪作祟，人生的快乐将随之消失。

古时候，有个农民在自家地里耕地，却意外地翻出一个金罗汉，足足有几十斤重。家里人及亲友、邻居都为他高兴得不得了，说这辈子再也不用操心吃喝了。可是这个农民却从此闷闷不乐，整天愁眉苦脸地想心事。大家都很奇怪，追问他到底为什么苦恼。这个农民终于开口了："我一直在想，还有十七个金罗汉会在哪儿呢？"

听完这个小故事，也许你会笑，笑这个农民太贪心。其实，佛法中的布施就是针对贪心的人提出的。如果一个人能有这种布施之心的话，就会从自私和贪婪中解放出来，也会享受到人生真正的快乐和意义。

佛讲"无缘大慈，同体大悲"。也就是说，布施是无条件的，以别人的痛苦和需要为自己的痛苦和需要，这才是真正的布施。但是对于我们这些平常人来说，要拥有佛家这样的境界，先要有正确的金钱观。

人常说，金钱不是万能的，没有金钱却是万万不能的。可见，金钱对于人有着非同寻常的意义。但是人切忌将钱财看得过重，更不要去刻意追求。因为，钱财不过是身外之物，生不带来，死不带去。

可是在现实中，偏偏有人私心太重，贪婪成性。这样的人不会施舍钱财，救助他人，同样，如果他遭遇到困境，也不会得到他人的布施和援助。因此，为了让人生更从容、美好，我们要去除贪婪心，正确地看待钱财，取舍有道。